JN084964

増補改訂版

# 最後の剣聖 羽賀準一

近藤典彦 著

同時代社

# 増補改訂版の刊行にあたって

『最後の剣聖　羽賀準一』の初版は大石純正さん小栗敬太郎君はじめ多くの方々のご援助ご高配をいただき、成ったものであった。幸いご好評をいただき、二年足らずで品切れとなった。望外のことであった。

このたび増補改訂版を刊行するにあたっては、著者のいくつかの思いがあった。

初版本は残念ながら誤植が多かった。著者の校正能力の衰えが主因であった。本書は日本の歴史とともに遺って行く価値があると信じるわたくしは、誤植のなるべく少ない本で遺したかった。これがひとつ。

つぎは右の幾十倍も切実な願いである。羽賀先生の居合は神技であるが、活字によるだけではほとんど誰にも理解してもらえない。インターネットであの居合を何度見てもわかるはずがない。初版のときにもDVDをつけたかったが、だれの賛同も得られなかった。

このたびは第十三章「空前絶後の居合——映像（DVD）の解説」を設けた。これはふたつの節からなる。

伊藤一刀斎の真剣勝負の映像がもしあったら……

DVD「不世出！　羽賀準一先生の剣技」を観るにあたって

がそれである。右を読みかつ観ていただけるなら、先生の居合をご理解いただく確かな一歩になるとわたくしは確信する。諸般の事情でDVDは本書とは別売になってしまったが、この映像は国宝級の文化遺産でもある、と思う。

先生の居合映像を「解説」とともにご覧いただきたい。本書の初版本を超える価値はここにある。そして本書に満載されている羽賀先生の居合論を再読三読されたい。これが三つ目である。

羽賀先生の居合を剣道界の外にあって非常に深く理会した人に高倉健氏がいる。かれに「一の太刀」というエッセイがある。名優が剣聖に学んだ清々しい文章である。第十六章の「高倉健に『燕返し』伝授」をご覧いただきたい。これが四つ目。

五つ目は「羽賀準一年譜」を入れたことである。二百条を超える詳細な年譜である。このような年譜を編まれた剣道家は史上先生お一人であろう。

六つ目は「索引」。たとえば羽賀先生の「正しい姿勢・正しい呼吸」論は本書の至る所にある。すべての箇所を参照することで羽賀剣法の秘奥に迫ることができる。そうした便宜をはかるために、「羽賀準一関係事項」約百項、「羽賀準一剣道・居合論考」二三項、「人名」伊藤一刀斎から王貞治などまで約九〇項等。

初版をご購読くださった方々を含め、多くの方々に日本剣道史上最後の剣聖の偉大な生涯をご記憶にとどめていただけるなら、著者冥利に尽きる。

なお、「剣聖」とは「剣道の奥義を究め尽くした人」の意である。

二〇二〇年三月一八日

近藤　典彦

# 羽賀準一先生との出会いと感動

學心館道場・館長　大石　純正

昔から、人の出会いほど感動的なことはないと言われていますが、私にとって、羽賀準一先生との出会いは、最高に鮮烈な感動的出来事でした。齢八十三歳を過ぎた今でも、羽賀先生との出会いを思う度に、まるで昨日のことのようにその頃の感動が新鮮に蘇ってきます。

私は岡山県立倉敷青陵高等学校を、病弱であった為に四年留年しましたが、やっと卒業できた直後にまた発病し、病気の問屋と自嘲していたようなありさまでした。一年間の自宅療養の後ようやく大学進学を果たしましたが、その時早速、高校時代に剣道を教えて頂いていた、恩師の桑野正之範士にお願いしてご紹介を頂き、東京都文京区茗荷谷の妙義道場に入門させて頂きました。大学でも剣道部に入部しました。病弱であった自分を健康にしたいという一心からの入門、入部でした。

当時の妙義道場の最高師範は、昭和四年の天覧試合で優勝された、あの持田盛二範士でした。そこへ、自他共に認める全国屈指の実力を持つ先生方が集って壮絶な稽古が行われる、専門家集団専用の道場でした。当時の私は、岡山県で戦後初めて行われた第一回高等学校剣道大会で、個人戦、団体戦ともに優勝していた事もあり、入門に際して気分的に油断があったと思います。妙義道場の剣道は、私がそれまで経験した学校剣道とは余りにもかけ離れており、私などが出入り出来るような道場ではなかったと気づいたのは、入門した後でした。

こうして始まった稽古の毎日は、私には地獄の責め苦の如くに感じられました。持田範士は当時七十二歳で、並み居る他の先生方に稽古を付けておいででしたが、私のような新米が稽古をお願いすることなど畏れ多くて到底できませんでした。躊躇逡巡していた私に、こと細かに色々の事を教えて下さったのは、当時、全日本剣道連盟事務局長でいらした渡辺敏雄先生でした。そして常日頃から渡辺先生の隣に座り、剣道への心構えを私に教えて下さったのが、羽賀準一先生でした。私にとっては知らないことだらけ、覚えなくてはならないことだらけの毎日でした。焦りを感じながらの稽古稽古の毎日に、最初の一年はあっと言う間に過ぎ去りました。羽賀準一先生からは、基礎練習の大切さに加え、組打ちや体当たりがなぜ必要なのかという事も教えて頂きました。当時新進作家で活躍著しかった三島由紀夫氏も、妙義道場に来て稽古をしていました。この妙義道場での羽賀先生との出会いが、私がその後本格的な剣道を求めるようになった契機となりました。

私が妙義道場に入門して二年目に、私の母校である岡山県立倉敷青陵高等学校剣道部の後輩で、同校剣道部のキャプテンを務めたこともある渡辺修巳君が、偶然にも私と同じ大学へ進学してきました。そこで私は渡辺君を勧誘して大学の剣道部に入部させ、同時に妙義道場へも連れてきました。渡辺君は身体が小さいことで色々と苦労があったと思いますが、一生懸命努力していました。そのような最中、大学の剣道部で、上級生と下級生とが、剣道に対する思い入れの違いを理由に対立し、部内で内紛が勃発しました。

この内紛をきっかけに、大学側からの通達により一、二年生の剣道部のレギュラーメンバーは全員退部処分を受け、十四、五名の若者が稽古の場を失うことになりました。この時二年生だった私はその責任を大いに感じ、大学剣道部で起きた一連の出来事について、妙義道場の渡辺敏雄先生と羽賀準一先生に相談しました。すると、渡辺先生と羽賀先生は、温かい、未来を見据えたご厚意を私たち学生に掛けて下さり、大学剣道部を追放された私達浪人剣道学生を中心とした、神田一ツ橋の朝稽古の会が始まりました。禍を以て福と為す、の諺の真実味を痛感する一件でした。後に「羽賀道場」と呼ばれることになる道場の、これが将に誕生の瞬間でした。

私の剣道との係わり合いは、高校剣道部から大学剣道部へ、次に妙義道場へ、そして遂に、神田の羽賀準一先生ご指導の会へと発展して行ったのです。羽賀先生がご夫婦で神田多町に開かれた武道具店「梅田号」へも、私は幾度となく先生を訪ねる為に通いました。羽賀先生はご自身の剣道への求道心の中に、ご自分の人生を必ず入れてその技を極めて行くべきだと、常に語って下さいました。その先生の剣道への、また剣道を通しての人生への求道心には、私は常に感動しました。先生は常に最高を求めて前進する人生観を、毎日の稽古を通して肌で感得しようと、自ら研鑽に明け暮れていました。その先生の稽古への姿勢に只ならぬ飛躍を予感していたのは私だけではなかっただろうと思います。私は羽賀先生にどうしても弟子入りしたい、先生の心技を学びたいという一心でした。私と同じ心持ちであった人は他にも居ただろうと思います。ただ私はあと三年しか残されていない学生生活の短さを考えると、もう居ても立っても居られないという気持ちで、時間を作っては先生のお店へ出かけたものでした。

そこでの事を思い返す度に次々と思い出が蘇り、羽賀先生への感謝の念が湧いてきて、その都度私は心の中で、羽賀先生に御礼の言葉を繰り返し申し上げて参りました。剣道の魅力を知る為には、その求め方が大切であるという事がはっきりと分かったのは、羽賀先生に教えて頂いたからでした。その後私が、人生の真の宝が本当は何であるかを遂に探し当てる事ができたのも、羽賀先生との出会いがあったからこそだと感謝しております。求道の真の目的には、成功とか失敗はあまり関係ない事が判然としてきました。毀誉褒貶も一利那の事に過ぎないということを、以来強く胸に感じます。全力で立ち向かう彼我の間にある心の修業の大切さを、羽賀先生は私たちに説いて下さいました。その人の心の中心に何があるか、それにより各々の人生のその後が段々と変化し、決まっていくのだということが、はっきりと理解できました。

神田一ツ橋の、私達浪人剣道学生の道場は、後になって「羽賀道場」と呼ばれたらしいですが、我々の時代は「朝稽古の会」と呼ばれていたのを記憶しております。羽賀先生はいつも基礎を大切にするよう、繰返し教えて下さいました。あるとき渡辺敏雄先生が来られて、羽賀先生と何か相談をしておいででした。暫くすると私が呼ばれて先生方のところへ参りますと、今から羽賀先生に五人掛かりを行うから、人選をするようにとのことでした。早速、その時稽古に来ていた学生の皆と相談した結果、長浜君、根本君、古川(こがわ)君、重松君、そして私大石の五人が選抜されました。いざ私達学生五人が、羽賀先生を取り巻いての五人掛りが始まりました。正面は私、先生の右前には長浜君、左前には重松君、左後ろは根本君、右後ろは古川君と、私達五人が羽賀先生を取り囲んでの勝負の始まりです。全員が二十歳前後の屈強な盛りの私達でしたが、勝負はあっけなく簡単に終わってしまいました。普段では見せない羽賀先生の左右の動きと身体の変化に、私達五人は翻弄され放題という次第でした。

羽賀準一先生のご性格は、弟子の私でも叶わない程やんちゃで気短かでしたが、同時に大変優しい面をお持ちであったと思います。そして先生の教えは正義感が強く、妥協を許さない、厳しい教えであったと思います。世間から天才と呼ばれる程の追及心を持ち、情の深いお人柄でありながら、研ぎ澄まされた理性の持ち主でいらっしゃいました。ある時には、ご自分さえも許さない厳しいご性格でしたが、真に優しく仁義に厚い、人間味に溢れる先生でした。羽賀先生のようなキャラクターの師匠には、二度と巡り会えるものではありません。二十世紀只一人の真の武道家であり、真の名人、達人でした。羽賀先生は武道家として多くの人々に内面の在り方を示されました。

私は羽賀準一先生の、情熱と冷静さとを兼ね備え、怠ける事など微塵もなく、己の修行に弛まず邁進されていた心身の姿勢を、心底尊敬して止みません。師匠に対し、万感の尊敬の念を重ねながら今日を迎えております。先生から受けた様々な教訓の御蔭で、私は今もこうして元気で居り、師匠にはどれほど感謝しても し切れるものではありません。その後の事になりますが、私は昭和三十二年に静岡県立静岡工業高等学校の剣道師範を拝命し、以来十年間に渡り同校剣道部の指導を務めさせて頂きました。この静岡工業高校剣道部は、明治時代の創部以来、剣道の試合では常に初戦で負け続けておりましたが、私の在任中十年間の間は、常に県下では上位の成績を維持し続け、遂には静岡県大会での優勝を遂げました。これもひとえに羽賀先生の教えを受けた私が、先生の教えの通りに生徒たちを指導した結果に他なりません。私が師範を辞任した後、再び同校剣道部の成績が、優勝からはほど遠い位置になってしまった事も、内面を追及することを第一とした羽賀先生の教育指導法が、並外れて優れていた事を物語っています。

この度近藤典彦氏が本書を著しました。かつて「剣道界の麒麟児」とうたわれ、その後も「天才」の名をほしいままにした羽賀準一師の一生が、過去の膨大な資料を基にした氏の綿密な調査によって明らかにされた事は、感動と感謝の極みです。この書により、この国の将来を担う若者達が偉大な大先輩の存在を知り、その生涯の在り方に感動と誇りを感じ、日本人の真の生き様を求めて剣の道を志すことを切に祈ります。

平成二十六年十一月十三日

静岡県静岡市　學心館道場にて

# 半世紀遅れの片思い

小栗敬太郎

「羽賀さんが書けるのは、君しかいない」

二〇一三年六月、プレスセンター・ビル十階にあるレストラン・アラスカの窓外、日比谷公園は新緑を過ぎ、初夏だった。冷たいヴィシソワーズとワインで軽くなった頭で、深くも考えないで口から出た言葉の尻ぬぐい、それがこの序文です。

近藤典彦君とは大学剣道部の仲間。卒業して半世紀を過ぎた今になっても、「畏友」という修飾語が一体になって離れない。その説明をすると長くなるが、まず、卒業は同期だが苦学したりした彼はかなり年長である。また、石川啄木に打ち込んでその分野で相当の権威らしい。最後にこれがこの書物に関わるのだが、羽賀準一門下で剣道の打ち・突きが強烈で一撃が痛い。最近、後輩と近藤君のことが話題になったら「近藤先輩の横面は怖かった」と昨日のことのように覚えていた。まさに畏友なのです。

七徳堂で稽古してから半世紀以上の歳月が流れた。七十の手習いというか冷や水というか、今だに稽古が出来るのはありがたい限りだが、腕の方は大したことはない。羽賀さんの剣道の内容について語る資格は全くない。しかし、ご縁があって全日本剣道連盟の指導者・高段者の謦咳に接したり、実業団大会の試合を拝見したりすると、ふと羽賀さんのことを思い出すのです。

もし羽賀さんご存命なら、いまの剣道について何を思い、何を語られるのだろうか。どんな質問をしても打てば響くように答えが返って来た、渋くしわがれているが歯切れのいいあの口調で。そして、いまの剣道をどう眺めておられることだろう、時にドキリとこちらの身がすくむ眼で。

「羽賀さん」と書いてきたが、近藤君は絶対に「羽賀先生」としか呼ばない。そこに羽賀体験の深浅がある。小生が直接羽賀さんに接したのは大学在学中の二〜三年間と限られている。

東大剣道部と羽賀さんの関わりについては、本文に詳しい。小生の記憶の範囲に限れば、本郷には鶴海岩夫（小野派一刀流）、駒場には安藤謙という立派な師範を戴いていた。そこに羽賀さんが時々顔を見せるようになった。弱卒なのに主将を引き受けていた身としては、その関係についてやや世俗的な心配をした記憶もあるが、全く小人の杞憂。互いに腕前も人柄も知り尽くした名人・達人同士、サラリサラリと流水の如しでした。

しかし、羽賀さんの稽古はサラリどころか、ゴツンゴツンでした。

面打ちしたら必ず体当たり。ヒラリと飛んで面を刺し右斜めに擦り抜ける当時学生剣道流行の刺し面などもってのほか。真っ向から振りかぶって面を打ち据えたらまっすぐ進み、臍の前で竹刀の柄を斜めに構え、腰備えを十分にして正面からぶつかる。相手の体勢の崩れたところを突き放すかこちらが引くか、とにかく間合いを切ったら直ちに二の太刀を浴びせる。さらに三の太刀……

正眼で自然に構えれば、剣尖はいやでも「突き」に向かっている、突きは千変万化する業の原点だと受け止めた。打突と一口に言うが、打つと突くでは運動の性格が全く異り、身への応え方がまるで違う。「打つ」は円運動を描く竹刀の平面が体に当たる。「突く」は直線に前進してくる竹刀の先端が点として体に刺さる。多少稽古を積めば、打たれるのは厚い刺し子の稽古着越しだから痣や瘤は出来ても全く堪えないが、突きは面垂れの下に入って喉を直撃されると息が詰まって気が遠くなる。羽賀さんには「胴と胸の継ぎ目を突け」と教えられたものでした。

七徳堂や駒場体育館ではこの程度だったが、羽賀さん心酔が高じてそれでは満足できない仲間が、東大剣道部員の中にも何人か現れた。大学の稽古の他に羽賀さんの国民体育館に通って稽古を頂く。その一人が近藤君だ。小生は軽薄にも「武道家の剣術をやるつもりはない」と、羽賀さんとそれ以上の近い間合いに入るのを避けた。羽賀さんの若い頃の武勇談も「稚気愛すべし」と斜めに聞き流していた。羽賀さんは高段者、とりわけ八段とか範士とかに対して厳しい評価を隠さなかった。それは道を究めようとする専門家なら当然の、妥協のない率直さの発露だったといまなら思うが、当時はそれもまた何か聞き苦しいようで敬遠してきた。

好きか嫌いかと問われれば、余り近づきたくない、というのが若い頃の本音でした。

その小生が、七十歳を超えたいま、剣友に羽賀さんを書けと勧めた。それはなぜか。実は本業である新聞記者の合間に細々と剣道を続けるうちに、あれだけ敬遠していた羽賀さんが段々懐かしくなったから不思議です。

仕事が忙しい現役時代には、稽古着の袖に腕を通すのは年二回、七徳堂の新年稽古初めと、社内大会だけという剣道生活が二十年ほど続きました。それでも剣道を続けていることには本質的に変わりない、「堅気の大人」の稽古・修業は道場とは限らない、本業で人間を鍛えることがそのまま剣道に通じるはずという、仕事＝剣道観でした。取材対象への食い込みは人間的魅力と誠実がカギ、ときには泣き落としやブラフを駆使するテクニックも。ライバルとの駆け引きに抜け目があってはかなわない。それこそが剣道であり、稽古だと思ったからです。

六十歳前後の頃、全剣連に求められて、「年二回の稽古」という趣旨の小文を機関誌「剣窓」に書かせて頂きました。稽古不足と歳のせいでアキレス腱の心配もあり、むやみに飛び込まない歩み足の稽古を心掛けている。羽賀さんのことが脳裏にちらちらし始めたのはこの頃かも知れません。

剣尖を相手の胸につけてしっかり構える、先を争って打つのでなく、攻めて崩して誘って打つ、間合いは前後の距離だけでなく左右斜めから揺さぶって中心の取り合い、打ち始めたら二の太刀三の太刀と徹底的に打ち込む、息も継がせず畳み掛けるには姿勢と呼吸が絶対条件。

羽賀さんの深くて高い剣道の境地はこんな単純素朴なものではないでしょうが、小生には自分の剣道を考えるときにふと羽賀さんならどうかと考えてしまう、片思いのようなものです。

居合を始めたのもこの頃から。「竹刀＝刀」はフィクションだが、フィクションだからとこれを捨てて、真剣の半分足らずしか重さのない三尺八寸の軽い竹の棒でたたき合っているに過ぎないと即物的に開き直ってしまったら、少なくとも小生は七十歳過ぎまで道場に立つほどの魅力を剣道に感じない。

さて、近藤君です。彼が羽賀さんの言葉をメモにしているらしい、とは剣友の間でかなり知られていたことです。朝稽古の後、羽賀さんの剣道具店までお供をするのが日課だった。そこで聞いた剣道談義を心に刻んで、店を出てすぐ道ばたや都電の中で手帳の余白に書き留めた、それが7冊になった。これが埋もれたまま、後世に伝わらないで消えてしまうのは悔しいじゃないか。

敗戦後、空きっ腹を抱え、占領軍の目を盗んで剣道の灯火を守った僅かな人々の一人が羽賀さんだったと聞いている。講和・独立で剣道が復活したのに、全剣連の中に羽賀さんの影は、いま驚くほど薄い。僅かに耳にするのは「剣道は強かったが乱暴だった」「酒癖がどうこう」という類の話の方が多い。それよりも何よりも、羽賀さんは若死に過ぎた。享年僅か五十八歳。馬齢を重ねてそれから一回り以上もの自分を発見すると、羽賀さんには夭折という言葉を贈ってその死を惜しみたい。

羽賀さんは、日本剣道にイナヅマのような光芒を一瞬我々の脳裏に残して、そして、永久に消えた。近藤君はこれを「最後の剣聖」と捉えた。小生は「剣聖はありふれて手垢が付いてはいまいか。弟子の師匠褒めの書と誤解されまいか」と異を唱えたが、彼はこの一点は絶対に譲ろうとしなかった。「この一言に著者の思いが凝縮されている、いくら同期の親友でも介入できない肝がここにある」と悟って引っ込んだ。剣聖の意味するところを、著者は本文で十分開陳しています、読み取ってください。

近藤君はライフワークである石川啄木を抱えている。「人生の残り時間が少ないんだよ」とぼやきも聞いた。その邪魔をするような「羽賀さん」ものをそそのかしてしまったのは、小生のエゴです。

幸い著者は壮健です。これから啄木の仕上げに取り掛かってくれれば、小生も罪悪感に悩まなくても済みそうです。

この著作を切っ掛けに、心ある剣道愛好家のあいだで、本当の剣道とはなにか、模索が一段と深まることを期待します。二〇一五年には世界剣道大会が日本武道館で催されます。「剣道の本家」を自負する日本は何をもって「これこそが剣道の真髄」と世界に伝えるのでしょうか。ライバルと際どい早業を競い合い、幸いに旗がこちらに揚がればそれで満足するのでしょうか。

「本が出たら、一本稽古しようか」近藤君から持ちかけがありました。体調の加減で最近は竹刀を握っていないと言うが、出版まであと一歩に漕ぎ着けた安堵感なのでしょう。羽賀さん直伝はそちらだろうが、こっちも年二回の稽古が隠居後は週一回に増えている。「いいよ、横面でも足絡みでも来い、こっちも突くぞ」と受けて立つことにしました。天国の羽賀さんはどんな顔をして眺めておられることやら。合掌

二〇一四年十一月十四日

本書を

高橋利雄（1920―1993）
高橋保子（1927―2010）

ご夫妻に捧げます

著者

# 最後の剣聖　羽賀準一／目　次

第一章

# 羽賀先生の初印象

羽賀先生　破顔一笑

（以下の小文は一九九〇年頃に書いたものである。あれから二五年を経たが、本書をこの旧稿からはじめたい。なお本書収録に際し若干の推敲を施した。）

大剣道家羽賀準一の弟子であったことは私の一生の幸せの一つである。

羽賀準一はその剛剣と無類の強さによって天才と讃えられ、乱暴者と恐れられた。

日本剣道史は三つの黄金時代を持ったと私は思う。いずれも戦争の時代である。

最初で最高の黄金時代は戦国末期から江戸時代初期にかけて。塚原卜伝、上泉伊勢守、柳生宗厳、伊藤一刀斎、富田重政、小野忠明、柳生宗矩、針谷夕雲……枚挙にいとまがない。

第二期黄金時代は幕末から明治時代前半。男谷精一郎、浅利又七郎義明、榊原健吉、山岡鉄舟……。背景には戊辰戦争前後の風雲があった。

第三期黄金時代が明治末年から昭和十年代半ばにいたる時期である。日露戦争から日中戦争まで。刀も重要な武器でありえた最後の時代である。この時代の名人・大家を挙げると二〇人を超えようか。内藤高治、高野佐三郎、植田平四郎……。時代が近いだけに逆に挙げにくい。ここではあと二人、竹刀を日本刀と同一物として遣った名人を挙げよう。中山博道、羽賀準一。

さて、私が羽賀先生から直接教えを受けたのは実質ではわずか二年七ヶ月にすぎない。その後も竹刀を取り刀を握ることは断続的に三十年間ほどつづけたが、剣道も居合もまったくの素人である。

先生が亡くなったのは一九六六年（昭和41）一二月一一日（享年五八歳）であった。亡くなってすでに二五年が過ぎた。しかし私の胸の中には羽賀先生が生きている。先生にお会いしたあの日から今日にいたるまで、私が先生のことを思わない日は一日たりともない。自分の背中が丸まっていると感じたとき、「正しい姿勢」を常に言われた先生が浮かんでくる。誰が見ているわけでもないのに、背筋を伸ばす。いや先生が見ておられるのだ。体調がおもわしくないとき、白隠禅師の「夜船閑話」をすすめ、逆腹式呼吸を説いた先生を思う。混んだ通勤電車で立っているとき、「車内ではちゃんとつり革をつかみなさい」とさとされた先生を思う。若くて、揺れたり急に止まったりする車中で何にもつかまらずに立っていることに得意を感じている頃であった。つり革をつかんでいると「思い出したときでよいから、たとえばつり革をつかんでいるとき、睡眠の前などに逆腹式呼吸をなさい」と言われた先生を思う。私は今世田谷区のある私立高校に勤めている。廊下で生徒とぶつかりそうになると思わず知らず入り身風に体をさばいているときがある。その一瞬まえなのか一瞬あとなのか分からない、あるいは同時なのかわからない、先生の舞を舞うような体さばきが脳裏に閃く。少しの誇張もなく私は毎日羽賀先生のことを思う。亡くなって二五年を経ても。そして多くの弟子たちがそれぞれのやり方で先生を慕いつづける。

羽賀準一は高い境地に到達することのできた稀にのみあらわれる剣道家であった。同時代に輩出したほとんどの剣道家たちとも類を異にする剣道家であった。石は磨かれてその性をあらわす。くずれてしまうものもある。何の美しさも現わさぬものもある。赤く輝くものもある。猫の眼のように妖しい光を湛えているものもある。深い淵のように碧色を沈めているものもある。そして羽賀準一は金剛石であった。時の経過がその表面を風化させてその本性をいっそう見分けにくくする前に、私は羽賀準一という金剛石の、そのほんの一部分を磨きだしておきたいと思う。私があまりに非力であるゆえに磨き出しうるのはわずかなわずかな部分にすぎない。あのありがたい稽古の日々を思い、あのご恩に報いるために、私は微力を尽くしたい。

羽賀先生にはじめて会ったときの印象からまず記したい。私が東大剣道部に入ったのは一九六二年（昭和37）四月のことであった。初心者の私が強引にたのみこんで入れてもらったのは三年生になってからなのである。七月頃であったと思う。私は神田多町の羽賀先生の店を訪れた。先生はそこで「武道具製造販売・梅田号」を営んでいた。私がその時羽賀先生に関して知っていたのは、東大剣道部に来てたまに稽古をつけてくださる剣道具屋さん、ということだけであった。

多町の店は間口三間奥行きは二間半くらいであったろうか。間口三間いっぱいに四枚のきわめて頑丈な幅広の曇りガラスの戸がはまっている。その戸は開け放たれていた。私は「東大剣道部の近藤と申します」といって入って行った。先生は破顔とともに「いらっしゃい」と迎えて下さった。サビのある声だった。鍛えぬかれた声のみのもつ強いひびきがあった（のちに兄弟子から聞いたのだが、羽賀先生に会ったある謡曲の師匠が「謡いをおやりになれば最高にいいお声です」と言ったという、その声であった）。

私はこのとき異様な印象を受けた。その眼、白眼の部分までが黄色味を帯びたその眼は毎日見ている人間たちとはまるでちがうものであった。すくんで動けぬ兎かなんぞをくわえるべくゆっくりと歩を運ぶ虎の眼であった。その全身からはおそろしい殺気が八方にほとばしりあたり一面にたちこめる。兎の逃げる本能はすでに殺され動きは完全にとめられている。その小さな一点に向かって恐ろしい殺気の塊となって迫ってゆくときの虎の眼（実際にそういうことがあるのか否か知らないが）、それを私は反射的に思い浮かべた。いかにも楽しそうに迎えてくださっているにもかかわらず、その人の眼は絶対に常人にはない眼なのであった。

私は瞬間にこの眼の持ち主をすでに見たことがある、と思った。合気道の開祖植芝盛平である。その日より一～二年前であったと思う。東大教養学部の駒場祭で植芝盛平の演武を見たことがあった。その時に見た眼、それがそっくりなのである。座談中の眼ではなく、すぐ目のあたりで演武している時の眼であった。その眼はやはり白眼の部分までが黄色味を帯びて見えた。そしてそのときは特に視覚上の印象がそのまま嗅覚上の印象に変わり、猛獣の匂いが漂ってきたように感じたのであった。同じ駒場祭で、ある空手の大家の演武もあった。真剣白刃取りを見せてくれた。真剣白刃取りはあんなものではあるまい、と思った（のちのことだが、「空手は護身術であって武道ではありません。だからまず受けがあって、そのあとに攻めがあるのです。武道の本質は徹底的な攻めにあります」と羽賀先生が言った。私は駒場祭での自分の印象に関してこのときひそかに納得した）。そして当の合気道には不気味さを感じてそのときは近づけなかった。

私が羽賀準一・植芝盛平から感じたのは同じ本質に関する印象なのだと思う。

私がつぎつぎに発する質問に答えて下さるその眼は強い光を放ってしかもやさしかった。

私の最初の質問は素振りについてだったと思う。たいていの入門書には竹刀を背中につくほどに振りかぶり、切っ先がひざの高さにくるほどに振り下ろす、とある。私は剣道部に入るより一年ほど前、そんな入門書を読みつつ毎夜素振りをした時期があった。背中につくほどに振りかぶることが何とも不自然に思えてならない。ましてや水平よりはるか下で切っ先が止まるよう振り下ろすなどどうしても変である。左肘が曲がり、感じのいい絞りは不可能である。私のからだがヘンダ、ヘンダとささやく。そうして、もし納得の行く素振りがあるとするならば水平まで振りかぶり、水平まで振り下ろす、これしかないと思った。しかしそれはある七段教士の書いた入門書とはちがうのである。本を読みつつ我流で素振りをはじめた人間とその本の著者では著者がえらいにきまっている。しかしわたしのからだはその素振りは理に合わないという。とうとう何ヶ月かののち素振りというものを一切やめてしまったのだった。そしてしばらくして東大剣道部に入れてもらったわけである。そんないきさつをひめそめての最初の質問が「素振りはどのようにするものですか」であった。先生の答えは簡単明瞭であった。「水平から水平までです。」

私の先生への信頼はその眼と笑顔と声と、そしてこの答えとで決定的なものとなった。ちなみに素振りをこう教えている入門書がどこにあろうか。

次に「中段の構えとはどのような構えですか」と質問した。そこの竹刀で構えてごらんなさいと言われて中段に構えた。すぐに注意されたのは、竹刀の握り方であった。大家と言われる方々にも往々見られる、あの柄に両手を斜めに添えるような握り方、それを先生はいけませんと言い、さっそく真剣を抜いて握らせてくれた。生まれてはじめて持った日本刀であった。柄の真上からやんわりとしかし手の内全体で握らねばならぬことを刀そのものが即座に教えてくれた。のちに先生は、

右を先左をあとにやんはりと
手拭ひしぼる心にて持て

という和歌を教えて下さった。あの、右手は副え手だという教えとは明らかに異なるものであった。ついでにそのときこんなことも教えて下さった。「刀の柄頭いっぱいのところを左手で握ってごらんなさい。……ほら、そこは柄糸がこぶになっているでしょう。刀を握るとき左手はわずかに柄頭を余すものなのです。よく映画やテレビを見ていると柄頭いっぱいに握っていますが、刀を知らない連中が教えているのです。」

私は質問した。「ではどうして竹刀の場合は柄頭いっぱいに持てと教えているのでしょう。」

「竹刀の場合、稽古中に自分の手元で自分の腹を突くことが起こりうるからです。そのとき柄頭を余していると竹刀の柄で自分の腹を自分で突いて危険です。そのために刀とちがった持ち方をするのです。」

もう一つそのとき忘れえぬものを見た。先生が刀をとって、ほんのわずかに動かした。剣尖の上下した幅は一〇センチもあったであろうか。ドッキンという感じで刀がゆっくりと下り、そして水平までもどった。「小手はこれで落ちます」というのである。その時にはもう羽賀先生にはかりしれない偉さを直観していたからその場で信じたのだが、いや信じつづけたのだが、それにしてもたったあれだけの動作で、あんなゆっくりした刀の動きで小手が両断されるとは不思議であった。きっとそうだ、と信じていても、それがあまりに自分の体験を超えている場合、自分の目でそれを見ないかぎり何かもやもやとしたものが腹の底に残る。人間にはそういうところがあるものだ。そのもやもやが晴れるのに十数年を要した。

今も記憶している質問――初対面の日の――がもう一つある。それは、「身体の小さい者が大きい者とやるとき、小さい者はいかにしてその不利な条件を克服できるのでしょうか」というものであった。この質問は実は東大剣道部の師範である鶴海岩夫先生（のちに警視庁主席師範にまでなられた）にすでに試みてあった。鶴海先生は「体の開きを使うのです」と教えてくれた。それは一つの回答ではある。体の開きが剣道の重要な技術の一つであることはその後の私の小さな体験や見聞からも分かる。そのときもなるほど、とは思った。しかし真剣勝負の場合大きい人とやるときには「体の開き」で必ず行くというわけには行くまい。それは一つの方策ではありえても根本的な解決策とはほど遠いように思われた。得心が行かなかったので同じ質問を羽賀先生に試みたのであった。

「気分で相手を殺すのです。それができるようになれば、相手が専門家でも剣尖一つで道場の隅に追い詰めることができます。身体の大小は関係ありません。」

この答えを聞いたとき心から納得すると同時に、自分は今、柳生但馬守や小野忠明、宮本武蔵のような歴史上の剣豪のまえにすわる、という信じがたい事実の中にいるのだ、と実感した。

ともあれこの日私は神田一橋の国民体育館での朝稽古に（つまり羽賀道場に）通わせて下さるようお願いし許可された。「いつでもいらっしゃい。今は火木土日の朝、六時半（?）から稽古しています。月謝？そんなものは一切いりません。」

＊　＊　＊　＊　＊

これから羽賀準一の一生を記す前に、その教えの基本中の基本「正しい姿勢・正しい呼吸」について確認しておきたい。準一の教えのすべてはここに発し、ここに帰るのであるから。

そして剣聖羽賀準一の伝記とは「正しい姿勢・正しい呼吸」の形成・充実・完成の過程とも解しうるのだから。

羽賀準一は剣道でも居合でも、姿勢の「くずれ」を極度に嫌った。いくら熱心に朝稽古に通って来る弟子でも、「くずれ」を直せない弟子は「素直でない」と言って教えようとしなかった。世に範士八段・九段といわれる剣道家といえど姿勢が悪ければ論外だった。

羽賀準一の姿勢・呼吸に関する言葉をわたしのメモからいくつか引こう。
＊　剣道・居合の基本はくずれないこと、すなわち、正しい姿勢である。

＊正しい姿勢とは、常に下腹に力を入れてゆっくり深く呼吸している姿勢である。

＊下腹に力を入れると肩の力が抜ける（肩の力を下腹に落とす、とも言った。このとき心身の潜勢力は最高の状態となる）。

＊肩の力を抜ける人は専門家でも少ない。卯木君がそんなかんたんに力を抜けたら神様だ（卯木君とは羽賀道場の現会長卯木照邦氏。当時法政大学一年生。私が「卯木君の稽古や居合は肩に力が入っているのではありませんか」と質問したのだろう。愚問であった。剣道も居合もよく遣う愛弟子が立派に修行中である、と先生は言いたかったのであろう。同時に下腹に力が入り、肩の力が抜けてつまり正しい姿勢で剣道や居合の出来る人は専門家でも少ないし、まして二十歳前後の卯木君がそんな稽古・居合ができれば神様だ、と言われたのだろう）。

＊正しい姿勢が乱れるや否や、呼吸は乱れる。

＊肩の力が抜けるかどうかは平素の問題である。……姿勢・呼吸の平素の鍛練。

＊変化―正しい姿勢でいればいつでも変化できる。

＊居合の根本は正しい姿勢、正しい呼吸である。

羽賀準一にあっては姿勢と呼吸は不可分である。正しい呼吸の伴わない正しい姿勢はなく、正しい姿勢でなければ正しい呼吸はできない、のである。

羽賀準一が姿勢を大切にしたのは、剣道家として当然のことであった。往時の剣道家たちの堂々とした姿勢は、今も無数の記録写真に見ることができる。名人中山博道は若い頃師の根岸信五郎から姿勢を徹底的に正されたという。その有信館の、多くの名剣士たちにもまれたのである。

しかし羽賀準一のように呼吸を説いた人は有信館にいなかっただけではなく、歴史上にもほとんどいなかった。羽賀準一はある日「剣道書で呼吸にいたったものは一冊もない」。とわたしに語った。ただし白井亨が剣道修行と呼吸の関係にふれていることも付言した。

（後述の佚斎樗山子「天狗芸術論」、森要蔵「剣法撃刺論」等があることは知悉した上での発言である。準一の呼吸論は剣道史上でも空前のおそらく絶後の呼吸論なのである。）

# 第二章　夢は剣道日本一

大正15年上京直前(?)の羽賀準一。女性はミヨ子(?)

# 生いたち

羽賀準一は一九〇八年（明治41）九月一一日、広島県比婆郡東城町大字東城六十三番地ノ二に生まれた。父羽賀藤一、母羽賀チヱ。

藤一の家業は自転車屋兼米穀店であった。自転車はずいぶんハイカラな乗り物であったし、比婆郡は岡山県・鳥取県に近い山の中。藤一は先を見る眼のある頭の開けた人だったのであろう。チヱは一八九〇年（明治23）生まれであるから、準一出産当時は満一七歳または一八歳の若さであった。

準一はこの家の長男として大切にされ、めぐまれた日々のうちに育った。

チヱの弟（準一の叔父）は、米一俵（約六〇キロ）を歯でくわえて振ったという力持ちであった。だがそのために歯を二枚折ったという。体重二五貫（約九五キロ）の巨漢であった。〔直話[*1]〕

一九一六年（大正5）一二月一八日、藤一死去。準一満八歳の時だった。小学校二年生である。母チヱは満二六歳。長女邦恵と次男克己とあわせて三人の子を抱えたうえ、妊娠していた。三ヶ月後男の子を産んだ。羽賀忠利である（後の剣道範士八段）。父の死によって準一の生活は天地がひっくり返るような変わりようとなった。

人の情に飢え、父親的なものに飢えた。後年中山博道を「おやじ」と慕い、斎村五郎にも父親的なものを見るようになるが、根はここにありそうだ。〔忠利[*2]〕

満九歳の時から母チヱと一緒に行商して歩いたという。〔直話〕

小学校四年生（?）のとき近所の子とけんかしてまけた。くやしくてたまらなくて家の中にいるとその子が外を通る。火鉢の中にさしてあったやけ火箸をもって表にとび出すやうしろからそれであたまをなぐりつけた。その子の頭には細長いハゲができたという。〔直話〕

しかし理由なしのけんかはしなかった。

一九一九年（大正8）一〇月、母の実家比婆郡峰田町竹田孝太郎方に寄宿。学校も峰田小学校に転校（五年生）。

自分では、素行のわるい優等生であったと語っている。小学校五年生の頃「先生はいんちきだ」といってけんかし、一週間学校を休んだ。そうしたら教師の方から迎えに来た。

まだ子供の頃部落民の子供の中に入ってガキ大将になり、いばっていた。小学校六年のときは高等科二年

---

＊1　〔直話〕─わたしは学生時代、稽古（週四日）が終わると羽賀先生の多町の店まで毎朝（とくに最初の半年は欠かさず）お供した。梅田号に着くと毎日先生の剣道談義を伺った。そして店で伺ったお話を、店を出るやまたは都電に乗り込むや手帳の空欄にメモした（計七冊）。それを後年何回かに分けてノートに清書した。これが「直話ノート」である。大学ノート一冊ちょっとの分量である。このノートの価値は、後年の記憶（それは心理学で証明されているようにきわめて不正確である）に拠るのではなく直後の記録に拠っている点にある。ただし剣道を始めたばかりの二三、四歳の青年が聞き取り得た内容であるから先生の偉容の百分の一も留めていないであろう。またメモと清書の間にも年月の隔たりがある。これらは如何ともしがたい。本文中〔直話〕と記したのはすべてこの「直話ノート」からの引用である。

＊2　〔忠利〕─羽賀準一の弟羽賀忠利からの聞き書き（一九八六年一一月二五日）を示す。

の年上とけんかした。

こんな話も楽しそうに聞かせてくれた。「とし子という同学年の親類の女の子がいた。この人は女の子で一番勉強ができた。その子の家に居候していた頃、下(しも)に大きな親類があり、ユズがたくさんなっている。準一がとるとしかられるのでとし子をそそのかしてはそれをとってたべた。」

以上も直話である。

一九二一年（大正10）三月、峰田小学校卒業。当時は普通のことであったが、準一も満一二歳で就職した。大阪・谷口の木工所（大阪の谷口木工所?）の徒弟となったのである。この木工所は建具屋であった可能性もある。

労働条件は過酷だったであろう。粗末な食事（栄養不良）と劣悪な住環境（太陽光線の不足と多人数同居）は結核菌のはびこる絶好の環境となる。どれだけ多くの出稼ぎ女工が結核で死んだことか、『女工哀史』が『ああ、野麦峠』が語る。都会に出た男子にも事情は同じであった。ちなみに明治三六年広島生まれ広島育ちのわたしの父も少年時代大阪のマッチ工場に出稼ぎに行き、肺結核を患って帰郷している。

準一も肺結核になって、一九二三年（大正12）八月帰郷した。帰郷先は比婆郡敷信村是松の母の膝元。母は再婚していた。再婚相手との間に子供もできていた。

肺病は当時伝染性の猛烈な死病であった。当時の人々は肺病を怖れ忌み嫌った。母は息子の肺病を村びとに知られぬよう、朝早くひっそりと魚釣りに行かせた。弁当も人に隠れて届けた。日が暮れてひっそりと家に帰るのである。準一には居るべき場所はなかった。その孤独はいかほどであったか。

準一は後年「父の死後七、八年は転々と居候生活をしていた」と語った〔直話〕。これは一九二六年（大正

15）春までのことを指しているのであろう。

父の生前は経済的にも不自由のない家の長男であり恵まれた生活も経験していたであろう準一が、父の死後は大阪の木工所も含めて肩身の狭い「居候生活」を重ね、さらには居場所すら無い肺病やみとして「居候」していたのである。この鬱屈の極みからなんとか抜けだせないものか！

## 中山博道を慕って東京へ

一九二六年（大正15）春のことであった。準一は敷信村是松で矢吹益一という剣道家から剣道の手ほどきを受ける機会に恵まれた。矢吹は京橋商業学校の剣道師範であったが、たまたま帰郷して在郷軍人や青年団に剣道を教えていたのだという。

剣道ほど鬱屈を吹き飛ばしてくれるものが外にあろうか。天辺から爪先までの神経を総動員して打突の仕方をならい、稽古が終わったあとは爽快きわまりない気分になる。準一は剣道に即座に取り憑かれてしまったと思われる。

その準一に矢吹が別世界を覗かせてくれた。東京に中山博道という剣道家がいる。中山先生は若い頃肺結核で喀血したが、この死病さえ猛稽古で克服してしまい、今や東京で大剣道家になっている、と。

この話は地獄の底のカンダタの前に垂れてきた蜘蛛の糸となった。

八月準一は「乾坤一擲、剣に命を托し、矢吹を追って上京」した（羽賀忠利）。

矢吹益一の紹介でさっそく牛込若松町の養心館・梅川熊太郎の道場に行き、一週間くらい世話になった。が、九月には市ヶ谷の猶勝堂に移った。この道場は男爵近藤滋弥が邸宅の敷地に設けた道場で、中山博道が師範として週一、二回剣道・居合の稽古をつけに通っていた。準一が移った理由は明瞭である。あこがれの中山博道の弟子になりたかったのだ。そして日本一の剣道家になる、という大望を実現しようとしたのだ。

博道は有信館の内弟子には酷薄とも言える厳しさだったが、外では親切でサービスもよい。準一は雲の上の人中山博道に稽古をつけてもらったかもしれない。そして達眼の博道は準一の中に観るべきものを観たのだと思われる。準一に有信館に来て稽古するようにと声をかけてくれた。

この日のことを堂本昭彦は面白く再現している。中山博道の有信館は、この頃、本郷真砂町三七番地にあった。春日町の交差点を白山に向かって少し行き、右手の路地に入り込んで左側である。剣道・居合道・杖道、三道で範士となった博道は、東京の剣勢を高野佐三郎と二分している。

博道は猶勝堂で羽賀準一に会った日、書生をしている中島五郎蔵に、

「きょう、おお猫の玉取りのような稽古をしている男を見かけた。」

と、いった。五郎蔵が、は？　と問い返すと、博道はにっとわらって、この人物にはめずらしく、

「不格好だが、技が大きい。」

と、軽口をたたいた。上機嫌の証拠である。〔堂本・遺－21～22頁〕*3

こうして有信館に入門を許されるのであるが、この間そしてこのあと〔皇宮警察に就職した昭和二年八月以前〕、準一がどうやって食べていたのか詳しいことは分からない。中島のように有信館の書生にはなっていない。どこに住んでいたのかもはっきりしたことは分からない。上京当初は矢吹の家においてもらったら

しいが、いつまで世話になったのであろう。その後蕎麦屋の出前持ちをやっていた時期があったとも言われている。そもそも衣食住はもちろんだが、剣道の防具・稽古着・竹刀等の費用もどうやって工面したのであろう（一番高価なのは防具。これは有信館の防具置場にある無主のものを貸与されたと思われる）。広島の山奥から出て来た一八歳の準一にとって東京の第一年はさぞかしきびしかったであろう。

それでも有信館での稽古には万障繰り合わせて異常な熱心さで通ったらしい。

当時有信館の稽古は夕方五時から七時までの二時間であった。狭い道場に五〇人から六〇人が来て、芋の子を洗うようにひしめいて稽古したという。竹と竹の激烈な打撃・摩擦が発する竹刀の焦げた匂いが道場にみなぎったという。

それ以外の時間にもヒマのある門人などがやってきて稽古した。準一もヒマさえあれば通いつめたであろう。月謝は一人一円五〇銭であった。〔長本〕*4

大畑郷一、矢木参三郎、長本寿、中島五郎蔵、などが稽古の手ほどきをしてくれた。中山博道が弟子を直接指導したのは大畑郷一のころまでであった。〔直話〕

明治・大正時代の稽古は激しかった様に言われるが、実は一本うっては「お小手！　お小手ェェ……」などとひきあげる気の抜けた稽古だった（撃剣興業の名残でもあるだろう）。それをやかましくいましめたのが中山博道である。博道が大技の稽古を指導した。中山一門だけが大技で稽古した。〔直話〕

---

＊3　〔堂本・遺〕—堂本昭彦『羽賀準一 剣道遺稿集』（島津書房、1995）を示す。

＊4　〔長本〕—長本寿からの聞き書き（一九八六年九月一二日）を示す。

ここで根岸信五郎（一八四四―一九一三）―中山博道―羽賀準一という「神道無念流の相伝者の」系譜〔直話〕をあきらかにしておきたい。

堂本昭彦編著『中山博道 剣道口述集』によると、根岸信五郎は戊申戦争のとき長岡藩の腕のたつ武士百余名を選んで抜刀隊を組織し長岡城の奪回に成功した。これを初陣として十三、四回の実戦を経験した。博道は師についてこう述べている。

（師は）この感想を時折り私に話された。初めて敵と相対した際、相手の武器の種類とか、間合とかの判断はとても不可能で、只、夢中に刀を振りあげて体ごと敵にぶつけたのち、ア、自分は無事だったかと感ずるだけで、当時師匠は切紙（今日の目録の位）の腕前など全く受けつけないほどの技倆だったにもかかわらず、あとで我にかえると体はガタガタで、息は苦しく、力は殆ど抜け切ってしまっていた。実戦の異状さは容易に想像できぬもので、度重なるに従い、何となく心に余裕らしきものは出てくるが、サテとなると平静とはいえぬ夢中さが出て、終戦まで遂に脱し切れなかった、と話された。

根岸信五郎の実戦体験に基づく剣道を博道は忠実に継承し発展させた。だから剣道家と称する人たちには最低限次のことを要求する。

刀の調子、重量の如何、直曲の区別、長短の得失などは先ず考えないで、刀そのものに慣れることが急務である。慣れれば刀の急所が掴める。従ってその運用も解ってくる。何を置いても慣れ親しむのが第一の要件で、竹刀ばかり振り回して、これで大丈夫とするのは早計至極である。

これからが修業であるが、この刀の使い方が竹刀に乗ってくればシメタもので、……今日の斯界では先ずこの程度で普通と認め、及第としていい。次に自分を守り得るようになるには、一生かかるものと思わねばならない。
この「及第」点だけでも取れる剣道家は戦後十年にもなる博道口述時の現在、いったい何人いるのであろう。かなりの居合修行が必要であろうに。しかし有信館の剣道家たちでさえ準一たちの世代以降で居合を修行しているのは羽賀準一と中島五郎蔵くらいだという。高野系はもともと居合はしない。博道のいうこの「及第」点だけでもとれる剣道家は今や希少であろう。

博道の戦後剣道批判は辛辣をきわめる。

全日本剣道選手権大会を観て、そこに集まる選士連の竹刀捌きは、私から見て器用につきてはいるが、所詮あれは竹刀捌きで、忌憚なく申し述べれば、及第点をつけられるものは只の一人といない。よって竹刀選手権と改称されたがいいとさえ存じている。あんな攻防は日本刀ではとても思いもよらぬことであって、非常識も甚だしい。

この中山の剣道・剣道観を完全に継承し発展させたのは羽賀準一唯一人である。本書の全体がこれを証明するであろう。

さて、大畑郷一にもどろう。

大畑郷一こそ博道に代わって羽賀準一の「剣道に対する考え方の大半を指導し」た人である。つまり羽賀準一の大技で豪快無比の剣道を手引きしたのは大畑であった。大畑は居合でも準一に正しい手ほどきをしてくれた。〔堂本・遺－121頁〕

「矢木参三郎さんは、小さい体でたいへん強い方であったが、相打ちの勝ちを主とされ、一パイ飲むと、割り箸を両手に持って、煙草を横ぐわえによく論ずる方であった。体が小さかったせいか、体の開きの話が主であって、技の方であった。」〔堂本・遺－121頁〕

長本寿は一九〇五年（明治38）の生まれ、埼玉県春日部（？）の人。一九二三年（大正12）有信館に塾生として入門した。若い頃は五尺六寸（一六九センチ）一八貫（六七・五キロ）の体格で当時としては大きい方であった。

この人は一九三一年（昭和6）まで八年間にわたって有信館の塾生だった。地方から来た他流の人たちを稽古で痛めつけるのが楽しみで八年も有信館にいたのだ、とはご本人の直話である。

準一は実は気が弱かったらしい。無類に気が強かったといわれるが、あれは気の弱さを克服すべく死にものぐるいで剣道修行した結果なのであろう。*5

有信館の稽古で準一が非常に恐れたことの一つは突きであった。そうすると長本寿が準一の面の突き垂れの奥にある蒲団を「これは臆垂れというのだ。こんなものあるから突きをおそれるのだ。とってしまえ」と言ってちぎってしまった。そうして次第に突きを恐れなくなったと羽賀準一は後年語っている。〔直話〕

臆病垂れをちぎるとは無茶なようだが、正しい姿勢であごを正しく引き半歩前に出て突きを受けると、ケガはしないいし、突き倒されもしないのである〔直話〕。長本たち先輩はそういうことも含めて教えてくれたのだろう。

中島五郎蔵は非常に親切に準一の面倒を見てくれた。近藤男爵の猶勝堂にいたころ胴の打ち方を教えて欲しいと言うと、饅頭を一円（大金だ！）買ってこいと言う。買ってくるとぺろりと平らげ、「お前のような不器用に教えても分かるものか」と……。〔直話〕ふたりは終生の親友となった。

準一入門当時の稽古の様子は堂本昭彦の聞き書きによって生き生きと甦っている。〔堂本・有－146～161頁〕[*6]

有信館にはこういう美風もあった。稽古が終わるといつもたむろして先輩たちから剣道の話を聞くのである。おそらく、巻藁の切り方、小指が人斬り指と呼ばれるゆえん、しぼりのこつ、突きの基本、突きの受け方、足がらみの方法、師博道の逸話、先代根岸信五郎の逸話、斎藤弥九郎一門のこと等々、剣道をめぐるあらゆる話題を達人・上手たちが興味深く話してくれたという（羽賀準一はこの美風を尊び、いつも稽古後は道場のたまり〈＝神田国民体育館の控え室〉でたむろする弟子たちに剣道にまつわる話をしてくれた）。

一九二七年（昭和2）八月、間もなく一九歳になる準一は皇宮警察に就職できた。師博道のはからいであった。故郷はすでに見てきたように居場所はなかった。死んでも故郷には帰らぬしまた帰れない。僧月性の人口に膾炙した一句を借りれば、「学若し成らずんば死すとも還らず」である。生きる頼りはこの世に剣道あるのみ。目指す絶頂は中山博道。生きる場所も死ぬ場所も有信館。そう思い極めて入門し修行してまだ一年足らず。準一の苦境と死にものぐるいの稽古と類い希な素質とを博道は見抜いたのであろう。ただしこの時はまだ官吏ではなく、雇員（官庁などで、正規の職員をたすけるために雇う者）であったようだ。

---

＊5　中倉清は「羽賀は喧嘩は弱かった」と言っていた。有信館三羽がらすが街で与太者や酔っ払いと喧嘩になったとき、これを引き受けるのはもっぱら清の役であった。見も知らない人にほどよく暴力を揮うのは苦手だったらしい。五郎蔵と清は口をそろえて「羽賀は泣き虫だった」とも言っている。お別れだと言って泣き、親友の奥さんに赤ちゃんが生まれたといって泣いた。酔うと泣き上戸でもあった（中倉）。

＊6　〔堂本・有〕―堂本昭彦『中山博道有信館』（島津書房、1993）を示す。

準一の前に剣道で食べて行く道がはじめて拓けた。命をかけた大好きな剣道がやれてそしてともかく食べてゆける。

「当時の上席師範中山博道先生以下斎村五郎範士、故大島治喜太範士、故橋本統陽範士等、その他助教に山本忠次郎範士、中村定芳教士その他多数優秀な」剣道家がそろっていた。「当時の私（準一）は三級にもならない程度で、初心者と申すより、最下級のはじめたばかりの青年で、当時数え年二十歳でした。」〔遺稿－21頁〕

時間さえあれば稽古したであろう。一日に竹刀を四本も壊して竹刀を配給してくれる係にあきれられたこともあった。稽古に疲れきって、本職の勤務中には寐惚けて机上のインク壺をひっくり返したり書類を落としたりしたとは後年の直話である。

有信館入門の一年後には居合も始めた。先にも言ったが大畑郷一が剣道も居合も指導をしてくれた。中山博道から直接おそわることはなかった。

準一は、一年半で初段になれなければ専門家になれぬといわれたのに二年かかった。それで先輩たちからは『お前のような不器用なやつは専門家になるのは無理だ』とからかわれた。

羽賀忠利は「準一は本来左利きのはずだ。荷を担ぐときも左肩に担いだ」と言う。兄弟でなければ分からない機微である。この情報を取り入れてこそ、後に天才の名をほしいままにした準一初期の「おお猫の玉取り」「不器用なやつ」のわけもわかる。特に左利きの人の居合稽古の困難は想像するだけでぞっとする。

（戦後のことであるが、準一はある時期土木建築現場の監督のようなこともやっていた。現場には言うことを聞かぬ海千山千のハンマー打ちがいた。準一はその男のハンマーを借りて左右どちらからでもびゅんびゅんふりおろして見せた。これをみてそれにかけては自信満々だった男たちが感嘆し「俺は左じゃぜんぜん使えない」といった。

そしてそのうちのふたりは準一がその仕事をやっている間中、使ってくれと言ってついてきた。〔直話〕鉋かけも巧みで左右を同様に遣ったともいう。多町の店で居合をやると右腕ばかりが発達するのではありませんか、と質問した。「見てご覧」といって見せてくれた両腕は全く同じ太さであった。）

さて、一九二八年（昭和3）に初段をとってのち、翌年までの三回の昇段試験で四段になった。しかし負けては二段、負けては三段と、負けつづけの中での昇段だった。勝負にではなく、大技の剣道という基本に徹頭徹尾こだわっていた。

一九二九年（昭和4）、宮内省皇宮警手を拝命した。皇宮警手は判任官待遇で、皇居や皇室の人々の警護に当たった。つまり正式の巡査になれたのである。生活の道は、したがって剣道の道も一層拓けた。安いであろうが安定した収入が保障されたこの頃であろうか、酒を覚えたのは。準一は生来酒は一滴も飲めなかった。カフェ（喫茶店）でだれかが紅茶にウィスキーを垂らして飲ませてくれたのが初めだという。前後不覚になってしまったと後年話してくれた。それから酒の「修行」も始まったようだ。

## この強情っぱりめ

一九三〇年（昭和5）一月中倉清が有信館に入門し、中島五郎蔵・羽賀準一・中倉清は無類の仲良しとなり、かれらはいつしか有信館三羽がらすと呼ばれるようになる。

中倉は入門早々の一月末、有信館の進級試合に出場して、いきなり一六人を抜き、五郎蔵・準一と同じ四級の中（四段）になった。

準一の稽古量はどんな人よりも多かった。多いときは「朝四時、七時、一〇時、それから午後と夜の五回もやった」。（直話）中島五郎蔵の話によるとその一回一回の稽古がすさまじいのだという。当時は一回の稽古に精も根も使い果たし、稽古が終わると今日一日の稽古はもう十分だ、と思う。それを朝夕二回繰り返すのが一人前の稽古と考えられていた。「ところが羽賀はそういう稽古を一日に四回も五回もやるのだ。強くなるはずだ」と。（中島）*7

準一は「技の頂点に到達するには三年でよい。」と後年語っている（直話）。

次の直話はこのころのことだろうか。幕末の志士渡辺昇（1838—1913）は神道無念流の遣い手で、新撰組を何人か斬ったという人。明治維新後官僚となり、子爵になった。渡辺は微神堂という道場を構えたが、そこに（数え）一二才で入門した堀田捨次郎は精進し明治三四年五月京都武徳会本部における大会で、「天下第一の称をかち得るに至つた」（『武道宝鑑』－823頁）。準一はその堀田捨次郎（昭和四年の天覧試合指定選手の部でも準々決勝に進出）に向かって「先生は日本一でいらっしゃる」とひやかし「（日本一は）中山だ！」と言わせて楽しんでいた。そしてこの堀田（当時四六歳）をよく脚がらみ等で倒した。気絶して横たわる堀田の六尺のからだをみて「長いなあ」と思った、と。

乱暴な稽古ではある。ただし当時の稽古の決まりに外れた乱暴ではない。すべて許された荒技・稽古である。

そして五月、準一は京都で行われた武徳祭演武大会で精錬証を得た。剣道におのが命と未来を賭けて上京し、有信館に入門してわずか三年半。「これほど短いあいだに『精錬なることを証す』という域に達したのは異例といっていい。」精錬証を与えられた者は「いまならば範士に匹敵するだろうといわれ、どの道場でも紋付き羽織袴で審判に立つことが許された」。〔堂本・有―71頁、168頁〕範士小川金之助が「東京にあらっぽい若手が出たぞ」といったという〔直話〕。居合も格段の進歩を遂げていたらしい。

〔わたしのメモでは「二二（?）歳のとき」とあるから、同じ昭和五年のことと思われる。居合の精錬証の検定審査も京都であった。そのとき「羽賀が一番よく抜いた。お前がとれなければ他は全員とれないぞ」といわれるほど抜群のできだった。しかし準一はおちて他の金持連中の子弟がとおった。その晩宿で博道と会ったとき「どうして私が精錬証をとれなかったのですか」と聞いた。博道は「お前は一体誰に居合をならったのか。お前はまだ若いから精錬証はとれんでもいい」と言ったという。準一は怒って「中山先生が御存命中は二度と京都で居合はいたしません」といい、とうとう戦前一度も抜くことはなかった。後年「羽賀に居合をならうように」との博道からの紹介状をもって朝鮮に来た人があったが「私は中山先生から居合はならっておりませんから」と言って教えなかったという。その後博道が朝鮮に来たとき車の中で「羽賀あの方にお教えしたか」といったので「いえ、私は先生から居合をならっておりませんので教えませんでした」と答え、一本返した。博道は「この強情っぱりめ」と言った。その後若先生（中山善道）から「今年抜いて精練証、来年は教士をやるから抜かぬか」と幾度もいわれたが、ついに抜かなかった。〔直話〕〕

この年の夏のことだと思われる。ひどい雨の降ったことがあった。神保町あたりの道を川のように水が流

＊7　〔中島〕―中島五郎蔵からの聞き書き（一九九〇年八月二〇日・九一年三月二六日）を示す。

れていた。準一は長ぐつで道場まで行ったが水は長靴の上からどぶどぶ入ってきた。その日真砂町の道場に来たのは準一と拓大生の二人きりだった。博道が「よく来たな」と言ったので、準一は「稽古の日だから来ました」と答えた。博道は「強情っぱりめ」と言い、準一には面を、拓大生には小手をくれた。〔直話〕

秋「講談社優勝試合」があった。

これは全国の高専、大学、団体、道場からそれぞれ代表三名のチームを募って優勝を争わせるというもので、社長野間清治が「講談社を武教の総本山にしたい」という念願を持つ人物だけに、大会もにぎにぎしい。〔堂本・有－143〜144頁〕

準一は有信館を代表して出場した。先鋒羽賀準一、次鋒中倉清、大将禿(かむろ)勇雄（中央大）。勝ち上がって決勝へ。決勝は土田武司、佐藤貞雄、山宮三四郎らの皇宮警察チーム。

有信館チームが優勝した。

さらに皇道義会武道大会には皇宮警察チームの一員としてとして出場（佐藤貞雄・小栁(おなぎ)敏・羽賀準一）。〔堂本・集－25頁〕皇宮警察が優勝した。

皇道義会の道場はわが国随一の規模を誇り、このころ、春秋二回催される「皇道義会武道大会」は、武徳祭演武大会や済寧館剣道大会ほどではないにしても、権威ある大会として盛んなものがあった。〔堂本・有－199頁〕羽賀準一の剣名はいよいよあがった。

昭和五、六年（二二才から二三才）ころの準一は強くなりすぎて元太刀に立ってくれる人がほとんどいなくなった。立ってくれるのは持田盛二・斎村五郎・大島治喜太の三範士くらいだった。前二範士さえも三度

に一度は断った。大島範士が一番よく稽古をつけてくれた。〔直話〕

後年準一はこう書いている。

大島治喜太範士（昭和五年当時数え四二歳）は親切な指導者であった。「技の人と称せられ、千変万化、みごとなご稽古であった。下手な私を連れて東大や警察署に行き、行く先々でご指導くださったことは終生忘れることのできない思い出であります。」

この大島に対して当時の準一は「おはようございます。今日もおころびでございます」などと挨拶したものだ、と言う。大島はそんな準一を愛し面倒を見てくれたのである。

「次に動かざること山のごとしといえる斎村五郎範士である。私の二十四、五歳（満で言えば二二、三歳）のころは、先生のご近所に居住していたので、特に近くから先生を知る機会に恵まれたことは、私にとって真に幸いであった。皆様がご承知のごとく先生の剣風は、いかに打つことができても、稽古終了後は打ったあと味が全然残らないことである。稽古中、今日はかなり打てたと思って面をとって考えてみると、前記のごとく打った気持が残らなくて、おもしろくない感じが残るだけであった。若い私は、先生のお顔を見ると腹が立つ。」〔堂本・遺－120頁〕

斎村の親切であろう、斎村夫人が準一にリンゴを届けてくれたことがあった。こういう親切には人一倍感激する準一である。「お顔を見ると腹が立つ」斎村先生にお礼を言わなくてはならない。そこで斎村と顔を合わせないような道をとり、会うのを避けた、と後年笑って話してくれた。〔直話〕

持田範士は大島・斎村のように打たせるのを嫌ったので準一との稽古を避けるようになったらしい。持田という人は自分を叩かせて若い人を高めてやろうということは考えない人のようである。「持田先生は自分だけがかわいい人だ」というのが準一の評価となった。持田は攻めまくる準一の荒稽古に手を焼き次第にこれを避けるようになる。

中山博道にだけは歯が立たなかった。しかも博道が道場にいるときは稽古を願う人が長い列をなしていて、時間がもったいないと別の人と稽古した。こんなことも言っていた。「中山先生をころばすのはわけなかったが、ころんだあとつかまるともうだめ」と。

この年の前後からであろうか、博道以外敵わぬ人のいなくなった準一に倨傲の言動が多くなり、また酒の上での不始末もそうとう引き起こしたらしい。準一の剣道を非常に評価しその人となりをかわいがる人たちや親交を結ぶ仲間たちと、その剣道のあまりの強さを恐れ、その毒舌・倨傲・酒がらみの乱行を憎み、嫌う人々とができた。

明けて一九三一年（昭和6）。五月二一日、皇道義会東武館武道大会の精錬証高点試合（一人で何人抜いたかを争う試合）で準一は一〇人抜いて優勝した。六人抜いた清水保次郎が二位、三人抜いた野間恒が三位だった。（月刊「剣道日本」、一九九三年一〇月）

六月（?）には「皇宮警察対オール警視庁」の試合があった。皇宮警察約五百人と警視庁約二万人の中から各二〇人を選抜し、二十人抜きの試合をするのである。

準一は皇宮警察側二〇人中の一四番手あたりで出場しているが四人抜きしかしていない。中倉清は三将として出て九人抜きの大活躍をし、副将佐藤貞雄がオール警視庁の副将・大将を倒し、大将土田武司を残して皇宮警察が勝った。最初オール警視庁の先鋒が一二人抜きしたときは皇宮警察側は敗色濃厚であった。中倉の大活躍で逆転勝利したときの宮内大臣一木喜徳郎と皇宮警察部長白井演のよろこびは大変なものだったという。

以上は高橋英(しげる)談・構成／石神卓馬（堂本昭彦）「聞き書き剣道史三九」（月刊「剣道日本」、一九八九年五月）からの要約である。

## 二度目の喀血、呼吸にとりくむ

昭和五年および昭和七年の羽賀準一の無敵の勝ちっぷりを考慮すると、「四人抜き」はいかにも冴えないし、四月に皇宮警察に入ったばかりの中倉が三将になり、皇宮警察としても剣道歴からしても中倉より上の準一が、一四番手あたりに配されたのもおかしい。堂本も同様の感想を持ったと見えて『中山博道有信館』（一九九三年）において「この試合に羽賀準一の名が見えない。彼が皇宮警察のメンバーとして出場していれば、これほどに苦心を要することはなかったろう」（173頁）と記している。

この準一の不振はどうしたことか。

謎を解くのは、肺結核の再発であろうと思われる。

肺結核が再発し、喀血し、医者から「もう二週間で死ぬ」と宣告されたことがある、との直話をわたしは二度聞いた。しかしそれがいつのことだったかは聞き損なった。これに関連してこんな直話もあった。どこかの外苑（?）のベンチにステッキを突いて座っていたことがあった。それを見たある人がもう一人に「あの顔覚えておけよ。あの男青白くて弱々しく見えるが、道場に立つと別人になるぞ」と言ったという。この話はその「もう一人」から聞いたのだ、と準一は笑いながら話してくれた。さらに準一はそれほど弱ったときにも朝夕の稽古は一日も休まなかった、「剣道に命をかけているのだから」と言った。

わたしは永年に亘って「どこかの外苑（？）」、といえば神宮外苑しか思いつかなかった。二、三年前江戸城跡を訪れたとき皇宮警察本部や済寧館を見ながら、今の東御苑だったのではないか、と思うようになった。準一が弱り切った体で神宮外苑に行く必然性は考えられないが、今の東御苑なら職場の内である。そしてここでなら日頃の剣道仲間に会うことはいくらでもありうる（もっとも場所の考証はこの場合の必須事項ではないので推測にとどめる）。

こうしたことどもを勘考すると再発の時期は昭和六年の六月前後と推定される。あまりの猛稽古と生活（主に食事）上の不摂生が重なって再発したのであろう。

「もう二週間で死ぬ」と宣告されたとき準一は「もう医者になんか頼るものか！」と思い、白隠（1686―1769）の「夜船閑話」と取り組んだという。

（どうして「夜船閑話」を知ったのか。昭和五年五月、森景鎮（要蔵）「剣法撃刺論」という小冊子が野間道場刊として出ている。これに「夜船閑話」の呼吸法が説かれている。森要蔵は準一と親しい野間恒・野間寅雄の曾祖父。準一はこの小冊子を晩年にも持っていて、一九六四年〈昭和39〉ころ東大剣道部の主将・副主将だった村山正佳・岡本淳に各一冊贈っている。）

重い肺病の準一が熟読しかつ徹底的に実行したのは「夜船閑話」中の「内観の秘訣」であった。

「内観の秘訣」を白隠の言葉そのままに引こう。（テキストは直木公彦『白隠禅師　健康法と逸話』*8）

我に仙人還丹の秘訣あり。爾が輩試に是れを修せよ。奇功を見る事、雲霧を披いて皎日を見るが如けん。若此秘要を修せんと欲せば、且らく工夫を抛下し、話頭を拈放して、先須らく熟睡一覚すべし。其の未だ睡りにつかづ眼を合せざる以前に向て、長く両脚を展べ、強く踏みそろへ、一身の元気をして臍輪気海、丹田腰脚、足心の間に充たしめ、時々に此の観を成すべし。わが此の気海丹田、腰脚足心、総に是れ我が本来の面目、面目なにの鼻孔かある。わが此の気海丹田、総に是れ我が本分の家郷、家郷何の消息かある。我が此の気海丹田、総に是れ我が唯心の浄土、浄土何の荘厳かある。我が此の気海丹田、総に是れ我が己身の弥陀、弥陀何の法をか説くと、打返し〳〵、常に斯くの如く妄想すべし。妄想の功果つもらば、一身の元気いつしか腰脚足心の間に充足して、臍下瓠然たる事、いまだ篠打ちせざる鞠の如けん。恁麼に単々に妄想し将ち去つて、五日七日乃至三七日を経たらんに、従前の五積六聚気虚労役等の諸症、底を払て平癒せずんば、老僧が頭を切り将ち去れ……

この「内観の秘訣」に真剣に取り組んだ人は奇跡的な健康回復を果たしたと言われる。元祖の白隠自身、白隠のたくさんの弟子と知己、剣道家では江戸時代末近くの白井亨等々そして現代人に至るまで、死の淵から甦ったという人々は枚挙にいとまがない。直木公彦前掲書によって一例を挙げよう。

ストレプトマイシンも効かず、腸結核の末期になって死を待つばかりの女性がいた。激痛をともなう下痢、

＊8　直木公彦『白隠禅師　健康法と逸話』（日本教文社、昭和三〇年九月二五日初版、昭和五〇年改訂初版、平成二五年五七版）一五七ページ。著者の直木公彦（１９１８―２０００）は自身が「夜船閑話」によって肺結核の死の淵から甦った経験を持つ。その体験の普及の中で効果のいちじるしさに驚き、白隠の研究を始めた。その成果が表記の著書である。これには「夜船閑話」の原文も附されている。昭和三〇年の版を羽賀準一は読んでおり、直木の研究に学んでいる。このことについては後述する。準一はわれわれ弟子たちに直木の著書で「夜船閑話」を学ぶよう勧めてくれた。

食欲不振、不眠、痰と咳、体重はとうとう「八貫五百匁（約三二キロ）にやせ、骨と皮」になった。彼女は「内観の秘訣」を聞いてこれにすがった。実習して六、七日後には不眠と食欲不振を脱し、半月で下痢がとまり体重が増え始め、咳も止まり、半年後には「十四貫五百匁（約五四キロ）の女丈夫」にまで回復した。

羽賀準一の場合はこの女性よりももっと早く、奇跡的に早く、回復したと思われる。

「内観の秘訣」は仰臥禅とも呼ばれるが、「夜船閑話」には「端座（正座）」して行う呼吸法も説かれており、準一はこれをも実行した。のみならずかれ一流の徹底性で常住坐臥一日二十四時間にこの呼吸法を取り入れた。[*9] もちろん死ぬと言われても欠かしていない剣道・居合の朝夕の稽古中こそ最上の呼吸法実践の場となった。

しかし皇宮警察内での準一の位置はさまざまな問題を孕んでいた。まず、結核の再発によって剣道に前年の強さが失われたこと。準一に代わる遣い手中倉清が入ってきたこと。「日常の素行、勤務態度、人間関係などで問題が多かった」（堂本・遺－25頁）こと。そうした時に警視庁が実力のある遣い手を求めていたこと。昭和四年一〇月以来「全国警察官武道大会」が陸軍戸山学校の大道場でおこなわれたが、警視庁剣道は柔道の成績に比べて低調であり、強い剣士を求めていた。

こうして一二月、準一はスカウトされて警視庁に移った。結核の方はそのころには克服されていたと思われる。そして無類の強さも復活したようである。

一九三二年（昭和7）四月には警視庁剣道助教に任命されている。

結核の克服と呼吸法の摂取は準一の剣道を飛躍させることになる。「正しい姿勢・正しい呼吸」の確立第一段階の到来である。

## 若手日本一の栄光

この年の五月一四日、羽賀準一生涯最高の得意の日が来た。宮内省大臣官房皇宮警察部主催済寧館剣道大会の日である。

毎年五月に行われる済寧館の大会は、京都の大日本武徳祭演武大会とともに、剣道界で最も権威のある大会であった。大会はふつう皇宮警察部内の個人試合から始まり、大学・陸海軍・官庁・警察・道場・実業団など各方面から選抜された剣士の試合、教士試合、範士模範試合へと進むが、今回は二組の五人総当たり試合が最大の関心であった。

羽賀準一はこのうち精錬証新進剣士五人総当たり試合に選ばれ、中倉清、小島主（つかさ）、森寅雄、和田金次とともに出場した。ちなみに精錬証中堅剣士五人総当たり試合の出場者は、三橋秀三、竹村兼十、佐藤貞雄、土田武司、大野操一郎である。これらの顔ぶれは中山博道、斎村五郎、持田盛二、大島治喜太ら皇宮警察部の師範をしている大家によって選ばれたもので、つまりは当たる盛りの剣士たちがリーグ

＊9　一九六〇年前後のことかと思う。弟子の園田直（厚生大臣・外務大臣等を歴任した政治家）が伊豆かどこかに師の準一を招待し一席を設けたことがあった。やがて先に酔った準一が涼風に吹かれて畳の上でいびきを立てはじめた。園田はさすがの名人も眠っているときには普通の呼吸になっているだろうと、寝姿を眺めた。なんと眠っていても逆腹式呼吸をしていた。この話は稽古後の雑談の中で園田がしてくれたように記憶する。そのときの羽賀先生の笑顔もよみがえる気がする。常住坐臥はおろかわずか10分間でもこの呼吸法を実践していることがどれほどむずかしいことか、やってみた人でなければ分からない。

戦で覇を争うのである。〔堂本・有－26～27頁〕

「中堅剣士五人」はすでに「当たる盛り」の年齢を越えている。そして「新進剣士五人」のうち羽賀・森・中倉・小島はまさに「当たる盛り」、手の着けられない強さである。

森寅雄（野間寅雄）についてほんの少しふれておこう。詳細は堂本昭彦『中山博道有信館』の「陰陽」外にゆずる。

一九一四年（大正3）六月一一日生まれ。曾祖父森要蔵は上総飯野藩二万石の剣術師範。千葉周作玄武館四天王の一人をうたわれた達人。幕末会津側に立って参戦。息子森虎雄とともに「連れ舞を見るような」と賛嘆される美事な奮戦ののち、ついに一斉射撃のもと討ち死にした。その要蔵の娘にふゆがいた。薙刀の遣い手ふゆが要蔵の剣の弟子野間好雄と結婚し生まれたのが野間清治（後の講談社社長・野間道場の主）と保。野間保は婿を取って四男五女の子宝に恵まれ、四男に寅雄と名付けた。これが野間寅雄（昭和四年三月森姓をついで森寅雄）である。

野間寅雄は一九二九年（昭和4）から巣鴨中学校剣道部で活躍し、その名は全国にとどろく。翌五年野間清治の要請で持田盛二・増田真助らが野間道場チームを率い千葉・銚子の格心館に試合を申し入れた。清治の長男野間恒（後に昭和九年天覧試合府県戦士の部で優勝）に場数を踏ませるための企画である。格心館は年輩の遣い手もそろえ、手ぐすね引いていたのだが、先鋒野間寅雄一人に三六人が抜かれてしまった。持田はおろか肝心の恒の出番がなかった。一九三〇年（昭和5）、一九三一年（昭和6）の野間寅雄の華々しい活躍・戦績は文字どおり枚挙にいとまがない。その剣道は中学生の埒外にあった。中学校五年のときに四段・精錬証を取った。天稟とはこの人のためにある言葉のようだ（羽賀準一が師中山博道以外でもっとも褒めた剣道家が森寅雄である。後年「森寅雄は天才だ」と幾度となく語っていた）。

中山博道があるとき（昭和五年頃だろう）言ったそうである。「いま日本中で専門家も合せ、剣道人が何人いるか知らないが、専門家を含めていまの野間寅雄に三本勝負で勝てる者はまずいないだろう。三本勝負にして、一本一本の勝負が出来るのが片手いるかな」と。〔原園－120頁〕[*10]

その森寅雄と羽賀準一は「今日は何本打って何本打たせようか」と相談してから持田盛二に稽古をお願いしたと後年語っている。〔直話〕

増田道義の記憶。「警視庁の道場だった。大島（治喜太）先生がだれかをさかんに遣っておられる。と、よくよく見たら、じつはしきりに叩かれているのは大島先生のほうで、叩いているのは羽賀準一だった。また、持田先生がだれかをさかんに遣っていられる。と、よくよく見たら、実はしきりに叩かれているのは持田先生のほうで、叩いているのは中倉清だった」もこのころのことであろう。〔増田〕[*11]

もうひとつ。一九六四年（昭和39）も末近くだったと思う。「試合において勝機をつかむまでいかに辛抱強く待つか」という話のとき、羽賀準一は「中倉清との試合で二〇分も一進一退したのち、勝ったことがある」とのことであった。これは何時の試合であるのか永年分からなかった。一九八六年（昭和61）中倉清にインタビューしたときに聞いてみた。「有信館で稽古が終わった直後です。私と羽賀君があまり互いに稽古をやらんので中山先生が『おい中倉と羽賀稽古しろ』と言われた。……その時のことでしょう」と（中倉の

---

＊10　原園光憲『剣道の復活』（書房高原、1972）

＊11　〔増田〕──増田道義からの聞き書き（一九八七年四月三日）を示す。

記憶では羽賀との試合はこのときと済寧館の時だけ、とのこと）。〔中倉[*12]〕

あの中山博道さえもふたりの手合わせを見たかったのであろう。

こうして「中山博道、斎村五郎、持田盛二、大島治喜太ら……大家によって」羽賀・中倉・森の有信館系三人と高野佐三郎系から小島主・和田金次が選ばれた。小島主は高野茂義の満州大連道場に入門。その後満鉄に勤めて「剣道留学」で東京に出た。そして高野佐三郎の修道学院に入門し鍛え上げた剛剣である〔堂本・修－280～315頁[*13]〕。和田金次は高野佐三郎・斎村五郎等を師範にいただく早稲田大学剣道部の主将。当時学生剣道は警察官等の専門家と対等に渡り合った。森寅雄のように中学生（旧制）で専門家を凌ぐ例さえあった。

こうなれば昭和七年の「精錬証新進剣士五人総当たり試合」は事実上の日本一決定戦であった。

試合内容と結果についてはほとんど記録が残っていないという。試合当日は五月一四日、翌日は五・一五事件があったからだという。

わたしが羽賀準一から聞いてメモできたのは。以下のことに過ぎない。

初めに和田金次と立ち会った。かれの竹刀が剣に見えた。二人目は中倉清とだった。四本とって審判はやっと一本とってくれた（このときの審判は現在の十段組だった—斎村五郎・持田盛二？）。三人目は森寅雄と。面に行くと胴に来て下からすくって投げられた。ものすごくふっとんだ。決勝戦（？）は小島主と。

これだけである（自分の記憶力の乏しさが恨めしい）。

次のような直話メモもある。

小島主との試合で面にいくところを双手でカチ上げられ、あおのけに飛ばされながら放った双手の横面がびしっと決まった（これが一本になったのかどうかは不明だが）。小島主は倒れている羽賀準一に近寄ってきて、準一をつまんで引き起こした、という。

このとき中学生だった羽賀忠利からの聞き書きを堂本昭彦は次のように伝えている。〔堂本・有‐180～182頁〕

準一は稽古で足首を捻挫していた。この日の朝、すでに引き取って同居していた母親が手製の膏薬を貼ってくれた。

この総当たり試合で、兄は何回ももんどりうって転んだのを覚えています。野間寅雄さんとの試合でも転んだ、小島主先生との対戦でも転んだ。それも小島先生との試合では一度ならず二度も足を搦まれて転倒してますよ。寅雄さんとの試合では、兄がぱっと正面を撃って出たとき、ひょいと寅雄さんが腰を落とした。腰を落としたというより、しゃがんだとしか見えなかった。左右いずれかに体をさばきつつ、自分の足を飛ばした。で、兄は瞬間目標を失ってしまうわ、足はかけられるわで、しゃがんだ寅雄さんの頭上を飛び越えていったが、ちょうど柔道でよくやる受け身の稽古のときのように、そのまま一回転して向こう側に立っていた。

当時最高の遣い手たちの剣道がいかなるものかを彷彿とさせる。

結局羽賀準一が和田・中倉・森を破って三勝、小島主が森に敗れ、中倉・和田に勝って二勝一敗。羽賀・小島の一戦で羽賀が勝てば優勝だから、羽賀・小島戦はいわば決勝戦の様相を呈した。

以下も堂本の、小島主からの聞き書きである。

＊12　〔中倉〕―中倉清からの聞き書き（一九八六年一〇月一一日）を示す。

＊13　堂本昭彦『剣道修行　修道学院の青春』（スキージャーナル、１９８０）

羽賀準一満25歳ころ

「羽賀君はかねがね、おれの足搦みで倒れぬ者はいない、と吹聴していた。事実、彼の足搦みはたいしたもので、まさに彼の言葉どおりだった。だが、ぼくはぼくで、内心、その足搦みもおれには通用しないぞ、と自負していたし、機会があれば、むしろ、ぼくが彼を倒してやろうとうかがっていた。その機会がとうとう済寧館の試合でやってきた」……

羽賀準一は小島の足搦みで二度も横ざまに転倒した。この転倒はよほどに無念だったらしい。準一はその後も、折りにふれては「あのとき足首を傷めていなければなあ」と繰り返しては語った。

小島の足搦みで、準一にあわやの瞬間があった。だが、倒されながらも準一は小島の胴を撃ち、これはむろん一本とならなかったが、小島の打突をとっさに防いであやうく難をのがれた。

「試合は、たしか、ぼくがすぐに一本取った。鍔競りからの抜き胴だったように思う。一本取ったあと、ぼくはふっと雑念に駆られた。」

……その一瞬を準一は逃さなかった。

「さすがだった。横面をとられた。これで一本一本になった。問題の勝負の一本だが、これがどうしても思い出せない。」

羽賀準一が優勝した。日本一の剣道家になるという夢の第一段階を実現したのである。中倉・森・小島は二勝二敗の同率。学生代表の和田は四敗であった。

羽賀準一にとってこの優勝は「正しい姿勢・正しい呼吸」の剣道の実践・実証であった。関連してこんな逸話がある。〔堂本・有－154～155頁〕

昭和七年中山博道が宏壮な道場を真砂坂上に建てて真砂坂下から有信館を移した（移転は昭和8年2月）さいなど、建築中の道場を見物しに弟子どもでしばしば出かけたが、準一は鉋をひょいと手に取って、一気に板を削ってみせたりした。

その技倆に大工職人が驚いて、

「へえ、こりゃあ、本職の鉋だ。」

と、感嘆すると、準一はちょっとはにかんだ。

「なあに、おじさん、吸う息吐く息あうんの呼吸、これが極意さ。」

中島五郎蔵の記憶である。

準一が優勝した昭和七年のことであるだけに鉋かけにも「呼吸」を論じていることに注目しておきたい。

## 天下無敵の季節

ところで準一が前年一二月に警視庁にスカウトされ、この年四月に警視庁剣道助教に任命されたことはすでに触れた。

一〇月一一日～一二日、第四回全国警察官武道大会が陸軍戸山学校大道場において開催された。警視庁の柔道はこれまでに団体優勝二回準優勝一回、個人の部でも優勝一回準優勝一回と好成績であった。しかし剣道は第三回大会で東京帝大出身の館野覚治が個人の部で優勝した以外は全く振るわなかった。『警視庁武道九十年史』は記す。「剣道にしても雌伏三年の野望が、達成できるであろうか。選手はもちろんのこと、警視庁全員の関心事であった。幸いにして柔道は飯山、剣道は羽賀という日本柔、剣道界の偉材が一枚加わったことは、連勝記録と初優勝をねらう当庁軍の士気の上に大きな効果があった。」

柔道は団体・個人ともに優勝をさらった。

「剣道も負けてはいられない。連敗につぐ連敗では、将来柔道の下風に立たねばならぬ。『自警』誌で、『飛びこんで手にもたまらぬ霰かな』と寸評しているが、選手の気迫と剣の冴えは、そのごとく鋭くあざやかであった。」団体戦は破竹の勢いで勝ち進み、第四回戦で大阪と当たった。「事実上の優勝戦は大阪だったが、剣道界の麒麟児と称される羽賀、大将の責任を充分果たして当庁を優勝へ導いた。殊勲第一に数えてよかろうと思う。その羽賀は、個人試合で最後の優勝戦に大阪の吉留と顔を合わせた。吉留は当庁、大阪の団体試合における当の相手、この吉留を降して団体優勝の栄冠を飾ったのであるが、個人試合では羽賀功をあせった形で敗れ、ついに二位にとどまったのは、まったく惜しかった。実力としては当然優勝できるものを持っていたと、自他ともに許していただけに――。」

この大会における羽賀準一の剣道を高く評価した不世出の武道家がいた。合気道の植芝盛平である。この大会のあった一〇月、植芝盛平は中倉清と養子縁組をした（中倉清は五年後に不縁になるまで植芝盛博を名乗った）。中倉の親代わりとなって縁を結んだのは中山博道である。そんな関係もあってであろうか、植芝はこの大会に関心を寄せ、観戦していたのである。親友中倉の家でもある新宿若松町の植芝家に準一はしげしげと足を運ぶようになった。その道場・皇武館で中倉（植芝盛博）とともに合気道の連中に剣道の稽古をつけるようにもなった。

わたしのメモに「二四歳（?）の時」として直話が記されている。この年のことと考えて辻褄が合うと思われる。

ある日植芝盛平は準一を道場に連れて行き、木刀を持たせ「いつでも打ってきていいよ」と言って、前に立って歩き始めたのだという。当代随一の剣の遣い手に背中をみせて、である。道場を一周するまでの間準一はとうとう打ち込めなかった。わたしは不思議の念にうたれて「先生どうしてですか?」と聞いた。「あぶなくて、打ち込んでいった途端に何をされるか分からなくて、打ち込めなかった。底知れないものがあった」と答えてくれた。

準一が終生最も尊敬した武道家は植芝盛平であった。中山博道以上に尊敬していた。

ところで堂本昭彦著『中山博道有信館』は好著であり、わたしが本書を成すにあたっては同氏編『羽賀準一　剣道遺稿集』とともに必須の書である。この書は「小説の形式は一応とっているものの、いずれも取材に基づいており、その意味ではノンフィクションと考えてくださっていい」という著者あとがきはまったく正当である。基礎には驚嘆すべき豊かな取材がある。ただ同書中の「鬼払い」には、事実の誤りが一箇所（植芝盛平関係）と事実から離れすぎていると思われるフィクションが一箇所（市毛正平関係＝後述）あるので、正しておきたい。

『中山博道有信館』（195〜198頁）には、準一が植芝に向かって木刀を上段に取り、打ち込んで行き、投げられ、押さえられ……とある。わたしにはこれは明らかに別人に関する聞き取りであって、それがここに混入したと思われた。何年かして堂本氏にご紹介・ご同行いただいて中倉清邸にインタビューに上がった（一九八六年一〇月一一日）。この疑問を申し上げたところ、中倉氏は「その話は西園寺八郎のことです」と答えてくれた。

事実はわたしが聞いた直話の通りと考えてよいと思う。

一一月二七日、秋の皇道義会武道大会に「羽賀準一は伊藤雅二・館野覚治とともに警視庁自警会として出場した。警察、陸軍、学校、実業団、道場などから参加した団体百三十余。試合は一本勝負、準決勝から三本勝負になる。伊藤は昭和六年十一月の第六回明治神宮体育大会警察官の部優勝、館野は昭和六年十月の第三回全国警察官武道大会個人の部優勝。羽賀、伊藤、館野のチームは警視庁の最精鋭で編成されたもので、果たして決勝戦まで勝ち進んだ自警会は赤門剣友会と相対し、これを3—0で下して優勝した」。

続いて精錬証高点試合がおこなわれた。今や大日本武徳会の大会をしのぐと評されるほどの皇道義会の大会で、人気を集めていたのがこの試合であった。精錬証を持つ剣士を一堂に合わせて無作為に抽選で順番を決め、点数（勝ち抜き数）を競わせるのである。

羽賀準一が優勝、植芝盛博（中倉清）が二位であった。警視庁剣道は羽賀を擁したことで団体・個人ともに優勝をさらったのである。〔堂本・遺－29頁〕

稽古において無類の強さを誇った剛剣は今や試合においても無敵の強さを誇る。

この年であろうか。翌年のことであろうか。中山博道は準一を呼んで訓戒した。「おまえは五十年に一人、百年に一人という天才なのだから、酒ばかりのんでないでもっと稽古をしろ」と。準一は「いいえ、いくら酒

は飲んでも朝夕の稽古はやっています」と答えたので、博道は「この強情っぱりめ」とこのときばかりは本気で怒った。〔直話〕

## 倨傲・毒舌の果てに

一九三三年（昭和8）は何月のことか、大日本武徳会で七段の昇段審査があった。以下も羽賀準一の直話である。準一は審査の先生方の並んでいる席へ行って、審査用紙をあつめる係の青年にこう言いつけた。「だれの審査か分かるように、審査の紙は席の順番通りに集めろ。おれを落とした審査員は道場でいためつけてやる」と。審査員は当時の持田・斎村・大島クラスの範士たちのはずである。関西在住の範士たちも審査を担当していたであろう。七段にするには羽賀はまだ若い、と思う者もあったであろう。斎村五郎が人のいないところに準一を追ってきて「七段はやるからあんまり乱暴するな」と言ったという。

準一はかくて二五歳で七段をとった。審査をうけたのは二二人。七段になれたのは三人のみ。しかもそれ以後三年間だれも七段になれなかった、と。これも直話である。

準一の振る舞いはあまりに倨傲あまりに粗暴であろう。これに酒の上での紛糾、無用とも思える毒舌がくわわれば、ある人たちから憎まれ、顰蹙を買うのも当然の成りゆきであろう。

この年の何月かは分からない。準一は市毛正平と特別稽古をした。

市毛正平の略歴は以下のようである。*14

旧水戸藩士市毛髙成の五男。長兄は名横綱常陸山（1874―1922）である。正平は幼少時より北辰一刀流を学び、のちに大日本武徳会講習生となって修行。精錬証を得て、大日本皇道義会の師範に。教士号を得てからは国学院大学・早稲田大学高等学院、東京商科大学の師範を兼ね、昭和八年つまりこの年には警視庁の師範になった。身長一八〇センチを超え、体重は九〇キロに近い巨体であった。その突きは一発五間を吹っ飛ばすと言われた。こういう人だから道場で転ばされることなどなかったという。

この人と準一の特別稽古がなぜ組まれたのか、場所はどこだったのか、いつのことか、不明なことが多い。これまでにもっともくわしく調べたのが原園光憲と堂本昭彦である。両者の書いたものに、わたしの見解も入れると以下のような像が浮かんでくる。

これまで知られていなかったが、場所は有信館であったらしい。この推定の根拠は中島五郎蔵と大石純正（第九章参照）からの聞きとりである。

中島はある著名な剣道家が大酒家で朝から酒を飲んでいた話をし、その流れから自然にこう語りついだ。

> 市毛正平さんがそうだった。羽賀が殺したなんていわれるけどそうじゃない。相撲じゃあるまいに、そばへ寄ると足払いを食わせる、大外刈りでひっくり返す。市毛さんは人間的に立派ないい人だった。いい稽古をやった。のびもあったしね。二年か三年くらいいたかなあ（有信館に？）。（稽古した連中は）毎日投げられておった。

ここからはつぎのような事情が窺われる。

名横綱常陸山の弟なので「相撲じゃあるまいに」といったのであろう。剣道の稽古で相手を倒すことを得意としていたふしがある。「（有信館に？）」は取材中の文脈では「有信館にいた」となるのだが、原園や堂本にも「有信館」はないので、テープを起こしたとき「?」を入れたのである。この取材から二二年後渡辺敏雄から聞いたこととして、大石純正からこんな話を聞いた。

市毛正平が有信館に来て、あんまり稽古相手を投げ、倒し、するものだから、あるとき羽賀先生がそれじゃおれが倒してやる、といって、有信館での稽古で市毛を転ばし、投げとばしてこっぴどい目に合わせた。

こうして特別稽古の場所が有信館であるらしいと分かってきた。これに羽賀忠利、原園、堂本の調査、わたしの直話ノートの関係箇所を総合するとつぎのような推察が事実に近いようである。

ここに南里三省（なんりさんしょう）という男がいた。一九三一年（昭和6）に早稲田大学剣道部（和田金次主将以下一〇名）が日本最初のアメリカ遠征をおこなったとき、高野佐三郎師範とともに引率したのが監督南里三省であった。南里は早稲田大学剣道部の出身で右翼の親玉頭山満とも関係があった。

この南里三省が準一に「有信館ではずいぶん投げられているそうだが、お前は市毛正平を倒せるか」と言ったらしい。準一は自信を持って倒せると答えたらしい。

倒した模様については堂本が「伝説的」な「語り伝え」を記している。〔堂本・有－209～211頁〕しかしこの時の様子をわたしは二度ほど羽賀準一から聞いている。メモはほんの僅かだが、しかしどの語り伝えよりも事実に近いと思う。

当日準一は一八〇匁（約六七五グラム。別のメモでは一九〇匁）の竹刀を用意した。蹲踞から起ち上がるや、

＊14　原園光憲『剣道の復活』と堂本昭彦『中山博道有信館』が主な参考文献である。

思いきり内小手を撃った。市毛正平がかっとなって正面を撃ちにくるところをかち上げて肘をあげさせておいて小内掛けで倒した（済寧館の大会で小島主にやられたやり方に近い）。そのあと起きてくるはなを大外刈りでふたたび倒した。〔直話〕

メモはここまでである。だが堂本の記す具体的な「語り伝え」とは根本的に違う。読者は両者を比較されたい。「伝説的」な「語り伝え」そのものは堂本が聞き取りした時にはすでに想像まじりで組み立てられていた。その上堂本は最初この原稿を「小説」として書いたので〔堂本・有－275頁〕、市毛正平との猛稽古の叙述全体にフィクション化が濃くはたらいている。書かれているような残忍ともいえる場面があったという証拠はない。

言えるのはつぎのようなことだけである。当時のこういう稽古は死闘を繰り広げた後にどちらかが「参った」というか、だれかが間に入って分けるか、で終わる。警視庁師範と警視庁助教との稽古である。壮絶な打ち合いになったであろうことは想像に難くない。持田・斎村・大島らでさえもてあました、羽賀準一である。市毛正平ももてあましたことであろう。しかし師範の方から「参った」ということはあり得ない。準一にはふだん市毛にいいように投げられ、倒されている有信館の仲間の「敵討ち」の意味合いもあり、この稽古はデスマッチの様相を呈したことであろう。

この稽古のどのくらい後か不明だが（原園光憲は「それからしばらくして」と言う。堂本は「数日後」としている。わたしは「半年後」と羽賀準一から聞いたような記憶が微かにある。だれにも明確な根拠はない）、市毛正平は東京市陸軍医学校診察部で亡くなった。一九三三年（昭和８）一〇月二八日。死因は肺炎であった。〔原園－148頁〕

市毛の死後「羽賀が殺した」と噂されるようになった（羽賀準一は後年わたしにそう言われるようになった、と吐いて捨てるように言った。市毛の死とあの稽古との直接の因果関係は認めていない言い方だった。だからこそ倒した話を二度も語ってくれたのだと思う）。

この問題に関しては原園光憲の言に従いたい。

これは二人にとって不幸な出来事であった。両者ともに世を去ったいま、私（筆者）はこの事件を興味本位に書きたくない。両人とも現存されれば、大家として現在の剣道界に重きをなしているはずの方である。いたずらな臆測を加えることは、惜しまれて世を去ったお二人に失礼であろう。〔原園－149頁〕

しかし、日頃の倨傲の言動と警視庁師範の死とを結びつけられて、警視庁内での羽賀準一の立場は非常に悪化したらしい。その上前述の全国警察官武道大会の要項には次の規定があった。「本大会ニ於テ個人試合ニ優勝シタル者又ハ優勝団体員タリシ者ハ再ビ選士タルコトヲ得ス」と。羽賀準一にはもう全国警察官武道大会への出場資格はない。警視庁にとって今の羽賀準一はどうしても抱えておきたい人材ではなかった。

事態を心配した大島治喜太が朝鮮総督府警察官講習所教授の増田道義のもとにしきりに手紙を出し、準一の今後の身の処し方を相談した。増田は有信館での弟弟子でもあり、その強さは身を以て知っていた準一のために、大島の相談に応え奔走してくれた。

こうして羽賀準一は昭和九年三月増田を頼って朝鮮に渡ることになる。

その少し前に準一は植芝盛平家を訪れた。以下に準一自身が語る植芝との関係を引いておこう。

私がはじめて植芝先生のお稽古を拝見したときにいちばん感じたことは、あれあれ、これはみごとな八百長と見えたことでした。そのため当時は三日に一度以上も参上していて、学ぼうなんて気持は一片もなく、勝手な熱をあげてイッパイご馳走になって引き上げてきたものでした。

ある日、昔の百万石の殿様といわれた当時陸軍少将前田利為さんが稽古にこられ、書生が前田閣下がお見えになりました、と老先生と私の対談中に知らせてきました。それでも話に花が咲いたのか老先生は立ち上がられない。そのうち、また書生が前田閣下がお帰りになりますと報告に来たが、それでもまたお立ちにならないので、私がびっくりして前田閣下をお送り申し上げられなくてもよろしいのですかと、申し上げましたところ、老先生は言下に、貴下はお客さん、前田さんは弟子だ、なんでお客をほっといて、師匠が弟子を玄関に送らねばならんか、と申されたのには、さすがに強情者の私も、この一言には返答できず、ただ頭を下げたこともありました。

当時植芝は五〇歳前後、準一二四、五歳。植芝が羽賀準一の剣道を非常に高く評価したこと、またその純情を愛したことを示すたのしく、かつ美しいばかりのエピソードである。

昭和九年春、朝鮮の京城に剣道師範として赴任しましたが、出発前になって、あるとき老先生の稽古を拝見しましたところ、驚いたの、驚かないの、びっくりぎょうてん、ああ、これはほんもの、この二年間なにを見てきたのだろうか、おれの目は、めくらか、あいているのになにも見えていない。なんて情ない私でしょう、まったく慚愧にたえない、涙を流して、すぎ去った日々を惜しんだものでした。〔堂本・遺－124～126頁〕

「涙を流して、すぎ去った日々を惜しんだ」は誇張ではない。わたしも直話で聞いた。そして質問した「羽賀先生はその日になって、何が見えたのですか」と。「植芝先生の技は刀をその手に持てばそのまま切れるようになっている」という意味のことを答えてくれた。

# 第三章　朝鮮時代——剣道極意の追究

昭和11年4月　京城帝大予科道場前にて。
前列右から羽賀準一、中倉清、一人おいて中山博道

# 増田道義の庇護のもとへ

一九三四年（昭和9）三月～一九四四年（昭和19）九月一一日までの一〇年半が羽賀準一の朝鮮時代である。この時代の準一について編年体に誌せるほどの資料はない。

朝鮮に渡るとき、準一は三つの課題をかかえていた。

中山博道から直接教わることのなかった居合を、博道同様の修行を通じて、博道の境地に迫ること。

東京を去る直前に悟った植芝盛平の超絶した武道を自己の剣道・居合に摂取すること。

（植芝は当たる盛りの準一にこんな課題も出したそうである。「羽賀さんずいぶん当たるそうだが、二間離れていて、気合ひとつで相手を倒せないとウソだよ」と。〈忠利〉準一は朝鮮に来てからも毎年のように帰国し京都の武徳殿に行き、そして上京した。その折はかならず植芝を訪ね、自らの剣道・居合に摂取すべき課題を植芝の武道に発見しては朝鮮に持ちかえることになる。）

斎村五郎という課題。「斎村先生はものすごく無器用で技はかついで面・小手と突きだけで、こちらは何本でも打てた。しかし面をはずしたとき、自分はどこを打ったのだろうとむなしい印象がのこるだけだった。」〈直話〉という。斎村五郎と最後に稽古したのは二六歳の時だった〈直話〉が、打った感じを持たせない剣道とはなんなのか。

これらの課題は朝鮮時代に根底的に追究された。「朝鮮の一〇年間は生涯の勉強になった」とは羽賀準一の述懐である。いかなる一〇年だったのか。

その一〇年間の鍵になる人こそ増田道義である。

まず増田道義という人、およびかれと羽賀準一との関係を瞥見しておこう。

増田道義は一九〇二年（明治35）一一月愛媛県今治市に生まれた。今治中学校で剣道を始め、松山高校でも続けた。東大でも剣道に熱中。東大の師範であった中山博道・大島治喜太らの指導を受け、有信館にも通って稽古した。本人の記すところに拠ると大学時代の三年間は睡眠時間を一日三時間で通し、勉学と剣道に打ち込んだという。在学中に高等文官試験に合格するとともに、剣道でも有信館の逸材大畑郷一と同時に精錬証を得た（わたしは晩年の増田に三度インタビューしたが、その手の指の太いことは羽賀準一のそれを思わせるほどだった。若いころの稽古量を推し量って驚嘆した）。「突き増」の異名で知られた。増田は卒業後、内務官僚として警視庁警部・関東庁（満州）事務官を経て、当時前記の職にあり、京城（現在のソウル）におかれた大日本武徳会本部の剣道部長と柔道部長を兼ね、朝鮮の剣道界に発言力があった。

増田は準一のために京城帝国大学予科と京城本町警察署の剣道師範を用意してくれていた（京城帝国大学は本科と予科からなる。予科は現在の東京大学でいえば駒場の教養学部にあたる。当時の東京帝国大学には予科はなく、第一高等学校があった。京城帝国大学予科はこの一高にあたるが、旧制高校ではなく京城帝国大学の組織の一部を構成していた）。京城本町警察署は京城におかれた署のうちもっとも重要な位置にあった。この二箇所の師範に迎えられたのである（のちにはさらに京城法学専門学校・龍山憲兵隊などの剣道師範も兼ねる。もちろん増田のはからいである）。

非常な厚遇であった。準一に生活の新天地が拓けたのである。増田は明治四一年生まれの準一より六歳の年上でしかない。しかし片や東大法学部卒の内務官僚、片や小学校出の世事に疎い剣道家、当時の社会的地位は格段の違いであった。以後一〇年間増田は準一にとってパトロンでもある（増田は準一の赴任後京城法学専門学校の校長になった。この専門学校は後のソウル大学法学部の前身とも言われる）。

増田はいわば文武両道の人であった。これに対して準一は剣道が強いということが唯一の頼り・アイデンティティだった。増田はその準一の唯一の頼りを非常に高く買い、当代日本剣道界の最高の若手としてこれを庇護し、増田流に育てようとした。準一は忠誠をもって応えた。

増田は、大変な蔵書家であり、剣道書も古い時代から当代までの重要なものはほとんど蒐集していた。準一にこれらを開放することによって、準一を知識・教養の世界へ導く人ともなった。いっそう重要なのは剣道書の世界へ導いたことである。

さて、以上を念頭におき、羽賀準一の直話を軸に朝鮮時代の羽賀をもっとも知る増田道義・新井正一・中島五郎蔵そして中倉清らの談話を織り交ぜて、この章を書き継ぎたい。

## お胴を切る剣道

つぎに増田道義からの聞き書きを核にして朝鮮時代の羽賀準一をさぐってみよう。

（一九八五年（昭和60）前後だったと思うがわたしは羽賀準一のことを聞くために中野区鷺宮の増田邸を二度訪れた。二度とも失敗で何ごとも聞き出せなかった。増田という方は自分の剣道の自慢話しかしないのである。かれへの取材は諦めた。ところが増田の方から電話をいただいたのだと思う。一九八七年四月三日、三度目の訪問となった。その日は別に寒いわけではなかったが増田は膝掛けをし首にマフラーを巻いていた。室内でステッキを使っていた。そうとう弱っておいでのようだった。この日はご自分の方から羽賀のことを話し始めた。あまりにお疲れのようなので、途中で二度ほど暇乞いしようとした。そのたびに増田は大きな手を上げて立つのを制し、「まあ、お待ちなさい」と引き留めてくれた。わたしの取材に応じるのも最後と思われたのであろうか。そのとき増田夫人が入室され、同席された。）

内容の多くは堂本『中山博道有信館』（173〜177頁）に生き生きと記されているとおりである。そこにある以外の何点かを記しておこう。

羽賀・中倉は大変仲がよかったが、羽賀・中倉の剣風は全然違った。中倉のは緻密で隙がなくて立派な剣道。羽賀のは天衣無縫で、天才的でね（わたしはここで質問したように記憶する。「中倉先生が天才型で羽賀先生が努力型なのではありませんか」と）。中倉は天才じゃないんでしょうが、羽賀はほんとうの天才でしょうね。〔増田〕

東大剣道部の機関誌「赤胴」第15号（一九七〇年三月）に増田道義が「剣道の精神について」いう文章を書き、そのなかに、羽賀と自分は「京城時代お互にお胴を一週間で五個位、竹刀でたたき切って廃物として了ったことがあり、その後は手加減をして偶にしか切って了わない」という箇所がありそれについて質問した。「あの胴は先輩が五個とも切ったのでしょうか」と。増田はてれて、「いやあ、ぼくが切ったのも一個くらいはあるんですがね、羽賀が切ったんですよ」と答えてくれた（増田は別の文章でこれは「昭和一六年の頃」のことだったと書いている）。

（ものの本には「羽賀の胴打ちは強くて胴の内側の竹が三、四本折れるほどだった」とあるが、違う。切れる、のである。一九六三年（昭和38）ころの神田国民体育館の朝稽古に法政大学の学生一川宏が来ていた。父親の一川格治は有名な剣道家・範士八段。一川宏が上京するに当たり、剣道をするのなら羽賀さんに習いなさい、と父に言われ神田の朝稽古に来たのである。ある日一川が面打ちにゆくと羽賀がきれいな返し胴を撃った。一川が面にゆく。返し胴が決まる。これが同一テンポでびしりびしりと繰り返された。やがて稽古が終わりわたしの隣で胴を外した一川は声を上げた。「ひでえや、先生。お祖父ちゃん譲りのおれの胴をこれ！」と。見ると作りのしっかりした漆塗りの胴が切れていた。裏を見ると竹が三、四本切れていた、日本刀で切り込んだように。一川の面打ちが羽賀道場で教わる斬る面ではなく、外の道場ふうの当てにゆく面だった。それが何時までも直らないので、羽賀はそれを戒めて返し胴を撃ってやったのだと思われる。何度撃ってやっても直らない。一川の面が同じなら羽賀の胴も同じ、寸分の狂いもなく同一箇所を撃つ。別に一撃の下に斬ろうとしたではなく、教えを示して斬ったのだとそのときわたしは思った。羽賀は竹刀で堅固な胴をも切る。増田の思い出に触発され、実見したことなのであえて記した。）

ついでに。羽賀は竹刀で小手を斬り落とせる、と真顔で言っていたという（中倉）。「小手」とは防具の小手ではなく生身の手首のことと思われる。羽賀は裏付けのないことは言わない。必ず行のうらづけがある。まさか本当に手首を斬り落としたわけではあるまいが、なにか十分の裏付けがあっての言であったとわたしは確信する。

さて、増田・羽賀ただ二人の稽古なのに、高価で堅牢な胴を一週間で四個も五個も切るとはどういうことであろう。このような打ちでは防具の中でも最も堅牢最も高価な胴が防具の役目を果たせない。それはもはや竹刀剣道ではない。竹刀剣道が成り立たないのであるから。

増田は朝鮮時代から打ちの軽い剣道を「当てっこ」として軽侮していた（羽賀準一も当代の剣道を「当てっ

こ」と呼んで批判していた)。増田は後年のわたしの取材（一九八七年四月）の折りにも東大剣道部ＯＢで名の知られた戦前の遣い手を挙げ「だれそれはぼくが突くと吹っ飛んだ、軟剣でしたね。だれそれは線香花火みたいな剣道でした」という評し方をした。

先にふれた「剣道の精神について」の末尾に増田はこう付記している。「何々選手権試合などというのを偶にテレビで見ると、敗戦によるスポーツ剣道で、ただ当てっこ触れっこの亡国遊技であります」と。これは一九七〇年の言であるがこの頃には竹刀が「当たる」どころか触れさえすれば一本となってきたので「触れっこ」を加えたのであろう。

後年の書きものから推察すると、増田は中山博道、高野佐三郎、さかのぼって山岡鉄舟、さらにさかのぼって宮本武蔵などの剣道に憧れており、かれらの剣道をおのが剣道の理想としていたらしい。そしてその理想の見地から同時代の剣道を批評・批判したようである。

取材の最後にわたしは「剣道の古書を読むことは増田先生に教わった、と羽賀先生は言っておられますが、相当揃えていらっしゃったのですか」と質問した。

　大したこともないがね。いい本は全部もっていたでしょうね。羽賀には読めちゅうて勧めた。それよりも稽古ですよ。羽賀が京城へ来たときは地の稽古じゃなかったから。大島功みたいな線香花火みたいな稽古でしたよ。ぼくとやるようになって地の強い稽古になったんだ。

昭和五年から九年にかけて剛剣で鳴らした若手最強の羽賀の剣道が「線香花火みたいな稽古」だったというのはちがうであろう。ただこの発言には貴重な情報が含まれている。

羽賀準一は剛剣でしかも試合巧者だった。言わば負け知らずであった。増田は準一に試合巧者の要素を捨てろ、鉄舟や武蔵の剣を目指せ、と説いたのだと推察される。

それは近代剣道を離れ、幕末以前の、さらに戦国末期〜江戸初期の剣道に究極の境地を求めよと、要求したことであった。増田に忠誠をもって応えていた準一はその要求に従った。決して盲目的に従ったのではない。準一の剣道にはもともと「当てっこ」の要素はなく、その打ちは特別に強く激しく乱暴とさえ評せられるものであった。その手の内の強さ美事さ、突きの鋭さ、絶妙の足技・投げ技等々。それらを生みだした飽くなき最強の剣への求道心。

準一の側にも増田の要求を受け入れるに十分の素地があった。

その結果が不敗の剣の追究であり、胴を切る剣道であり、試合に背を向けた剣道であった。それは試合を捨てることにもつながった。

時代の剣道は奔流のように竹刀競技に向かっていた（後述するが竹刀競技化は大正初期にはじまっていた。戦後にはじまるのではない）。準一は時流に抗して戦国末期〜江戸初期の剣道へと向かった。孤独の道である。この道を歩きつづける先人が身近に一人いた。師中山博道である。

## 京城帝大予科師範として

京城帝国大学予科の若き剣道師範の指導はいかなるものであったか。新井正一（１９１７？—１９９２）の文章と談話によって偲んでみよう。

以下は新井正一（京城帝大法科第一三回卒）が旧京城帝大剣道部同窓会に宛てた文章の一部である。

> 古来、神道無念流は、各流派の中でも、打ちの激しさを以てその特徴と致しておりますが、この流派出身の羽賀準一先生より、予科時代、同流独特の猛烈な剣風と、真剣による居合の厳しい稽古に鍛えられて、当てるのではなく、所謂「斬る剣法」を学び、又（立ったら必ず一歩前に出よ、それ丈自分の陣地が広くなる）、（常に相手の陣地内で戦え、一歩も引くな）、（気魄で相手を追いつめよ、技を出すのはそれからで良い）、（相手が突いて来たら逆に突き返して前に出よ、下がると突かれるぞ）、（技を出さずに相手に追いつめられたら、それ丈で負と思え）等々所謂「気魄の剣」を叩き込まれ、更に、如何なる高段者に対しても、臆することなく堂々と対等の剣を使え、懸り稽古は一切まかりならぬと厳しくこれを禁じられました。

この時より二十数年後にわれわれが受けた教えと寸分も変わらぬ。まったく同じである。満二五歳の師範の達した剣の境地の高さよ！　新井の文章をつづけてもうすこし引こう。

> 今にして思えば、これら一連の指導方法は、将来最高学府を出る者としての気位、品格、気魄といったものを、しっかり身につけさせようとの配慮より出たるもので、我々は若き日に、幸いにして、このような良き師にめぐり逢えた幸運をしみじみと懐しく思い出しております。かくて我々は、将来の指導者にふさわしい所謂「王者の剣」を学びました。

（後年一九六〇年代のことだが、こんなエピソードがある。神田国民体育館の朝稽古に遅れて来た国会議員の園田直は道場内を小走りに動いた。とその足許に竹刀が飛んで来た。見ると羽賀準一がきびしい表情でこう言ったという。「園田さんあなたに教えているのは中間小者の剣ではない。王者の剣です」と。）

若き師範は自分よりも七つ八つ年下の学生たちをかわいがった。学生たちは師範になついた〈後述〉。強くなった。準一が来る前の年までは満州医科大学との剣道定期戦は毎年ボロ負けだった。その年は新井も負けた。ところが準一が来て教えてくれて数ヶ月。その間合宿もあって臨んだ定期戦に、新井は中堅で出た。一人で大業の剛剣をふるい、大将までの六人を抜き去った。

羽賀準一に教われば通常の何倍もの早さで強くなる。しかも身につくのは「王者の剣」である。

準一の剣道指導で非常に特別なのは「真剣による居合の厳しい稽古」の導入である。有信館の稽古をそのまま継承しているのである。居合を剣道の不可欠の要素としている点では有信館のというよりも中山博道の稽古の継承と言うべきであろう。有信館系の剣の達人たちでも居合を博道の境地を目指して修行した人は羽賀準一の外にどれだけいたのか、わたしは知らない。準一は「みんな打ち合いにいそがしくて居合はやらなかった。やったのはわしと中島五郎蔵くらいだった」と語っていた〈直話〉。ちなみに高野佐三郎は、居合は右手ばかり発達するから、剣道にはこのましくない、と言っていたという〈長本〉。

「厳しい稽古」の「厳しい」は叱ったりする厳しさとは無縁である。道場の雰囲気は峻厳である。学ぶものはみな教わった作法・所作に忠実である。真剣を扱うのに軽率・不真面目などはあり得ない。自他のどんな怪我・事故につながるか分からない。そこには作った厳しさは微塵も無いが、自ずからなる、羽賀準一によって醸し出される、峻厳な雰囲気はある。新井はそれを「厳しい」といっているのである。

新井正一は道場でやるほかに準一の家の八畳間でも抜いた。家でまで教えて欲しいと言う者には家でも教えたのだ。大森流・長谷川英信流そして巻藁斬りまで。もっともそこまでやったのは新井一人であったらしい。これを書いていて大変重要なことに気づいた。羽賀準一は家の八畳間を自分用の居合道場にしていたのである。おそらく中山博道にならって毎早朝ひとりで修行していたのであろう、一年三六五日弛むことなく。

さて、新井は敬愛する師を「いじめ」もした。「先生の剣道の理と授業で教わる哲学とどう関係しますか」と言って取り出すのが、安倍能成の授業で筆記してきた哲学の講義ノートであった。準一は小学校しか出ていない。即答は無理である。自分に対し無量・無垢の尊敬を示す帝大生の質問に答えるために、新井から時間を貰い、増田道義の書斎から本を借り出し懸命に読んでは答えたという。これは羽賀準一からは笑いながら、その後また二〇年の時をおいて新井からも楽しそうに、話してもらったものである。ちなみに「安倍能成」は新井からではなく羽賀から聞いたのである。

次は増田道義夫人の準一の思い出から。

みなさんおっしゃるんですの。羽賀は増田のところへ行くと猫をかぶる、ってね。優等生のようにしているんですの。主人に転勤の辞令が出ますと必ず飛んで来てくださって荷物の片づけ、荷造りなど全部やって下さって。主人の母もおりまして、母も羽賀さんをかわいがっていました。羽賀さん独身でしたからね。

羽賀さんには両方の面がおありになるから。うちなんかにいらっしゃると従順でいらっしゃいましたよ。主人の言う事なら一から十まではいはい、はいはいで、先生、先生で、よく聞いて下さったけど。しかし別の方面からはいろいろとご注進がはいってまいりましてね。酔っ払って軍隊でね、あばれたとか何とかございましたね。うちでは主人が酒・たばこやりませんので羽賀さんもうちではやりません。品行方正でした。私に対してても母にたいしてもとても礼儀正しくお行儀のいい方でしたよ。

どうもちょっとした「ジキルとハイド」である。ジキルの「薬」にあたるのが、準一の場合「酒」であろうか。剣道家には大酒家が多いようである。緊張の極の中で行う激烈な稽古、年に何度もの試合、その神経を休めるのに酒が最適、とする人が多いのであろう。

羽賀忠利の話だと「兄は強くないのに飲みそしてひどく酔う。朝鮮ではあばれたようだ」とのこと。

## 剣道書と取り組む

教え子のお蔭で本を読むことを覚えた準一に、新たに良い先生が現れる。朝鮮に行って何ヶ月後何年後か知らない。ある朝準一は顔を洗おうとするが手が全く上がらない。肘関節をあまりに使いすぎて（わたしの記憶では結核性の関節炎だったと聞いたようにも思う）二ヶ月くらい肘が曲がったままとなり、特殊な治療を施してもらって治した。〔直話〕その施療師は、新谷（にいたに）という人であった。わたしのメモでは「埼玉？出身の医者でかつ山師」「予言するお医者さん。日本の古医術研究。とくに埼玉にある……」とあるばかりである。堂本によって補うと「不思議の術を遣って難病を治癒することで有名な飯谷（わたしは羽賀忠利から「新谷（にいたに）」と聞いている）という施術師が京城にいた。漢方療法、民間医療、指圧・整骨などを合わせ用いた独特の術を施したものらしい」。〔堂本・有－203頁〕

この新谷という人が面白い人で、施療室に掛け軸をかけておいて準一に「読んでごらん」という。掛け軸の漢字や仮名などほとんど読めない。すると丁寧に教えてくれるのである。何日か通っているうちにすっかり読めるようになる。次にゆくと違う掛け軸になっている。「読んでごらん」同じ過程が始まる。こうして準一は次第に古い剣道書を読む力をつけてもらった。

準一の病は完治しその間にものが読めるようになった。新谷にたいする感謝の念がいかほどのものであったかを示す話がある。準一は済寧館の大会で優勝したとき、賞品に刀一振りをもらっている。日本海海戦の旗艦三笠の砲身で作られた短刀である。刀身には「皇国の興廃この一戦にあり」が刻んであったという。これを新谷にお礼として贈ったというのである。また身体に悪いところがあればそこを拳でたたくという療法（手当という）を準一は生涯実行していた。

古い文書も読めるようになった準一の前に剣道書の研究という大道が開けた。増田道義の膨大な蔵書は準一の図書館となった。文章を読めるだけではなく、書けるようにもなっていった。

当然のことながら「剣法の古書」〔堂本・遺－122頁〕の研究は準一の読書の眼目であっただろう。剣道書のよいもののほとんどは『武術叢書』と『武道宝鑑』の中にある、と後年わたしに教えてくれたが、それらはすでに出版されていたから増田は当然所蔵していたし、準一も入手できたであろう。これに山田次郎吉『日本剣道史』堀正平『大日本剣道史』などを加えれば主な剣道の書は朝鮮時代のはやいうちから読んだと思われる。

『武術叢書』所収の文献は以下の通りである。

本朝武芸小伝（日夏弥助繁高）

日本中興武術系譜略

武術流祖録

撃剣叢談（源徳修）

不動智（沢庵）
大阿記（沢庵）
兵法三十五箇条（宮本武蔵）
五輪の書（宮本武蔵）
円明流剣法書
剣法夕雲先生相伝（小出切一雲）
一刀斎先生剣法書（古藤田俊定）
柳生流新秘抄（佐野嘉内勝旧）
天狗芸術論（佚斎樗山子）
本識三問答附雲籌流剣術要領
剣術不識篇（木村久甫）
剣説（平山行蔵）
剣徴（平山行蔵）
常静子剣談（常静子）
剣攷（常静子）
剣法略記（窪田清音）
剣法撃刺論（森景鎮）
『武道宝鑑』所収の文献中『武術叢書』にない重要な文献は以下の通り。

猫の妙術（佚斎樗山子）

剣法講話（故根岸信五郎先生述）

羽賀準一はこれらの剣道書と道場で竹刀を執って行う剣道とを切り離す事のできない人であった。おそらく当時といえど日本中の剣道家のほとんどすべては結局二つを切り離していられたと思う。増田に導かれた準一の志は高い。たくさんの剣道書の中に分け入り、選りだし、その精髄をおのが剣道に取り入れ、古今の名人と同等の剣道家に向かう道を歩んでいる。

『京城帝大剣道部史』にある準一の写真のうち、昭和一一年一二年のものはメガネをかけている。本を読みすぎてこの時期仮性近視になったのだと思われる。

こんな準一の直話もある。「二八～二九歳頃から、剣道本来の目的からいって『不敗』ということを考えるようになった」と。「二八～二九歳頃」といえばまさに昭和一一年一二年ころである。

## 試合を棄てる

試合に出た記録はほとんど無い。羽賀は昭和七、八年は自分が優勝をさらっていたので、自分が朝鮮に行って後にはじめて中倉が優勝をさらうようになった、と言っている。今分かる戦績は昭和一〇年と一五年の分二つのみである。[*15]

一九三五年（昭和10）五月八日、京都で開催された第三十九回武徳祭大演武会における、「ラヂオ放送試合（剣道）」の、錬士による一九試合の一つに出場している。朝鮮の羽賀準一が京都の嶋村喜勝に二―〇で勝っている。以後一五年までの「武徳祭」の試合の出場記録はない。済寧館の大会については中倉清の華々しい記録はあるが準一については知られていない。

ここに一九八六年（昭和61）に書いた新井正一の文章がある。文中の「インターハイ」は「全国高等専門学校剣道大会」を指すと思われる。

> 我々も何回かインターハイに出場致しましたが、日頃羽賀先生より一刀両断的に、しっかりと真に打つ所謂「斬る剣法」を学んでいた我々にとって、殆どさわった程度にしか感じられぬ打ちを皆一本にとられて敗れてしまい、これがインターハイかと全くがっかりしてしまったことを覚えております。当時「飛行機面」と称するが如き所謂「当てる剣法」が主流をなしていたインターハイは、もはや我々にとって何ら得る所はない、むしろ我々の方が、余程しっかりした立派な剣を学んでいるとの感慨を強く致しました。

明治十年代（一八七七年～）にはじまった学校剣道は、一九一一年（明治44）中等学校に正課として実施されるに至り隆盛期を迎えることになる。そしてこれが基盤となってますます一般剣道を隆盛に導くに至った〔庄子〕[*16]。学校剣道で裾野が非常に大きく広がり、その剣道を基礎にした者たちが剣道界の主流になってゆき、それが逆に学校剣道に影響を与える、という循環もまた形成されたのではなかろうか。学生剣道の隆盛は一九二八年（昭和3）の全日本学生剣道連盟の結成となって画期を迎える。

この中間にあたる一九一五年（大正4）に高野佐三郎著『剣道』が出た。この書こそ東京高等師範学校校長加納治五郎による柔術の体育化（柔道化）を範として、剣道の体育化に大きく道を拓いたものであった。それ以来高野佐三郎は、武術としての剣道は明信館（のちに修道学院）の剣道として残しつつも、佐三郎自身の主たる仕事を東京高等師範学校講師（のちに教授）として剣道の体育化の推進にあてた。

名著ともいわれる高野の『剣道』には気になるくだりがある。たとえば、第一篇「教習」第五章「仕合」第二節「審判心得」の一節である。

飛込面は軽くも採るべし。出掛の籠手は稍軽くも採り撃つ間もなく押へたるも採るべし。甲が先に胴を撃ち後にて乙が甲の面を撃つも前後の相撃なり。甲が先に籠手を撃ち乙が後れて甲の横面を撃ちたる時も相撃とす。仕合者の位置・姿勢・刀の握り方手の返り等によく注意し、峯撃平撃を見分け採決すべし。胴・横面の如きは平撃になり易く平撃なりともよく当りたる時は見事なる音を発し、吾も人も立派なる撃ちなりと思惟するものなり。要するに剣道の旨趣を没せざるやうに判決すること肝要なり。

軽い飛び込み面、出小手、押さえ小手を審判は「採るべし」という。高野のような名人とは言わなくてもすぐれた遣い手がもし飛び込み面（若い頃であろうが）、出小手、押さえ小手等をやったとしたら、それは見事な小技であろう。しかし中学・高校・専門学校・大学（いずれも旧制）の未熟な生徒・学生が小技などやろうものなら、そしてそれで試合を目指して稽古したとすると、剣道の古来の大道とは縁もゆかりもないものに堕して行くこと、目に見えている。

＊15　堂本昭彦所蔵の「武徳」（昭和7年～19年）中の関係資料による。
＊16　庄子宗光『改訂新版剣道百年』（時事通信社、1976）

「胴・横面」への平撃ちも採ってはならぬと言うのであろうが、その戒め方は曖昧である（羽賀準一なら小技は厳禁、平撃ちなど論外と書くであろう）。

佐三郎とその直弟子の主な者たちは正統の剣道を守ってゆくであろう。しかしひとたびいわば公認された「軽い飛び込み面、出小手、押さえ小手」等は試合での勝ちを目指す全国津々浦々の学校剣道にやがて蔓延してゆくことになろう。それはさらに一般剣道に、挙げ句の果てには「専門家」にも広がってゆくであろう。

第三編「史伝」第一章「剣道略史」第二節「剣道諸流派」は、こう結ばれる。

> （諸流派を）併せて之を統一大成するが如きは容易に望むべからざることとなりき。然れども現今の時勢は当時と全く異なり、諸流を研究し統一大成するの便多く、其上剣道が中学校の正科となれる以上、全国各中等学校の剣道が斉一に教授せらるるを要するは勿論なり。剣道は早晩是非とも統一せらるべきものにして又既に実際に於て統一せらつつあるものと謂ふべし。

嘉納治五郎が柔術の諸流派を体育化という目標の下に「統一」したのが柔道であろう。他方柔術の諸流派を武術（＝武道）として絶頂にまで高めたのが植芝盛平の合気道であろう。柔術の諸流派は大きくは合気道・柔術（武道）と柔道（体育）とに分化したと言えるであろう。

剣術（剣道）はどうなったか。見てきたように先ず高野佐三郎の中で分化した。その結果について述べうるのは、剣道の場合時代がずっと降ってからである。一言加えておくならば、高野佐三郎のなかの武術としての剣道と体育としても剣道の分裂は、やがて剣道界の中の分裂として現れ、体育化剣道が肥大化して主流化して行く、のである。

ともあれ、武術としての剣道に生涯掛けて精進修行する中山博道と見てきたような高野佐三郎とは対蹠（たいせき）的であった。剣道の体育化はやがて試合偏重の傾向をも助長し、剣道を変質させて行く。それは有信館系の剣道をも巻き込まずにはいない。（たとえば後年、羽賀は中倉のは引っ掛ける剣道だと言い、中倉は羽賀は試合が下手で負けるものだから試合に出なくなったと言う。両剣豪の発言に窺われるこの対蹠ぶりは象徴的である。）

堂本昭彦のつぎの言は同じ傾向を別の面から言おうとする。

剣道史をひもとくとよくわかるが、この時期（大正中期）、剣道において心の修行について語られることはほとんどなかった。おそらく明治二十一年七月に没した山岡鉄舟が最後で（それまでの剣術を剣道と呼称するようになったのは鉄舟をもって嚆矢とする）、その後には稀な存在として大日本武徳会本部主任教授の内藤高治がいた。

大正から昭和にかけて東都の剣勢を二分した高野佐三郎も中山博道も、剣道における心の修行、について語った気配は、ない。

時流は技をことさらに重視する風潮にあった。ついでながら、この傾向に拍車をかけたのが、のちに三度にわたって行われた昭和天覧試合である。剣道が小手・面・胴の撃った撃たれたに終始するようになるのは、とくに昭和四年（第一回昭和天覧試合）以降はなはだしく、試合偏重がもたらした弊害はこんにちついに頂点に達した観がある。〔堂本・修－175頁〕

「心の修行」についてあるいは堂本氏とわたしでは理解が違うかも知れない。しかし技と試合偏重が昭和四年の天覧試合以降はなはだしくなりその「弊害はこんにち（一九八〇年代）ついに頂点に達した観がある」は近代剣道史に通暁した人の名言である。

周知のことであろうが、内藤高治だけはかの天覧試合に反対を表明したのである。主旨は「いま剣道はようやく本来の精神にめざめつつあり、これはまことに喜ぶべきことである。この時期、かように全国規模における試合本位の優勝試合が行われることによって、勝負に拘泥するあまりまたしても技術偏重の風潮がはびこり、剣道本来の精神が見失われてしまおうとするおそれがある」というのである。〔堂本・修－276頁〕。

別の言葉で言えば「当てっこ」剣道が「はびこる」ことをおそれているのである。

中山博道は準一の二三歳ころ（昭和六年ころ）「剣道はおまえたちの代で終わりだな」と言ったそうである。五十代半ばの羽賀準一はその話につづけて「中山先生の言った通りだ」と付け加えた。わたしには五〇年来理解できない言葉だったが、以上の文脈においてみると、分かる気がする。剣の求道者中山博道は剣道の変質について内藤と共通するものを予感したのではなかろうか。

さて、一九四〇年（昭和15）の羽賀準一にもどろう。この年五月大日本武徳祭演武大会特別錬士の部に羽賀準一も出場した。京都の奥山麟之助（内藤高治門下）と対戦し初戦で敗れた（この年準一は教士号を得た）。羽賀準一は、三三歳（？）の時に試合を棄てた、と語った。そういう記憶がわたしにはある。この記憶が正しければそれは一九四一年（昭和16）前後のこととなる。理由はある試合で相手を存分に打ったのに、そして自分はどこも触られていないのに負けにされたからだ、と。試合後相手にお前はおれのどこを打ったのだ、と聞くと相手はどこも打ってはいない、と答えたのだという。

新井正一たちが二、三年前に学生剣道の中に見たものが、今や専門家の剣道にも現れている。

試合を棄てた件に関してわたしは中島五郎蔵に質問したことがある。

そりゃね、そういうこともあるかもしれんけどね、羽賀は試合に勝てなかったもの。

なぜなら分からない連中が遠くから飛んできてちょっと触れば一本でしょ。そんなの馬鹿らしくてやれなくなっちゃった。羽賀は、ハッと来て、ンと攻めて攻めて、そういう試合をやりたいんだ。ところがみんな怖がって羽賀のところへ寄らない。こんなことして、こんなことして。馬鹿らしくなってやらなくなったんだ。それと同時に勝てなくなった。ああいう正剣じゃ勝てないですよ。卑近な例を申しましょうか。今小学生や中学生にろくに基本も教えないでごまかして打つことばっかり教えるでしょ。それでなければ打てないもん。当りっこないですよ。ごまかすことばかり教えるでしょ。そして優勝した優勝したでしょ。……これじゃ剣術はだめになっちゃう。〔中島〕

羽賀準一は妥協は一切考えない。

この頃かそれ以前のことと思われる羽賀準一の逸話を二つほど。

龍山憲兵隊でのことらしい。隊長が訓辞で剣道は一人対一人の武術にすぎないという意味のことを言った。それでは八人をいっぺんに相手してみせよう（八人掛け）ということになった。八人を瞬く間に打って、転ばして、重ねてひと山にした。隊長はあとで先のは失言であったとあやまった。こうした稽古は一〇回くらいやったが、絶対に必要な稽古である。三人掛けができるようになれば何人掛けでも同じで、あとは体力のつづくかぎりこなせる。〔直話〕

（ずっと後で再度ふれるが、多人数掛けは植芝盛平の多人数掛けから学んだものである。朝鮮時代における準一の植芝研究の一証左である。）

次は中倉清からの直話。ずっとのちに八段範士になって東北地方のある都市で剣道を教えていた某氏のこと。某氏は武専の出で京城のどこかの警察署の師範であった。京城の陣の内（?）道場で準一は羽目板まで某氏を追いつめると、突いた。氏は羽目板に背中をぶつけて跳ね返る、突く、跳ね返る、突く、跳ね返る。こうして準一の剣先と羽目板の間を某氏は何往復もさせられた。以後は道場の武者窓から中をのぞいて羽賀がいると道場に入らず引き返し、いないと入って稽古したという。

## 博道と準一と清

一九三六年(昭和11)四月中山博道が朝鮮の京城に来た。この時のことではないかと思われる、朝鮮に来た博道が居合のことで準一に「強情っぱりめ」と言ったのも、準一が博道を金剛山に案内したのも。

三七年(昭和12)七月七日盧溝橋の銃声とともに日中戦争が始まる。当初、始まった戦争を「支那事変」と呼んでいた。この「支那事変」の勃発に剣道界が呼応する。

三九年(昭和14)二月一〇日東京から訃報が届いた。準一の敬愛する大島治喜太が亡くなったのである(享年数え五一歳)。準一は取るものも取り敢えず朝鮮から東京に向かい無事葬儀に間に合った。中山博道がよく間に合ったな、どうやって来たと言った。準一は「最大急行で参りました」と答えた。博道はわしが死んだらどうやって来る、と聞いた。「その時は飛行機で参ります」と答えた、という。

同じ年の夏のことではないかと思われる。中山博道が朝鮮の京城に来た。九月に「満州国」新京で公開武道大会があり、そこには高野佐三郎・中山博道・植芝盛平ら錚錚たる武道家が集まった。その出席の途次と思われるので同年夏と推定した。

準一が「中山先生六八〜七〇才の頃、朝鮮で手合わせした」というのはこの時のことであろう。だとすれば博道満六七歳（数え六八歳）準一満三〇歳。

中山先生は蹲踞から立ち上がるや、中段に構えてずかずかと間合に入り込んでくる。間合に入り込む瞬間に打ち込む機が生ずるはずなので、その瞬間をねらって相対したのだが、みごとに入り込まれてしまった。だめだと思ったので切り返しをして下がった。見ていた人からは羽賀どうした、お前でも中山先生を打てんのか、と言われた。敵に向う心ではなく師に対する態度で稽古をお願いするのだから弟子は師匠にどうしても弱いものだが、そこを考えてもたしかにそのときの自分は中山先生にかなわなかった。〔直話〕

この博道の強さについては中倉清の直話もある。

六〇歳ころの中山先生は歩いていって前後左右にさばいて、相手を打っておられた。先生の稽古は三殺法（気を殺し・技を殺し・竹刀を殺す）を立派にやっておられた。決して一足一刀の間合からは、やって下さらなかった。立ち上がるとすぐ相手の竹刀を上から殺したり左右から殺して入り込み、カンカンと打ってしまわれる。我々のように機を見て飛びこむような稽古ではなかった。やっぱり今日は試合式に先生と立ち合ってやろうと決めて行くんですが、先生は立ち上がるとすぐ入ってきてこうやってくるでしょ。だから懸かり稽古になっちゃうんです。だから稽古としてはおもしろくないものでした。

当たる盛りの羽賀・中倉をさえこうしてさばいてしまう中山博道。

羽賀準一の目指す高みは今後一〇年近くの修行を要するほどに高い。

同年一二月二〇日三浦らくと結婚した。らく（良久とも書く）は名古屋の人である。当時は土木建築会社を経営する兄三浦舁をたよって京城に来ており、親類の人の営む小料理屋を手伝っていた。準一は同僚と飲みに行っているうちに知り合い結婚したのだという（増田夫妻談）。新井正一は結婚後の羽賀宅にも遊びに行き、「奥様にご馳走していただいた。やさしい、気持ちのしっかりした、きれいな方だった」と回想していた。

一九八六年中倉清を訪問したときの記録からいくつか引いておこう。中倉によると「朝鮮に行ってからも毎年羽賀は日本に帰って来た」という。

さて、増田邸の場合と同じく中倉邸でも奥様が途中から同席された。主人が「今日は羽賀のことで取材に来る」と伝えると両夫人とも折り合いを見てご自分から同席されるのだ。

植芝盛博は植芝の養子になって五年、あることで不縁となり中倉姓にもどった。一九三八年（昭和13）四月中倉は広瀬マサコと結婚した。以下の記録はしたがって昭和一三年四月以降のこととなる。

**近藤**　奥様は羽賀先生にどんな思い出をお持ちですか。

**中倉夫人**　さっぱりした人でしたねえ。

**中倉**　ヘッヘー、さっぱりした人ねえ、それもそうだ。

**夫人**　朝鮮からおいでになるとさっそくうちで荷物をほどいて、あたしに、これは純綿の〇〇で子供さんのために持ってきたんだ。誰にも内緒だよ。ここに上げたくて持ってきたんだから、とおっしゃってね。

**中倉**　衣類のないころでね。

**夫人**　羽賀さんは東京に来るとどこにも行かないんですよ、ここが（中倉宅が）旅館（代わり）だから。二週間いらしたり一〇日間いらしたり。

**中倉**　自分の家はあるんですよ。お母さんはいたんだから。

**夫人**　羽賀さんが話しはじめると中島（五郎蔵）さんが、奥さんここにつかまりなさい、とテーブルの脚を指すんですよ。何の事かと思ったら、羽賀さんの自慢話に押し流されないように脚につかまりなさい、という訳なんです。〔中倉〕

このころの準一を中倉は「天狗」と呼んでいたという。剣道に関してあまりに自信満々だったからだという。中倉が「おい、天狗」というと準一は「ん？」とか「おう」と応じていたという〔中島〕。

有信館三羽がらすの兄弟のような仲の良さを示すとともに、羽賀準一が朝鮮時代に試合に負けようと、試合を棄てようと、剣道には自信満々の「天狗」であったことの傍証にもなりえている。

羽賀準一自身「朝鮮時代の一〇年間は実に勉強になった。打合いの相手がなく、もっぱら居合と剣道の理論を学んだ」。「打合いは人に教えるだけだったが、それでも充分に稽古になった」と語っている（直話）。

居合の稽古は京城にいる限りは一〇年間一日たりとも休まなかった、ようだ。大酒の翌朝でも、結核性関節炎にかかっても、デング熱に罹り四〇度の発熱のあった日も（手が動かなければ頭の中でやるのである）。こういうところは師の博道に徹底的に学んでいた。

（後年神田国民体育館での朝稽古がある前の夜に深酒したときは、準一は家に帰らず国民体育館の玄関先に寝て稽古時間を待ったという。）

この博道同様の居合の修練が、羽賀準一のその後の剣道にどれほど巨大な価値を持ったか、測り知れない。

剣道書の研究にも同じことが言えよう。

# 日中戦争・軍国主義と剣道

さて、準一が二度目の喀血をして、「夜船閑話」ととりくみ、肺結核を克服し、剣道に呼吸を取り込むことにもなった一九三一年（昭和6）の、九月一八日に柳条湖事件が起きた。いわゆる「満州事変」である。十五年戦争（アジア太平洋戦争）の始まりであった。

翌年（一九三二年）済寧館の大会で羽賀準一が優勝した日は五・一五事件の前日であった。朝鮮に渡って三年目の一九三六年（昭和11）二月には二・二六事件。

翌三七年（昭和12）七月七日、盧溝橋事件に端を発して日中全面戦争（当時のいわゆる「支那事変」）が始まった。

三八年（昭和13）、剣道界は「支那事変」を契機に天皇制軍国主義に全く取り込まれ、衰退への泥沼に踏み入る。これは近代剣道史上重大な事件であるので、資料を一つ示しておこう。

昭和一三年一〇月「剣道審議会に就て（全国剣道家に告ぐ）」という文書が出た。長文なので抜粋・要約するが詳細は中村民雄編著『史料近代剣道史』（島津書房、１９８５）を参照されたい。

剣道審議会の呼びかけの大略は以下の通りである。

全国の剣道家諸君！　皇国の為め斯道のため日夜諸君が学剣の道に御奮闘を続けられることに対し衷心から感謝と敬意を表します。

北中南支を疾風の如くに席捲して忠勇なる我皇軍将兵は今や或は山岳に、或は平野に又は空に又は江上作戦に日々夜々殆んど名状し難い辛酸を重ねて尊い犠牲を払いつゝ、あります。盧溝橋事件に始まる中国への全面侵略が南京攻略もふくめ臆面も無く讃えられ、侵略軍の将兵が美化・賛美されている。それから大要以下のようにつづく。

しかし事変の前途は多難です。これを突破するには日本国民の「鋼鉄の精神力」が必要です。この要求に応ずるものは「剣道以外に絶対にあり得ないのであります」。「挙国剣道に来れ……挙国剣道に帰れ。」どうすればこれを実現できるか。「政府の有力なる協力」を仰ぐことです。「中央政府要路とぴつたり呼吸を合せて進む」ことです。

（剣道審議会はこうして剣道界全体が国家権力に吸収されるよう呼びかける。この年四月には悪名高い国家総動員法が公布されている。その剣道版をもくろんでいるのだろう。）

なぜ剣道なのか。理由は「剣道に包含されたる徳目」にある。「剣道精神の極致は君国の為めに欣んで死すといふことに帰」するからだ。

「体力」「戦闘力」としてはどうか。「近代戦闘は科学戦であるが、結局の勝利を制するものは肉弾相打つ白兵戦である。結局は敵に向かって突きまくり斬りまくることである。……皇軍の精強なる所以はその燃ゆる誠忠の信念とこの白兵戦の絶対強者である。剣をとっては天下無敵である。世界無比であるといふところにあるのであります」（ちなみに「白兵」は白い武器すなわち刀剣などの白刃（しらは）。「白兵戦」は刀剣を持ってする接近戦）。

この剣道を政府が中学校で正課とし、小学校にもそれを及ぼそうとしていることは喜ばしい。この機運を大学専門学校・社会教育・全国寒村僻地にまで及ぼして、「我国の国民精神指導を剣道一色にする所まで行きたいもの」である（軍国主義の狂気溢れる長い文章はもう端折って結びにゆこう）。

かくして茲に吾々同志相寄り相諮つて剣道審議会を設立し（た）。……

即ち本審議会は時に政府にとつての諮問機関となり、時に政府側と剣道界との意志疎通連絡の仕事をやり、また時に剣道界全般の右大目的の為めの協議機関となつて行くことにあるのであります。……

どうか国家の為め又斯道のため、……挙つて御賛同御声援くださるやうお願ひ申上げる次第であります。（終）

剣道審議会（イロハ順）

石井三郎

高野佐三郎

中山博道

小川金之助

大島治喜太

斎村五郎

持田盛二

文書は石井三郎が書いたと推定される。剣道界が軍国主義の骨肉の一部になったことを示す文書である。（したがって軍国主義が滅びるときは剣道界も滅びるのである。剣道そのものも軍国主義を削ぎ落とそうとするとき、自らの何を削ぎ落とすのかが見えず、混乱するであろう。剣道は前述のようにすでに変質が深く進行しているのであるから、敗戦後の混迷はおそらく変質を一層深めるであろう。しかしこれは七年後以降のことである。昭和一三年現在にもどろう。）

石井と皇道義会については堂本〔堂本・有-199頁〕によると概略以下のようである。

東京・千駄ヶ谷に「皇道義会」がある。皇道義会は衆議院議員石井三郎の経営で、大正七年七月創立された。この頃わが国は世界第一次大戦の終結やロシア革命の成功など国際的な影響を強く蒙って、いわゆる大正デモクラシーの歴史的な波に洗われ、政治、思想、文化、教育、などあらゆる面で、過去のシステムを改革しようとの運動がさかんにおこなわれていた。「このままでは日本民族の伝統精神たる士道もまた頽廃するのではないか」という危惧を抱いたのが石井三郎で、彼の提唱により元帥山縣有朋、伯爵寺内正毅、男爵田健次郎ら全国名士の賛同を得て設立されたのが皇道義会である。当初は赤坂区中之町に本部をおき、思想普及団体として出発した。皇道義会が千駄ヶ谷に本部を移し、大講堂や武道道場を竣工させたのは、関東大震災のあと、大正十四年五月のことである。道場は皇道義会「東武館」と命名された。……皇道義会の道場はわが国随一の規模を誇り、このころ、春秋二回催される「皇道義会武道大会」は、武徳祭演武大会や斉寧館剣道大会ほどではないにしても、権威ある大会として盛んなものがあった。

顧問に高野佐三郎、中山博道。名誉師範に斎村五郎、持田盛二、大島治喜太らが名を連ねた。初代師範は市毛正平であった。羽賀準一も皇道義会武道大会に出場して剣名をほしいままにしたことはすでに見た。市毛正平との猛稽古についても。

一九三九年〔昭和14〕九月には第二次世界大戦が始まった。

一二月、勅令により「武道振興委員会」が設置されたが、同委員会はさっそく「武道に関する団体に対しては官民一致の強力なる総合統制団体を組織」することなどを提案。

一九四〇年（昭和15）は「紀元二千六百年」。この年は天覧試合も含むいくつもの全国規模の剣道大会が開催された。これをもって日本剣道史上第三の黄金時代（絶頂は昭和初期）は終わる。

四一年（昭和16）一二月八日、米英に宣戦布告、太平洋戦争が始まった。

四二年（昭和17）四月一日政府は、民間団体として明治二八年に設立された大日本武徳会を改組し、政府の外郭団体・武道綜合団体として新しい大日本武徳会を発足させた。

会長　総理大臣　東条英機

副会長　厚生大臣（以下氏名略）・文部大臣・陸軍大臣・海軍大臣・内務大臣・陸軍大将

理事長　貴族院議員　藤沼庄平

剣道部会長　木村篤太郎

剣道部会幹事長　武藤秀三

扱われる武道は剣道（薙刀・居合・槍術等を含む）・柔道・弓道・銃剣道・射撃道。

新武徳会は国家武道の総本山となり、政府から多額の補助金を交付されることになった。

四三年（昭和18）三月、この武徳会と連携をたもち、これと一体の立場で政府の政策に対して協力し、国民各層に剣道の普及と指導精神の徹底をはかる趣意をもって、大日本剣道会が設立される。会長は陸軍大将菱刈隆、副会長木村篤太郎、理事長武藤秀三。この会の発起人の筆頭に石井三郎がいる。剣道界の代表的な人物はほぼ名を連ねている。羽賀・中倉らの世代は入っていない。

剣道は西南戦争・日清戦争・日露戦争・第一次世界大戦・日中戦争と密接に関係しながら黄金時代を築いて来たわけだが、日中戦争（「支那事変」）勃発を契機に、既述のように天皇制軍国主義の中に自ら取り込まれて行き、太平洋戦争の勃発とともに一気に衰退に向かう。

剣道や柔道でB29の爆撃や大砲や戦車に立ち向かえるはずがないのに、天皇制軍国主義は剣道等の武道を「国家武道」に貧弱化し「国民戦技武道」「国民闘力練成」と称して国民に押しつけた。日本の武道そして剣道は、爆撃機・大砲・戦車に立ち向かう竹槍同様に、戯画化されてゆく。若き準一、清、寅雄、主等々のような前世代の大家を存分に打ち込んで行く若手が育つ稽古の余地はなくなった。黄金時代の絶頂を飾った準一、清、主らの世代はすでに三〇歳代にさしかかっていた（寅雄二七歳）。

こうして衰退期に入った剣道界に新しい動きも芽生えた。一九四〇年（昭和15）一〇月ころか、渡辺敏雄が中倉清宅に碁を打ちに来ていて、有信館（中山博道）系と修道学院（高野佐三郎）系の派閥意識の相剋に議論が及んだ（京都を中心に一つの極を形づくった武徳会系の大御所内藤高治は昭和四年の天覧試合の直前に亡くなっていた）。

この剣道界の旧弊を打破すべく中野八十二を交えて呼びかけ、その年一二月にできたのが仮称「天狗会」である。三〇歳代前後の錬士以上の遣い手たち一〇人が結集した。

翌一九四一年（昭和16）二月二三日会長に木村篤太郎を迎えて会名も決まった。論語里仁第四にある「見賢思斉焉、見不賢而内自省也（賢を見ては斉（ひと）しからんことを思い、不賢を見ては内に自ら省みる）」からとって思斉会。木村は改組された大日本武徳会（会長東条英機）の剣道部会長であるし、剣道家はみなこの剣道の大政翼賛会ともいうべき剣道部会に取り込まれているが、しかし「思斉会」の命名には、国民武道として形骸化・貧弱化・矮小化される剣道を、派閥を超えて本来の竹刀剣道を維持してゆこうとする意思が窺える。

さて、同じころに準一は剣道の試合を捨てたが、かえって居合と剣道書の研究にますます精進していった

昭和17年　於奨忠壇公園裏山　剣道部歓迎会
中央戦闘帽で笑顔の人　羽賀準一師範

と思われる。京城法学専門学校長の増田道義は、日本精神を剣道とともに学生たちに叩き込むことを、公言し実行していたが、準一が増田のように軍国主義に取り込まれていったことを示す資料は見当たらない。かれの価値基準はなんらかの主義ではなく、武道としての剣道そのものであった。その剣道にとってプラスかマイナスか。これが価値基準である。たとえば軍国主義が唱える、剣道を極端に矮小化する国民武道は、剣道にとってプラスかマイナスか。こう考える人なのである。大道場主としてあるいは剣道体育化の総帥として、あるいは引く手あまたの剣道師範として、軍国主義との結びつきが利益となる剣道家とは異なる場に準一はいた。

かれは武道としての剣道の追究に命を賭けている。いわば剣道の魂のような人であった。

準一の朝鮮時代後期の様子を知らせる記事が『京城帝大剣道部史』にある。いずれも京城帝大予科剣道師範・羽賀先生の想い出である。

川浦　潔（昭和一二～一五年ころの羽賀準一）

私が羽賀先生のご存在を知ったのは、龍山中学剣道部に在籍していた五年生のときでした。たまたま、卒業した一年先輩の方々が母校を訪れたことがありました。卒業後半年程度の時日しか経過していなかったと思いますが、早速お手合せをお願いした。まったく驚きの一言に尽きますが、先輩達の剣尖は鋭く、格段の腕の上達振りでした。先輩達の中学在学中は、何とかお相手をさせていたゞいていましたが、卒業後のそのときは、まったく刃が立たないというのが実感でした。

僅かな期間にこのような指導をされる先生はどなたであろうかと、先輩諸士にお訊ねしたところ羽賀先生とのこと。そのとき未だお目にかかったこともない先生に畏敬の念を感じると共に、このような先生に是非ご教授をいただきたいと心の底から切望しました。念願叶って城大予科に入学し、早速剣道部に籍を置いたのは当然であるし、先生の許で修業でき先生のお人柄に接することができたのは、無上の幸せであり光栄でもありまました。

先生のご指導は、道場においては峻烈呵責の言葉が当てはまる程に厳しいものでしたが日常は、慈愛溢れる優しい眼差をもって接して下さいました。

……

先生のご尽力により、インターハイの期間中に先生に引率されて、宮城内の皇宮警察の道場において稽古する機会を得ました。ここでの状景を筆にすることは、今は亡き先生にはご本意ではないかとも考えられますが、一つの思い出として綴らせていただくことをお容赦願いたいと存じます。

私達の稽古が終って、先生と嘗て先生の稽古仲間で無二の親友といわれるA教士とが、私達の前で稽古されるのを拝見させていただいた。嘗ては、互角あるいは先生の方が優っていたともうかがっていたが、そのときはどうしたことか先生がやや劣勢のように私達には受け取れました。暫く撃ち合った後、突然先生がA教士の竹刀をしっかりと握られました。私は「あっ」と声が出そうに驚きました。ほんの一瞬の感じでしたが、そこに先生の火のような激しいご気性を垣間見る思いがしました。その動作には、私の想像し難い万感の思いが籠められていたのではなかったかと、今でも思い返し想像することがあります。

（A教士は中倉清であろう。昭和一四年七月のことか？　この時の羽賀準一の心事を推し量ることは非常にむずかしい。まず竹刀のどこを握ったのか、が今となっては分からない。川浦潔の文脈から推すと相手の竹刀の刃部のようである。完全に剣道のルールに違反している。清に打たれて分の悪い準一は、「お前の剣道は強い。しかし竹刀捌きだ、日本刀の捌きではない。だからこれは刃物ではない。竹だ」と叫びたかったのかも知れない。）

上田健次（昭和一五年〜一六年ころの羽賀準一）

予科一年の時、羽賀先生の前に立つ時、物凄い威圧を感じ、打たれた時は切られた様に感じ、特に突きが非常にこわかったことを覚えています。二年位になり、自分から進んで突きを受けとめる気持で練習したことにより突きは恐いものでなく敵に大きな隙を作ることを覚え、一段と剣技が進んだ時があったことを覚えています。

私等の剣道は中学時代の剣道や、今テレビで見る学生剣道と全く違った斬る剣技であった様に思います。

川野麟太郎（昭和一六〜一八年ころの羽賀準一）

部の先輩が、私達新人生部員に、羽賀先生をご紹介下さいました。にこにこ微笑んでをられる、小柄な、あまり強さうには見えぬ方でした。しかし稽古着に着かえ、防具をつけられて、道場に立たれたお姿には、一種形容の出来ぬ威圧感がありました。新入生達は、「い、とこ見せてやろう！」と気張って先生に掛りますが、竹刀が先生の身体に当りません。……

いよいよ私の番が廻って来ました。「俺は他の奴と一寸ばかり違うぞ！」と云う自負心もあったのですが、いざ掛ろうとしますと、先生の竹刀の先ばかりが、馬鹿に大きく見え、身体は竹刀の内に入ってしまって見えないのです。焦って、エ、、マ、ヨ、と突進して行きました。咽喉に灼けるような痛みを感じたとたん、すーと身体が浮いて、ピカッと目から青白い火花が散って、後は憶えていません。「お前のような、メチャな奴見たことない、自分から竹刀の先に咽喉をぶっつけていって、ひっくり返えり、このザマだ！」先輩は情なさそうにこう云いました。しかし先生は静かに「元気のい、打込みであった。」とおっしゃられました。私は恥かしくて、ほんとに穴があったら入りたいほどでした。

しかし先生のその一言に元気づけられ、己の不明、非力を悟って、大いにやる気を起し、道場では勿論、先生のお宅にもあつかましく参上して、教えを乞いました。お宅での先生は、おやさしい奥様にかしづかれ、一杯聞こしめした時などは、師弟と云ふよりは、実の兄貴か父親のような、温い雰囲気でした。

# 第四章　戦場の剣客

## ——準一の日記を読む

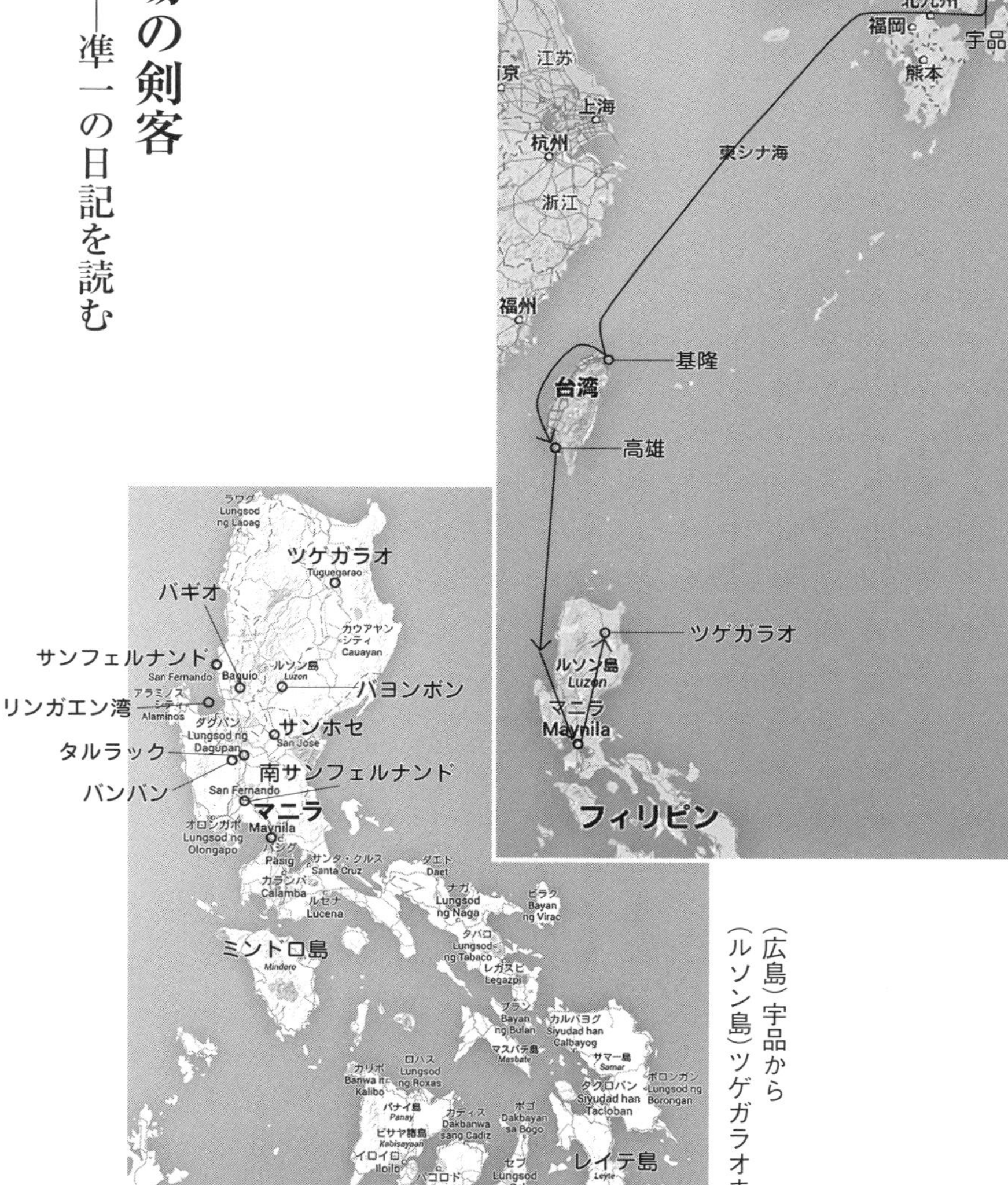

（広島）宇品から（ルソン島）ツゲガラオまで

## 日記「宇品から呂宋ツゲガラオ迠」

さて、一九四一年（昭和16）一二月八日に始まった太平洋戦争は緒戦の真珠湾奇襲攻撃に成功した（武士道を掲げもっともらしい建前を言う軍部は日清・日露・日中・そして今度の日米といつも不意打ちで戦をはじめる。宣戦布告はその後だ）。しかし一九四二年（昭和17）六月のミッドウェー海戦で敗北してからはアメリカ軍に主導権を奪われ、次第に敗色を濃くして行く。その昭和一七年五月にフィリピンはアメリカの支配下から日本の支配下に入れられた。

戦局の悪化は準一をも剣道に専念させておかない。

一九四四年（昭和19）二月、準一は南方の戦線にゆくことになった。増田道義の南方行きが先に決定し、これに従うためであろう。

四月、教育のために三ヶ月間の入隊。

七月、除隊。増田に発令あり。羽賀は増田の蔵書の整理にあたる。

八月、増田道義は南方総軍司令部付司政長官としてフィリピンに赴いた。同じ八月の一二日羽賀に発令あり。

九月一一日京城を発ち、一四日上京。一五日陸軍省において打ち合わせ[*17]。

一六日東京を発って広島に向かう。一八日午前二時広島着。午後一時□□（2字不明。門司?）に着。約一ヶ月滞在。

一〇月一七日羽賀準一は増田道義司政長官付属要員として、広島の宇品より軍輸送船に乗ってフィリピンへ向かった。準一はこの日から日記をつけている。「宇品から呂宋ツゲガラオ迠」である（以下「迠」は「迄」を用いる）[*18]。この時準一満三六歳。

この日記は近代日本の戦争文学中の一編として位置づけられてしかるべき作品であると思われる。羽賀準一という人間の内面を知るすばらしい資料である。恩人への忠誠心・剣道への徹底的求道心・妻や師や剣友等をたえず思いやる心・弱者への思いやり・死生への達観・剣士の鑑のような平常心、といった内面の生きた記録である。そればかりではなく「フィリピン決戦」期の天皇制軍国主義の一隅を裏から照らす記録でもある。

日記を読む前に若干の予備知識を記しておく。

一九四四年（昭和19）一〇月、日米戦争は以下のような段階に来ていた。七月七日サイパンがおちた。本土防衛そのものがあぶなくなってきた日本軍は攻め寄せる米軍をフィリピン・ルソン島で迎え撃つ作戦に出た。陸海軍は来るべき作戦（捷一号作戦）配置準備に努めたが、九月中旬フィリピンに到着した軍需物資は計画の二割、人員は一割五分にすぎなかった（増田道義はそのルソン島で司政長官として任に当たっており、羽

---

＊17　以下中倉清聞き書きから。当日は九月一五日と推定される。「近藤―羽賀先生は泊まったら飲んだんですか。中倉―そりゃ飲んでた。フィリピンに行くとき一度東京に来てうちで壮行会やったんですよ。そのとき方々から警視庁の先生方が来て、どんちゃん騒ぎやった。酒ぐせ？　悪くなかったですよ。泣き上戸なんです。『羽賀泣くな』ったって、『ウー』なんてね（奥様含めて笑い。このあたり楽しい思い出話）。」

＊18　なぜ準一が日記をつけ始めたのか。増田道義の指導があったように思われる。フィリピンという外国かつ戦地に来るに当たって、自己と他者と戦時の様子、および新しく目にするであろう外国の風物までを日々記すことによって日記というものを準一に教えようとしたのであろう。これは「宇品から呂宋ツゲガラオ迄」の叙述の特徴（たとえばフィリピンの風俗・風物までを写し取ろうとする志向）は増田の指導抜きには考えられないことだからである。

賀準一はその「人員」の一部として増田のもとに馳せ参じようとしていた)。

一〇月一〇日アメリカ軍はレイテ島上陸作戦を支援するための陽動作戦を始めた。沖縄方面を爆撃し、日本のルソン島基地を襲い、一二日には台湾南部の攻撃を開始した。迎え撃った日本軍は若干の戦果をあげたが、大本営はこれを大戦果と発表、台湾沖航空戦と名づけた。

この陽動作戦のかげでマッカーサー上陸部隊二五万は、第七艦隊に護衛され、艦艇総数七三四隻でフィリピン・レイテ島東方に集結していた。これに対し日本軍はルソン決戦をレイテ決戦に切り替えた。第一航空艦隊司令大西瀧次郎中将は神風特別攻撃隊を編成した。

捷一号作戦が発動され、一〇月二二日には、戦艦「大和」「武蔵」も出撃した。この海戦の結果日本海軍は、戦艦(武蔵を含む)三隻、空母四隻、巡洋艦六隻、軽巡洋艦三隻、駆逐艦八隻、潜水艦六隻を失う等々、海上決戦力を失ってしまった。フィリピン沖海戦(レイテ沖海戦)である。

準一たちの乗った船は一〇月一七日宇品を出てフィリピンのルソン島に向かおうというのである。一〇月二〇日レイテ島の戦いが始まった(これから約二ヶ月続くことになる)。参謀本部はルソン島を決戦の場に再度切り替えた。制海権・制空権をともに支配下においた米軍は一九四五年(昭和20)一月九日ルソン島のリンガエン湾に上陸する。準一たちの船がそのリンガエン湾に着くのは四四年一二月二六日である。運ばれてきた「人員」は死にきたようなものである。

日記にもどろう。

一〇月一七日一三時「いよいよ待望の乗船」(準一にとっては死出の旅であるどころか増田の下に向かう待望の旅なのだ)。あてがわれた部屋の天井は「四尺(一二〇センチ)位」。ひどい環境である。船は宇品を出た。

機密を考慮したのであろう。日記の初めの方は地名が塗りつぶされているが瀬戸内海のあちこちに寄港して荷物をつみこんでいる。

二四日。「今日ハ午前2時頃カラ体ガイタクテ寝ラレナイ。昼ハ暗室夜ハムシロノ上ニ着ノ身着ノママニテ寝ル。寒クテ何トモ仕方ナイ。」

二六日。副官より「本日出発ノ命アリイヨイヨ危険区域ニ突入スル」と伝えられる。「台湾迄ハ大丈夫トカ。」門司を出航したらしい。きのうは京城が、今日は京城と熊本が爆撃されたらしい。

二七日。夜明けに右手に済州島（チェジュ島）、左に五島列島が見える。「船室の暑気は又格別ナリ。夜モ昼モ判ラナイ真暗ダ。」

二八日。一四時ころ「ハルカ後方ニ於テ爆雷音ヲ聞ク。敵潜（水艦）ノ出現トカ」。

二九日。台湾の基隆（キールン）近くに来たが敵襲を恐れて、すぐには入港できず。「19時頃風雨強ク波高シ。船室ハ暑気ト人ノイキレデムシ風呂ノ如クナリ……満員ニテ横ニナル所モナシ。」

## 本が読みたい

三〇日基隆上陸。次は台湾の高雄に向かう予定だが、なかなか出航しない。準一は毎日増田を案じ、他方で無聊をかこつ。本がほしいと思う。

一一月五日ようやく出航。六〇〇トンの古船に荷物をぎっしり詰め込んだので、「人員」の寝るところは甲板だと。甲板はちょっと波が高いと波に洗われるのだいう。一八時三〇分乗船開始。輸送指揮官の石井中尉が自分の隊の有利ばかりをはかる。準一の「隊ノ幹部腰抜ノミ。何ラ交渉セズ」。見かねた準一が「少し強ク云フト」おもしろいことになった。石井中尉はあろう事か日本一の剣士に向かって「タタキ切ルト云フテオドカス」。笑止千万だ。「軍刀ノ使道モ満足ニ出来ン奴ガ斬ルトカ大キナ話。一寸オカシカツタ。」

翌六日。「高雄外港ニ着イタ。先般ノ爆撃ノ跡ヲ見ル。可成ヤラレテイル様ダ。港ニ船ガ沈ンデイル。焼ケタ岸壁ノ倉庫ガ跡モナクナツテイル。」

（これから一二月二三日まで出帆できない。それはそうだろう。フィリピンは太平洋戦争の現段階では主戦場である。レイテ島の戦はこの一一月六日に始まってすでに一八日目。台湾からフィリピン・ルソン島までは軍事物資と人員の輸送路であろうから、台湾―ルソン島間の海上も戦場なのである。）

一一月九日。「昨日ノ新聞ニテハ又比島ニ敵機奴３５０モ来タト云フ。何時ニナツタラ着クコトヤラ。」準一は海上の危険もルソン島の危険もその後に生ずるであろうルソン島戦の危険も眼中に無い。ただ増田の下へ早く行きたい！　それだけである。

一〇日高雄に上陸できた。ようやく陸上生活だ。「上等毛布モ1人ニ3枚。乞食カラ急ニ大名ニデモナツタ様ナ気ガスル。」

一七日。宇品を出てから一ヶ月になる。

一八日。全員ふたたび乗船。「敵機動部隊ハ空母6ト台湾ヲネラツテイルラシイ。」

二〇日。「乗船第2夜ハ明ケタ。寒ムサハ益々ヒドクナル。寒クテ話ニナラン。日中ハ暑クテ困ル。日蔭ハナシ一日モ早ク出帆セント病人ガ出テ又困ルダロウ。」頑健な準一はいつも病人・船酔いなど弱者たちを思いやる。夜九時準一たちの船が急に港外に待避する。

二一日。「一昨日出帆シタ組モヤラレタ」とのうわさ。準一はそれでも出航を待ち望む。しかし「今日モ又1日ヲ暮ラスガ仕事ハナシ読ミ物ハナシ」。「馬鹿中尉今日モ又戦友ヲナグル。」「今日長崎附近ニＢ29、70機以上来襲セリト。」

二二日。「夜ハ寒イ。ソシテ体ガ痛イ。デツキニムシロ1枚、カツパヲ着テ寝ルノダ。風ハ強クテ船ハユレル。」「午前7時対潜巡視ガ始マツタ。船酔ノ方ハオ気ノ毒ダ。」午後六時船はふたたび高雄港内へ。高雄湾には機を見て出帆すべく非常に多くの船が入港している。それらが多くの駆逐艦に護衛されて出航するらしい。

二三日。「港内ハ船ガ沢山イル。皆比島ニ向ウラシイ」「自分達ノ船ハ６００トン日魯の東＊丸」で小さい上船足も遅く出航させてもらえない（護衛がつかないのだ）。

二四日。「新シイ小説ガ手ニ入リ1日ハ何トカナルダロウ。」小説は読み終わったころだろうか「午后5時ノニユースニテＢ29東京襲撃ヲ聞ク。大シタ事ハ無シト。然シ15機編隊ニテ数回波状攻撃シタ由。高雄ノ空襲跡カラ推シ量ルト、東京デモ可ナリノ損害ハアツタロウ。」大本営発表の「ニュース」なのだろうか。「大シタ事ハ無シト」はウソである。一九四四年（昭和19）一一月二四日はＢ29による初の東京空襲のあった日である。〝超空の要塞〟Ｂ29が一一一機からの大編隊を組んで飛来、都下武蔵野の中島飛行機工場を集中爆撃したのである。

そして記す。「中山先生ヤ中倉君ニ異状ハナイカ。」東京空襲と聞いて先ず思うのが中山博道であり中倉清である。

二七日。船中には「金モウケ一旗組ガ多イ」という。この危ない時期にあきれた連中だ。準一の批判が「高等官連中」に向き始めた。「高等官」とは明治憲法下の官吏の等級の一つで、親任官、勅任官（高等官一等・二等）、奏任官（高等官三等〜九等）があったが、このおんぼろ船に乗っている「高等官」は奏任官ばかりであろう。武官では大佐〜少尉が奏任官であるというから、すでに批判されている「馬鹿中尉」も「高等官」だ。「高等官連中ハ自分ノ都合バカリ云ッテイル。」

二八日。「午前9時半頃ヨリ慰問演芸ヲ見ニ高雄劇場ニ行ク。」特に幼児たちの熱演に感激。「今日ノ演芸ヲ見テ生キテイル喜ビヲ感ズルト共ニ銃後ノ御後援ニ対シ生還ヲ期サズ頑張ル可キトツクヅク感ゼリ。」

この剣豪は日記中に自分の命への哀惜の念は一言も記さない。心底から命をなげうつことが出来るのだ。これこそ古来の武将たちが戦場に臨む時の境地なのであろう。

二九日。「連日良イ天気。石炭ノ上ニ畳表ヲ一枚敷イテ寝ルノモ大分ナレテ来タ。夕べノ月ハ十四日カ。」剣豪はここで一句ひねる。

霜月ニユカタデ暮ス月夜カナ

三〇日。「ホセリサールノ伝記ヲ読ム」ホセ・リサールはフィリピン独立運動の国民的英雄。今日も大きな船が出帆しそうだ。「アレニデモ乗レタラト眺メテイル。」そして京城に思いを致す。「奥様（増田夫人）達ハ元気カ知ラ。家内ハ無事ニ郷里ニ引越シヲ了ヘタカ知ラ。皆元気デ居テホシイ。午后5時ノニュースニテ東京空襲ヲ知ル。前後二回トカ。詳細ハ判ランガ中山先生は如何、中倉君ハ無事カ。」

## 船上で五輪書を読む

一二月二日。「午后2時荷物ヲ出シタ。油虫ノ多イノニハ一寸驚イタ。閣下ノ荷物ハ大丈夫。今夜ハ相当寒イダロウ。病人ガ出ルダロウ。弱イ人々ハ可愛相ダ。鍛ヘタ体ハ有難イ。」

三日。「家内ノ夢ヲ始メテ見タ。元気デイルコトダロウ。」この日の日記は「高等官」批判がおもしろい。「前川司政官ガ毎日脱線ヲヤル。今日ノハ一寸面白カツタ。」「司政官」は広辞苑によると「太平洋戦争中、東南アジアの占領地域の軍政に参画し、軍司令官を補佐した陸海軍の臨時職員。民間人や官吏が任命された」。ちなみに増田道義は陸軍司政長官であるから陸軍中将待遇・親任官待遇。司政官連中とは格が違う。司政官は奏任官。この前川という人はあとでまた出て来るがゴミダメを漁ってものを食べる病気らしい。「此ノ様ナ常識ノ人ガ比島ニ着イタラ統治上困ツタモノダ。久村隊長石井中尉川口、前川司政官等利己主義ノケチン棒。五本木古屋山中高等官等ト二派ニ別レテゴタゴタハツキズ。」（このうち川口・五本木・山中という名には留意されたい。あとで準一が腹の皮がよじれそうだと笑うことになる。）

四日。「午前11時半上陸。日用品ヲ求メルコトニナリ市内見物ス。何モ求メルモノモナシ……安イプロマイドヲ求メタ。生レテ始メテ求メタ。」当時二十代の女優であれば高峰三枝子、原節子、山田五十鈴……。「名前ガ判ランノデ一同ニ笑ハレタ。」

稽古に明けくれた剣豪が生まれて初めて買ったブロマイド。「書籍3冊求メテキタ。3、4日ハ暇ツブシニナル。」

七日。「雨ハ夜半ヨリ益々強ク風ハ相変ラズ強イ。テントノ中ハ甲板ヲ流レル水ト天上カラモレル水トデ座ルコトモ出来ナイ。体ハ頭カラズブヌレダ。何トモ手段ハナイ。寒サト雨デハ情ナイ生活ダ。遂ニ夜通シ起キテイタ。戦友一同寝ラレナイママニ起キテカタマル。」さすがに見かねた隊長が陸上の兵站宿舎に泊まれるよう交渉してきた。「久方振リニ温イ寝床デ寝ラレル。昨日ノ夜ヲ考ヘルト実ニ涙ガ出ル。毛布ノ有難味何ント云ツテヨイカ言葉モナイ。」

戦争末期の日本兵の置かれた劣悪な状況がこの日記からも伝わる。レイテ島では「レイテ戦記」（大岡昇平）の惨状がすでに展開しているのだろうか。

一五日。宮本武蔵の五輪書を読みはじめる。増田道義の荷物の中から借覧することを思いついたのだろう。「地の巻」の終わり近くの「我兵法を学ばんと思ふ人は、道を行ふ法有り」につづく九項目を写す。「1、よこしまなき事を思ふ所　2、道を鍛錬する所　3、諸芸にさはる所　4、諸職の道を知る事　5、物事の損得を辨ふる事　6、諸事目利を仕覚ゆる事　7、目に見えぬ所をさとつて知る事　8、わずかなる事にも気を付くる事　9、役に立たぬ事をばせざる事」そしてこう感想を記す。「幾度読ンデモ読ム度ニ味ノ有ル項目ナリ。」この日の日記の結びはこうだ。「帝都ハ連日空襲トノコト。先生ヤ知友達ガ案ゼラル。然シ天命ノアル者ハ大丈夫タルコトハ自分ノ信念ダ。生キ延ビテ斯道ニ精進サレンコトヲ祈ル。」準一にとって東京は中山博道であり、中倉清と中島五郎蔵であり、そして剣道の命脈の存する所なのである。

一六日。「昨夜ハ、寒ムクテ良ク寝ラレナカツタ。夜通シ夢ヲ見タ。夢ニ矢吹先生ノ事ヲ見テ午前2時頃起キタ。其後閣下ノ夢ヲ見タ。法学（京城法学専門学校？）ノ事モ稽古ノ事モ。稽古ハヤリ度ク思ツタカ閣下ノ用件デ道場ヨリ出テ戻ツタノハ稽古終了後。ホントニ残念ダッタ。夢ハ五臟ノツカレトカ。変ナ夢ヲ見タモノダ。」

前日五輪書など読んだせいであろうか。剣道の夢を見た。「矢吹先生」は準一を剣道の道に案内してくれた恩人。それにしても夢の中の稽古が出来なくて「ホントニ残念ダッタ」とは！

この日も「五輪書ヲ読ムガ幾度読メド味ノ有ル書ナリ。今後幾年南ニ居ルカ。ソノ間幾度読ムコトカ。セメテ半分実行出レバ良イケレド」。「実行」云々とあるから「水の巻」を読んだのであろう。この時の準一は五輪書を奉じているが、四、五年後には五輪書の厳しい批判者になる。「2、３日前カラ前川司政官（通称バタ屋）塵置場ヨリミカンノカハヲ拾イ集メテ喰ツテイル」というので、準一はフィリピンに行ってからどうなることかと本気で心配している。

## 上官の腐敗、可愛い子猫

一七日。「石井舎営司令官ヨリ来週剣術ノ指導ヲ為ス様ニトノ下命アリ。捨テタ竹刀ヲ又持ツカ。」「捨テタ竹刀」の五文字がいたいたいしい。しかしそこには一切の愚痴も未練もない。

一八日。亡父の二九回忌を思い、平壌にいる母と妹邦恵を思う。「思出ノ東城。古郷ハ何時行キテモ良イモノダ」と故郷を偲び、そこに行って二九回忌の法要をいとなんでいるであろう妻の良久子を思いやる。船はまだ出ない。高等官どもは酒と女に明けくれている。しかし午后三時突然明日乗船の命令が出る。

一九日。「高等官連中ノ勝手ナ行動ガ一同ニ判リ反目ノ度ガ加重サレテキタ。口ヲキク者スラナクナツタ。

奴等ハ酒と女デ此ノ高雄滞在40日間ヲ暮シタノダ。ソレヲ我々ノ所ニ来テ自慢ラシク話ヲスルノダカラ問題ニナラン。」幹部の腐敗は極まってきた。「川口司政官」はこの日「帰舎」しなかった。前川司政官は「精神鑑定ノ要」「充分ニアリ」。「五本木ハ酒バカリ飲ンデイルラシイ。昨夜ハ石井五本木山中3名ヘベレケデ帰ツタラシイ。相変ラズダ。久村隊長モオトナシイ上ニ馬鹿ガ付ク様ダ。」「石井」は準一に向かって「タタキ切ルト云フテオドカ」したあの「馬鹿中尉」であろう。「川口司政官」「五本木山中」には前記の如くご注目。「広島以来高等官連中ハ我々ノ為何一ツ仕事モ世話モシテ呉レナカツタ。反対ニ我等ヲ踏ミ台トシテ物ハ買フハ酒ハ飲ムハ。比島ニ行クノニ五本木山中等ハ金モウケニ行クト云フ。煙草ナド色々ナ品ヲ買ダメシタ様ダ。五本木ハ万年筆モ売ル目的ノ為、20本位ハ買ツタト自分ノ口カラ云フテイル。此ノ様ナ連中ダ。川口吉永古屋皆同様ダガ、古屋ガ少シハ増シノ様ダ。」劣悪な環境下をすでに二ヶ月間も耐えている「兵隊サン」ら「人員」の真面目さに比してなんと陋劣な「高等官」たちだろう。剣豪はこう追記する。「何レ落着イタラ日記ノ整理ヲシテ、連中ヲ主人公ニシテ短文ヲ書ケルナラバ、自分ノ様ナ下手ナ文章デモ面白イモノガ出来ルト思フ。」

短編小説は書かなかったが、一二月三〇日の記述と合わせると充分に面白い文章だ。

二〇日。夜のことである。「猫ノ子ガ1匹8時頃飛込コンデキタ。久方振リニ猫ノ子ヲ抱ヘテ寝タ。京城以来ダ。可愛イ子猫ハ朝マデ自分ノ腕ヲマクラニシテ寝テイタ。台湾ノ猫モ変リハナイ。朝方ハ脇腹ニクツツイテグルグル云フテイタ。可愛イモノダツタ。」フィリピンに連れて行けないから一夜の別れとなった。

この日もいかにしてフィリピン行き出航を引き延ばすかしか考えない高等官を準一や二人の分隊長が動かして積み荷を港湾まで運ぶ自動車を用意。しかしこの自動車は高等官が利用。準一等は牛車をやとって荷をはこぶ。「高雄トモ1、2日デ左様ナラ。内地ノ皆様オ元気デ。張リ切ツテノ御奉公ヲ祈ツテマス。今日中倉君ヨリ空便ニテ返事ガ来タ。全員出シタガ5、6通シカ返信ガナカツタ。東京ノ空襲モ大シタコトハナイト。中山先生モ五郎蔵君モ元気デ何ヨリ。」

二一日。出航は延期。警戒警報発令。「甲板ニ出テ見タラ支那人苦力ガ3百人位本船ニ乗ルラシイ。本船ノ乗船者3000ヲ突破。」夜七時退避のため武装甲板に集合。強風吹きすさぶ中にいる。午前二時就寝「船室ノ暑気ハ格別ダ」。

二二日。甲板の騒々しさ船室の暑苦しさ。その中で準一は五輪書を読み終える。

二三日。昨日と大差ない状況下で午前は剣道書天狗芸術論を読む。

（天狗芸術論は享保一四年（一七二九年頃）の刊。著者は佚斎樗山（いっさいちょざん）。この剣道書は「武人の謂ゆる理兵法に偏せずやと思はるるまで剣法即心法を説けるもの」（山田次郎吉）であるが、特に呼吸を詳しく説いている点に特長がある。その巻四にある「収気の術」は夜船閑話を素としているらしいが、行住坐臥における呼吸の修行を説いて倦まぬ。何度も読んだ書には違いなかろうが、上記の非常事態の中で読む天狗芸術論は格別であったろう。）

## 戦場ルソン島上陸、マニラへ

「13時待望ノ出帆。一同ノ喜ビタトヘルモノナシ。」高等官以外は本当によろこんでいる。

「14時港外ニ於テ船団ヲ組ミ15時南ニ向ケ出帆ス。……厳重ナル警戒。空ハ飛行キ周囲ハ巡洋艦駆逐艦。」

二五日。船はルソン島に向かって進んでいるらしい。夜の船室内はものすごい暑さ。

二六日。「夜明ケニハ比島ガ見エル。7時カナタニ山山ガ視エテ来タ。待望ノルソン島ニ近ヅク。護衛艦ハ外側ノミダ。飛行機ハ空ヲ警戒シテイル。」


夜中にルソン島リンガエン湾入口東側の港・サンフェルナンドに到着。

宇品を出たのが一〇月一七日、レイテ島の戦いが始まったのが二〇日。以後これまで瞥見してきたような二ヶ月間の苦難に満ちた船旅（高等官は別にして）。ちょうどこの間にレイテ島の戦いは大敗北に終わっていた（最終的な死者数は七万九二六一名）。

準一たちの船がサンフェルナンドに着いたちょうどその日（一二月二六日）、アメリカ軍のマッカーサー大将はラジオを通じ「レイテ島の戦闘は終わった」と宣言した。レイテ島にはまだ敗残の日本兵が二万人近く残っていたが。

アメリカ軍のあたらしい目標はルソン島である。日本軍も「決戦場」をレイテからルソンに切り替えた。まさにそのルソン島に着いたのである。

二七日。「午前11時イヨイヨ上陸ス。」準一は増田と連絡をとるべく手を尽くすがこちらの情勢はそれどころでは無い。午后三時半にはさっそく空襲のお見舞いがあった。夜になって「時ニ爆音ガ聞エタガ、友軍機カト思ツタ時ハ既ニ爆弾投下シタラシイ。家ガ震動シ砲弾ノサクレツ音ガ聞エタ。急イデ防空壕ニ入ツタガ敵機ハ10分位デ逃ゲタラシイ。初メテノ空襲ダガ、戦地ニ来タト云フ感以外特別ノ気持ハナカツタ。11時一同帰舎」。一二時に就寝して一時四〇分にまた空襲。

二八日。手を尽くすも増田との連絡は今日も取れない。

二九日。「午前7時点呼点ハスンダガ、高等官ハ1人モ出テ来ナイ。皆朝寝ヲシテイル。宮城遙拝ニモ出テ来ナイ。如何ニ心掛ノ悪イ奴等カハ是レニモ明カナリ。其ノ上附近ニ宿泊中ノ兵隊ガ内地帰還ノ為我々ニ日本銀行券ノ引換ヲ依頼ニ来タ処、川口司政官隊員ノ両替金ノ一部ノ上前ヲハネ、ポケットニシマイコンダ。高等官ノ品性コノ通リ。」明日の日記ではこのお待ち兼ねの「川口司政官」がいよいよ登場する。

増田がツゲガラオに駐在していると判明。先ずマニラに行って正式の辞令を受け取らねばならぬ。マニラはサンフェルナンドから南方にありツゲガラオは北方にある。先ず南下しそれからはるかに北上しなければならない。それも空襲とゲリラの待ち構える戦場を通過して。

三〇日。「昨夜ニ引続キ午前1時、3時、5時ト3回来タ。都合昨夜間5回のオ客サンダ。此ノ様ニ来ルト体ノ弱イ連中ハ寝不足デ可愛想ダ。3回目ノ時ハ照明弾ヲ落シ仲々敵ノ奴ヤツテイル。」ここで一句。

照明弾月ヨリ明ク照シケリ

アメリカ軍は間もなくリンガエン湾からルソン島に上陸する。その入口に当たるサンフェルナンド（準一たちが今いる）をそれ以前に徹底的にたたいておこうとするのであろう。レイテ決戦後アメリカ軍はルソン島すぐ南のミンドロ島に航空作戦基地を確保したからルソン島爆撃は容易であった。

## 爆撃下の剣豪

「午前中ハ先ズ敵ノ奴ハ来ナカツタガ午后ハ2時半迄ニ3、4回（ハツキリハ記憶シテナイ）。高射砲ヤ色々ナ砲ヲ打上テイルガ、仲々当ランモノナリ。地上モ一寸モ損害ナク、此ノ宿舎デハ半数以上ガ退避センコトニシテイル。コレハ無智カラダト思ハレル。地震デモ怖サヲ知ツテイル東京ノ人達ハ小サイモノデモ驚イテ逃ゲル。真ノ爆撃ヲ知ラン故コノ様ニ落着イテイラレルノダト思フ。」

剣豪は爆撃を恐れるべきだ、という。退避できるならば退避すべきだという。関東大震災を知って後の東京人が小さな地震にも備える様に、爆撃に備えるべきだという。

「丁度ココ迄書イタ時敵機ガ五、六百位ノ処ヲユツクリト飛ンデイル。砲弾ヲ各所カラ打チ始メタガ中々思フ様ニ当ラン。友軍機ハ1機モ飛バン。飛行機ガアレバ……。ココヲ書イテル時モ2度来タ。午后2時45分友軍機ガ三機キタ。敵ハスグ逃ゲル。敵ハ10機位デイルガ友軍機トハ仲々会ハナイ様ニシテイル。逃走ハ上手ダ。」

「ココ15、6行ヲ書イテイル時ハ敵機ガ上空ヲ乱舞中ダガ、皆落着イテイル。然シ中ニハ面白イノガイル。昨夜2回目ノ時、毛布ヲ頭カラカブリテ室内ヲ逃ゲ廻ツテイル者ガ（野添君）アツタ。真暗デ誰カ判ランダツタガ思切リ平手デタタキ、退避セヨトドナリツケタ所アハテテ逃ゲテ行ク。未ダ未ダ面白イ話ガアル。五本木高等官ハ息ガ切レルカト思フバカリニ第1回ノ時ハアワテテイタ。其時ノ姿ハ思出シテモ腹ノ皮ガ痛クナル位ダ。川口司政官ハ戦友古川君ニ大声ニテドナラレ腰モ抜カサンバカリニ驚キ声モ出ズ。ココヲ書キツツアル時モ爆音ガ聞エル。山中技師ハ毛布ヲ被リ穴ニ入リニ行クラシイ。爆撃ノコトヲ書クト切リガナイ。夜ハ色々ナデマデ9時頃迄話ニ花ガ咲ク。」

五本木高等官、山中高等官買いだめした煙草に爆弾は落ちなかったか。五本木高等官二〇本の万年筆は大丈夫か。川口高等官ポケットにしまい込んだお金は落とさなかったか。

三一日。今日は大晦日。昨夜「オ客サン」が来なかった代わりに別の「オ客サン」（雨）が来て「室内ハ洪水」。そんな時にも盗みを働く奴がいる。村上分隊員が財布を盗まれた。準一は気の毒がって五〇円カンパする。「新年ヲ迎ヘル感激モナイ、又オキナイ。何処ノ壁ヲ見テモ（死ぬるか勝つか）ノ標語アルノミ。又実行アルノミ。多数ノ中ニハ金モウケニ来タ様ナ奴ガ可成リ居ル。国家之為困ツタコトダ。」

増田閣下との連絡方法が見当たらぬまま「新年ヲ迎ヘントス」。

一九四五年（昭和20）元旦。一二月二七日の上陸以来食事は「変ナ米ニ塩ノ汁（つゆ）一パイ」だったが大晦日・元旦は「一碗ノ飯キリ。オ汁モナイ」。なぜこれほどの冷遇か。実はその頃レイテ島の山中で敗残の日本兵は「蛇、とかげ、蛙、お玉杓子、みみずなど」を食べていたのだ（『レイテ戦記』）。あれほど待ち焦がれて上陸したルソン島も今や同様の地獄になろうとしていた。

## 増田閣下への忠誠

しかし準一は新年の日記をコウ締めくくる。「今年コソハ閣下ノ許ニ付イテ大イニ頑張ルゾ。閣下トノ連絡ガトレンノガ残念ダ。自分ノコトヲ心配シテイテ下サルノガ目ニミエル様ダ。」（事実増田は非常に心配していた。）「閣下モオ元気デ意義アル新年ヲオ迎ニナツタコトト思フ。閣下ノ御健康ヲ新年ノ初頭ニアタリ御祈リ申上グト共ニ京城ノ御令室様並ニ御母堂様ノ御健在ヲ併テオ祈リ申シ上グ。母ヤ良久子ハ何処デ正月ヲシタコトヤラ。元気デイテクレ。中山先生中倉君中島君……ノ御健闘ヲ祈ル。」

二日。「昨夜ハ初夢ヲ見タ。閣下ノオ供デ京城ニ帰ツタ。閣下ハ政務総監ニナラレタ。奥様ノオ喜ビノ顔モハツキリ夢ニ見ラレタ。コレガ真実ナラト今朝モ起キテカラツクヅク考ヘタ。」

「政務総監」とは朝鮮総督府における総督に次ぐ第二の地位。親任官である。軍事権をのぞく行政・立法・司法の実務を統括した。準一は増田が将来この地位に就くと信じているようである。現在の増田も陸軍司政長官であるから、前述の如く中将待遇・親任官待遇である。今や戦場でのそれとはいえ、高位高官ではある。

午前一一時半旅団司令部から通達があった。マニラとは連絡不能だから「我隊ハ分散シテモヨイ故、目的地ニ向ケ至急便ヲ求メ出発セヨ」とのこと。

隊はバギオに向かう者とマニラに向かう者に分かれる。久村隊長や例の高等官たちはバギオに向かう。準一は増田と連絡を取るのにわずかでも便宜がありそうなマニラ行きを選んだ。

「午后3時50分突然敵機ガ来タ。宿舎ノ家棟ヲスレスレニ飛ンダ……オ客サンノ来ル度ニ隊員達ノ行動ヲ見テイルト面白イ行動ガ多イ。危険ヲ除ケル目的デ皆一生懸命ナノダカラ笑フニ笑ヘナイ。デモ今日ノ4分隊ノ高野氏年令ハ41、2。何時モナラ持上ル事モ出来ン様ナ荷物ヲ機銃掃射ヲ防グ目的デ差上ゲ頭上ニカブツテイタ。其他靴下片方下駄履ト云フノヤラ、フルエテイルノヤラ、書ケバ切リガナイ。」

この日の襲撃はリンガエン湾の船群を狙ったものであった。兵舎の上からの機銃掃射は行きがけの駄賃といったところか。「爆撃ヲ喰ツタ我ガ方ノ船ハ駆逐艦1、海防艦2、貨物船1。外ニ港外ニ於テ3筋の煙上ルヲ見ル。我方ノ船団襲撃サレタルモノト思ハレル。貨物船ハ午後5時頃カラ爆発ヲ始メ午后7時過ギマデ引続キ、其ノ後午后11時頃カラ外ノ1隻ガ又爆発ヲ始メ約2時間位爆発シテイタ。コノ爆弾ヲ敵陣ニ打込メバ敵ノ奴ハ相当被害ヲ受ケルコト必定。実ニ残念ダ。」

三日。午后一時三〇分命令があって準一は鉄道部隊のうちの七名と自動車でマニラに向かうことになった。戦友たちが心をこめて送ってくれる。準一の人柄がよく出ている。それにしてもサンフェルナンドまで船で一緒に来たすべての人々のうち一体何人が生きて日本に帰れたろう（後年この日記を読み直したらしい準一は下の欄外に一句記す。季語はなくとも思いは籠もる。やるせなき思ひは残る比島かな）。

道々故障する車を修繕しつつカルメンへ、カルメンからタルラックへ。

四日。米軍マニラ―リンガエン湾間の爆撃を開始。そのまっただ中をバンバンへ（そのバンバン附近の日本空軍基地には毎日米軍が爆撃に来る）南サンフェルナンドへ。そして「正午待望ノマニラに安着ス」。しかし当然のことながら「ココノ状勢ハ非常ニ悪ク、軍隊ハ北ニ異動シツツアリ。何時ココガ戦場ニナルカ判ラントカ」。

西も東も分からぬマニラで途方に暮れながら、増田の所在を知るには「政務班」に連絡をつけるのがよいことを突き止める。

五日。ようやく「政務班」にたどり着けた。その結果中将・親任官待遇である増田長官の威光があらわれ、非常事態の中ではあるが、準一はようやく現地の「高等官」たちから厚遇を受けられるようになる。

「後藤中尉殿ノ使ガ来テ羽賀カト問ハレ、ソレナラ直チニ自分ノ所ニ来ル様ニト。オ会シタ所待ツテイタトフコトダ。途中デヤラレタノデハナイカト云フテイタト。閣下ハ大変ニ心配シテ下サル模様ダ。後藤中尉有働中尉殿カラ閣下ノ御様子ヲ承ツタ。オ元気ノ由二三日前モ自分ノ如キ者ノコトヲオ気遣イ下サツテイタ由。何時モ乍ラノ御親切只々有難ク筆ニモ言葉ニモツクセヌ。」

これまでの記述には準一の増田への忠誠が一方的に書かれてきた。ここに至って増田の準一への深い思いやりと厚い信頼が日記に反映され始める。

さて、後藤中尉が明日の便があるから増田宛の荷物も持ってその便で行くように手配してくれた。政務班で有働中尉に正式に増田道義司政長官付属要員として申告し直ちに武官室に行った。そして「大佐殿ト参謀殿ニ申告」した。「参謀殿ハ1日モ早イ便デ閣下ノ許ニ行ク様ニ手配シテヤル、閣下ハ（地図ヲ見テ）ココニイラレルトノ事。御親切ダ。皆閣下ノ御配慮ノオ蔭ダ。大佐殿カラ飛行機ニテカト問ハレ、船デスト答ヘタ所内地出発以来ノ情況ヲ聞カレタ。ソシテ良キ便ノ有ル迄ツカレヲ充分休メ、閣下ノ許ニ行キタラ十二分ニ閣下ノオ仕事ヲオ手伝セヨトノオ言葉ダッタ。何時如何ナル所ニ行キテモ閣下ガ色々ト自分如キ者ノコトヲオ気ニ止メテイテ下サル為メニ困ルコトハナシ。何ト云フ有難イコトカ。世間知ラズノ我ガママ剣士ニ、カクノ如キ御高慮ヲ賜ルコト自分ノ面目ハ申スニ及バズ我ガ家門ノ面目デナクテナンデアラウ。粉骨砕身シテ閣下ノ為メニ頑張ルゾ。」

参謀・大佐・中尉・少尉みな「高等官」である。船の中の「高等官」の準一に対する居丈高な態度と現在の高等官（参謀・大佐は船中の高等官よりずっと「高等」だ）の厚遇とのなんたる違いか。その違いはすべて増田の庇護に発する。朝鮮でも同様の庇護を受けており、それが二ヶ月の苦難を極めた船旅の中を貫く増田への忠誠となり、また今の感激・忠誠となるのであろう。

準一は「内地出発以来始メテノ自分ノ」部屋を与えられ、そこで休むことになる。だが明朝は五時起き即朝食・出発である。それでも「明日迄ハノビノビ出来ル」と言いながらも日記を綴る。「待タルルトモ待ツ身ニナルナト云フコトガ思ヒ出」されてこう言う。「閣下ノオ気持ハ案ジテ下サルソノオ気持。一刻モ早ク着カネバ申訳ナイゾ。申訳ナイト思フ自分ノ苦シミナンゾ物ノ数デハナイ待ツ身ダ。御心配ヲオ掛ケシテイルコトダ。御目ニカカツタラ何トゴ挨拶申上ヨウカ考ヘテモ言葉ガナイ………。」

それでも有働少尉の好意で三〇分昼寝した。佐々木中尉が増田長官に会ってきたと言っていろいろ話してくれる。有働少尉は羽賀安着のお祝いだと残り少ないウィスキーを注いで乾杯してくれる。戦中閑ありとでも言うべき一瞬であった。

午後六時全員集合の命令。米軍機動部隊が附近に上陸する気配、マニラ湾南方に集結中とのこと。全員退去の命令が下された。

夕食は真っ暗闇の中で。それでも自分の家を出て以来もっとも「ウマカツタ」と。それにしても「一日オクレタラ何トナツタロウカ。思ツテモゾツトスル。危機一髪トハ此ノコトダ」。サンフェルナンド到着以来準一は時間を極限まで圧縮してマニラ行きを急いだのであった。その至誠が天に通じたとでも言うべきか。

閣下の荷物をここまで持ってきたが積み込む余地がないかと心配した。持って行けることになった。

佐々木中尉は鉄帽をくれた。「米兵ノ物ラシイ。」「自分ニモ銃ガ渡サレタ。実弾モ腰ニイツパイダ。」一一時四〇分出発。

一月六日。アメリカ第七艦隊はこの日から日本海軍基地の艦砲射撃を開始。八日には海軍基地の大半を破壊してしまう。自動車は出発早々故障。そして故障また故障。途中敵機に四回も襲われる。それもくぐり抜けて一一時三〇分カバナツアン着。連絡官事務所で昼食。二時一五分サンホセ着。

七日。居留民婦女子の出発を優先し、準一等の出発は一日延期。準一と船で一緒に来た「鉄道部隊」はほとんどが内地帰還を命ぜられ（一月三日）、今日が出航の予定だから昨日の爆撃で船もろともやられたのではないかと案じる。地獄の様な船中の二ヶ月を経てようやく着いたサンフェルナンド。そこからまた地獄のしかも危険極まる船旅を命ぜられて、そしておそらく昨夜……。政務班の連中は雨の中で防空壕掘りをしている。

準一は「明日ハ明日ノ風ガ吹ク」と「読書ト昼寝」。

後藤中尉が先発したのでようやくバヨンボンにいる増田と連絡がとれそうだ。

リンガエンに米軍一個師団が上陸したと有働少尉から聞く。

八日。後続の一隊が到着し、途中ゲリラに襲撃されたとのこと。ゲリラは機関銃も所持していると。だんだん情況がわるくなるので、有働少尉はすべての荷物を捨て食料のみ持参して徒歩で目的地に向かえ、との命を伝える。一〇時二五分そこへ六、七機が低空から空襲（偵察であろう）。「比島人ハ驚イテ山ニ逃込ンデイル。家財ヲ持テ逃ゲ廻スノハ一寸可哀相ニ思ハレル。」

一一時三〇分頃「又敵機ガ来タ。今度ハ相当数ダ。家屋トスレスレニ飛ビ機銃掃射ヲ加ヘル」。ドラム缶に火が入ったとみえ「爆発スル音ハ物スゴイ。方々デドンドン音ガシテイル。約30分デ終ツタ」。やってきたのは「艦爆（艦上爆撃機）」と「P38」らしい。準一はこんな中でも思う。「閣下ノ荷物ノミハ持ツテ行クゾ。オ渡シスル迄ハ死ニキレン。引キズツテモ行ク積ナリ。」

結局準一の至誠が通じて、荷物も積み込まれてバヨンボンへ向かうことに。

九日。この日の朝、アメリカ第六軍所属第二五師団・第三二師団及びその他の六個師団など一七万五〇〇〇人がリンガエン湾に上陸を開始した。

## バヨンボンに到着

準一らは故障したり転覆したりする車で、午前一一時バヨンボンに到着。ここは増田司政長官の指揮する管内だ。「村瀬所長ノ御親切ニテ午後ハ昼寝ヲシタ。夕方起キテ入浴。長官官邸ニテ休ムコトニナ」った。あとはツゲガラオにいる増田との再会を果たすのみ。バヨンボンの町の中を豚がたくさん歩いている。犬が多い。「赤ン坊ノ声ハ内地ト変ラン。」もちろんこちらは人間の「赤ン坊」である。

サンホセ以来下痢気味だったがとうとう風邪もひいたらしい。

一〇日。さしもの準一も極度の過労と緊張（宇品からの一月一〇日で八六日間！）から解放され「長旅ノツカレガ一度ニ出タ」。「体中ガ痛ンデ動イタラ体全体ガ飛ンデシマウ様ニ感ズル。」超人的に頑健な肉体も悲鳴をあげている。昼食抜きで午後四時まで寝る。

夜からは「閣下ノ隣リ」に寝室・ベッドが用意された。

「閣下ノ剣道ヲ早土地ノ人々ハ存ジテイル。何処ニ行カレテモ剣道ガ先ニ出テ読書ガ表面ニ出ナイ。困ツタコトダ。学問ハ生キテル内ニ使ハナケレバ駄目ダガ、剣道ハ一生使ハンデ終リ度キモノナリトカ。」

増田に対する敬意の根幹は剣道ではなく、読書によって培われた識見・教養であるらしい。またその識見・教養の実現の場として司政長官の仕事を見ているらしい。だから日記はこう続く。いよいよ「閣下ノ御奮闘振リモ間近ニ拝見出来ル。自分ハ別ニ仕事ハナイノダカラ、閣下ニ十二分ニ働イテイタダケル様一切ニ注意ヲシテ進ミ度キモノナリ」。

一一日。「今朝閣下ヨリ所長宛（二）自分ヲ長官室ニ入レ出来得ル限リノ歓待ヲセヨトノ電報アリ。何時モ乍ラ閣下ノ御親切只々有難（ク）電報ガ涙デ見エナクナツタ。信ズル人ノ為メニ何時ニテモ火ノ中水ノ中ニ飛ビ入ツテ死ネル自分ノ幸福ハ妻ニモ判ルマイ。如何ナル困難ニ会フトモ閣下ノ許デ働クノナラ又楽シイカナ、デ日ガ送ラレル。」

増田の行き届いた配慮はこれ以上ないものである。「何時モ乍ラ」の五文字に注目したい。「閣下ノ御親切」は朝鮮時代の準一が「何時モ」受けていたということである。増田は非常に面倒見の良い人であったようだ。準一の忠誠の源のひとつはここにある。もうひとつは「信ズル人」の四文字である。これについてはすぐあとで見る。

「安着ノ報知ノミハ是非シタイト思ツタガ、通信ハ全部駄目ニナリタル由。京城ノ奥様ト中倉君ト良久子ニダケハ知ラセテヤリタイ。」

明後日くらいに長官がこちらバヨンボンに着くだろうと言われていたが、午後三時頃なんと、「閣下ガオ着キニナツタ」との知らせ。

「出テ見タラ何モ云ヘナイ。只々有難サニ涙涙ノ連続ダ。コウヤツテ日記ヲ付ケ乍ラ思フテモ嬉シ涙ガアフレ出ル。此ノ喜ビ信ズル者ノミノ感ズル大キナ喜ビダ。」

先ほどの「信ズル人」ここの「信ズル者」についても考えておきたい。

朝鮮総督府政務総監になる夢も増田は日頃語って聞かせたのであろう。増田に心酔する準一はこれを信じたのであろう。だから今年の初夢も見たのである。「信ズル人」の具体的内容はこの日記の最後に示されるが、ともかく増田道義のためならば「何時ニテモ火ノ中水ノ中ニ飛ビ入ツテ死ネル」、それほどに信じているのだ。

こうした点を抜きにしては羽賀準一と増田道義の関係は読み解けない。

さて「午后八時帰邸。寝室ノセマイ所ニ二人分ノ寝台ヲ入レテ夜通シ昔話ト将来ノ事ニ就イテ話ヲ為ス。今日ノコノ感激一生忘レルコトハ出来ン」。

風邪はいっぺんに吹っ飛んだような気がする。

一二日。「夕方二人ニテ日本刀ヲ腰ニ打込ミ町ヲ散歩ス。」

一三日。この朝準一は食事もできないほど体具合がわるかった。それを伏せたまま増田の供をしてバンバンに向かう。鉄橋が破壊されていて戻る。その途中から発熱。病院では軍医が懇切に診てくれる。マラリヤではなく風邪だとの診断。増田は親身に心配してくれる。「閣下ノ御配慮下サルコト親以上。ホントニ有難イコトダ。熱ハ39・7位。閣下軍医ヲ訪テ自分デ容体ヲ聞カレタト。使デハ安心出来ント云ハレタ由。何カラ何マデ慈愛ノコモリタコトバカリ。閣下ノ為メナラ何トカシテ一生ノ内万分ノ一ニテモ恩返シヲ致シタキモノナリ。又致サネバナラン。」

一四日。午前三時起床。病気はあまり良くならないままにツゲガラオに向かう準備をする。増田が「何カラ何マデ」代わってやってくれる。五時出発。途中三カ所で食事や休憩。午後一〇時二〇分出発して四つの河を渡る。最初の渡河では「河岸ノ螢ハ美シク内地デハ此ノ様ナ美シイソシテ沢山ノ螢ハ見タコト」がないと感激。

一五日。四つ目の渡河。「閣下ガアレガ目的地ダ」といったときには「左方ニ寺院ノ塔」が見えていた。最後にもうひとつ大河があった。「コレガカガヤン河トノコト。コレヲ渡レバ（ツゲガラオ）最後ノ地点ダ。

閣下ノ任地。昨年8月以来起キテモ寝テモ夢ニダモ忘レタコトガナイ所ダ。5ヶ月振リノ旅行目的ダッタ。到頭到着シタ。荷物モ全部無事。閣下モ真カラ喜ンデ下サッタ。九分通リ死ンダト思ッテイラレタラシイ。コノ間ノ御心労言語ニ尽キズ。」

## ツゲガラオにて

ツゲガラオはルソン島北東部カガヤン渓谷地方の都市。「5ヶ月振リ」とは四四年九月一一日京城を発ってから今日一月一五日までの足かけ五ヶ月ぶりである。

準一が描く増田の側の真情にも触れておきたい。増田という人にとって剣道はかれの人生の背骨であり、人間評価の一基準でもあったらしい。したがって羽賀準一の剣道をきわめて高く評価したことは、深いところではある種の敬意にもなっていたと思われる。単に庇護者の気持ちだけはなかったとみるべきであろう。その上準一は少年のような純情の持ち主であり、知的好奇心、向上心も旺盛である。剣道の深め方も類がない。とことん自分に付いてくる。この日本一の剣士が自分のためにフィリピンに向かいもし途中で死ぬようなことがあったなら、単に哀惜の念だけではなく、三〇代半ばで死なしたことへの慚愧の念にも苛まれたことであろう。「コノ間ノ御心労言語ニ尽キズ」にはそうした増田の真情も読み取るべきであろう。

この日記は一五日から数日後に記したらしき次の数行をもって結ばれている。

閣下ノ非常時向キノ御手腕何処迄ノビルカ大シタモノナリ。中央ニオ帰リニナッテ真ニ国民ヲ指導サレル日ヲ蔭乍ラオ祈リシテ止マナイ。是ガ国ノ為メダ。
モウ是レ位ノ現状ニ於テ、陸軍司政長官ハ武官出身ハ未ダ3人バカリ居ラレル様ダガ、文官出身ハ比島ニ増田閣下只一人ナリ。弱腰ノ文官達ノ中ニ於テ一人光リヲ放ツテイラレル。力強キ次第ナリ。

これで一代の剣豪（三六歳）の日記「宇品から呂宋ツゲガラオ迠」はおわる。日本剣道史上において、剣豪の内面がかくもリアルに、かくも率直に描かれた文章がほかにあるだろうか。

その上、この日記はレイテ決戦の二ヶ月とルソン決戦の開始時を、船の中からまた爆撃下で、写しだしている。

ルソン島決戦の一月九日以後を瞥見しておこう。一月九日リンガエン湾に上陸したアメリカ軍は第六軍団所属の二個師団基幹が北方へ、第一四軍団所属の第一騎兵師団と第三七師団はマニラ攻略を任務として南方に向かった。

これに対し日本側は第二三師団と独立混成第五八旅団、それに第二三師団に配属された戦車第二師団の重見支隊が迎撃にあたった。

そして一月一六日夜には第二三師団及び独混第五八旅団のそれぞれ一個大隊が重見支隊の支援を受けて夜襲をかけ、予想以上の戦果を出すなどの積極的な活動を見せていた。しかし下旬にもなると沿岸の第二三師団の第一線陣地は分断・包囲され、北部担当の独混第五八旅団や東部内陸の第一〇師団も次第に消耗していった。一月二七日にはサンマヌエルで重見支隊が全滅し、重見少将も戦死した。

北上するアメリカ軍第一軍団は、ルパオやサンホセ（準一がサンホセに着いたのは一月六日だった）などで戦車第二師団主力の迎撃を受け、激しい戦車戦が発生した。二月中旬までに日本軍戦車はほぼ全滅したが、この間に、北部の日本軍は山地へと物資を輸送し持久戦の態勢を構築することに成功していた。

ツゲガラオには第一〇三師団が配置された。

さて、一九四五年（昭和20）一月一六日以後二月二四日までの四〇日間増田・羽賀の動向を示す資料はほとんど無い。あるのはわたしの直話メモの二点と記憶に残る二、三点である。

この間の羽賀準一を語るにはかれの愛刀について述べておくべきであろう。

かれがフィリピンに携帯した軍刀は朝鮮で、ある刀鍛冶に鍛えてもらったものである。この刀鍛冶（銘・治國）は、東北帝大の本多光太郎のもとで日本刀と鉄を三年間研究した人だという。この人の鍛えてくれた愛刀は非常によく切れた。片手でとんと下ろして巻藁を一把、双手で軽くおろして二把、がんと下ろすと三把切れた。準一はこれを軍刀仕立てにしたのである（この刀をわたしは羽賀忠利宅で見せてもらったことがある。のちある人に譲り渡され、立派な研ぎを施されて、秘蔵されている。ものすごく切れそうな刀である）。

逸話1。羽賀準一は生涯人を斬ったことはない。しかし一度だけ二人の男の斬首を持ちかけられたことがある。今から考えると朝鮮の龍山憲兵隊でのことであろうか。剣道に関することならすべて試してみる準一は心が動いた。しかしあまりにいやな心持ちがするのである人に相談した（増田かもしれない）。その人は「人を斬ると一生その思い出に苛まれるものだというぞ。やめた方がいい」と言い、さらにこんな話もしてくれた。「神道無念流の達人渡辺昇は幕末に新撰組を何人か斬っていて、臨終間際その記憶にひどくうなされたと、聞いている」と。

さて、その準一に必要あって豚の首を斬る機会がきた。刀を使ういい機会なのでこちらは喜んで手伝った。というのは戦時のツゲガラオ（?）には野生化した豚がたくさんいて、この豚を食料として調達したらしいのである。準一は捕らえてこられた豚を前に、ものに腰かけ、ひざに両肘をついて例の軍刀で豚の頸の血管を切ろうとしたら、首がすっぱりとあっけなく切れてしまった。〔直話〕

またある時逃げ廻る豚の腹を刺したところ、手応は無く刀は水の中をゆくようだったという。

もうひとつ。大勢で豚を取り巻いて捕獲しようとしたときのこと、野生化した豚は取り巻く人の中でいちばん気の弱そうな人に向かって来てその肩口を飛び越えたそうである。後ろに控えた準一は空中でその豚の首を刎ねた（おそらく片手斬り）という。

逸話２。戦地である非常のときに一人の将校がマントを着てあるいていた。増田道義がこんな時に何をしとるか、と将校のマントをひっぱったところ、缶詰がごろごろころがり落ちた。つまり非常事態のどさくさに軍の食糧を盗んだわけである。男はとっさにモーゼル拳銃を取り出して増田に向けた。準一はその時一間半（約三メートル）離れていたが、刀の柄に手をかけ「動くと斬るぞ」と言って近づいてゆくと、引き金の指はうごかなくなっていた。平手打ちをくらわせて拳銃をとりあげた。相手は気を殺されて動けなくなっていたのである。〔直話〕

逸話３。増田長官に従って軍用トラック（？）で移動したときのこと、準一はゲリラに狙撃されないように物陰に寄りかかり愛刀を抱いて目を瞑ったのだそうである。増田は「この危ないときに羽賀は眠っておる」と苛立ってこぼしたという。

さて、北部の日本軍は山地へと物資を輸送し持久戦の態勢に入っていたのであった（ルソン島の戦いは結局終戦の八月一五日までつづき、二五万人の日本軍は二一万七千人が戦死・戦病死した。実に八六・八％である）。増田の司政区域はおそらくすべてが戦場と化していったのであろう。

# フィリピン脱出

増田は二月二五日羽賀準一を伴って飛行機でフィリピンを脱出、台湾の高雄に飛ぶ。その間の経緯について増田の文章「剣道の精神について」がある。そのまま引用しよう（「赤胴」15号、一九七〇）。

大東亜戦争のとき、官立京城法学専門学校長をしていた私は、出陣の教え子達に続いて、南方総軍司令部付司政長官として決戦場比島に出征した。北部ルソンで比島住民に対する軍政、陸海、軍民の連絡、食糧増産、特攻隊壮行等に当たつたが、戦雲愈々非となるや、総軍司令部はサイゴンに転出し、軍隊も住民も山中に入った。司政長官としての任務全く終了した私は、山中に逃避することを潔しとせず、ツゲガラオの飛行場跡で玉砕すべく、カルトウムのゴルドン将軍、城山の西郷南洲の跡を追わんとしていた。その時台湾高雄にあった第一航空艦隊司令長官大西瀧治郎中将は、私のため特使を派遣し又爆撃機を差向けて救出した下さつた。比島戦場における私の働きを認めて、敗戦日本興隆に役立たせるための好意であつた。私は九死否百死に一生を得たのであつた。

「山中に逃避することを潔しとせず」「玉砕すべく」「……の跡を追わんとしていた」はこう読み替えるべきであろう。

山地での持久戦態勢をとる日本軍にしたがうことはほとんど死を意味するので、文民の自分は山中に入らず、ツゲガラオに残る道を選んだ。この道も死と隣り合わせであったが、大西瀧治郎中将に飛行機の手配を頼んでフィリピン脱出の可能性を有する道でもあった。

スーダンのハルツームに散ったチャールズ・ゴードン、鹿児島の城山に散った西郷隆盛に自らを擬している点も、誇大な自己顕示の感がある（この文章執筆時の増田は六七歳前後）。

さて、大西瀧治郎中将はレイテ海戦で特攻攻撃を発案し指揮した人である（神風特別攻撃隊の生みの親。敗戦後責任を取って割腹自殺）。大西と増田とは、若い頃から剣道を通じての知己であったらしい。

増田は準一と会計主任を伴い大西中将が手配してくれた飛行機でフィリピンを脱出、以下のようにして帰国した。

一九四五年（昭和20）二月二五日、台湾高雄にいた大西中将手配の飛行機で（ツゲガラオから？）台湾高雄市外岡山飛行場に到着。二八日、列車で台湾北西部の新竹に着。三月四日、飛行機に乗り上海経由で鹿児島県賀屋飛行場に到着。そこからは列車に乗って東京へ向かい、三月九日朝東京に着いた。戦争末期の一三日間にわたる脱出行であった。〔羽賀準一「剣道日記」[*19]〕

ルソン島では二五万の日本軍中約八七％が死んだのであるから、増田の「九死否百死に一生」は誇張ではない。

＊19　羽賀準一には終戦直後の日記が二冊ある。一冊は大学ノート判で表紙に「羽賀準一　昭和20年〜」と書かれたもの（昭和二〇年一一月五日〜二二年六月二八日）。内容は剣道のことに限られる。これを本書では「剣道日記」と呼ぶ。他の一冊はA5判のノートで表紙に「備忘録」と書かれている（昭和二一年一一月一七日〜二二年六月一二日）。内容は勤務した中島工務店での仕事に関する記録。本書ではこれを「業務日誌」と呼ぶ。

# 第五章　空襲下の修行

羽賀準一（昭和 21 年）

中山博道

# 有信館で内弟子になる

さて東京に着いた増田と羽賀は宿を取った（場所など不明）。その夜の日付がかわったばかりの三月一〇日午前〇時七分あの東京大空襲が始まった。遅れて「零時一五分空襲警報発令、それから二時三七分までの正味一四二分間に、死者八万八七九三名、傷者四万九一八名、罹災者一〇〇万八〇〇五名、焼失した家屋は二六万七一七一軒（警視庁資料による）。ことにその被害は主として江東ゼロメートル地帯に集中し、浅草区、深川区、本所区、城東区四区は、ほとんど全滅に近い決定的ともいえる大被害を受けた」（早乙女勝元）。

ふたりの泊まった宿も焼けた。二人は今回の空襲で被害が無かったと思われる知己を頼った。準一は中山博道のいる有信館へ。増田は東大法学部時代の恩師・有信館の先輩末広厳（いず）太郎教授のもとへ（間もなく増田も有信館にやってきた）。

増田は当然陸軍省に帰国の報告に行ったであろう。増田を待ち受けていたのは軍法会議であった。「本省と増田先生とごたごたの為め身動きもならず。憲兵隊の取調べを受く。面白からぬ半年を過」すことになる（剣道日記）。（九月、ということは終戦後の、軍法会議で無罪の判決）。

さて三月一〇日以後の有信館における羽賀準一に焦点をあわせよう。去年の四月、増田の付属要員としての教育を受けるべく入隊し、その時以来竹刀を捨てていたのであった。今大日本帝国は滅亡間近。有信館も往時の面影はなく稽古する人も少ないであろう。しかし居合と稽古は存分にできる。剣道の化身のような準一には、「憲兵隊の取調べを受」ける不快の日々にあっても、この面での喜びはあったはずである。有信館に身を寄せると早々準一は中山博道の内弟子になった〔中島〕。収めるべき費用は増田はもちろん、準一もフィリピンから相当の額を持ってきたと思われる。

羽賀準一の遺品の中に昭和二〇年四月～五月に筆写したとみられる抜書帳がある。仮にこれを「昭和二〇年抜書帳」と称しておく。横二三一ミリ、縦一五二ミリ、右綴じ、布クロース、見返しクリーム色、ページは厚手の白の洋紙二九枚からなる。

内容。まず羽賀準一作成の目次がある。

一、剣学心要
一、神道無念流極意
一、齊藤弥九郎先生壁書
一、浅見絅齊先生剣術筆記
一、兵法奥義巻四極秘口伝

「東流剣学心要」は二〇枚からなる伝書で奥書に

　癸巳八月三日　　　　　　幾度六右衛門
平田在中殿
萬延元年庚申年八月　日書之　　塩津敬作
昭和二十年四月末日書之　　　羽賀準一

とある。

「神道無念流極意」以下は「山鹿素行著兵法奥義巻四極秘口伝」までで三枚半。そのあとに一頁分ほどの

「抜き書き」五箇条がある。計四枚。残り白紙四枚、合計二九枚である。

後年準一は「中山先生に頼まれて部屋の中を片づけたことがある」と言っていた。そのとき書棚に黒田亮『勘の研究』を見つけた、ともうれしそうに語ってくれた。空襲に備えての整理だったと思われる。妻子が疎開中でもあり内弟子の準一にそれを依頼したのであろう。その時期が昭和二〇年四月であろう。

準一は『勘の研究』(岩波書店、昭和八年七月刊)以外にも文献を見出し、それを筆写したのが「昭和二〇年抜書帳」である。抜き書きは「四月末日」以後も三、四回行われたようである。

素人のわたしが見るところ、「神道無念流極意」と「抜き書き」五箇条が重要で、後年の大悟の基礎の一部となっているようである。

後年弟子たちに書き残すことになる「神道無念流のおしへ」を抜いておこう。

剣は手に随ひ、手は心に随ふ、心は法に随ひ、法は神に随ふ、神運錬磨久しうして手を忘れ、手は心を忘れ、心は法を忘れ、法は神を忘る、神運萬霊心に任せて、変化必然、即ち体無きを得て至れりト謂ふべし

## 居合直伝秘話

さて、四月初めにもどる。以下にしばらく、羽賀準一の直話をもとに組み立てた、博道から準一への居合直伝秘話を記す。

中山博道は一九四五年（昭和20）のおそらく四月初め、直々に居合を教えるから集まるよう在京の主だった弟子たちに伝えた。四月上旬のある日十数人が有信館に集まった。

しかしその指導ぶりはきびしかった。博道は何度か自分で抜いて見せ、あとはじっと弟子たちが抜くのを見ているのだという。そして教えたことが出来ない弟子には「まだ分からんか」と言うだけでそれ以上は決して教えない。それはまだよい。どうしてもわからぬ弟子には刀の峰打ちが飛んだ。打たれたものはしばらくは動けなかったという。それはそうだろう。刀は平たい鉄棒である。刃の方で打てば切れる。峰で打てばどうなるか。それも名人が打つのである。その痛さは想像に余りある。あまりの厳しさに十日たらずで羽賀準一ひとりになってしまった（ちなみに準一はこの峰打ちを一度もくらわなかった）。

博道はこうなるのを待っていたらしい。おそらく初めからこうするつもりだったのだ（この推定理由は後述）。

その日から八月一五日敗戦の日までの四ヶ月余は一対一直伝の日々となる（博道の妻子は熱海に疎開していたが、博道の主たる居所は有信館だったことになる）。

博道が在京のときは毎日二時間抜いた。それも道場一の鈍刀を渡して、最初の一時間はゆっくり抜き、次の一時間は速くあるいは遅くと、緩急自在に抜いたのだという。あるいは最初の一時間を鈍刀をもたせて緩急自在に抜くということもあったらしい。準一は七〇歳の師に三六歳の自分が負けるものかと、ついていった。

「道場一の鈍刀」とは二尺六寸三分、刀身の重さ二八〇匁、全重量五〇〇匁（約一・九キログラム）という刀で、これを身長一六〇センチ体重五一キロ弱の博道が使い込んでいた。柄糸は人絹であったとはいえ、擦り切れていた。この刀で血振りすると身体が右に引っ張られそうになるほど重かったという。刀は道場の刀置き場にほったらかしにしてあって使うものがなかった。博道は「これをつかえるものは羽賀だけだな」と言い、のちに土居という人に「羽賀はあの鈍刀をつかわせていくらやってもついてくる。あの強情ぱりめ」と語ったという。この土居という人は羽賀準一の「剣道日記」昭和二〇年一一月七日の条に「三井物産に土居さん訪問。午后9時帰宿」とあり、後年羽賀準一作成の名簿の「ト」のページ筆頭に「土居禎夫」と記してある、その人であろうと思われる。

同じ時と思われる。博道は土居に「羽賀の強情ぱり、とうとうわしの居合をぬすんだが、かけ声のかけ方だけはわかっていない」と言った。「かけ声」は居合のものではなく、神道無念流五加のかけ声である。土居がそこでそのかけ声について質問すると、相手が素人とみて博道はつい教えたらしい。五加の形では打太刀が「エイー」のかけ声とともに打ちこみ、仕太刀が「ヤー」と応ずる。この「ヤー」のとき歯を食いしばって発声しないと悲鳴に近くなってしまう。ゆえに「ヤー」は歯を食いしばって発声するのだと。土居からこれを聞いた準一は「あっ、これでおやじから教えてもらうものはもうない！」と手を打った。

後年羽賀準一は「この（足かけ）五ヶ月が最高の勉強だった」としみじみ語った。

この四ヶ月余こそは中山博道から羽賀準一への居合直伝、それも名人から名人への直伝の最高密度の時間であった。

以上はわたしの直話メモ手帳Ⅰ（一九六二年）手帳Ⅱ（一九六三年）手帳Ⅵ（一九六五年）およびそれら七冊の手帳を整理した直話ノートに基づいている。

# 博道直伝というなぞ

この直伝秘話はつぎのようないくつかのなぞをはらんでいる。

なぞ1、準一以外の十数人に苛酷な指導をして、追い払ってしまい準一一人を残したのはなぜか。

なぞ2、羽賀準一は自分こそが中山博道から本物の中山流を直伝された者であると、生涯信じていた。しかし、博道は羽賀準一を自分の居合の後継者として、文書に残る形では認めていない（堂本昭彦編著『中山博道剣道口述集』にも準一に触れた箇所はない）。そういえば土居禎夫にたいして「羽賀の強情ぱり、とうとうわしの居合をぬすんだ」と言っている。継いだとも、継がせたとも言っていない。なぜなのか？

なぞ3、現在確認しうる資料（文章・連続写真・ビデオの映像等）によって見るかぎり中山博道の居合と、羽賀準一が直伝されたとする居合との間にはいくつかの重要な相違点が見える。なにゆえそれらが生じたのか。

なぞ4、博道の無双神伝流を伝えていると称する人たちの居合と羽賀準一の居合は次元を異にする。この隔絶はどこから生じたのか。

これらのなぞを説くことが羽賀準一の空前絶後の居合誕生の謎をも明かすのである。

準一と有信館の同期で剣道も居合もやっていたのは「わしと中島五郎蔵くらいだった」と言っていたが〔直話〕、後年（一九九一年）直伝秘話について中島に質問したとき、他の場合と違って答えはめずらしく曖昧だった。増田道義にも取材したが知らないとのことであった（一九八七年）。

博道門下の準一の兄弟弟子でも知っていると答えた人はいなかった。羽賀準一の直弟子たちでも知っている人が何人いたのか、わたしは知らない。

さて、わたしの中で一連のなぞが解けるきっかけになったのは、あるビデオをみたことであった。一九八七年（?）中山博道と羽賀準一の居合、植芝盛平の合気道演武が収録されて販売されたことがある（題は「日本の美と心」、株式会社日本放送企画制作）。そのビデオを見てわたしは博道と準一の居合の違いに驚いた。

ある映像はいつのものか分からず、あるものは一九三〇年（昭和5）（博道満五八歳前後）の撮影、あるものは一九五五年（昭和30）のものである。一九三〇年の映像は準一が「本物」だったという一九三六年（昭和11）の演武より六年も前のものである。一九五五年のは博道満八二歳前後の演武で、神韻縹渺の概を漂わせているものの技は既に枯れきっている。

本物は人前で見せなかったというのであるから、そもそも準一の居合と比較はできないのかも知れないと も、その時思った。しかし二人の居合は違うのではないか?との疑念は以後ながく（二〇年以上も）残った。

疑念解決のカギになったのは、この一点だけは博道の「本物」であると確信できたことであった。前記のどの映像でも、抜きつけてから振りかぶったとき博道の剣先は後ろにかなりあるいは大きく落ち、切り下ろしたときも剣先は水平よりもずっと下に落ちて止まる。「剣道日本」一九八六年一二月号に載った一九三六年（昭和11）五月演武の博道の居合の連続写真も、振りかぶり振り下ろしは右記映像とまったく同じであった。さらに「大森流の解説（中山先生記述）」（「居合道解説」関東居合道研究会、後書きに昭和三十七年十一月の日付あり）で切り下ろしたときの「刀尖は概ね膝下四五寸位迄とす」と明記している。ところが準一は剣先の落ちるのを強く戒めた。水平から水平まで、である。

ここにあたらしい謎ができた。博道が準一に教えた四ヶ月余博道は振りかぶりと切り下ろしをどう教えたのか。準一の直話では博道の教えは他の誰にも見せたことのない、しかも自分には納得のゆく技ばかりだったという。

## 直伝のなぞを解く

なぞ解きに必要な予備知識を二つほど準一の直話から構成しておこう。

博道がある時期その居合を内弟子にさえ見せなかったことは有名である。毎朝四時から一時間道場に来て抜くのを日課とした博道は、道場内に寝泊まりしている弟子が布団の中から覗いたりすると、枕許までやってきて「時期がくればおしえる。気が散るからみるな」と言って、峰打ちをくらわせたという。中山が本物をすべて教えたのはわが子中山善道に対してだけである（一子相伝）。あとはどんな弟子に対しても本物（真の肝所）は教えなかった。だから羽賀準一が四ヶ月余、真の勘所（それらはすべて大森流・長谷川英信流の中にある。もっと約めれば大森流一本目の中にすべてがある、と後年の羽賀準一は言っていた）を教わったのは例外中の例外だったことになる。ただし博道は言葉では一切教えなかったという。ただ抜いてみせるのである。

羽賀準一が直伝を受けた居合は大森流一二本と長谷川英信流一〇本のようであるが、それらは中山博道が人前で見せている居合とは本質的に違うものであった、と準一は言っていた。人前で博道が抜くときは肝所はほとんど手抜きするのだという。「中山先生が昭和十一年に大日本武徳会演武大祭でぬいたときだけ、このとき一度だけ、人前で本気で抜いた。しかしそれも人のやらないような部分だけで本気なのであって、大森流の一本目などでは左手を腰の帯に添って引いていない、刀も死んでいる。人に見せたがらないのだ。金屏風を前にしてそんな抜きつけをした写真が麗々しく飾られている」のだという（「十一年」と「大日本武徳会演武大祭」はわたしの後年の推定）〔直話〕。長谷川英信流は鎧着用を想定しているので、座り方は立膝（踪座）であるが、その時の両手は人前でも写真でも博道は伏せて両股の上に置いている。しかし二人だけでやったときは掌を上に向けて両股の上に置いたという。「どんな違いがあるのですか」とその直話の時わたしは質問した。下に向けて置くと下腹の力が脱ける。上に向けると下腹の力が抜けない、とのことであった。これに類した教えはずいぶんあったことと推量される。

この博道が準一に「秘伝」しようとなぜ決意したのか。これにはいくつかの前提がある。

まず、すでに見た居合をめぐる両者間のいきさつである。準一は昭和五年以来「中山先生が御存命中は二度と京都で居合はいたしません」といい、とうとう戦前一度も抜くことはなかった（これは、博道存命中は居合の審査を受けない、錬士も教士も取得しないということでもある）。この強情は朝鮮時代にもつらぬかれ、例の「私は中山先生から居合はならっていませんから」になったのである。そして有信館で内弟子になった今も、準一はその強情をつらぬいているのである。その「今」は、大日本帝国の敗戦必至の今、大日本帝国と消長を共にしてきた剣道・居合衰亡の危機に瀕する今、である。博道の剣道の最高の継承者は羽賀準一であることは博道自身がもっとも良く知っていたのである。

その準一の居合はどうか。

大畑郷一の教えを元にして朝鮮時代一〇年間博道同様の他がまねのできない研鑽を積んでいた。その研鑽の指針はかれの到達した剣道の高い境地であった。別言すれば正しい姿勢・正しい呼吸である。これを大森流一本目に実現するだけでもどれだけの修行が必要だったことであろう。大畑郷一を経由して伝授された博道の居合は、刀術や各動作の間等においで不純物をふくんでいたようであるが、剣道の理を徹底追究する準一は、すでにいくつもの不純物を自分の居合の中で純化していたはずである。

二三の例を挙げてみよう。博道は居合の「目付」についてこう教えている。「自分の位置より約六尺乃至九尺位の前方の下に着眼する」と（前掲「大森流の解説（中山先生記述）」）。

これに対して準一はこう考えている。「居合の演武の際（したがって居合の稽古でも）、床板に着眼して背を丸くしている姿を多く見かける。居合でも特定の場所を斬るとき以外は視線を下に向けぬよう気をつけていただきたい」と（本書二一二ページ）。ついでに触れておくと、羽賀準一は大森流で目線を下に向けるのは七本目「順刀」の介錯の場面と八本目「逆刀」の最後、とどめを刺す場面であると、教えてくれた。それ以外では眼は常に全体を観ていよ、と。

準一のこのような目付は剣道で培われたものにちがいなく、朝鮮時代の居合稽古においても当然応用されており、戦時下博道の居合直伝の時もこの目付で抜いたにちがいない。

あと一例を示せば、振りかぶったときの剣先が水平より落ちるのは、刀を斬り下ろすに際して一旦水平まであげ、そこから斬り下ろすのであるから「二段モーション」（準一の言葉）になり、不合理だ、と考えるのである（否もっと凄い。剣先が5㎝落ちすぎたことが生む刹那の遅れのために斬られることだってある、と。後出高倉健「一の太刀」）。斬り下ろした剣先を水平よりも下で止めることについては、手の内のしぼりが十全に働かないからこれは一層不合理である、と準一は考えていた。

このように準一は居合の一切の動作を剣道（正しい姿勢・正しい呼吸）の理に照らして革命してきたのである。

他方弟子に見ることとさえ禁じた博道であるが、居合を伝授してくれる良師を求め、辛酸をなめ、修練を積んで、すでに約五十年を経ていた。堂本昭彦氏からコピーをいただいた博道の「尊氏 森本兎久身殿」あての「起請文前書」（大正十一年四月一日）にはこうある。「御流儀の居合兵法伝授の趣 他人は申すに及ばず親子兄弟たりとも 堅く他言つかまつるまじきこと」と。ついで二つの禁止条項を記したあと「右条々相背くにおいては 日本国中大小神祇 別して氏の尊神摩利支尊天 冥罰神罰たちまち罷り蒙るべきものなり」と起請している（原文一箇所校訂。読み下しは中世史家瀬田勝哉氏校閲）。

このようにして伝授された居合は弟子といえども見せるべきものでなく、伝授された形等の「趣（＝大事な内容）」には自身の工夫を加える余地は無かったと思われる。

長い伝統を有する流派の継承者博道は「流派の形や抜刀等を伝える者は、その一点一画にさえも自分を出してはいけない」（前掲『中山博道剣道口述集』五四ページ）との教えを墨守していた。

この博道に比べると、大畑から伝えられた居合を自身の剣道を通して解釈・体得してゆくほかない準一は自由であった。

朝鮮時代一〇年間に準一の居合はある面では博道を超え、羽賀流居合に相当進化していたと推定される。

準一はおそらく三月一〇日から有信館で居合をはじめたと思われるが、博道はその居合を三週間ほど観察したようである。そして内心舌を巻いたことであろう。準一の居合の中に自分を超える要素（羽賀流への進化）を見出したのだと思う。それらをひそかに取り込んで、「わしの居合を、羽賀おまえの切り拓いた居合に取り入れるとこうなる」という形を二人きりになると抜いて見せたのであろう。その場合、抜きつけのときの左肩・左手は帯に沿って強く引く、振りかぶりは水平、振り下ろしも水平、英信流の踪座（立膝）では掌は上に向けておく等々、準一が切り開いたものでいいものはすべて取り入れ、準一に不足あるいは不備の部分は博道自身の五〇年の修行の成果を惜しみなく織り込んで補ってやったのであろう。

だから準一にとっては全面的に納得の行く居合だったのである。その博道の居合を四ヶ月以上かけて徹底的に摂取したのであろう。

こうして羽賀流居合の根幹はこの四ヶ月余の間に出来上がった（完成は準一の剣道大悟の時まで待たねばならない）。

こうしてこの居合は中山博道・羽賀準一という稀代の剣道家の合作であった。

この居合はもはや中山流すなわち無双神伝流ではない。博道は教え終わったとき弟子が自分の居合の精髄を摂取しきったと思ったはずである。これを中山流に表現すれば「とうとうわしの居合をぬすんだ」である。弟子が師の自分を超えたと感じたはずである。弟子は師から中山流の直伝を受けたと生涯信じた。

ここに新しい問題が生じる。博道が準一を無双神伝流（中山流居合）の正当の後継者と認めるのか否かという問題である。博道は二重の意味で認めないであろう。

自分の居合のすべてを継がせるのはこの世で唯一人。息子善道である（中山先生は一子相伝しか考えなかった、と羽賀は何度か口にした。中山善道の戦後の居合の映像が残っているとはっきりしたことが分かるのだが）。

もう一つ、羽賀準一の居合は自分の居合を超えているのであって、これを正当と認めるならば、息子善道の居合はどうなるか？　橋本統陽初め免許皆伝した弟子たちの居合との関係はどうなるか？　今も自分の居合を後継していると自負しているたくさんの弟子たちの居合との関係はどうなるか？　正式に認めることはできない。博道自身にも流祖の形の絶対視があったし（『剣道口述集』54～55頁）、森本兎久身との起請もあった（兎久身は博道より一〇歳ほど若い。終戦時に存命であれば六三歳前後である）。

博道はこのあと、以前の居合にもどった。

羽賀準一の居合は富岳のような孤峰となった。

こうしていろいろと悶着が起きることとなる。今は先を急ごう。

## 終戦直後の修行

羽賀準一「剣道日記」の一九四五年（昭和20）大晦日の記述はこの一年間の回顧である。

この回顧は四五年一一月五日から書かれ始める「剣道日記」を補う貴重な情報（先に見たフィリピン脱出の経緯をはじめ東京大空襲、増田道義の裁判と増田の動向、終戦、終戦後の稽古など）を含んでいる。必要に応じて回顧から引いて行く。

「8月15日終戦ポツダム宣言受諾無条件降伏。生れて始めてのこの有様腹のたつこと。やつとの思ひに9月軍法会議を開かれ無罪。」

増田道義がある嫌疑を受けて取り調べられたとすれば、その付属要員たる羽賀準一も関係した取り調べを受けたであろう。前の日記で見たように増田のためにひたすら尽くすことしか考えなかった準一にとって増田の容疑に連座するなど青天の霹靂だったであろう。それにしても崇拝の的であり庇護者であった増田道義が、軍法会議で、敗戦という未曾有の激動下で、朝鮮で見せていたのとは全く別の側面を見せ始めたとしてもそれは自然であろう。

日記はこうつづく。「今となつては京城に帰ることもならず。運を天に任すのみ。有信館は増田先生のおかげで追出される」と。九月のことである。熱海に疎開していた博道の妻ときと息子善道は、終戦後すぐに有信館に戻っていたであろう。

こうして準一は九月のある日小石川区（現文京区）音羽町一丁目十一番地加藤方（護国寺の直ぐ近く）に居を移したようである。

「九月の月も仲々多忙だつた。別に仕事が有る訳で無し、毎日稽古を致すことが楽しみだ。おかげ様で可成の稽古は出来た。居合の方は逆袈裟にて巻わら、抜打にて斬れる。」

抜き打ち（左下から右上へ）で巻藁一把斬れるとはすごいことだ。巻藁一把は人間の裸胴一つである。抜き打ちで人の胴を両断できるということだ。

中山博道秘伝の居合は凡人たちのはるか天空に行きつつある。

「大畑兄の指導にて奥居合も一通りはできた事が幸だつた。」

奥居合は「大畑に習っておけ」と言われたのであろう。準一がこれを羽賀流奥居合に仕上げることは造作なかったであったろう。

「剣道日記」一一月五日から。

11月5日　居合　地稽古　9時朝食　増田先生と江戸川より神楽坂を経て文部省前にて別れ警視庁に行き中島（五郎蔵）君に逢ひ、12時30分帰宿。……剣道の今後の方針未だ決定を見ず。増田先生の奮闘の実を結ばるる様祈る。先生文部省の応援に行かれた。天皇の地位益々危くなれり。戦争犯罪人の重なる者未だ判然とせず。世論益々悪化の模様なり。食糧事情も悪化。甘藷が出荷されなくなりたる場合の都会生活者は如何なる方向に進むか。生か死か。政府は如何にして乗切るか。人事ではなし。

当時の日本人の死活の問題は食糧（＝命の根源）の問題であった。サツマイモで食事をすませられるなら、御の字の時代であった。

そんな中でも準一は有信館で稽古し、「剣道の今後の方針」を模索し、「増田先生の奮闘」に期待する。陸軍省・海軍省が廃止になるのは、一九四五年（昭和20）一二月一日であるから、それ以前の増田道義はまだ陸軍中将待遇の地位を保っていたらしい（原園－209頁）。そんなこともあって剣道存続のために「文部省の応援」にもいったのであろう。

しかしその翌日の一一月六日、文部省は教員養成諸学校長・高等、専門学校校長・地方長官宛に「終戦に伴う体錬科教授要目（綱）の取扱に関する件」を通達し、「体錬科武道（剣道、柔道、薙刀、弓道）の授業は中止すること」を指示した。通達には武道担当教員で他教科担任資格のある者はその「他教科」を担任せしむるようにとの指示もあった。

つぎの六日の日記は増田が通達の内容を聞いてきてそれを準一に話したことが背景にある。

11月6日　居合。9時増田先生より文部省の斯道に対する方針と打合の内容を聞く。大臣、局長は相当理解致して居る由なるも北沢課長林田敏貞等の為め意外なる方向に進んだ様だ。問題は下僚の不始末と云ふ一語で尽きる様だ。直轄学校其他の学校に通告せる内容は剣道以外に使へる人物は其方へ転ぜしめる様にと命ぜし旨なり。文部省厚生省共に高師（高等師範）出身の者のみにて構成せる武道界の指導者なり。是等は自己の生活以外国も無ければ道もなし。自己の力量を知らずしてマッカーサー司令部との交渉に乗出したり。満足に解決の着く筈もなし。

準一は増田の言うことを鵜呑みにしているかに見える。畏友小栗敬太郎の示教によると増田には次のような面もある。

京城法学専門学校長の増田道義は「入学試験で皇国国民として至誠尽忠の精神がどの程度あるかに主眼点を置き……卒業すればまさに（日本帝国陸軍の）志願兵となるべく」教育するのが目標と公言していた。昭和二〇年五月二九日、大井川中流の上空でB29に日本陸軍機が体当たり攻撃をかけ両機墜落して戦死したが、二式複座戦闘機「屠龍」を操縦していた河田清次少尉が京城法学専門学校の卒業生だった。かれは増田校長の方針に従い同期生七六人全員が特別志願兵に志願させられたうちの一人である。河田清次は創氏改名で本名は盧龍愚。

河田少尉のことは一九七〇年代に韓国で話題になり、問われて増田は「彼は三年間私から日本精神とともに剣道をたたきこまれた。ことに私の突きの精神、国のため己を捨て無心となって敵を倒すことを体得した」と答えている。（『別冊一億人の昭和史』）

こういう人のこういう剣道観に理解を示したとすれば幣原内閣の文部「大臣」と「局長」は戦前の剣道観をそのまま持っている人かもしれない。「下僚」の方がまだましであろう天皇制軍国主義の道具と化して無数の人達を死に追いやる上で不可欠の役割をはたした剣道と剣道家は、禊ぎをせずして今後存続はできないのである。

# 第六章 敗戦下剣道の復活に奮闘

剣道同志会の人たちと（昭和24年）
黒島一栄　羽賀準一
渡辺敏雄　鈴木幾雄　佐藤貞雄　中野八十二　吉川正実

# 数世紀前の剣の使術

準一の日記はつづく。「今後の問題は一般と警察を如何に残して行くかに有り」と。学校教育から剣道がある時期追放されるのはしかたないことだろう。しかし「一般と警察」から、とくに「一般」から追放されることは剣道に甚大な被害をもたらす。追放されないためには剣道の指導理念が示されねばならない。以下も一一月六日の条から。

　指導の理念は如何にすべきか。
剣は敵を殺す目的の為に発生せるは論無し。
然し現代の剣即ち剣道の目的は、修行による副産物たる（真剣味に於る）精神の鍛錬に最大の目的を置かれて居る。其の理由は今更述べる迄も無いが、剣を持て如何に働くと雖も原子爆弾に敵するものに在らず。剣の使術は数世紀前に必要欠く可からざるも、現代に於ては其の必要なかる可し。ここに思ひを致するならば、其の重んぜらる可き死闘に於る全身全霊の緊張即ち真剣味に第一の重点を置く可き、と信ず。

「剣は敵を殺す目的の為に発生せるは論無し」まことに明快である。博道ならこう言う。「剣道は即神道である。如何にして神道であるかといふに、畏くも我皇室三種の神器の、其の一は剣であつて、其の剣の道たる、即ち神の心を体して以て其の法を学ぶと云ふ事になるのである」と（『剣道手引き草　第一巻』4～5頁）。増田ならすでに見たようなことを言っている。

中山博道も増田道義も剣道を剣道の本質から論じようとしない。博道は「国体」にこじつける。増田は天皇制軍国主義に結びつける。

GHQ（や極東委員会）が裁こうとしているのはまさにこうした点である。裁かれて当然であろう。石井三郎の「剣道審議会に就て（全国剣道家に告ぐ）」（昭和一三年一〇月）を思え。

GHQ（や極東委員会）も準一の剣道論とその指導の理念そのものは裁けない。剣道の本質とその魅力の根源が説かれているからだ。この剣道観（指導の理念）は戦後の今になって思いつかれたものではない。新井正一ら京城帝大予科の学生たちが受けた教えから一九六〇年代にわれわれが受けた教えまで一貫していて動揺がない。[20]羽賀準一は純粋に剣道が好きで、その最高の境地を求め続け、後生にその魅力と境地への道を伝えようとしていた。かれが博道や増田の剣道論・剣道観に対し戦前から批判的であったというのではない。ただかれが剣道に求めたもの、かれが教え伝えようとしたものは根本から違っていた。羽賀準一という剣道家は剣道に剣道以外の要素（国体であれ、軍国主義であれ、世俗的欲望であれ）を入れたくないのである。まことに純粋な剣道家であった。先にも書いたように剣道の化身のような人なのだ。

さて、天皇制軍国主義が剣道にもたらした害悪はあまりにも大きかった。準一はつづける。

　支那事変発生以来剣道の歩みし道を振り帰つて見れば、この道も例によりて軍の圧迫の一語に尽きるものなり。

＊20　われわれは「健康法」としての剣道・居合と言うことも教示された（これは戦後になって青年のために考え出してくれたのかも知れない）。

彼等は腰に刀を帯し乍ら剣道に精進せる者千人中幾人を認るであらうか。おそらく九百九十九人は刀の使用法すら全然素人であらう。否それ以上かも知れませぬ。其の様なる軍人が剣の精神なぞ知る筈も無く、故に支那、比島に於る暴虐なる行動もあへて為すのである。狂人に刃物のごとき事実ありしは明々白々なり。

次に銃剣術の普及の為め、剣道はお役に立たずとの論を為し、銃剣術の振興に全力を注ぎしなり。

剣道が軍によって損なわれて行くのは「支那事変（日中戦争）」以後すなわち昭和一二年以後だという。すでに見たように、準一は一九三六年（昭和11）〜三七年（昭和12）ころ、つまり朝鮮時代の二、三年目から、竹刀による打ち合いを超えた境地を模索し始めたのであった。「数世紀前に必要欠く可からざる」ものだった「剣の使術」の探究の開始であった。実質上それは「軍の圧迫」が剣道に押しつけてくる道と正反対の方向への（それも同時期に始まった）歩みであった。それはおそらく他の全専門剣道家とも異なる道だった。準一が試合を捨てるという形で「軍の圧迫」する剣道界と一線を画したのは昭和一五年か一六年。そういう準一だからこそ戦後の今、軍国主義による剣道の悪用をするどく批判できるのである。

「支那、比島に於る暴虐なる行動」は敗戦の年に国民学校一年生だったわたしでさえ戦地帰りのおじさん達からその後どれほど聞いたことか。特に斬首の話の生々しさ！（今即座に何例でも挙げることができる）

準一が話してくれたある剣の達人の「暴虐なる行動」にはこんなのがある。

中国で生きた中国人を何十体もさまざまな角度から斬り（真っ向とか首とか袈裟懸けとか逆袈裟とか、胴も胸部腹部腰部とか……）、それをフィルムにとって日本に持ち帰った、と（そのフィルムは日本のどこかの暗闇で今もとぐろを巻いているかも知れない）。

「次に銃剣術の」云々も「軍の圧迫」への批判である。

準一は日記の中になぜこのような文章を書いているのか。おそらく自分が「マッカーサー司令部」と交渉するのなら、こう論を立てるという想定の下に書いているのだと思われる。引用文中に「否それ以上かも知れませぬ」という前後の文体と齟齬する敬語表現があるが、これはそういう事情を示しているのであろう。

こうしていよいよ結論に達する。

前記事情による剣道は軍国主義とは全然異なり、其の目的とする処は精神の鍛錬によるものにして、人を殺傷する目的ならざる事明白なり。如何なるスポーツよりも其の鍛錬さる可き精神は大きく真に偉大と云ふ可きなり。

何故なれば人間は生死をかけての闘争程真剣になるものは無いからである。されば剣道は数世紀前の剣の使術によりデモクラシーの発達に人材を送るべく重大使命を持つものと信ず。

剣道にとって「軍国主義」と「デモクラシー」とどちらが有益か、これが羽賀準一の判断基準である。準一は躊躇無くデモクラシーを取る。ただかれの求める「剣道」は竹刀剣道ではない。「数世紀前の剣の使術」である。「数世紀前の剣の使術」とは、準一の直話や読書その他関係資料を勘案すると、上泉伊勢守信綱を頂点とする神陰流の名人達や伊藤一刀齋を頂点とする中条流・富田流・一刀流の名人達の（おおよそ一五〇〇年から一六〇〇年代前半の）剣道を想定しているようである。準一がめざしているのは、そして存続を願っているのは、絶頂期の日本剣道である（竹刀剣道ではない）。

11月7日　居合。稽古。朝食9時。連日甘藷の朝昼食。時々米が食べ度なる。

今日の新聞にて学校武道は完全に停止を決す。

今後の専門家は如何に処すべきか相当困る人が出る事だらう。今後如何にして剣道を残す可きか色々と将来の事に関して考へる。自分の腹は既に決つて居る。大いに頑張るのみ。

増田先生色々な方面に我々の為活動さる。感謝の外なし。三井物産に土居さんを訪問。午後9時帰宿。読書。

あの「土居さん」だ。三井物産の営業時間中に訪問し、「午後9時帰宿」というのだから、準一と土居の懇談は数時間にわたる楽しいものだったと思われる。博道がうっかり漏らした秘伝等を教えてくれたのはこの日のことであろう。

11月10日　居合、稽古は連日引続いてやつて居るが出席者は段々少くなる。……剣道家の将来に対する方針に就き増田先生と話す。思想9月号に大いに得る処あり。千倉書房訪問。加藤君より来信。朝鮮事情益々悪化。母妻妹等の事案じられる。

11月11日　今日は体の具合が悪いので稽古は休み。大泉に甘藷等の買出しに行く。最近の増田先生悲観した言動多し。日常の行動にもむら多し。将来の為おしむ可し。昨日は久方振りに可成手ひどく鍛へて置いた。可なりこたへた様だ。板の間に参回程投付け思切り打つた。少しは感付かれた様だ。かかる言動は将来大成されるのに余り良い事では無い。

……良久子の馬鹿は加藤君にも連絡は一切致さず何処に何うして居るやら。馬鹿だけに又案じられる。

増田の「悲観」の由来は剣道の将来への悲観が主ではなく、自己の権威の根源である大日本帝国官僚体系崩落の予感であろう。崩落はそのままその人の本体が顕れることでもあろう。それは準一のあの忠誠をも崩して行く。

妻良久子への「馬鹿」「馬鹿」には愛情が感じられる（わたしの印象では良久子夫人はおっとりした方であった）。

11月12日　居合、稽古、10時より高師（東京高等師範学校）の稽古。

11時高木叔母より連絡あり。直ぐに柳町に行き面会。京城の事情を聞く。色々な人々が失敗して居る様だ。腹のある官吏の採用を忘れた総督府の失敗を目のあたりに見る様だ。

豊永君も失敗組の一人とか。三瓶氏一人は大いに頑張り男を上げた由。大体の様子も判り安心。良久子も懸命に官舎へ尽くしているとか。心労多謝。1日も早く帰る事をそして無事の顔を見せる事を祈って止まない。様子さへ判れば帰りがおそくなつても大して心配はせん。

日々と日本の動きが劇しくなつて来る。農林当局の打つ手は如何。早くせんと国民は段々と政府から離れて行く。打つ手は無きか。

11月13日　居合、稽古。午前＊野君を芝浦に訪れ燃料とニシン2貫匁を頂戴せり。

当時日本人にとっての最大の、死活の、問題は食糧問題であった。

11月14日　居合、稽古。午前中宮内省に行き中倉君小椰（おなぎ）君に会ふ。昼食後本郷に行き午后四時帰宅。

午後は休養。久方振りに畑いじり。気持よし。

午后6時30分突然良久子到着に驚く。有信館の不親切にはいささか驚く。本郷の組長の親切には感謝せり。来た時の姿乞食の如し。途中の難儀の模様聞かずともすべてを知る事が出来る。久方振り語る事も尽きず。夜を明かす。

心配していた妻が無事帰国・帰宅した。再会の喜びが湧き上がっている。
「中倉君小椰君」は宮内省皇宮警察に勤めている中倉清小椰敏。
「有信館の不親切」とは何か具体的に記されていないが、羽賀の住所は分からないから「本郷の組長」のところに行って聞け、とでも言ったのであろうか。応対に出たのは博道の妻ときか息子の善道であろう。

11月15日　道場は行くも稽古せず。

増田先生大畑兄と有朋君等甘藷買ひに小沢先生宅に行かれ、小生警視庁及千倉氏事務所に行き、奥様一行の様子を聞く。大牟田に安着の由先ず安心。是で残るは母と妹正江さんの安否や如何。案ずれば限りなし。神におまかせするのみ。田原二郎君より打電あり。さっそく教養係に依頼の手紙。柴田先生の御力添感謝の外なし。

「小沢先生」は小沢丘（たかし）、「正江」は準一の次弟克己の妻、「奥様」は増田道義夫人、「柴田先生」は柴田万策。
「柴田先生の御力添」とは柴田万策が準一を警視庁に推薦してくれる話であろうか。

11月末日　早稲田大学の道場も又追立てを喰い、今度は行先も無し。相談の結果大塚目白早稲田の各警察署の道場を借りる可く交渉。大野友規先生の尽力により何とかなる模様なり。

## 奮闘、剣道復活のために

学校教育からの剣道追放の余波であろう、早大道場も使えなくなった。大野範士が尽力してくれる。ごく少数の剣道の同志たちが剣道の命脈をまもるべく孤軍奮闘している。

12月3日　昇兄上京。約1週間滞在。大した事も出来ぬに大変喜んで戴きたり。

「昇」は三浦昇、良久子の兄である。良久子が準一と結婚するときはこの兄の戸籍から移籍している。かれが親代わりだったのかも知れない。「剣道日記」一年間の回顧の末尾に「12月初旬……結婚以来兄が始めて泊りに来たのだ。是も敗戦故か」とあり、二人の結婚に義兄の反対があったのかもしれない。

12月10日　早稲田警察署に於て又稽古を始めた。参加者は相変らず柴田、大畑、小沢、中野、大野、羽賀。所長の好意に感謝す。是で当分落着いて稽古が出来そうだ。国の為大いに頑張れ。

12月31日。この日の日記がすでに見たように「昭和二〇年一年間の回顧」を記している。

解体寸前の大日本帝国体制ではあるが、増田はその体制からさえ切り離された。一二月一日陸軍省が廃止となった。今や無位無冠の人である。

天皇の神格すら敗戦とともに蒸発し、裕仁という人格に還ってしまう時代である。大日本帝国が着せていた衣装を誰も誰もが剥ぎ取られてしまう。

準一も京城での剣道師範・司政長官付属要員等の衣装を失う。しかし敗戦が衣装を剥ぎ取っても準一にはそこで表れるべき弱い面も醜い面もほとんどない。大晦日の日記末尾近くにこう記す。「土方をしても稽古は続ける。是が自分の天職である。」

かれの本質は戦前も戦後も純粋に剣道家であり、その剣道の目標は「数世紀前の剣の使術」である。

今の準一の至上目的は自己の剣道修行と日本剣道の維持・復活・発展である。

一九四六年（昭和21）元旦の日記。

午前8時起床。大畑さん宅より祝餅を恵まれた。元旦早々より貰い物。御厚志感謝の外無し。敗戦日本の最も苦しい第一年を迎へた。今後如何にして日本再建致すべきか。自分達に出来る事を為すのみ。我々（剣道の）専門家の行く可き道は真にいばらの道であらう。

今後出来得る限り弱気の人々を引きずつて行く可きではあるが、精鋭分子を選び団結し日本剣道を後世に残す可き任務は重大なり。幸いにして柴田範士を始め真面目な同志数名在京せり。大いに頑張る可きなり。自分の将来は土工になりても修行は続ける覚悟。困難に打勝つ事既に立派な剣道だ。

武徳会の今後の出方信頼するにたらず。現在の大家中斎村先生以外は語るにたらず。警視庁の剣道の廃止ならざりしは不幸中の幸なり。明治初年と同様警視庁の頑張こそ大切なり。

今月中旬より自分も働きに出る考へなり。自由な仕事で稽古さへ出来るなれば、何事とても致す積り。剣道の自由になる迄働くそして働き抜く積りなり。

体の調子は近年に無い好調。19貫以上で現状維持。明後日の稽古始めが待ち遠しい。乏しい乍ら平和な正月。母達の安否や如何。無事帰郷を祈る。

日本中万事不如意の元旦、柴田万策を中心とした剣道復活作戦を考えている。

1月3日　午前6時起床。7時より早稲田にて稽古始め。出席者柴田、大畑、中野、羽賀、署助教外1名。稽古後将来の問題に就き相談。午前10時帰宅す。

今後の剣道会を如何に為す可きか。柴田先生を中心にして新しき会を作る可きか、思斉会の成行は解散に向ふ。此の連中を新しい方向に向かはせるには如何すべきか。武徳会は全然我々とは方向を異にして居る。専門家の武徳会に為すには方法は如何。山積せる仕事将来は多難なり。

「柴田先生を中心にして新しき会を作る」方向が出てきた。剣道同志会だ。

1月5日　稽古第2日。増田先生出席。官吏の追放令に大分気にして居られる。

1月8日　今日は出席者柴田先生と2人。将来の問題につきお話しを為す。第一の着手として宮内省の佐藤（貞雄）君の意見を聞き、次第に及ぼすことにする。

警視庁には堀口（清）氏以外無さそうだ。各方面より誰と誰を引き抜く可きか？

柴田先生の話にては斎村先生に対して小生を在京せしむる手段を依頼されんと。御厚志感謝の外なし。

柴田万策は当時早稲田大学と警視庁の師範をしていた。警視庁師範の重鎮斎村五郎に準一の職を頼んでみると言ってくれたらしい。

（一九六五年頃だったと思う。わたしは神保町の本屋で「柴田万作」という人の剣道入門書を見つけた。モデルのさまざまな技の姿が非常に美しいと思った。そこでその本のことを羽賀先生に報告した。わたしの〈無識にも〉知らない剣道家だったので、いつものように「あれの書いたものは駄目です」といった評がかえってくるかと思った。意外にも羽賀先生は目を輝かせて「あの人は進駐軍の圧迫をくぐりぬけて剣道を守った同志です」と言った。なお柴田の戸籍上の名は「万作」。中年になって「万策」を名のるが晩年「万作」にもどしたという。〔原園－181頁〕

柴田万作〈1893―1958〉は、明治二六年福岡の農家の三男に生まれた。一四歳で小野派一刀流幾岡太郎一に師事。その後京都の大日本武徳会内藤高治の下で修行。大正九年精錬証。福岡の各所で剣道師範。大正一五年教士。昭和九年郷土の大先輩斎村五郎の招きで上京、早稲田大学と警視庁の剣道師範となる。）

1月10日　朝稽古。三菱道場は遂に閉鎖と決定とか。昨日を以て稽古も止めたと。今度は何処で？

我々が困つた時に第一に同情して呉れたのは彼等だつた。２、３の人々は我等と共に集まる事になるらしい。時間の都合で日曜日一回となるらしい。

段々と集まる人が多くなつて来た。今後は佐藤君及堀口君等の参加を得れば一大勢力になる。何を致すにしても今迄の様に稽古をせん人々の集りでなく真に剣道界の捨石となる可き強い意志を持つた稽古熱心な者のみの集り。意を強くする事が出来る。

小沢丘氏本日来場。小沢（愛次郎）老範士の御生活を聞く。今年八十四歳。老後の立派な生活振り剣士は全て斯く有り度きものなり。

稽古の事1日1日と変化有り。最近程稽古に就いて考へた事も無い。浪人生活の気安さか。伝書の内容も段々判るが実行には未だし。先は永いぞ、大いに頑張れ。

道場はつぎつぎと閉鎖される。しかし剣道を愛する人々は命脈をつなごうと相集う。準一はひたむきに剣道の伝書を読んでいる。しかも「実行」のために。

1月14日　午前中宮内省にて稽古。午后2時30分佐藤氏と柴田先生宅を訪問。将来の方針に就き協議致せし結果有望なる諸先生方の御参加を願ひ、来る22日中野の小沢先生道場に第1回会合致す事になつた。物資不足の折から御馳走になり感謝す。

午后5時15分頃帰宅。停電。良久子眼が痛んで休めず。7時頃目薬を求めに行けど入れ物なく湯呑を持て買ひに行き手当す。

本日夕刊新聞に野坂参三氏帰ると大々的に報道して居る。新聞で見る野坂氏は一寸見ると大学の先生と云ふ感じなり。出迎の志賀氏には何とも云へない闘志を感ずる。我々の思想とは大分異つて居るが約

20年間戦つた気力には敬服の外なし。自分達の今後歩む道も彼等以上の苦難が来るが、彼等にあの闘志あの頑張りあれば、自分等にはそれ以上の頑張りを以て苦難の道を切り開く覚悟有り。

京都の連中如何と案じてゐたが、津金範士都落せしと。残念なり。

済寧館に稽古に行って佐藤貞雄を誘い柴田宅へ。剣道を復活させるための同志糾合の試みが小さく形を成して行く。

野坂参三は日本共産党員でソ連に亡命し、その後革命の中国・延安にゆき、1月12日帰国した革命の闘士ということで、戦争直後の日本で大歓迎された。「出迎の志賀氏」は獄中一八年の文字どおりの闘士。準一は信ずる道・信ずる人のために身命を賭して頑張り通す者には無条件的に、敬意・共感を示す。あとで見るがキュリー夫人、国木田独歩、あるいは道元そしてまた永井荷風に敬意・共感を示すのも同様の理由からだ。他方で剣道を守るために奮闘しない剣道仲間に対しては厳しい。

1月21日　午后宮内省にて稽古。正午木村先生を八重洲ビルに訪れ要談。明日柴田佐藤氏と共に面談、の打合を為し帰宅。

「木村先生」は木村篤太郎で当時大日本武徳会剣道部会長兼思斉会会長（ちなみに大日本武徳会会長は東条英機）。柴田・羽賀は武徳会・思斉会に足場を求めたらしい。

1月22日　午前7時朝稽古に出席。柴田中野両氏と打合。午后1時木村先生訪問。会談約40分。大体の今後の見透も出来、我々の意見も述べ意義有りたり。其後柴田先生と木村先生の会談にて小生の警視庁推薦を約束されしと。御厚志感謝の外なし。午后2時宮内省にて集合。課長外係員出席。我々の為色々と準備され我々の会合に便宜供与せられた。次回会合は2月2日土曜日と決定。本日の出席者宮内省12

名部外者柴田中野小沢奥山（直文）渡辺（敏雄）の諸氏なり。

1月22日小沢道場で開催予定の第一回会合は宮内庁で行われたのであろう。これが記念すべき「剣道同志会」の発会であろう。柴田・羽賀の強力な活動がついに実を結び、剣道復活の第一歩が始まったのである。

1月29日　稽古後柴田森田大野羽賀東京支部を訪問。打合後関東配電に至り新田支部長に面会。会設立の説明を為し支部より金１５００円補助金として受領を諒解す。午后柴田森田羽賀渋谷にて昼食。今後の問題に付き打合を為す。

木村先生大審院長として出馬される由大慶この事也。新田氏我々に関東配電道場使用差支なしと。有難き事なり。

1月30日　東京支部訪問。大野羽賀補助金使用の明細書提出。来月２日受領の約束を為す。

「東京支部」は大日本武徳会の東京支部、「新田支部長」はその支部長であろう。

1月31日　1月も今日で終りなり。今年度の方針も立て、新日本武道界の為大いに発展致し度きものなり。

来月早々幹事会発会式を兼て柴田先生宅にて行ふ予定。議題は将来に於る会の発展指導と関西との提携方法、其の時期等なり。

いよいよ全国組織への歩みも始めようとの気概も感じられる動きである。

2月2日　大雪が降り朝稽古は中野君と二人なり。正午東京支部に長畑氏を訪れるも約束を守らず。午后2時宮内省に定例稽古の為め行く。ここも中野氏と2人のみ。外来者他になし。宮内省側4名にて稽古。集まると大きな言を為す者多勢なるも一寸雪が降ると欠席する者ばかり。これでも専門家。修行熱の無い事お話にならん。将来が案ぜられる。

２月６日　日増に生活は困難になつて来た。残金僅かになり、良久子からは色々と物価高を云はれ稽古は何時迄続くか日夜精神的に苦しみ通す。（山岡）鉄舟先生も相当生活には困られた様だが商売に手を出された話は聞かない。如何に今後の生活を致す可きか。問題は稽古を如何に続けて行くかに有る。「残金」とはフィリピンから持ってきた金であろうか。極度の食糧難と猛烈なインフレ。持ち金はウソのように実質が減って行く。警視庁に勤められるといいが、柴田・斎村・木村の推挽があっても採用はなかなか実現しない。持田盛二の強い反対が最大の原因らしい。２月６日の日記つづき。

中倉は１日も早く収入の有る方法を考へよと云ふ。誰しも考へぬでは無い。日本剣道の在り方を考へる時色々と苦しむ。

午后４時中島君来る。将来の方針に最大の変化を為す事となる。彼と共に仕事をする事にした。そのかたはら稽古に精進致すことにする。出来るか。清水の舞台から飛び降りる積りで頑張らう。之れも道の為、稽古を為す為だ。

フィリピンに行く船の中でさえあれほども親愛の情を注いだ剣友中倉清は、剣道の現状と今後に関心を持たないらしい。おそらく二人の剣道観は似て非なるものと推察される。すでに見たように準一がめざしているのは、そして存続を願っているのは、「数世紀前の剣の使術」の名人達が確立しその後「数世紀」間歴代の名人達によって受け継がれて来た剣道（すなわち剣術）である。中倉が目指したのは竹刀剣道の頂点に立つことであるようだ。そしてそこで得られる栄誉・地位・経済的報酬等であろう。志が違うのだ。今こそもっとも頼りにしたい中倉清はまったく頼りにならない。

# 工務店に就職

中島五郎蔵が仕事（おそらく中島の縁者が創業する工務店への勤務）を持ってきてくれた。この仕事は朝稽古を終えてからの出勤が可能なのであろう。屋根を突き抜いて室内を機銃掃射されたときでさえ平常心で他者を観察していた剛胆な準一が「清水の舞台から飛び降りる積りで」就職しようとしている。

4月16日　10日三浦兄上京。今朝出発帰国。何かと将来の事に就き案じて下さる。感謝の外なし。いよいよ本格的に仕事を為すことになつた。株式会社を組織し頑張る事になつた。

午后宮内省の稽古日。持田先生柴田先生外多数出席。新顔も見え結構なこと。出席者11名。宇貫君警部兼内舎人、めでたし。中島君教養係に転出とか。今後如何に致す可きか。又如何にさす可きか。

中島五郎蔵は警視庁の教養係に転出しこちらに生活のメドが立ったらしい。準一は中島の世話してくれた仕事に打ちこむ。もちろん朝稽古は欠かさなかったはずである。

4月26日　2月末から劇しい変化。生れて始めて売買の仕事を始めた。中島君が生きる為と勧めて呉れた（仕事だ）。ほんとに生きる道は出来た。このまま進んでも生活致し乍ら稽古は出来る。木村先生の御好意には只々感謝の外なし。柴田先生の御好意にもお礼の言葉もなし。近々警視庁に入る事になるかも知れん。其の時は其の時として進むとしよう。

日記を書く事すら出来ない忙しい生活に2ヶ月を送つた。明日の日も判らん生活。生きる事にすら絶大な努力を要する。頑張り以外何もなし。

中島五郎蔵は警視庁で剣道を続けられる事になったようだが、準一は木村・柴田という強力な後押しがあってもなおむずかしいらしい。

4月30日　午前9時半渡辺君を武徳会に訪れ打合を為し、午后5時50分木村検事総長閣下訪問。剣道界の将来と中野君及小生の今後の事に就き御指示を乞ふ。要談約一時間強にして辞去す。今夕の閣下の御話実に至れり尽せりと言ふ可きなり。大いに感謝すと同時に将来の健闘を期せり。

「渡辺君」は渡辺敏雄で当時大日本武徳会本部の主事（事業部長）であった。

5月1日　追々仕事も出来て将来東京に於て剣道復活を待つ事が出来る自信が出来た。木村先生に対し中野君の問題を申上げたる事は実に良い事をしたと自分乍ら思ふ。渡辺君の尽力には多謝す。

5月2日　宇野君より来書。花見の招待。彼の好意には何時も乍ら御礼の言もなし。残念ながら行けぬのはつらいかな。何れ折を見て。

星野君会社を首になるとか。将来に対する自信を失ひたるやに見受られる。苦難は人生の勉強なり。如何なる態に至るとも頑張りあるのみ。彼の若さは今後充分に活動にたへるであらう。辛抱すべし。

5月15日　木村先生に久方振りに御会いした。何時も変らぬ我々に対する御好意感謝に堪えぬ（柴田先生と共に行く）。

5月17日　生きる苦しみ修行を続行するには今後の苦しみは想像に余り有りだ。明治初年の先生方の苦しみが判る様な気がする。然し頑張つてゐれば自然に道は開ける。精進すれば光明は有る。気を落すなかれ。

わが中世には芸道修行の、たとへば文楽や能楽に於る、苛酷とさへ思はるる厳しさが有つたが、これを封建的と云つて追放するのはどうか。民主主義とはまさか精神のあまつたれをつくる主義ではあるまい。

青年が自発的に自分を鍛へんとする事がもつとも望ましいが、年長者は今日進んでさういう気風を彼等の間に喚起しなければならぬと思ふ。

様々饒舌する青年が続出して肝腎の米作りや野菜作りの方面で熟達する事がおろそかになつたならば大変である。

さう云ふ専門的領域での厳格さが精神を保つために必要である。それがまた道徳の基礎となることを今日の言論は相当厳しく教ふべきである。５月17日、木村先生官僚の無責任と腐敗を怒る。官僚は蛙のつらに水であらうと。

５月19日　終戦後第１回大会が剣道会（ママ）に於て開催さる。実に盛会で剣道界の行く方針を指示出来たる事は実に意義が有つた。

５月20日　木村先生、遂に司法大臣となられた。今後の先生の御仕事振り理想実現に活動される事と思ふ。邦家の為慶賀に堪へぬ。

５月26日　午前10時思斉会例会。小生も入会致す事に決定。本日より会員也。

今後の会の方向は各自の努力により日本剣道界の方向を示す事になるであらう。消極的な意見も有り今後は相当困難な事に出くわすであらう。案外に若い者達が懐疑的なのに驚いた。これも皆食糧事情故か。生きる為なら致し方なしとあきらむ可きか。占部君の意見良心的なるも往年の元気なし。一寸淋しい気がした。

5月26日　午后5時吉川（正実）君宅にて斎村柴田堀口片桐（昌七）等の諸先生と会合。席上斎村先生より将来の剣道の有り方と修行者としての心得等に就きお話有り。実に有益であつた。黙々と実行、身をけずりて修行せよと。

## 剣道に迷い生ず

5月31日　今日は何かと食違いばかり。思ふ程仕事も出来ず。稽古の方も思ふ様な進歩は見えない。苦しみが不足か。

剣に対する不安が益々多くなる。

如何になせば突破出来るか。

貴重な伝書も読んでも判らん。

修行がたらない。心境に何か不純なものが有るか。自分の事さつぱり判らん。

剣まで自分を苦しませる。何れ時が解決か。頑張れ。


羽賀準一が書き残したものの中で、剣道修行上の悩みが記される最初の文章ではなかろうか。この日の日記は中島工務所での仕事がうまく行かないことから始まる。

有信館、同志会の朝稽古はやっているはずである。だから稽古がまったくできないという悩みではない。一日の主要な時間が営業に費やされる生活が剣道への集中力を奪う事への悩みであろうか。この年（昭和

剣道同志会の人々（昭和22年ころ）
滝沢光三　中野八十二
羽賀準一　柴田万策　佐藤貞雄

21）一一月一七日から準一は「備忘録」と題する日誌をつけはじめる。内容は工務所の仕事メモである。わたしはこれを「業務日誌」と題しようと思う。今は五月三一日。少し先の記述になるが「業務日誌」から特徴的な言葉を拾ってみよう。「木材」「セメント」「代用セメント」「ガラス」「ベニヤ」「ガソリン」「支払いしない人」「工事現場」「自動車」などなど。生活のために日本一の剣士がこうした言葉に窺われる仕事に没頭せざるを得ない日々・時代なのである。

「剣道日記」五月三一日の記述はこうした生活から生じた悩みなのであろう。

　6月4日　稽古は段々と充実して来た。各署助教の参加者が段々多くなる。有望な連中の多い事は将来の為有難い事だ。仕事と稽古の両立は困難なれど今の処こうやるより方法なし。あらゆる困難に打ち克ち身をけづりて修行すべし。渡辺君の頑張り大いに学ぶべし。

「同志会の稽古に通った渡辺敏雄などは、ドングリの粉をふかしたものを弁当箱に詰めて常食にしていた」という〔原園－210頁〕。誰も誰もこうして生きつつ剣道をつづけていたのだ。

6月7日　堀口氏連日頑張る。朝の稽古も大体出席者は決まつた。将来の準備の為この分なれば大丈夫。思斉会の連中は理論家のみ。大した連中は無し。上の新聞切抜の心境と大した違ひ。反省の要あり。

「上の新聞切抜」とは先にも少し触れたが、「文学者と生活」と題するコラムである。コラムは荷風の「紅茶のあと」からつぎの一文を引く。「文学者が国家及び社会に有害なりとの謬見に囚はれたる日本に生れ、日本の文学者としてこれを職業としようといふ、自分は先づあまりに其の暴なるに驚かざるを得ぬ、一身の不幸一家の悲惨を見るに至るは最初より知れきつたことである。」「国家」を「GHQ」と「文学者」を「剣道家」と置きかえると、明治の永井荷風が敗戦直後の今に甦るようではないか。コラムはついで葛西善蔵・国木田独歩の名をあげこう記す。「しかもなほその類を絶した貧生活のなかで彼らは己の夢を培ひ続けたのである。食へようが食へまいが石にかぢりついても小説を書く抜くべからざる決心をしたのだ。」これも現在の柴田・羽賀・中野・渡辺らと同一ではないか。コラムはこう結ぶ。「荷風といふ大先輩が幾度か雌伏を余儀なくせしめられてきてなほ熾烈な火を胸に燃やしたその心情こそ尊いものではないだらうか。」

6月10日　剣道の将来は如何に悲観的に見ても10年の辛抱。柴田先生の名声益々上る。結構な事なり。仕事は何とか進む。増田先生より久方振りに便り有り。心境は実にお気の毒なり。

6月11日　柴田先生渡辺主事と横浜に至り某氏と面会、剣道界の将来に関して意見の交換を為す予定。今後中野氏と小生も共に面会致す予定なり。中野氏に勘の研究を貸す。

黒田亮『勘の研究』は前述のように中山博道がひそかに研究していた書物であり、有信館の弟子でもその事実を準一以外はほとんど知らないであろう、いわば秘伝の書に近い。これを中野に教えかつ貸したと言うことは中野に対する信頼と友情の表れであろう。

6月19日　渡辺主事と面会。武徳会（剣道）部会構成に関し小生幹事となる事に石田（一郎？）氏等反対為せりと。帰り新参なる小生に何かと反対が出る事は当然なり。攻撃される事に格別の味有り。今後の大成を期して頑張る事だ。

本日米軍より武徳会の調査に来るとか。各地方支部は全部調査済とか。無事に終了を祈る。渡辺君の責任重大なり。奮闘を望む。

（只飢を忍び寒を忍んで一向に学道すべきなり）

慧心庭前の鹿を打ち追はしむ。遠く慮る事かくの如し。

今後小生の活動は専門的でなく行く可きか。現在の様に生きる道を他に求めて精進する事が国の為めであるか。家庭的には現在の生活が良いのではあるが、専心道の為めに打込むとすれば、おのづから別途考慮の必要も有る。自分に対する反対派は相当数在京致してゐる。是等の連中と戦ふとなれば、自分の生活なぞは道の為めに捨てて頑張る事にならう。

「只飢を忍び……学道すべきなり」は「正法眼蔵随聞記第六」にある道元の言葉である。自分と剣道同志会の仲間たちの覚悟を示したのであろう。この一行はとくに大きな字で書かれている。

「慧心庭前の……かくの如し」も出典は同じであるが、こちらは約一六〇字の文を二五字程に約めたもの。約めなければ以下のような話である。慧心僧都が、ある日庭先で草を食べる鹿を見て人に追い払わせた。ある人が質問した。師は草を惜しんで畜生を悩ませるのですか、と。僧都は、いや打ち払わないといつか人になれ、悪い人に近づいたとき殺されることになろう、だから追わせたのだと答えた。「これ鹿を打追（うちおふ）は、慈悲なきに似たれども内心は慈悲の深き道理、かくのごとし。」

準一が後者を書いた意図はこう読み取れるであろう。

今は一九四六年（昭和21）六月一九日である。この年の三月三一日大日本武徳会は改組を決定した。昭和一七年四月の改組以前の姿に戻そうというのである。しかしＧＨＱのＣＩＳ（民間諜報部）は武徳会の解散にむかって動いた。当然のことながら剣道に対して特に厳しい目を向けていた。ＧＨＱの動向は渡辺敏雄から逐一聞いていているであろう。この日も聞いている。

「慧心庭前の」云々で言いたいのは、剣道をＧＨＱから守るために、武徳会の中にのこる軍国主義的要素を剣道界が自ら進んで取り除いた方が良い、との趣旨であろう。卓見である。が、もう遅い。

## 武徳会の解散

この日記を書いた翌日の六月二〇日、ＣＩＥ（民間情報教育局）の部長ノーヴェル少佐より文部省体育局振興課長に勧告書が手渡されたが、その中に次のような一項があった。

刀剣は戦闘の器具として日本人によって戦時中に使用されたが故に、そして剣道は如何に効果的に刀剣を持ちふべきかを兵に訓練するために使われた故に、そして更に剣道は本質的に一つの集団訓練活動であったが故に剣道の活発な奨励とか組織的な鼓舞激励は如何なる公私の機関によっても行われないでその代りに何等軍事的な歴史又は意義を内蔵していないようなスポーツ奨励の方向に努力が向けられるやう勧告されるものである。

例の「剣道審議会の就て（全国剣道家諸氏に告ぐ）」を思い起こすなら、なんら不当な勧告ではない。ただ「如何なる公私の機関によっても」の字句には留意する必要がある。大日本武徳会は昭和一七年以来「公」的機関であったが、この三月に民間団体に「改組」したのであった。したがって「私」的機関ではある。しかし剣道家を含む武道家の軍国主義思想にどれほどの反省・変化があったのやら、あやしいものである。だから「如何なる公私の機関によっても……」となるのであろう。

ＣＩＳ（民間諜報局）は七月になると綿密な調査を活発化する。大日本武徳会は風前の灯火である。日記に戻ろう。

6月23日　思斉会の会合と木村先生司法大臣就任祝賀会開催。出席者僅少。

6月24日　秩父町に至る。

6月25日　秩父より帰京す。高野老先生の御隠居振りを聞き、はるかに御長寿を御祈り致すと共に剣士の最後はかく有り度きものとの感を深くなせり。

高野佐三郎の晩年への賞賛のうらには、師中山博道の現況への失望と批判がある。博道は経済的にもそう窮迫していたらしい。しかもこの年（何月か不明だが）、博道は戦犯容疑者として横須賀拘置所に拘留されている。無罪釈放となったが、武道界からは去らねばならなかった。その晩年の落魄と窮迫は痛ましいものがあったらしい。

ちなみに敗戦直後からこの頃までにかけての日本経済がいかなる状況にあったか、井上清『日本の歴史下』（岩波新書）から引いてみよう。

終戦、軍需生産の解体とともに、生産は極度に低下し、四五年末で、工鉱業生産数量指数は、日中全面戦争前の一九三五年～三七年平均の一三％、四六年四月にも二〇％しかなかった。生産の荒廃、兵士の復員、海外からのひきあげで、四六年春には、完全失業者が六百万人以上と推定され、半失業者を加えると一千万人をこえた。インフレーションは日ごとに悪化し、物価の暴騰はとめどもなく、労働者の実質賃金は戦前の四分の一ないし五分の一に低下した。政府のつかんだ四五年秋の産米は三九一三万石、戦前の平年作の六割をすこし越えるていどで、主食の配給は、米に換算して一人一日わずかに三〇〇グラム、それも米麦の配給は少なく、芋やとうもろこしの粉はおろか大豆カスまでまじり、それさえも配給はとだえがちであった。国民の大半は、多かれ少なかれ栄養失調におちいり、四六年春から夏にかけては、餓死者も少なくなかった。人々は一日中空腹をかかえ、ボロをまとい、あかとほこりにまみれ、空襲の廃墟のバラックでようやく雨露をしのぎ、あるいは三畳ないし四畳半の一室に一家族数人がたむろした。

剣道同志会のメンバーはこういう日本にあって、剣道の復活に情熱を燃やし日々の稽古に励んでいる。

6月27日　朝稽古出席。警視庁の都合にて、来月第二月曜日迄休止致すことに決定。仕事が多忙の為原稿が出来ず会の連中に申訳なし。

夫婦二人が生きて行くための「仕事が多忙」とのこと。「原稿」はその後書かれたかどうか不明。警視庁に勤められるといいのだが。

6月30日　午后4時木村先生宅に訪問す。先生より時局の話を聞き、夕食を御馳走になり、午后7時半思斉会員7名辞去す。お別れの節小生の件に付き、教養係長に面会致す由、御多忙中にも不拘意に留めて下さる事は感謝の外なし。

7月1日　資金調達に全力を尽す。僅か10、000円、明日は何とかなりそうだ。

4、5日稽古なし。体の調子悪い。5日迄休みは残念なり。

「資金調達」はもちろん仕事上のもの。

7月13日　武徳会の問題は剣道の将来に関するマ司令部（マッカーサー司令部）の方針なり。昨日渡辺主事中野氏と三人にて相談なせるも結論に至らず。本日専門委員会開き打合を為す予定とか。委員は幾人集るか。今後の委員の活動こそ我等学剣の士にとりては重大なり。この委員会に我々の代表中野氏を送つた。健闘を祈る。

今月初めより資金集めに全力を尽くしたが努力がたらず。昨日迄は無駄だつたが、社長の方にて昨夜見透し着きたる由、是で当分安心して稽古を為す事が出来る。有難い事なり。

明日は横浜に行く予定。如何なる結果が出るか楽しみなり。一行柴田小沢堀口羽賀中野渡辺の諸氏に、武徳会より1名出席の予定なり。

同志会は神奈川県にオルグ（組織）しに行こうというのだ。

7月14日　午前9時30分桜木町駅集合。横松（勝三郎）先生の御案内にて中村町とかの消防練習所に至り、11時より神奈川県下の先生方と稽古。約1時間30分。久方振りに井上（研吾）君木原（清孝）君小政（小野政蔵）君等と面白く話が出来た。此の交歓に於る結果は実に一大会を催した以上だ。今後の神奈川県の発展こそ刮目して見る可きだろう。

大沢君も無事。佐野老人殊に斎藤老人の元気には只々頭の下がる思ひを為す。

稽古後ビール昼食の馳走を受け、小政氏の案内にて南京町にてカステラ、コーヒー等本物を食ひ、進駐軍の宿舎を見物。午后5時桜木町駅発電車にて帰京す。

こうして神奈川県にも「同志」がふえてゆく。

7月31日　雨天出席者数名。明日より柴田先生新潟に出張、中野君も3日より新潟行き。当分淋しいが春頃の事を思はば毎日十人以上の日が多い事故大した事なし。武徳会も何とか云ひ乍ら、未だに仕事はして居る。渡辺主事の苦心は相当なもの。健闘を祈る。木村先生も議会にて御健闘。御健康を祈る。思斉会も今月来月は休会。仲々思ふ様に行かないことだ。中倉君来宅。色々気が散じて居る様だ。何とかして昔の彼に帰して稽古をさせ度きものなり。これも日本の為めだ。

中倉清は「色々気が散じて」稽古どころではないらしい。

武徳会は今ＧＨＱにますます追いつめられている。先にふれたがＣＩＳ（民間諜報局）は武徳会内部に立ち入って綿密な調査をしている。ＧＨＱはすでに武徳会解散の方向に向かって動いている。「渡辺主事の苦心は相当なもの」である事は準一にもひしひしと伝わってくるのであろう。

8月1日　今日より又火木土の稽古に変つた。本日の出席者は渡辺氏と小生二人なり。雨が降ると出席者が少ない。修行欲がない事心細い次第なり。

武徳会も会長副会長、マ司令部を一昨日訪問、今後の方針を打合せなされたと。武徳会の解散は行はれない由。只集団的訓練をきらう由。米国本国の動向を刺戟せぬ様、個人の倶楽部的に実施せらるる様注意ありたると。

稽古後渡辺にＧＨＱ側の意向を教えてもらったのであろうけれど、その後の動きから推すと、ＧＨＱは武徳会の会長副会長にも解散の方針を明かさなかったという事であろう（ちなみに羽賀と渡辺は終生親交をもったが、ふたりは広島県人である。羽賀は岡山県との国境山奥の東城町、渡辺は同じく国境だが瀬戸内海に近い神辺（かんなべ）町の出身である）。

８月28日　今月は中野氏佐藤氏等帰国の為先生方の出席は一時的に僅少であったが月末になり中野氏帰る。

尚柴田先生月始に新潟出張（早大合宿）。

警視庁助教連中の出席良好連日15、６人の出席を見た。

仕事は段々と困難を加へて来た。政府の方針が時々変って予想も出来ない為、資金関係の行きづまり打開に骨が折れる。

剣道の人生観商売と通じるが資金だけは通じない。無から有は仲々骨だ。

「警視庁助教連中出席良好」は注目される。それにしても剣道修行と「仕事」の両立はどんなに大変であろう。昔持田盛二らに傍若無人に振る舞った付けが出てきたのであろう。しかし何があろうと羽賀準一は剣道に関しては妥協しない。その点同じ名人でも師中山博道と対照的である。一九四六年（昭和21）と言えば日本経済は立ち直りのはるか以前、混乱の極にある。そこで剣士が「商売」をやらねばならぬ苦労は察するに余りある。しかし準一が困難に相対したときいかに頑強であるか、われわれは日記「宇品から呂宋ツゲガラオ迫」を通じて知っている。

８月31日　８月の反省。全ての仕事に熱意の不足か。

撓（しな）ひの内の試みにも怠ることなく習得し、進退合離動静の際に心を用ひ毫も撓（たゆ）むことなかるべし。初学の士と試むるにも聊か怠る心あるべからず。かくの如く心を用ひて習はせば年を累ねずして達人の地位に至るべし。

過ちは他を侮り撓むより生ず。学ぶ者の恥づべきことなり。

「撓ひの内の試みにも」以下は引用のようであるが、その出典は未詳。「警視庁助教連中」から下手とやる機会がふえたので、自戒を記したのであろう。

9月12日　9月も早上旬を終へいよいよ稽古の好季節となる。昨日地方長官宛柔剣道の一般人実施を認めたる由、通達有り。久方振りに新聞に剣柔道の記事を見る。この分なれば近々往事に帰ると信ぜらる。結構結構。

仕事は資金にて不足は如何とも致し難し。ここ当分は苦労の絶えるなし。

日記上欄には剣道に関係した新聞記事の切り抜きが3枚貼付されている。すべて一般社会人の剣道柔道に関するものだ。しかし武徳会と剣道の専門家に対してGHQは甘くない。

9月10日GHQは調査結果に基づき、つぎの事実を「発見」していた。

武徳会は、①全国的中央集権的組織であり、単なる倶楽部組織ではない②中央・地方の役員・幹部には今も職業軍人しかも将官だった者や特高警察関係者が残存している③その組織規約は依然として軍国主義団体としての建前をとっている④中央本部が莫大な資産を有している、と。翌13日渡辺敏雄主事は文部省記者室において武徳会解散の声明文を読み上げた（実際の解散には手続きが必要である。正式の解散は一〇月末になる）。

その13日の準一の日記。

9月13日　午前6時半宇野君久方振りの上京。直ちに大阪に出発す。朝稽古出席。佐藤氏と色々談合す。

（ここで有信館関係者数名の最近の行状と動向を記し、嘆きの声を放つ）

神道無念流遂に敗れたり。

有信館は技術のみの修行道場か。私等今後修行致すに就いても以て他山の石となさざるべからず。今度の件等自分の心も大いに反省の要あり。恐るべきは欲望なり。

たしかに中山博道の有信館は「技術のみの修行道場」という面が濃厚だったのかもしれない。たとえば有信館の総師中山博道の場合を考えてみよう。

博道の剣道が天下一品であったことは万人の認めるところであろう。しかし博道が剣道日本一を目指したのは準一と違ってそれ自身が最終の目的ではなかった。博道にあっては大日本帝国における大道場の経営とそれに伴う金・地位・名声が最終目的であった、と思われる。博道はそれを得た。しかし大日本帝国の崩壊とともに全てを失った。博道の最高の剣道さえも存在の基盤が崩壊した。

有信館の剣道を守るうえでもっとも頼りになるべき人たちも、剣道よりも大切なそれぞれの「欲望」で動いている。

「神道無念流遂に敗れたり」は、「土方をしても稽古は続ける。是が自分の天職である」と記しかつ実行している羽賀準一の悲痛の叫びである。

9月27日　柴田先生令息死亡さる。

子供も元気で育てば良いが死ぬ様な子を持つ親の悲しみは何にたとへんものもなし。

９月30日　９月も終った。会社の方も追々多忙になつて来た。此のままで行くと忙しくて稽古時間が取れなくなる。

将来の剣道界の為め私の方針は？

中島工務所も段々と良くなつて来る。

横山永十氏会社の仕事を呉れる由、有難い事だ。実現すれば面白い仕事が出来る。

会社の忙しさが準一から稽古を遠ざけようとする。警視庁への就職に障害があるのならばこうして働くより外になかろう。

10月７日　早朝より雨。冬の様な寒さ。稽古を終へ10時半会社へ。１日打合を為し午后６時10分帰宅。今月になり日曜日以外今日始めて良久子と二人で夕食。今日は米の配給とか。白い米久方振りに美味。明日から又活動段々と多忙になる。資金の事、今後は何とするか。借金の返済も後20日間。打つ手は最後の手段のみ、頑張り有るのみ。

日々の生活の精力はほとんど仕事に注がざるをえないようだ。剣道に精力を集中することは全く不可能になってきているらしい。

10月12日　午前８時出社。10時関東配電京橋支社に至り、横山経理課長より修繕仕事をいただく。中島工務所として始めての東京の仕事なり。

10月29日　仕事は、始まつた関東配電の工事鬼塚氏の工事等段々と進んで行く。

多忙になれば稽古が出来なくなる事は残念なり。25日母が無事に帰国、を知る。不幸中の幸なり。今後の生活思ひやられる。

武徳会も近日中に解散。剣道界の行方は。来月中頃朝稽古で大阪行き決行。

武徳会は三一日に解散式をおこない、一一月七日に文部大臣が解散を許可。しかしGHQは自主解散を認めず、一一月九日、日本政府に解散を命じさせた。翌年には武徳会関係の主だった役員五千名あまりを「追放該当者」とし、武徳会の財産も没収する。

この多難の時期に準一の仕事上の繁忙は極度に高まっているらしい。ここまで見てきた「剣道日記」とは別に前述の「備忘録」(わたしが「業務日誌」と題した)をつけ始める。そして「剣道日記」への記入は稀になる。剣道への情熱・関心が弱まったからではない。剣道のこと稽古のことを考えれば考えるほど、業務上のミスを防ぐための「備忘録」が必要となったのだ。

「剣道日記」「11月」「12月」はまとめてこう記されるだけである。

此の間仕事に追はれ特に記載すべき事なし。

しかし日本の現代史にとっては重要な出来事がある。一一月三日新しい日本国憲法が公布されたのである(施行は翌四七年五月三日)。

「此の間」の一一月一七日からは「業務日誌」が記載されて行く。表紙の裏(第一頁左)には筆で大きく新約聖書の言葉が記される。

**力を盡して狭き門より入れ**

11/22　椎名氏依頼　家屋土地買入ノ件

中島氏(社長)ニ連絡　久松邸約240坪(建)

土地　1000余坪　価　2400、000

こうした記載はこれ以後は一切省く。準一の剣道への思いを思うと胸がうずく。

## 宮本武蔵は剣聖に非ず

たまに剣道関係のメモが現れる。それを拾っておこう。

11／25　剣道界将来に関する打合（中野渡辺柴田）

12／8　日曜日。同志会。

12／24「夜キューリー夫人を見に行く。化学者の熱情、私の仕事に対する気持、剣の修行等全く通ずるもの有り。努力以外何ものも無し。

12／25　朝稽古。佐藤（貞雄）君と議論。稽古に対する考へ方何れが是か。武蔵論は如何。公平な立場で武蔵を見る可きだ。はたして剣聖か。私は否。

武蔵論は興味深い。フィリッピン行きの船中の苛酷な環境の中でも「五輪書」を真摯に研究したのだった。佐藤貞雄は修道学院で修行した人。流派がちがう高野系の人たちとはよく議論になったらしい。宮本武蔵を非常に高く評価し尊敬する近代の剣道家は高野佐三郎・中山博道をはじめ不思議なほど多いが、準一があえて非剣聖説を主張するのはなぜか。

羽賀準一は剣道で「策を弄する」ことを嫌う。わたしが聞いた羽賀準一の尊敬する名人は上泉伊勢守や男谷信友らであった（わたしへの直話では決してふれなかった名人が一人いた。——後述）。宮本武蔵は対極にあるような人である。勝負においては策を弄し、江戸に出ても真に強い剣豪との手合わせはすべて避け、地方を回っても自分よりも強いと思う者は避けた。準一の「剣聖」観からすれば「否」となるのだろう。「五輪書」の読み方も変わってきたらしい。きっかけは黒田亮『勘の研究』にあると思われる。同書第九章第三節「剣法者の剣法」にこうある（『一刀斎先生剣法書』および『天狗芸術論』について論じたあと、宮本武蔵についてこう言う）。

宮本武蔵著作の『五輪の書』にせよ、又『兵法三十五箇条』にせよ、著者自身は何物かを体得してゐるらしき書き方であるけれど、其の説明は含蓄あるらしく見えて、実は読む者の心に徹底せず。この点から前記一刀斎や槫山子の兵法書に比して遥かに見劣りがするやうに思はれる。今問題になつた心と意の関係の如きにしても、幾分推測されさうであつて、説明が足らない許りに、具体的に表象することは困難である。観見二つの見方についても同様の事が云はれる。……

又「観見二つの見様、観の目つよく見の目よわく見るべし。若し又敵に知らすると云目在り。意は目に付き、心は付かざる物也。能々吟味有るべし」と各箇条の末尾は必ず「能々吟味あるべし」と結んでゐるが、矢張り不徹底の憾あるを免れないので、能々吟味するにも手懸りが見当たらない。

準一は『勘の研究』によって目から鱗が落ちたようである。いざ自分の剣道に摂取しようとしたときの『五輪の書』の分かりにくさ、それは武蔵その人の剣法の到達点とも関わるらしいと。

12／31　今日から年末年始の休み。

増田、三浦へ年賀状を出す。

午后映画見物。久方振りに落ち着いて五輪の書を読む。

佐藤貞雄との議論に関わっての読書であろう。

「剣道日記」にも二ヶ月ぶりの記載がある。一二月三一日のものだろう。

昭和21年を振り返へりて

早稲田警察道場より白土範士の道場忠信館に朝稽古を移し、白土氏の不親切に戸塚警察道場に変り、署長、警部の好意に朝稽古は本格的に発展。出席者30名以上の朝も有る状態となる。

主なる出席者に新たに堀口清氏佐藤貞雄氏を加え、中島五郎蔵・高田両氏も中途より加はり、教士10数名に達し、往年の野間道場の如き感致し、妙な処で野間先生恒君の精神を継ぎ居る事は感無量なり。

此の間柴田範士の努力には敬服の外なし。精神的には木村司法大臣の御援助有り。僅か乍ら発展への見透しが出来た様な気がする。思斉会も終戦以来何等の活動もせず。小生も入会せしも活動出来ない会員の現状。予定通り同志会に合流へと動きつつ年を越す。

朝稽古の続け得た事は特筆に価す。

武徳会の追放老大家の意気消滅何等見る可き事更になく、斎村範士一人剣道界の相談相手として敬服すべき人なり。有信館はおしむ可きなり。

神奈川県は横松片岡（小三郎）両先生の尽力により毎週若手連中を集めて稽古を為しつつ有り。

今年最大の行事は文部省の依頼を受けて中野渡辺占部佐藤氏等による進駐軍への剣道の公開であった。中野渡辺両氏心血を注ぎ奮闘す。結果ははつきりせざりしも大体良好なるものと思考す。是が決定すれば社会一般に対し剣道の普及が活発に始められる。学校も校友会の一部としては大丈夫と信ぜらる。

今年一年間技術的には中野渡辺の両氏の進歩は非常なものである。将来の日本のホープとなるであろう。中島君は今一段の努力を要す、彼の体力にては努力せざれば一流の専門家としては心細い。中倉君の精神的敗退は誠に惜しむべき也。

この年最後の言葉が、この一行である。

## 同志たちとともに

年が明けた。一九四七年（昭和22）である。「剣道日記」元旦の記は以下の通り。

今年の希望

1、剣道の社会一般に対する普及

2、朝稽古の充実

3、体育会との連絡協調

4、非専門家の協力体制を作る事

5、若手連中の指導と援助

私の注意すべき点

1、専門家非専門家を問はず我々同志会に協力さす様に心掛ける事

2、不熱心なる専門家を攻撃せざる事

3、同志会の運動資金の収入を計る事
4、如何なる事が有るも柴田、中野、渡辺、諸氏と協力し事に当る事

「剣道日記」は以後三月二一日までつけられることはない。「業務日誌」はほとんど毎日のように記される。そしてたまに剣道関係の消息にふれている。

1／1　稽古始め。五輪の書を読む。
1／10　9時渋谷駅にて斎村先生にお逢す。中根邸現場に行き大工来らず。万代邸に至り現場の様子を見て11時過ぎ事務所に帰る。この事務所寒くて仕事は出来ず。午后は帰る。

「業務日誌」はこうした業務のための備忘録の間に、たまに中島五郎蔵、中倉清、渡辺敏雄らの来宅や渡辺との面会などが記されるだけである。

3／20　午前8時半事務所にて打合。午前10時半京橋帝銀にて２０、０００円受取り、11時銀座現場に行き、正午京信電気にて打合。午后組合にて資材買入れ、1時鬼塚氏事務所に行き自動車の件打合。午后2時宮内省に行き稽古。午后4時帰宅。
3／21　午后9時事務所にて打合。正午帰宅。

同じ三月二一日に七九日ぶりの「剣道日記」がある。

3月21日
今年に入りてから寒気の為か朝稽古の出席者は段々と淋しくなつて来た。堀口氏も暮程の熱意もなくなり、佐藤氏も大した努力は見られず、渡辺氏も生活に追はれ最近は姿を見せなくなつた。助教も連続

出席者は黒島（一栄）君1名の心細さを見るに至り最近は出席者5、6名。一時30名を超した出席者は昔の夢になつた。

このような時にも不拘柴田先生の精進は特筆の価が有る。夫人の病気、自炊をされての出席には道に対する覚悟の程が察せられる。中野君も家庭的の苦しみと体操を受持つ立場等の困難に克つての精進。これは第二の持田として完成を約束するものである。

柴田が同志会の精神的支柱であること、羽賀が剣道上の支柱であることが察せられる記述である。なお中野八十二は持田盛二の女婿である。

日記はつづく。

警視庁の稽古も始まつたが、師範教師連中には斎村持田柴田堀口佐藤の諸氏先輩等以外に指導的意欲の有るものは無し。其の他は其日暮しを為しつつ有るのみ。

この分にては警視庁の剣道も近く滅亡も止むをえない。惜しむ可し。

今年の特筆すべき事は宮内省皇宮警察が警視庁と合併した事だ。そして済寧館が現に使用されて居る事である。

警視庁の此の様な状態を見ると、明治初年の剣道における役割を再び演じてもらい度いと思ふて居たが現状では不可能となつた。日本人の便乗者流にはほとほとあきれたものだ。戦時中其他機会ある毎に精神の鍛錬を口にした専門家たちだが、此の苦しい時に頑張り抜く人はあまりに少ない。あきれて口もきき度くない。

此の様に苦しい時に再度のG項該当指名が武徳会役員にも及んだ。木村先生も該当される。大臣もおやめになる事であらう。実に残念だ。

我々は少数にても頑張り抜かなければならない。又此の決意を新しいものとした。

我々同志には此の剣の道こそ生命であり信仰である。


ここでもう一度日記の引用を中断する。

この日記に「明治初年」が現れるのは三度目である。

明治維新とアジア太平洋戦争の敗戦後は日本史上まれに見る大変動期であった。剣道史に限って見ても二つの大危機の時期であった。維新後はまだ剣道が有形無形の戦技として役立ち得たが、近代兵器が発達するほどにその役割は低下した。まだ近代化以前のアジア諸国への侵略戦争が、戦技としての剣道の最後の「出番」であったこと、それは近代兵器を補完しつつ残虐な行為と合体していたことは準一の日記にもあったごとくである。またアメリカ軍の最新科学兵器の前には剣道は全く無力であったことも「宇品から呂宋ツゲガラオ迠」のような小さな記録の中にさえ明らかであった。敗戦は戦技としての剣道にとどめを刺した。では剣道はいかにしてその命脈を保てばよいのか。極度に困難な課題に今や直面したのである。剣道界は空前の危機に際会している。準一はそのことを直覚している。

GHQは剣道と軍国主義の関係をさらに厳しく追及した。剣道界そのものが追及された。

前年（昭和二一年）一月四日GHQは「軍国主義指導者の公職からの追放」を指示したが、その追放の対象は、（A）戦争犯罪者、（B）職業軍人、（C）極端な国家主義団体などの幹部、（D）大政翼賛会などの幹部、（E）膨張政策に関与した金融機関の幹部、（F）占領地の行政長官など、（G）その他の軍国主義者であった。日記にある「G項該当者」とは（G）項の「その他の軍国主義者に該当する者」である。ここに木村篤太郎も入ったわけである。

引用末尾の一節には、羽賀準一の剣道観が如実に出ている。かれにとって剣道は「生命であり信仰である」のだ。

ほとんどの剣道家は剣道を至高とはせず、その上にさらに金・地位・名誉等を置いたように見える。

第七章

# 剣道大悟の日

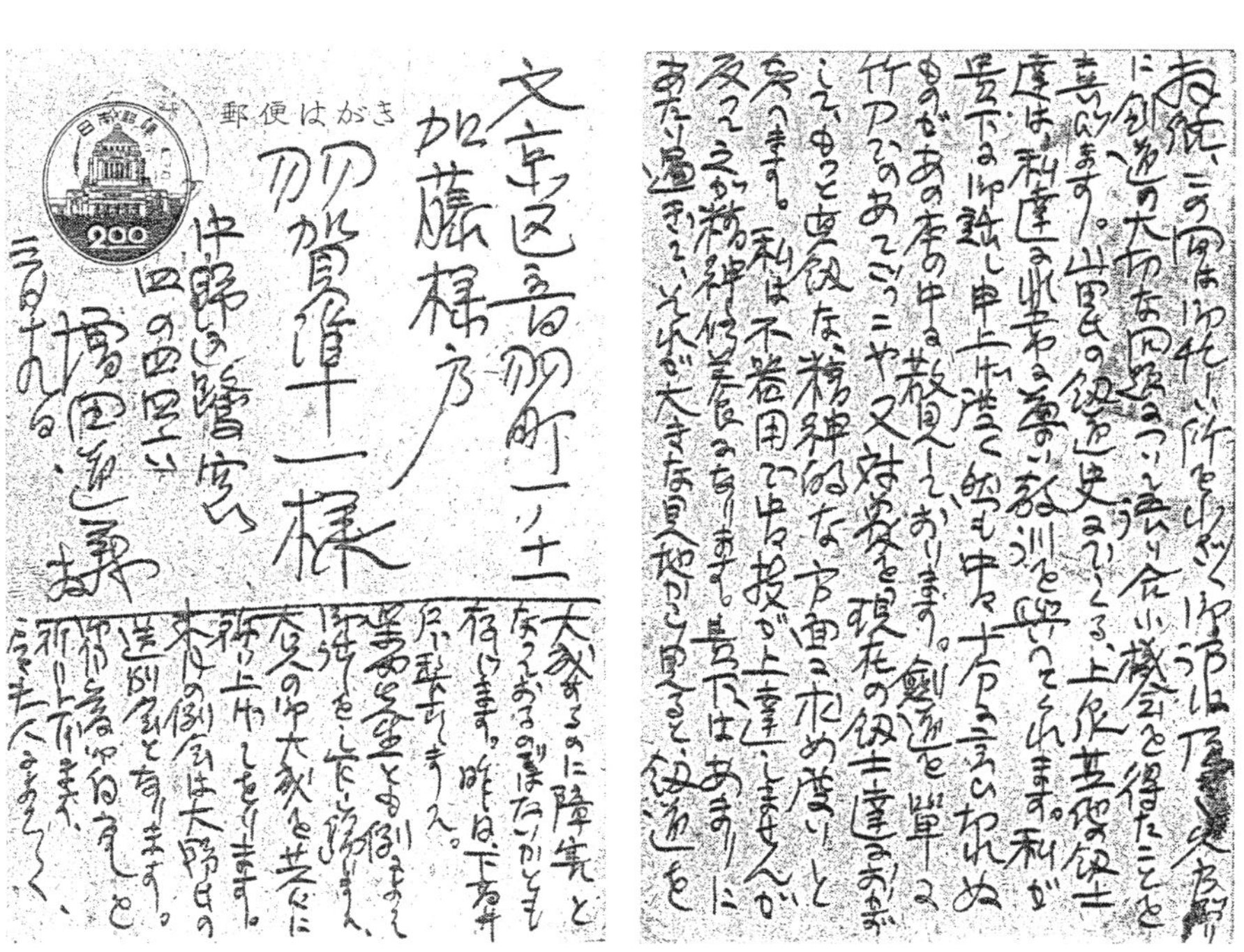

郵便はがき

文京区音羽町一ノ十一
加藤様方
羽賀準一様

中野区鷺宮四の四四三
増田道義

昭和24年3月19日　羽賀準一宛増田道義のはがき

# 心法という課題

剣道の高みに無限の魅力を感じ、その高みに登り詰めたいと本気で思うのはごく少数であろう。その「高み」も個々の剣道家によって当然異なる。「竹刀を執っては日本一」と「数世紀前の剣の使術」とは別の次元、別の高みだ。

さて、日記は以下のように結ばれる。

最近の稽古に対する心境は殺人的な武では無く、敵と相和する事に有り。敵を求めて居た頃とは心境に大きな変化をして来たが、柴田先生との稽古では絶対的な圧迫感を感じる。私の修行の不足を物語るのであらう。

今後は人間的に柴田先生に克つ以外に道なきを感ずる。技に於ては絶対に敗れる筈はないからである。

敗戦、アメリカによる占領とその政策、軍国主義の道具であった「武徳」・「武道」の否定、とくにその核心としての剣道への警戒と抑圧。こうした思潮・動向が準一の剣道観を動揺させているらしい。

さらに、朝鮮に渡る前すでに持っていた課題も復活したようである。斎村五郎をいくらでも打てるのに、打った感じが残らない、あの課題である。斎村ほどの剣道家は朝鮮にいなかったから、課題は残ったままだった。柴田万策は斎村が見込んで福岡から東京に呼び寄せた同郷の後輩。同じ武徳会系の剣道。ふたりには共通の何かがあったのだろうか。柴田万策を打てないのではない。打てるにも関わらず「絶対的な圧迫感」

を感じるというのであろう。

「心法」という課題に直面したのであろう。

この点で富永半次郎『剣道に於ける道』（中央公論社、昭和一九年）の影響が大きいと思われる。準一が「剣法の古書」以外の剣道関係書で古書に劣らぬ影響を受けているものとして三冊を確認できる。前掲中山博道『剣道手引き草』、前掲黒田亮『勘の研究』そして富永半次郎『剣道に於ける道』である。

富永は言う。

……心ある古人は刀法に錬達すると必ず心法を問題にして、後に一流を開いて極意を発揮したのでありますが、左様な人達は大抵人柄の天性のためでありましたか、その悟り得た剣の極意を人間と結び付けようとする傾向がありました。これは人間としては当然のことでありませう。……心ある剣客は皆心法に達してそれが人道との一致に工夫をして居ります。それでこそ又人間らしい要求とも言へるでありませう。〔富永－230頁〕

富永という人は、禅の悟りと剣の極意の関係を非常にみごとに分析したが、剣の極意が人間の極意であるべきだという偏見にとらわれている。この面で準一は今影響を受けているようである。だから「今後は人間的に柴田先生に克つ以外に道なきを感ずる」。などというのであろう。剣の極意は剣の極意であり、「人間」の極意とは極端に言えば関係はない（古来「人間」の極意と無縁と思われる武道の名人上手は枚挙にいとまが無いであろう）。

「殺人的な武では無く、敵と相和する事」などとは、準一の剣道にあっては奇想天外の発想である。

去年五月三一日に「思ふ程仕事も出来ず。稽古の方も思ふ様な進歩は見えない。苦しみが不足か。剣に対する不安が益々多くなる。如何になせば突破出来るか。貴重な伝書も読んでも判らん。修行がたらない。心境に何か不純なものが有るか。自分の事さつぱり判らん。剣まで自分を苦しませる。何れ時が解決か。頑張れ」と書いたのであった。あの時点での悩みは「剣に対する不安」であった。一〇ヶ月後の今、羽賀準一は柴田万策のような強い稽古相手には心理的に圧迫され、追いつめられるようになった。準一は今満三八歳六ヶ月である。

3月24日

今日の稽古、技術的には全然敗れるとは思はない。それなのに相手に追はれ、圧迫感は身にひしひしと感ぜられる。

何の故か。たかが竹刀の前に追はれる気持は判らない。一度心の中にて死したる者には真田の槍も為朝の矢も透らずとの言あり。我未だに覚悟の足らざるか。

我の東京に残りし理由は死を覚悟して、生きるか死か、信ずる道の為に生きる為だつた筈なり。苦しみのたらざるか、未だに生に執着が強いのか。判らない。

最近の剣の道は欲では出来ん。この修行好きな此の道苦労はいとはない。だが進歩はさっぱり認められない。

何時になつたら道が開けるやら判らないは剣の道。

真の道は何か。真の名誉は何か。

天の命ずる所のものを成就する事なり。

いつも自信にあふれてきた準一が迷っている。

同じ日の「業務日誌」も引こう。

３／24　午前10時銀座現場畑谷氏に面会。正午迄黒田氏と共にセメントの件。車を手配午后1時半組合小倉氏、不在。鬼塚氏事務所に行き、自動車の件話し、明後日運搬の予定。午后3時半組合に帰り小倉氏に面会、代用セメントの件依頼す。明日輸送の事現金を明日支払の件。代用セメントは運搬の手配す。日時は未定。テックスは小岩に有り。小口は輸送費高価に付き保留との事。

午后4時銀座にて畑谷氏に面会、セメントの件打合。

黒田氏セメント運搬終了帰宅の由。

午后5時帰宅。

この調子で仕事と剣道を両立させつつ四月に入った。「剣道日記」より。

４月７日

月末から稽古せず。久方振りの長期休み。明日の稽古の出来は如何なる結果を産むか。

預金とて無い心細い生活。妻の苦しみは、強くは云ふものの、実に可哀想だ。それでも稽古かと自分を反問する。然し信ずる道だ。突進する以外心の生きる道は他に見当たらない。

何時になつたら我が道が再び世の中に認められるか、心配すれば限りない。

警視庁内部もある空気を作りつつある。佐々木、関根等5名の助教は首になつた。如何なる点が欠点か大体は聞かなくても予想は付く。色々な観点から円満なる者を求めている事は当然な成行であらう。

池地課長もどうせやるからには旗印をはっきりする事が後進の為だ。それと同時に師範教師中の道に熱心ならざる者を整理する必要がある。是が出来なければ如何なる方法も百年河清を待つの体で、けりになるであらう。

3月末柴田万策先生長男茂君結婚。

4月3日頃渡辺君次男生後3ヶ月位にて死亡。

4月20日

昨日の稽古大変に「まよい」が多く、出足がにぶく話にならん。何時になつたら「まよわん」様になるか、心細い事なり。精神衛生とは何か。

ここの稽古は朝稽古であろうが、仕事の合間をみつけては済寧館にも稽古に行っている。心の「まよい」ははなはだしい。とうとう最新の外来語（mental hygiene）の訳語とみられる「精神衛生」の概念にまで示唆を求めようとしている。

4月30日

稽古は次第に不可解になつて来た。何時になつたら道が開けるやら。最近は柴田先生に追はれる日が多くなつた。そして若い連中とも思ふ様に使へない日が多くなつて来た。近頃は中野君ともほとんど戦はず、彼の方向も判らない。

警視庁の稽古も大した稽古にはならない。

それが進歩か、何が何だか判らない。

渡辺（敏雄）君もブローカー止めて5月から又稽古を始めるとか。井原氏に彼の事をお願して置いたがうまくやつて呉れると良いが、心がかりになる。

段々と朝の稽古は淋しくなつた。堀口氏も佐藤氏も近頃は出席せず、たのみ難きは人心なり。

此の先剣道界は如何なるか？

大阪は警察も禁止になつたとか。

大阪の専門家も支離滅裂。弱き者は亡ぶ。

共産党ですら18年の獄中生活に堪へて来た。日本精神の中核を為す剣の道が此の位の苦しみにて敗れ亡ぶなればむしろ亡ぶべし、なくなる可しだ。一口に苦節10年と言ふ。今やつと2年、まだ10年にして8年。

共産党の18年には16年残る。頑張る可し。

５月17日
今日は初めから社長中国九州方面旅行の為多忙。

稽古も充分落着いては出来なかつた。

最近は柴田範士に益々追はれ　中野君達には可成り打たれる。殊に河島（蔚）助教は大変に使ひ難くなつた。稽古を為すだけ困難を増す。如何なる訳か全然判らない。進歩か退歩か。

只頑張るのみとは小生の信念なれど判らんままに貴重な日時を送る。もつたいない事だ。戦はずして勝つは何時の日か。

進路は益々困難。剣から人々は段々と遠ざかつて行く。淋しい。当てにならないのは人心なる事、今更なり。

弾圧が加はれば加はるほど立派な剣の道が後世に残されて行くであらう。

信じがたい迷いである。柴田だけではない、中野にも打たれ、河島をこなせない。

羽賀準一は一九四五年（昭和20）一一月六日の日記に自身が書いた剣道観を離れ、動揺している。

動揺の原因については三月二一日の日記末尾の記述をめぐってわたしは素人なりの分析を試みた。要約すれば、「敗戦経験による剣道観の動揺、技術で圧倒しても相手によっては心で圧倒されるという若き日以来の課題、剣道の極意は人間の極意でもあるという富永半次郎流の錯覚」の三点であった。

もう少し分析を加えたい（羽賀準一が富士の絶頂を極めた人だとすれば、わたしは吉田口の馬返しの先を少しばかり準一に案内してもらっただけの人間である。大剣道家の剣道に批評を加えるのは烏滸がましい。分かっている。しかしわたしが書かなければ今後誰も書くまい）。

去年（一九四六年）六月二五日の日記に「高野老先生の御隠居振りを聞き、はるかに御長寿を御祈り致すと共に剣士の最後はかく有り度きものとの感を深くなせり」とあった。

ここにはあれほども尊敬した中山博道の落魄の姿が重なったのだった。

九月一三日には「……神道無念流遂に敗れたり。有信館は技術のみの修行道場か。私等今後修行致すに就いても以て他山の石となさざるべからず。今度の件等自分の心も大いに反省の要あり」と記したのであった。

そして気がついてみると、剣道危急存亡の時その命脈を保つべくもっとも頼りとする三人は、内藤高治に師事し斎村五郎の信頼厚い柴田万策、高野佐三郎門下の中野八十二、渡辺敏雄である。かつてもっとも信頼し今こそ最大の同志となってほしい有信館の中倉清はまったく頼りにならない。中島五郎蔵は剣道の復活に対し中野・渡辺ほど熱心ではない。

こうしたことも原因の一つとなって有信館で鍛え抜いた剣道への疑問・動揺となり、「自分の心も大いに反省の要あり」となったのであろう。その反省すべき「心」は富永の影響で迷路に入ってしまい、剣道そのものの中に見出すべき「心」の問題を、「人間的に柴田先生に克つ」「道」の模索となっているのだ。

後年弟子たちに倦むことなく説いた「攻め」を羽賀準一は忘れている。そのため技術的には誰よりも優っているのに、稽古では自分が劣勢を余儀なくされているにすぎない。

「業務日誌」は一九四七年（昭和22）六月一二日で中断される。そして「剣道日記」も六月二八日のつぎの記述をもって終わる。

６月28日

久方振りに思斉会の会合が有つた。今日は中倉君の送別と鈴木（幾雄）君の帰還の意味だつた。出席者13名。木村会長は突然の事故の為欠席。代理として高井氏出席す。約１時間稽古。宮内省の連中の配慮によりうどんの馳走、感謝す。

さて、今日の稽古は小生病後の為充分に出来ざりしが残念だつた。

本日の対戦は中倉対中野の一戦が実に見物だつた。昨年春の関配（関東配電）道場に於て中野は完全なる戦をして居る。中倉の技、心に敗れる？　彼の近況は剣の道と遠ざかる事甚だ遠いものあるを知ればなり。

予想の如く完全なる敗北、見るも無残なり。

剣に志すものの実によき手本なり。何時迄も技のみに拠るときは、一定の年齢に至り敵手の円熟に会するときは完敗を喰ふ。これ古来よりの定石なり。心すべきなり。中倉の敗北も又古人の教へにそむけばなり。

鈴木氏七年振りの帰還にも拘らず大した変化なし。平素の心掛の結果ならん。中倉は中野・渡辺とともに思斉会の発起人であった。発起は昭和一五年。会長が木村であった。あれから七年、世の中も剣道界も隔世の感がある。中倉は鹿児島の故郷に去る。以後羽賀は「中倉は逃げた」といって許さない。中倉は折れようとしない。超気の強い二人は終生表面上は和解しなかった（羽賀忠利は後年、兄弟喧嘩みたいなものだったのだから、誰か間に入れば仲直りしたのに、と言っていた。惜しいことである）。

## 剛剣復活

日記のこの筆勢は準一の迷いが吹っ切れつつある兆しを見せているようである。「心法」の研究が進んでいるのではなかろうか。羽賀準一の脱皮そして大悟の日が近づいている。

つぎのページの見開きには新聞の切り抜きが一枚ずつ貼ってある。

一つは昭和二一年七月二（?）日「タイムス」からのエッセイの切り抜き。タイトル「拳闘今昔物語」見出し「個人競技の花　特に拳闘を推奨す」筆者荻野貞行。

もう一つは昭和二二年五月一七日「新夕刊」のエッセイ「今日のことば」。見出し「戦争放棄と正当防衛」筆者帆足理一郎。

ともに敗戦後の日本で剣道をいかに復活するか、という問題意識に貫かれて切り抜いたものと思われ、考察を要するが、今は措く。

「剣道日記」最後のページは「剣道同志会会員名簿」であり、以下のとおりである。

柴田万策、森田文十郎、小沢丘、大畑郷一、大野友規、佐藤貞雄、小柳敏、中倉清、中野八十二、菅貫光雄、渡辺敏雄、滝沢光三、斉藤今朝雄、中島五郎蔵、鶴巻兵四郎、岩部誠、奥山直文、羽賀準一、堀口清

さて、一九四七年（昭和22）六月二八日で「剣道日記」が閉じられた。

では、いつごろどのようにして攻めに徹した羽賀準一の剛剣が復活し、飛躍したのであろうか。自分の門下で竹刀をとっては最も強いと羽賀準一が折り紙をつけていたのは張東緑であった。以下はその張からの堂本昭彦による聞き書きである。時期は「昭和二十二、三年頃」だという。

この日上野警察署の道場に集まっていたのは、羽賀準一が奔走して柴田万作を中心に結成した「同志会」の一同であったろう。柴田万作らが元に立ち各署の助教たちが稽古をおねがいしている。熱気に満ちた稽古だが、一人の元立ちのところだけに空間ができているのはなぜだろうか。ひきよせられるようにその人物に進みよって稽古を乞うた張東緑は、すぐさまその理由を思い知らされることになる。その人物がすっと竹刀を振り上げた瞬間、かれはかつて経験したことのない恐怖感のために、たいして大きくもない睾丸とはいうものの、こいつがいきなり縮みあがって腹腔におさまってしまったのである。この人物が羽賀準一であった。あとは、死に物狂い、になるしかなかった。

ぼろ雑巾のように道場の隅に放り棄てられた恰好の張東緑は、なぜ羽賀準一の前だけに空間ができていたかをわが身をもって悟ることになったが、いまかれのたましいは昂揚し、細胞の一つ一つは活性化し、いいしれぬふしぎな感動に包まれていた。呼吸を整えたあとそちらに視線をやると、あの人物は

やっぱり一人だった。ひとびとは怖れているのだ。性懲りもない自分の行動を後悔しながら、張東緑はまたしても羽賀準一に進みより、さっきと同じように（おおげさにいえば）臨死体験を味わった。この日、かれは羽賀準一に五回も稽古を乞うており、傍目にはまっこと命知らずな奇矯な振る舞いに見えたことであろう。……

この日から、張東緑にとって羽賀準一は生涯の師となった。〔堂本・遺－45～47頁〕

羽賀準一の迷いは吹っ切れており、その剛剣はいっそうの凄味を帯びて復活している。

その手引きをしてくれたのは「天狗芸術論」であったと推定される。なぜなら日記に見る限りでもこの書をもっとも愛読していること、準一の読んだと思われる全ての剣道書の内、準一の「心」の問題・「攻め」を忘れた問題に、直接示唆を与えるのは本書が最上と思われるからである。

視点をこの点に合わせて該当箇所を抄出してみよう（現代語訳は石井邦夫訳注『天狗芸術論・猫の妙術』〈講談社学術文庫〉による）。

事に熟せざれば、心剛なりといへども其用に応ずることあたはず、事は気を以て修す、気は心を載せて形を使ふ者なり、故に気は生活して滞ることなく、剛健にして屈せざるを要とす、（巻之一）

（技に習熟していなければ、いくら心が剛であるといっても、その心の働きに応えることはできない。技は気によって修練する。気は心の働きに応じて体を使うものである。だから、気は生き生きと活動して停滞することなく、剛健で屈しないことが肝要である。）

諸流に先といふことあり、此また初学のために鋭気を助け惰気を笞打つの言なり、実は心体不動にし

ておのれをうしなはず、浩気身体に充るときは毎も我に先あり、（巻之三）

（諸流に先という事がある。これもまた初心者の鋭気を助長し、惰気に鞭打つための言葉である。実は、心の本体が動揺しない状態で自分を失わず、浩然の気が身体に充満するような時は、いつも我が方に先があるのである。）

剣術もまた然り、神定つて気和し、応用無心にして事自然にしたがふ者は其極則なり、然ども其初は先剛健活達の気を養つて、小知を捨て敵を脚下に敷き、鉄壁といふとも打砕く大丈夫の気象にあらざれば、熟して無心自然の極則にいたることあたはず、其無心と思ふ者は頑空に成り、和とおもふ者は惰気なり、（巻之三）

（剣術もまた同様である。精神が安定し、気が和み、応用動作は無心で、技がその動きに自然に従う者は、その究極の原理に達した者である。しかしながら、初めの内はまず剛健闊達の気を養って、小ざかしい知恵を捨て、敵を脚下に敷き、鉄壁といえども打ち砕くという、益荒男の気性でなければ、熟達して無心自然の究極の原理に達することはできない。そうでなければ、無心と思うものはただ全くの空っぽとなり、和と思うものはただの惰気となるばかりである。）

羽賀準一はこれらを以下のように読み替えたのだと思われる。

「浩気に「剛健活達」すなわち「攻め」を欠いては、「無心」は「頑空」となり、「和」は「惰気」となる。「浩気」すなわち「攻め」が「身体に充るときは毎も我に先あり」。

つまり心身に「攻め」の気を行きわたらせ、その気を竹刀に凝らして、闘わずして相手の気を殺し、その上で仕留める。こういう境地なのであろうと思われる。

若き日の剛剣に、朝鮮時代の剣道・居合・読書の研鑽、宇品からルソン島・帰国までの戦争体験、中山博道の居合直伝の四ヶ月余、これらが羽賀準一の「攻め」の剣道の中に体現した。もちろん根幹にあるのは「正しい姿勢・正しい呼吸」。迷いは吹っ切れた。羽賀準一大悟の第一段階である。

堂本が張東緑から聞き出してくれた思い出はこの段階に達して間もなくの羽賀準一だったと推定できる。羽賀準一のこの境地への到達時期をもうすこししぼりたい。

張東緑の記憶は「昭和二十二、三年頃」のものだという。昭和二二年の可能性も十分あるがあったとしてもそれは「剣道日記」の五月一七日以後でなければならない。これ以後で一番早い可能な時期を示しているかも知れないのは「業務日誌」の六月分である。六月は一二日まで一二回分の記載がある。日付は当然「6／1」～「6／12」であるべき所が「5／1」～「5／12」になっている。剣道関係の記述があるのはつぎの三日分である。

5／1（当然6／1である）午前9時事務所に行き、ガラスの件交渉。午后中野君と新宿より木村先生宅を訪問、不在のため午后4時帰宅。

5／5（6／5）午前9時銀座に行きペンキ屋を連れて芝及日本橋に行き、午后2時50分中野君と木村先生を訪れ、午后4時50分池袋に出て帰宅。

5／8（6／8）日曜日上野帝室博物館に行き刀剣を見学。

日記の一二日分の日付の誤記はどうしたことか。中島工務所の仕事は軌道に乗って来たようで、以前ほど忙殺されていない。忙しさのせいではない。

一つ考えられるのは、剣道の方に全神経が集中しはじめ、「剣道日記」はつけず、「業務日誌」は日付にさえ気が回らない精神状態になっているということである。「剣道日記」六月二八日のところでわたしはこう書いた。「日記のこの筆勢は準一の迷いが吹っ切れつつある兆しを見せているようである。『心法』の研究が進んでいるのではなかろうか。羽賀準一の脱皮そして大悟の日が近づいている」と。

「羽賀準一大悟の第一段階」は一九四七年（昭和22）六月ころ、としておこう。この推定は張東緑の記憶と齟齬しないうえに、後述の資料とも齟齬しない（張の羽賀準一への師事は四七年後半から四八年前半のどこかで始まったことになろう）。

ともかく一九四七年後半には、相手が誰であれ、剛剣が自在に炸裂するようになったらしい。その剣道を試す最高の指標は斎村五郎・持田盛二であった。

一九四七年（昭和22）一〇月文京区小日向に妙義道場が開かれ、持田盛二・増田真助がそこの師範となった。

羽賀準一の直話に「持田先生と戦後二度手合わせをした。最初のときは（蹲踞から立ち上がる瞬間に）突きを入れると持田先生はしりもちをついた」（直話）とあるが、これは四七年一〇月頃のことではなかろうか。場所は妙義道場。

持田がもてあました羽賀準一の剣道である。柴田万策・増田道義・中野八十二・渡辺敏雄らも打たれかつ突かれまくったようである。こうして四八年（昭和23）もすぎた。

かれらは羽賀準一の卓絶した強さの陰にどのような高みを目指す修行があったのか、如何にしてその強さにたどり着いたのか、羽賀の修行の跡を十分には理解できなかったらしい。特に「数世紀前の剣の使術」の追究・研鑽と中山博道直伝の居合の成果が結実した強さが理解できず、その強さを羽賀の「天才」のせいにした。

準一はよくわたしに言っていた。「人はみな『羽賀は天才だから』と言って逃げる」〔直話〕と。打てるには打てる理由が、打たれるには打たれる理由があるのに、その理由の根源を追究しないで、「羽賀は天才だから」で済ませる、その安易と求道の不徹底を批難したのである。これを聞いた当時のわたしには何のことか分からなかった。増田道義がインタビューで「羽賀は天才です」と言ってくれたとき謎が半分解けた。

羽賀はこのころ大島治喜太ゆずりの「千変万化」〔堂本・遺－120頁〕の技を駆使したらしい。そして増田は「羽賀は天才だから、あんな多彩な技も出せるし、好きなように打てるのだ」と言い「羽賀の剣は当たりすぎて『妙』がない」という意味のことを言い、柴田万策もこれに同調したらしい。それは一九四八年〔昭和23〕中のことと推定される。

## 増田宛準一断簡

羽賀準一の増田道義宛書簡の下書き〔便箋などに二枚・七百字ほどのもの〕が残っている。書いたのは一九四九年〔昭和24〕正月と認められる〔句読点を入れ、二点ほど誤字と思われる箇所を正したが、できるだけ原文を保存した〕。

一枚目

皆々様御壮健にて新春を御迎へ遊ばされ候段、慶祝不堪候。

さて、先日は勝手な事のみ申上げ、相変らぬ小生の小我御海容被下度候。道の事に関し度々御教授感謝に不堪候も、小生の考へとは大分離れ居候様に感じ申候。例へば「妙とは如何」。技の熟達して其巧神に入るを妙と説くは古語に有之。凡百の技は其種類の如何を問はず練達の極に於て凡て共通した或る因子を有すると信じ申候。

一刀萬刀に化し萬刀一刀に帰す

妙とは如何なる主、客観による言葉にて候や。色々な社会で常に使用されて居る言なれど其限界は仲々付け難いと存じ候。私の体験にて申上げ候へば妙技神技と称された試合はほとんど全部と申上げ度き程三十四五歳以下の未熟なる人々にて大家と称せられたる人々の試合は妙技と云ふより平凡と云はれる試合が多いのは如何。

二枚目　修行の極平凡にして非凡其判別は困難なるは当然の事に御座候

学剣も或る程度に達すれば技は益々平凡にして心機は益々非凡。形に現れる処に於て妙不妙を論ずるの余地無之と存じ候。小生修行の日たらざるとは申候も二十六七の頃より技の限界有之候を知り、京城にてお世話（に）なりし十一年余以来不充分なる稽古に日を送り、終戦以来満足なる稽古は一日も無之、技を競ふには余りにも悪条件の連続には御座候はずや。

然るに世間の噂特に先生と柴田範士の言如何にしても当を得たとして得心致し兼ね候故、本日は思切つて小生の心境申述べ、如何なる点が学剣上の欠点なるや（抽象論にて（は）無之、実際に）御指摘の上御指導賜り度く（ここで中断）

一枚目第二段落一行目の「先日」は一九四八年（昭和23）一二月のことであろう。増田と剣道をめぐり議論したらしい。そして前述のような意見をあらためて示されたらしい。これは柴田等も同意見であるということも言われたらしい。しかし準一は納得できずこの手紙で反論しようとした。

意訳してみよう。

一枚目

増田先生奥様ご母堂様、みなさま「御壮健にて」新春をお迎えになられたご様子、まことにおめでとうございます。

さて、先日はわたしの勝手な意見ばかりを申し上げました。相変わらず了見の狭いわたしですが、ご海容下さい。剣道のことに関してこの十数年間たびたびご教授いただき、感謝に堪えません。しかしこの度わたしの考えと増田先生のお考えとは大分離れているように感じました。

たとえば「妙とは」なんでしょう。「技が熟達して」その技が人間わざとは思えぬような極めてすぐれた境地に達した状態（其巧神に入る）を言うとは、「古語」（荘子）にもあります。

いろいろの剣技（「凡百の技」）はその種類（多種多彩な面・突き・小手・胴等々）がどれだけあろうとも、練達の極においてはその全技に共通する一つの要素（「一つの因子」）があるとわたしは信じています。

一刀流にいう「一刀萬刀に化し萬刀一刀に帰す」です。

増田先生にあって「妙」とは剣士（主観）のどのような状態、剣技（客観）のどのような状態を表す言葉なのでしょう。

「妙」は色々な社会で使用されている言葉ですが、剣道においては、どうなれば主観的・客観的に「妙」

と言えるのか、なかなか説明がむずかしいと思います（増田先生はご説明できますか）。「私の体験」にもとづいて申し上げますと、（昭和初年から昭和一六年にかけて）「妙技神技」を賞賛された試合はほとんど全部が「三十四五歳以下の未熟なる人々」の試合でありました。大家と称せられた人々の試合は妙技と云ふよりは平凡と云はれる試合が多かったのはどうしてとお考えになりますか。

二枚目

なにごとも修行の極みにおいては、その技は一見平凡で実は非凡、となりますが、ある技が単に平凡なのか「平凡にして非凡」なのかの判別は難しいものです。それはまた当然と申せましょう。「学剣も或る程度に達すれば技は益々平凡」となり「心機は益々非凡」となりますので、心機の非凡を見ずに技の平凡だけを見て「妙不妙を論ずる」ことはできないと思います（私の技の多彩、打ちの当たりすぎ、また妙の無さ、のようなことを言われますが）。私は修行してから日が浅いとはいえ、「二十六七の頃より」技に頼ることの限界というものがあることを知りました。京城でお世話になった「十一年余」は稽古量・稽古相手が不充分の日を送りました。まして終戦以来今日まで満足な稽古は一日もありませんでした。「技を競ふには余りにも悪条件の連続」の日々だったではありませんか（その私自身が技の器用さだけに頼ろうなどと思うはずがありません）。

ですから東京などで私の剣道についてささやかれていること、特に増田先生と柴田範士のおっしゃることは、到底納得できません。そこで本日は思切つて私の心境を申述べ、どんな点が学剣上の欠点なのか（抽象論ではなく、具体的に）ご指摘の上ご指導賜り度く（ここで中断）

羽賀準一はこの手紙を書くのを止めたらしい。だから投函もしなかった。しかしこの断簡だけは生涯大切に保管した。それはかれの大悟・大成前夜の証拠書類となるからである。

羽賀準一はこの手紙では意を尽くせないと思ったのであろう。直接増田宅を訪問し、議論した。時期は一九四九年（昭和24）三月中旬であろう。

## 準一宛増田書簡

増田道義は議論の後日羽賀準一宛にはがきを出した。準一が生涯で保管した唯一の来簡である。まず引こう。

文京区音羽町一ノ十一　加藤様方

羽賀準一様

中野区鷺宮四ノ四四六

増田道義拝

三月十九日

拝啓、この間は御忙しい所をわざわざ御訪ね頂き久方ぶりに剣道の大切な問題について語り合ふ機会を得たことを喜びます。山田氏の剣道史にでてくる、上泉其他の剣士達は私達に非常に尊い教訓を与へてくれます。私が貴下に御話し申上げ度く然も中々十分に言ひ切れぬものがあの本の中に散見しております。剣道を単に竹刀でのあてごっこや又対象を現在の剣士達におかずして、もっと真剣な、精神的な方面に求め度いと考へます。私は不器用で中々技が上達しませんが反って之が精神修養になります。貴下はあまりにあたり過ぎて、それが大きな見地から見ると、剣道を大成するのに障害となつておるのではないかとも存じます。昨日、下高井戸で稽古しました。

柴田先生とも例によって御話しをし乍ら帰りました。

大兄の御大成を共々に祈り上げてをります。

本月の例会は大野氏の送別会となります。御自愛御自重を祈り上げます。

令夫人によろしく。

このはがきの内容を読む前に日付の問題をかたづけなければならない。差出し人の日付は三月一九日である。しかし消印は極めて不鮮明で、「中野」(局)「20」(日)「12」(時?) 以外は読み取れない。消印の (三月)「20日」は何年のものなのか。手がかりは切手と同じ効力をもつ「料額印面」の金額とデザインと色である。チョコレート色の国会議事堂をデザインした二円はがきの発行は昭和二三年七月一〇日～二六年一〇月三一日であるから、消印の (三月)「20日」は、昭和二四年、二五、二六年の内でなければならない。末尾近くに「大野氏の送別会」とあるが、「大野氏」は堂本昭彦の示教によると大野友規である。また大野友規が東京を去るとすれば、昭和二四年の公算が大きいとも氏は示唆してくださった。なぜなら昭和二五年三月五日には「全日本剣道競技連盟」が創立され (間もなく全日本撓競技連盟と改称)、一〇月には第一回全日本撓競技大会が開催されており、この機運の中であれば、大野は東京を去らなくてもよかったであろうから、と。

わたしは羽賀準一が「植芝先生が一番強かったのは五〇代だった」と語るのを聞いたとき「先生はおいくつの時が一番強かったのですか」と質問したことがあった。「四十代です」と答えてくれた。

羽賀準一の「四十代」は満で言えば一九四八年（昭和23）九月以後である（数え年だと一九四七年一月以後。羽賀準一はわたしと話すとき主に満年齢を使っていたと記憶する）。

張東緑の前述の記憶では猛烈に強くなっていたのが「昭和二二、三年頃（一九四七、四八年頃）」である。増田や柴田ら同志会や思斉会のメンバー、そして警視庁（済寧館）や持田盛二の妙義道場等で羽賀の強さにあきれ、注文を出し始めるのに、大悟の第一段階（一九四七年六月頃）から半年か一年間もあれば十分であろう。

こうして増田のはがきの日付は一九四九年（昭和24）の三月一九日と推定される。

はがきから、準一が受け取った要旨を求めると以下のようになろう。

「上泉其他の剣士達」の剣道と羽賀の剣道は何かが違う。何かが欠けている。しかしうまく説明できない。ともあれ、「剣道を単に竹刀でのあてごっこ」と考えず、また目標を「現在の剣士達」に置かず、「もっと真剣な、精神的な方面」を追究してほしい（竹刀剣道を脱して「数世紀前の剣の使術」に向かえ、といったのは朝鮮時代の増田道義のはずであり、準一もそれを追究し続けて今日の剣の境地に至ったのである。しかし増田は未だ足りないものがある。それは「精神的な方面」だという）。

「貴下はあまりにあたり過ぎて、それが大きな見地から見ると、剣道を大成するのに障害となつておるのではないか」と言う（ものすごい要求である。持田を柴田を警視庁や同志会や思斉会の連中を自在に打つだけではだめだというのである）。

「柴田先生とも例によって」君のことを話しながら下高井戸の稽古から帰って来た。

「大兄の御大成を」柴田先生と共に祈っている。

中山博道も舌を巻いた強情者の羽賀準一は、このはがきを正面から受け止め、稽古と勤務（中島工務所）の合間を見ては剣道書の研究に取り組んだようである。稽古上での工夫も当然したであろう。羽賀準一の偉大な特徴の一つは自分の行（ぎょう）で裏付けられたもののみがかれにとっての剣道理論だった点にある。かれが行き着いた最後の最高の剣道書は「一刀斎先生剣法書」であった（根拠は後述）。そして当時の日本で唯一人「数世紀前の剣の使術」に到達した。

なぜそのようなことをわたしが言えるのか。話はいったん逸れなければならない。

## 一刀斉先生剣法書そして大悟

兄弟弟子の大畑宗郷がある日こんな話をしてくれた。母（有信館の達人大畑郷一の夫人）から聞いたのだという。

終戦後どこにでもあった話だが、大畑家の庭先にもネズミが我がもの顔に出てきた。夫人が夫の郷一にそれをこぼしたところ、「それじゃあ少し退治するか」と、六尺棒を横に置いて縁側に座ったという。ネズミが出る。郷一がにらむ。ネズミは動けなくなる。六尺棒を肩に、すたすた歩み寄ると「スコン」と打つ。そうしてたくさん取ってくれた、と。

原園光憲『剣道の復活』を読んでいたときも、似た話に出会ったことを思い出した。柴田万策の息柴田隆の「父の思い出」の一節である。

「私が或る日、四畳半の茶の間に鼠を閉じ込めて棒で追い掛け回していたら、『何だ騒々しい』と入ってきた父が、『そんな棒で叩いたら汚いから、火箸で目を突け』と言った。まさかと思ったが、父は火箸をもってじっと立っていた。そうしたら、それまで飛び廻っていた鼠がやがて父の前で静止したその瞬間鼠は死んでいた。両目を突き通し、血はほんの一滴であった。」

江戸時代の柳生流狭川助直にも似た逸話がある（中山介山「続日本武術神妙記」）。

昔の達人たちは現代では実感できないほどにすごい、と思う。

本筋に戻る。

わたしは序章で羽賀準一が「気分で相手を殺すのです。それができるようになれば、相手が専門家でも剣尖一つで道場の隅に追い詰めることができます。身体の大小は関係ありません」と教えてくれたと書いた。この問題を五日市（三戒舎道場）の高橋利雄宅で話したことがあった。一九七四年頃であったか。

高橋は突然「羽賀先生は、あるとき『羽賀はあんまり多彩な技を使いすぎる』と言われたので、『よーしそれなら、技は一切使わずに勝負してみせる』と、剣尖一つで相手を道場の隅に追い詰めてしまったそうだよ」と言い、「相手は柴田万策だね」と言った。意外な名前が出たので驚いた。『剣道の復活』は高橋から贈られたものであった。ネズミの動きを止め、両目を火箸で貫いた逸話をそのときのわれわれ二人は当然思い浮かべたはずである。あの達人を！　驚きとともに「柴田万策」の名前が特別の意味を帯びてわたしの中に残った（高橋がどうしてそれを知っていたのかは後に述べよう）。

その日であったか別の機会であったか、高橋利雄がポツリと「羽賀先生の剣道は一刀流だね」と言ったことがあった。意外な一語にわたしは「え？」と聞き返したが、高橋は笑みを含んだまま、それ以上なにも言わなかった。

わたしは羽賀準一から伊藤一刀斎についても、一刀流についても何も、全く、聞いたことが無かった。

高橋が没して四年後の一九九八年二月一一日、保子夫人から高橋利雄の遺品がひと包み届いた。中には「昭和四十年五月吉日　一刀斉先生剣法書（抜書）羽賀準一」「昭和四十年六月吉日　一刀流伝書（抜書　前文不明）羽賀準一」それに前記「昭和二〇年抜書帳」の、三点が入っていた。これまでに高橋利雄から、その没後には保子夫人から羽賀準一関係資料をたくさん託されていた。最後の三点こそ高橋利雄が羽賀準一から贈られた秘蔵中の秘蔵文献だったのだ。

「一刀斉先生剣法書」は寛文四年（1664）に古藤田俊定によって記された、（古藤田派）一刀流の伝書（一刀斎の没年を一六〇〇年代前半と考えれば、寛文四年は没後五〇年と経ていない）。

「一刀流伝書」は、文政八年（1825）岸田半兵衛信文によって記された（小野派）一刀流の伝書。

二編とくに前者の極上の価値が分かりはじめたのは本書執筆のために、羽賀が愛読した黒田亮『勘の研究』富永半次郎『剣道に於ける道』を読み、伊藤一刀斎と一刀流の剣道史上における卓越性を知り、『武術叢書』所収の「一刀斎先生剣法書」を読み直してからである。

わたしが羽賀忠利から兄羽賀準一関係資料の閲覧・複写を許可されたのは、一九九〇年か九一年のことである。大量の資料の中に先に見た断簡と来簡もあった。増田来簡を見た瞬間、わたしの知識が一気に収斂し、羽賀準一剣道大悟・大成の日が見えた。今それを記しているのである。

羽賀が愛読した黒田亮『勘の研究』は、『武術叢書』所収の「一刀斎先生剣法書」を剣道の伝書中でもとくに高く評価している。この剣法書の最高の特質は、剣法の極意を禅等の仏教あるいは儒教と結びつけたり、それらから説いたり、沢庵等の禅僧に書いてもらったり等を、していない点にある。剣法の極意をあくまでも剣法そのものの中に求め、剣法そのものから導き出している。剣法の極意をその剣法の名人自身が自己の体験を可能な限り自己の言葉で表している。（「一刀斎先生剣法書」を踏まえ敷衍したと思われるのが「天狗芸術論」である。）

「一刀斎先生剣法書」は小野派一刀流の伝書ではない。古藤田派一刀流の伝書である。流祖（伊藤一刀斎）の剣の極意が、代々の継承者の解釈があまり入り込まず、ある程度純粋に伝わっていると思われる（二大流祖の別の一人上泉伊勢守信綱の極意は口伝であって、文字に残っているのは、門戸の部分である）。

「一刀斎先生剣法書」には古藤田俊定によるとみられる前書きがある。全文を引いておこう。一刀流が剣法と心法の最高度に一致した流派であることを示すものであるから。なおこの剣法書理解の核心をなす、「事理」の概念について付言しておきたい。

「事理（じり）」はもともとは仏教用語である（沢庵も「不動智」の中で「事理」の語をつかっている）。仏教から離れて抽象化すると「事」は「作用」を、「理」は「原理」を表す。西洋哲学でいえば「現象」と「本質」となろうか。

この書では技（目に見える）の領域を「事」と表記し、この字一字の場合は「わざ」と読ませる。これに対し心（目に見えない）の領域を「理（り）」という。「事理」とあるときは「じり」と読ませるのであろうが、「事」はあくまでも技の意味である。

夫当流剣術之要者は事（わざ）也、事を行ふ者理也、故に先づ事之執行を本として、強弱軽重の進退之所作を、能く我心体に是得て而後其事、敵に因て転化する所之理を能くあきらめ知るべし、たとゑ事に功ありと云とも、理を能く知らざれば勝利を得がたし、亦理を能く明して知たりとも、事に習得の功なき者何を以てか勝つことを得んや、事と理とは車之両輪鳥之両翅の如し、事は外にして是形也、理は内にして是心也、事理習熟之功を得るものは、是を心に得是を手に応ず、其至るに及ては事理一物にして内外之差別なし、事は即ち理也、理は即ち事也、事之外に理もなく理を離れて事も無し、然るを術の学者、事一片に止りて理の邪正を知らず、或は着して事の得失を知らさんこと是れ偏也、事理偏着する時は敵に因て転化することあたはざる者也、故に当伝之剣術、先師一刀斎より以来、事理不偏を主要として、剣心不異に至る所之伝授を秘書とす、

以下に拙訳を付す。

そもそも当流（一刀流）剣術の要は事（わざ）である。事を行うのは理である。ゆえに先ず事の実行を基本として、強弱軽重の動作からなる体のこなしを、よく自分の心と体に会得しその上でその事が、敵に応じて変化する理を十分明らかに認識すべきである。たとえ事の修行を積んだとしても、理を十分に知らなければ勝利は得がたい。また理をよく明らかに知ったとて、事に修行を積まない者がどうして敵に勝てようか。事と理とは車の両輪・鳥の両翼のようなものである。事は外在してすなわち形である。理は内在してすなわち心である。事理に習熟する修行を積んだ者は、事理が心に会得され、事理が自然に形となる。修行の極に至れば事理は一物であって事は外理は内という区別はなくなる。事はそのまま理であり、理はそのまま事である。事の外に理も無く、理から離れて事も無い。それなのに剣術を学ぶ者が、事にばかりかたよって理の正不正をわきまえず、あるいは理にばかりこだわって事の長短をわきまえないのは偏向である。事理どちらかに偏っているときは敵に応じて変化することができない者である。し

たがって、ここに伝わる剣術は、一刀斎先生以来、事理不偏を最も重要と考え、剣と心一体の境地を伝授すべく秘密に記し置くのである。

「事」（＝技）に（種類や難易等において）測り知れない多面性と段階があるように「理」にも多面性と段階がある。剣士が体得した全ての正しい技はそれが現実に転化しない（その剣士の内にある）限りは「理」である。技の習得の中で体認した心の在りようも「理」である。

「理」の究極は沢庵の言う「不動智」のようである。「動」とは「動揺」つまり「みだれる、おどろく、まどう」などの意（角川大字源）。したがって「不動」とは「みだれ、おどろき、まどわされない」つまり「動揺しない」の意となる。したがって不動智とは、向こうへも左へも右へも、十方八方へ心は動きたいように動きながら、少しも止まらない（動揺しない）心、である。不動智は、必要に応じて同時に無限の変化に転ずべき機を孕む心、とも表せる。準一は後年（一九六一年）「剣道入門階梯」という論考で「技」（事）とは「不動心を根本とした、手足の自由、すなわち相手に対して変化自在」であると書くが、不動智から発せられる技こそが最高度の「事（わざ）」である。

この段階に達した剣士は「事理は一物であって事は外理は内という区別はなくなる。事は理であり、理は事である。事の外に理も無く、理から離れて事も無い」という境地になる。「事理不偏を主要として、剣心不異に至る所」である。

さて、羽賀準一が今追究しているのは不動智に拠ってしかも「事」を出すことなく、柴田万策に勝つこと、である。柴田に相対したこの時伊藤一刀斎の以下の教えを実行したのだと思われる。

必勝は構にあらず、事理の正しきに在り、雖レ然構は千変万化の強弱軽重の体の故に、無形の構にして陰にあらず陽にあらず、其形在りと云ども心其構に不レ止を無形之構と云也、構心に不異之位と云ふは、無形之全体也、千変万化之事は物に応じて形を現ず、是其全体無形なるが故也、

［意訳］

必勝は構えのなかにあるのではない。それは事理の正しさのなかにある。とは言え構えとは千変万化する強弱軽重の本体なのであるから、その本体は無形の構えなのであって、陰の構えでも陽の構えでもないのである。（敵と立ち合うにあたっては）何らかの構えをとるとしても心はその構えに止まっていないのを無形の構えというのである。構えの心の在り方で不異の位（境地）と言うのは、無形の構えが蔵する全体のことである。千変万化の事は相手に応じて形を現す。そうなるのは全体が無形だからである。

準一は中段に構えたであろうが、それは内に千変万化の技を蔵した「無形之構」だったであろう。そこにはつぎに見る「威」が生じ柴田を圧したのであろう。

威は節に臨て変ぜず、其備正明にして事理に転ぜられざる全体を威と云、動ぜずして敵を制するは威也、是を不転之位と云、すでに動じて敵を制するは勢なり、転化之位とは是を云ふ也、威は静にして千変を具す、勢は動じて萬化に応ず、故に威を以て敵に合て、勢を以て敵に勝つもの也、威と勢とは二つにして一つ也、一つにして亦二つ也、威に勢あり勢に威在り、不レ転者は無為之全体、其威十方に通貫して、恐るゝ敵もなく疑もなし、不レ求とも威は自ら我に備り、勢は自ら其威に在り。

［意訳］

威（攻めの気）は敵と相対した際にも変わらない。その備えが正しく明らかで（一物としての）事理に転化する前のあらゆる攻めの形を蔵する全体を威と言う。事理に転化しない段階で敵を制圧するのは威

である。この境地を不転の位という。まさに事理に転化して敵を制圧するのは勢である。この境地を転化の位という。威は動かぬ状態の中に千変の攻めを備えている。勢は事理に転化して敵の万化に応じた攻めである。ゆえに威をもって敵に対し、勢をもって敵に勝つのである。威と勢は二つであるが（攻めという意味では）一つである。攻めという一つのものの二つの側面でもある。威（攻めの気）の中にすでに勢（実際の攻め）があり、勢の中には威が在る。だから勢に転化しない威は無為之全体であり、その威（攻めの気）は全方向に放射され、その前には恐れる敵も無く迷いも無い。事理一物に達したものは威を求めようとしなくても自ずから備わっており、その威の中に勢は自ずから在るのである。

柴田に相対して（「節に臨て」）、「不転之位」を執ったであろう。剣尖は「千変を具」し、攻めの気に充ちていたであろう。ただそれだけで「無為之全体、其威十方に通貫して、……不レ求とも威は自ら我に備り、勢は自ら其威に在り」となったであろう。

勝負之要は間（ま）也、我利せんと欲すれば彼も利せんと欲す、我往んとすれば彼亦来る、勝負の肝要此間にあり、故に吾伝の間積りと云ふは、位拍子に乗ずるを間と云也、敵に向て其間に一毛を不レ容、其危亡を顧ず速く乗て殺活之当的能く本位を奪ふて可レ至者也、若し一心間に止まるときは変を失す、我心間に拘らざる時は、間は明白にして其位に在り、故に心に間を止めず、間に心を止めず、よく水月の位に至るべき者也、無理無事の一位を水月の本心と云也、故に求むれば是水月に非ず、一心清浄にして曇なき時は萬方皆水月の如く不レ至と云所なし、

［意訳］

勝負の要は間〔距離間隔〕である。こちらが有利であろうとすればむこうも有利であろうとする。こ

ちらが往こうとすれば向こうも来ようとする。勝負の肝要はこの間〔距離間隔〕に生じる。したがってわが流儀が伝える間積もりというのは、相手の体の動き・心の動きに瞬間的の間隙が生じたとき、敵に向かって間髪を入れず、危険や死への顧慮無しに、激しく強くつけ入って殺活自在に敵の本である境地を奪い、仕留めることを言う。もし、心が一瞬でも間に止まったならば、その瞬間に自在の変化〔すなわち不動心＝本心〕を失う。わが心が間に拘らなければ〔本心であれば〕、間は明白にそこに現前する。したがって、心に間を止めず、間に心を止めぬ水月の境地〔修練の極地〕に至るべきである。事と理が一つのものという最上の境地を水月の本心という。

準一の「事理」の最高の境地「水月の本心」に柴田の事理の全ては未発のまま写り、未発のままに封ぜられたのであろう。かうして達人柴田万策を「道場の隅に追い詰め」たのであった。

以上が高橋利雄の話に示唆・触発されて、わたしのもつ全情報を整合的に整理した羽賀準一の極意である。わたしが「羽賀詣」を始めたほんの初期の段階で羽賀準一はこう教えてくれたのだった。〔直話〕

相手が動作をおこす肉体を殺す前に、動作を起こさせる心そのものを殺す。これが武道の極意です。植芝〔盛平〕先生の武道の精髄はここにあります。

そしてこの「事理」の最高の境地を根底で支えるものが、正しい呼吸である。その呼吸を保証し可能にするのが正しい姿勢である。こうして「正しい姿勢・正しい呼吸」は羽賀剣法のアルファにしてオメガである。一刀流極意の言葉で言えば「一刀萬刀に化し萬刀一刀に帰す」。

柴田万策との手合わせの日こそ、羽賀準一の剣道が大悟・大成した時である。一九四九年三月下旬か四月のことであろう。

山田次郎吉『日本剣道史』によると、一八世紀末〜一九世紀後半にかけて、羽賀準一と同様の剣尖の働きを示した人に一刀流の寺田五郎右衛門宗有とその弟子白井亨、同じく一刀流の浅利又七郎義明と山岡鉄舟がいる。

寺田は「己れの木剣からは火炎が燃えるぞと常に後学にいつた。寺田と試合などを望むと、短い木刀を執て対手の機先を制し手も足も出させなかつた」と言う。二〇年の修行を積んだ二九歳の白井亨が六三歳の寺田と立ち合ったところ「通身汗に浸つて手足の置所さへわから」ず、木刀を捨ててその場で弟子入りしたという。

寺田を継いだ白井は「己れの木剣からは輪が出るぞ」と言った。また自分の「木剣真剣ともに鋒尖に晃暉を発つが如き一機」があるといい、これを「赫機（のび）」と称した。この「赫機（のび）」が相手の気を圧倒し、その圧倒されて動けぬ相手を苦もなく仕留める境地に達したという。（山田[*22]－202、205、207頁）（富永－100〜101頁）

山田次郎吉は「寺田、白井の如きは実に二百年来の名人」であると讃えている。「二百年来」とは江戸時代初期以来、の意となる。

浅利義明について山岡鉄舟はおおよそこう記している。山岡は九歳から剣法を学び、のちに千葉周作に就き、斎藤弥九郎、桃井春蔵等にも学び、「試合（稽古の意味であろう）する事、其数幾千万なるを知らず」と。しかしもの足りなかった。そこで出会ったのが浅利又七郎義明であった。この人は「外柔にして内剛なり、精神を呼吸に擬し、勝機を未撃に知る、真に明眼の達人」であった。その剣尖に萎縮した山岡は以後一七年間の工夫の後に浅利と立ち合った。浅利はその姿勢を見てその場で木刀を捨て、一刀斎の夢想剣を伝授した、と。「時は是明治十三年三月三十日なり」（山岡鉄舟「剣法と禅理」）

この四名人の流祖はすべて伊藤一刀斎であることはあらためて注目されてよい。

（準一が江戸後期最高の剣客として尊敬した直心影流の男谷精一郎にも知られた逸話がある。男谷と一度手合わせしたがたいしたことはなかったと言う島田虎之助に、井上伝兵衛が紹介の労をとった。島田は男谷とふたたび相対した。男谷の「ギリギリと詰寄る気合の霊光吾眼を射て、次第々々に手足も竦み、背にした道場の羽目板に吸ひ取らる、心地して、油の如き汗の浸み出るばかりなるに、幾んど我れにもあらず平伏して了った」〔山田－335、336頁〕と。）

この名人たちと同等の境地に達した羽賀準一が極意を確認すべき相手は斎村五郎と持田盛二であった。持田と「戦後二度手合せをした」うちの一度目についてはすでに書いた。二度目は、柴田万策との手合わせの直後だろうと思われる。

先の直話メモのつづきはこうなっている。「相対して押していくと、じりじりと押しかえそうとした。持田先生はわしに対してさがれば負けだということを知っていたので押してくるのを我慢していた。ということはそれ自体もう負けである。ついに耐えられなくなって面にきたのを……」ここでメモは途切れている。この時は「不転之位」で攻め、「転化之位」によって仕留めたのであろう。先の引用のうちから関連部分を再引用しておこう。「すでに動じて敵を制するは勢なり、転化之位とは是を云ふ也、威は静にして千変を具す、勢は動じて萬化に応ず。」

直話メモの最後はこうなっている。「（持田先生は）三度目は『君とは稽古はしない』と断った」と。羽賀

＊22　山田—山田次朗吉『日本剣道史』（再建社、1960、初刊は東京商科大学剣道部、1925）

持田の手合わせは一九四九年（昭和24）のこの時で終わった。

老齢の中山博道は剣道界から全く身を退いているので稽古を願うべくもない。残るは斎村五郎である。斎村五郎との稽古は直話メモに「二六歳の時が最後だった」とある（二四歳が正しい）。意外にもつぎに記すわたしの記憶はメモにはない。

戦後のある日斎村は「羽賀久しぶりにやるか」と誘ってくれたという（それは一九四九年四月以降のある日であろう。ちなみに柴田万策は斎村の同郷の後輩であり、斎村の推挽を得て上京し東京での精進を経て大家になったのである）。準一はいよいよ修行の今を試す日が来たとよろこび、日時・場所を約束した。当日約束の時間より早く道場（済寧館であろうか）に行き、立ち会いに備えて三〇分ほど前から稽古していた。そこへ斎村が現れた。斎村は着替える前に人の後ろに立って準一の稽古を観ていた。やがて背広姿のままふらりと帰ってしまった、という。斎村は到底自分の手に負えぬ事を見て取り、稽古を避けたのである。

こうして今羽賀準一は日本剣道史上の名人の一人となった。一九四九年（昭和24）満四〇歳。

# 第八章　復活した戦後剣道と羽賀準一

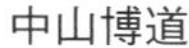

中山博道

羽賀準一

# 剣道の復活

ここで四六年一一月の大日本武徳会解散令以後の戦後史を剣道の復活との関係で瞥見しておこう。剣道への猛烈な逆風は解散令の頃がピークだったようである。なぜならその後米ソ対立が深まりいわゆる「冷たい戦争」が本格化してくるからである。これに応じてアメリカの占領政策の重点は民主化から日本の資源・能力の活用の方向に転じたのである〈トルーマンドクトリン〉。四八年四月ベルリン封鎖。四九年四月NATO〈西側の軍事同盟－北大西洋条約機構〉調印。四月毛沢東・朱徳人民解放軍に対して全国への進軍を命令。アメリカは対日講和の方針を示す。一〇月中華人民共和国成立。東アジアに強力なソ連圏の大国ができた。こうした情勢を背景にこの一九四九年日本経済は質的転換をとげ〈第四次経済白書〉、一九五〇年〈昭和25〉一月二三日首相吉田茂は第七国会における施政方針演説冒頭でこう述べた。

終戦以来四箇年有余、同情ある外援と国民の努力によりまして、食糧事情は緩和せられ、生産は漸次回復し、貿易また増進いたしまして、財政の均衡を得るとともに、インフレは終熄し、今や国家復興によみがえらんとする国民の意気とみに旺盛なるの概あるは、御同慶の至りであります。

GHQも二月六日日本の工業生産が戦前の水準に達したと発表した。

四九年九月に東京剣道倶楽部誕生、一〇月第一回全日本剣道競技選手権大会開催という剣道関係のイベントは、上記の動向・情勢と深くかかわる。GHQの規制からは解放されつつある。この点から見ると剣道の行く手は明るい、と言える（ただし五月二一日警察〈警視庁〉剣道が禁止になっている）。趨勢は逆風から凪へ凪から順風へ。

しかし剣道の内容から考えると、二十一世紀の今に至る衰退過程が加速する。

竹刀剣道の新しい変質過程・スポーツ化の過程が始まる。

戦前の稽古で鍛え抜かれた剣道家たちの多くがすでに竹刀剣道家になっていたが、この大家たちのうち高野佐三郎・中山博道らの世代には幕末・明治期の剣道（剣術）が受け継がれていた。竹刀は日本刀そのものであり得た。この戦前世代をつぐのは斎村・持田・大島ら主として内藤高治・門奈正を継いだ武専出身者たちである。武専は学校の剣道教師を育てるための学校であるから、剣道の体育化に棹さすものとならざるをえなかった。だからこの世代の剣道家になって、竹刀と日本刀の乖離が始まったようである。竹刀を勝つためにどう遣うか（時が経つほどにどう打つかからどう当てるか）が稽古・試合の目的となる。高野佐三郎が居合に否定的であったから、高野系の強豪たちも竹刀稽古一本だった。堂本『修道学院の青春』にあるように修道学院における激烈な稽古は乳井義博らの剛剣を生んだが、高野系の剣道は体育化の本流となるのであるから、これも竹刀剣道化に棹さしたというべきであろう。

有信館系は中山博道が極限まで居合にも精進した人であるため、日本刀の使術にも長けた剣道家を生みだした。大畑郷一などその典型であろうか。惜しいことに病のため道半ばにして剣道界を退いた。

次の世代は羽賀・中倉・森・小島らの世代である。中山博道の直弟子羽賀準一だけがすでに見たように「数世紀前の剣の使術」を真剣に追究し、伊藤一刀斎に行き着いた。しかしそれはおそろしいほど孤高の到達点であった。

戦後になって育って行く剣道家たちは、日本刀とは無関係の竹刀剣道化しきったスポーツ剣道を追い求めて行く。その傾向を押しとどめようとする者は羽賀準一を除いてあと何人いたであろうか。羽賀以外の大家たちのほとんどは自身がすでに竹刀剣道家だったのである。

以後約五年間準一は剣道・居合の極致を求め修業に没頭する。

## 剣道スポーツ化の奔流

これから数年の剣道界の動きを庄子宗光『剣道百年』によって瞥見すると、剣道のスポーツ化が今や奔流となって行く様子が窺われる。

一九五〇年（昭和25）三月五日、全日本剣道競技連盟が創立されて（間もなく全日本撓競技連盟と改称した）、新しいスポーツ剣道としての撓競技が誕生した。以下のような特色を持つ。

一、使用する撓は従来の四つ割の竹刀と異なり、全長の先の方の三分の一は三十二本、次の三分の一は十六本、次は八本というように細かく割り、その全部或いは鍔から上を、布、革などで包んだ。

二、防具は軽装で感覚的にもスポーツ的なものとし、殊に費用を安くすることに主眼をおいた。

三、稽古着、袴の必要はなく、シャツ、ズボンを使うこととした。

四、競技は一定の制限された区域内で行う。

五、競技は時間制を採用し、一定時間内で得点の多少で勝負をきめることとした。

六、一定の行為を反則とし、反則者には罰則を科することとした。
七、足搦み、体当り、自然発生的以外の掛声を禁止した。
八、審判制を合理化するため三人制とし、その多数決によって採否を決定することとした。
この考え方は、間もなく再出発した剣道に重要な影響を与えた（庄子宗光）。

（六月二五日、朝鮮戦争がはじまった。スターリン〈ソ連〉という虎の威を借りた金日成〈北朝鮮〉側からの奇襲・侵略によって。七月からは特需景気と呼ばれる景気で日本経済は潤いはじめる。そして一九五五年以後の経済高度成長の基盤ができてゆく。これも食べるものの心配が最優先であった剣道家たちにとって、ありがたい剣道環境の良化であった。）

一〇月、名古屋で第一回全日本撓競技選手権大会が開かれた。

一九五一年（昭和26）九月八日、対日平和条約・日米安全保障条約調印（翌年四月二八日発効）

一一月、第二回全日本撓競技選手権大会が東京九段高校体育館において開催された。

一九五二年（昭和27）四月一〇日、文部次官通牒を以て、撓競技を中学校以上の学校で正課として実施することを認めた。

五月、東京都剣道連盟創立。

七月、関東学生撓競技連盟が結成された（間もなく関東学生剣道連盟となる）。

八月一八日、第二回日光剣道大会が開催された。東京における柴田・羽賀・中野・渡辺等を中心にした剣道復活の奮闘については先に見たが、講和条約による日本独立の機運と相まって全国至る所で剣道復活の動きが活発化した。それが「全日本剣道大会」と銘打たれたこのたびの日光大会となったのである。

この大会に羽賀準一は審判員としてかかわり、また「範士及教士試合」の部にも出場した。試合を棄てたはずの準一がなぜこの試合には出たのか。苦節七年、東京のそして全国の同志たちと勝ち取った祝うべき日であるからだろう。

試合の相手は小島主だった。小島との試合の記録は未詳だが中倉清は後年（一九八六年）「そのとき羽賀君小島君とやって負けたんですよ」と言っていた。中倉の記憶どおりであろう。この試合についてわたしは羽賀準一からなにも聞いていない。試合の内容・審判の内容等が分からなければ言を差し挟む余地はない。

さてこの日光大会を契機に同年一〇月一四日、全日本剣道連盟が結成される。全剣連の指導理念は徹底的な剣道の「体育スポーツ化」であった。その結果試合規定・審判規定はすべてこの線に沿って改められた。

一、剣道の試合は一定の区域内で行われることとなり、この区域外に出る時は反則として罰則を科せられる。

二、試合に一定の時間制を設けた。

三、不法な体当り、暴力行為、足摘み等を禁止した。

四、一定の行為を反則とし、反則者には罰則を科することとした。

五、服装は必ずしも稽古着、袴を必要とせず、シャツ、ズボンでも差支えないこととした。

六、審判制を合理化するため審判員を三名とし、三人同権でその多数決によって採否を決定することとした。

撓競技の特徴がぞっくり剣道に持ち込まれている。

武術としての剣道は完全に排除された。剣道の「新生」は産湯といっしょに赤子も流した。剣道の武術的要素は戦前からの大家たちにはその人なりに備わっているが、今後剣道を本格的に始める人たちにとって（まして初心者にとって）は、ただスポーツとしての剣道があるのみ。古い本格的な剣道家たち（たとえば斎村・持田・小川等そして森・中倉・乳井・小島等）がいなくなるとともに、剣道の武術的要素はしたがって古来の剣道はほろびるのである。まして伊藤一刀斎を数百年へだてて継いだ羽賀準一の剣道はどのように存在すればいいのか。

全剣連が結成後に取り組んだ重要な仕事の一つが「学校剣道」の復活であった。文部省に働きかけ、学校剣道研究会が設けられた。研究会メンバー一六人のうち半数は剣道と無関係の体育関係者であった。剣道関係者の中心は中野八十二・村上貞次・湯野正憲・渡辺敏雄。みな高野系の東京高師出で占められた。高野系でも修道学院系はひとりもいない、まして有信館系はかかわる余地もない。一九一五年（大正４）に高野佐三郎の中に姿を見せた武道としての剣道と体育としての剣道の分裂。それは今や剣道の体育スポーツ化の一方向に道は定まった。「学校剣道」は盾と矛の両面を持つ。剣道を普及するが、剣道を非武道化する。戦前それも軍国主義の狂気たけなわの頃すでに学生の間には「飛行機面」が幅をきかせていたのだった。試合、試合の専門家の間でも「当てっこ」が主流になったのであった。

まして戦後の「復活」した剣道の流れにはもう歯止めがほとんどきかない（一九五四年三月には全剣連と全日本撓競技連盟とが合同し新たに全日本剣道連盟となる）。

もし武道としての剣道を残すとしたら、戦前の有信館のような（もっというなら江戸時代にたくさんあった道場のような）個人の道場を持つしかない。いかんせんそのような剣道への「需要」は今はほとんどない。「体育化・スポーツ化剣道」への「需要」が圧倒的な時代なのである。

## 博道との微妙な葛藤

この趨勢にあって羽賀準一はひたすら剣道・居合の修行を続けていた、師中山博道の昔とまったく同様に。稽古の場は妙義道場、済寧館、有信館などのほか、機会があればどこにでも出掛けたようである。

一九五三年（昭和28）五月、全日本剣道連盟第一回京都大会があった。この時のことと思われる。中島五郎蔵の談話から引こう。少し長いが羽賀準一の剣道・居合、対人関係、居合をめぐる博道との複雑な（すでに見たような）エピソードが印象深く語られている。

（中島）あれでもう少し人を立ててくれていたら羽賀は大先生ですよ。持田先生に対してさえ、持田先生をやっつけちゃうんですからね。しかも持田先生なんて弱虫よ、なんて子飼いの前で言うんだから（準一という人は「あ、王様は裸だ」と叫んだ子供に似た面がある――近藤）。連中はご注進するわけだから筒抜けよ。当然持田先生「羽賀の奴め」と思う。……

一番困ったのは居合道をはじめて全剣連が取りいれて、京都の武徳会でやったときだ。羽賀も当然審査員になると思っておったのに、はずされた。どうして（選に）もれたかわからない。あまり人の悪口を言うからでしょ。当日わたしと（神道無念流の）五加の形をやることになっていた。紋付きを着てわたしは待っていたが、羽賀は焼酎飲んでいて来なかった。それでとうとう形をできなかった。カメラなども持ってきてみんな期待していたのに。渡辺敏雄さんが一番困った。羽賀が声をあげて泣いた、というのはおれは見ていない。泣くくらい口惜しかったのでしょう。だから表に出て焼酎飲みに行ったんでしょう。『中山博道　剣道口述集』（旧版）の無双博道会会員名簿一覧に羽賀の名が出ていないのは檀崎がやったからなのでしょう。檀崎なんか羽賀ははなもひっかけなかったから、しっぺ返しでしょう。

一つだけ問題にしたい。居合の審査員名簿を作るにあたっては当然中山博道の内覧があったはずである。博道はなぜ準一を外すことを承認あるいは黙認したのか。

この問題を解くために二〇年以上かけて調べそして書いたのが本書第五章の「博道直伝というなぞ」と「直伝のなぞを解く」の二節である。博道は準一の居合が最高の居合であることは認めていた。しかしそれを他人の前で明かすことはできない立場であった。自分が一子相伝すべき居合・自分がたくさんの弟子たちに教えてきた居合との齟齬が明瞭になる。準一は自分の居合こそが中山先生直伝の真の居合であると主張するであろう。あの調子で主張されたら自分が営々と築いて来た居合道界は大混乱するだろう。かといって自分は準一の側に立つ訳にはいかない。それにどのみち準一の居合は空前絶後なのだ。なぜならあの剣道の高み無しにあの居合はあり得ないのだから。「羽賀、おまえはその居合を自分の力で広めて行け」これが博道の結論だったのであろう。

一方、少年の様な単純さを持つ準一は中山先生のほんとうの居合を直伝された（善道をのぞけば）自分こそ居合の審査員として最適だと思っていたはずである。だから審査員をもれるなんてアンビリーバブル。まして中山先生がなぜ！　あまりの意外、あまりの失望、あまりの腹立ち。京都の街で泥酔した。

（後日談をここで記そう。三年後の五六年五月第四回京都大会のことである。準一は武徳殿で居合を抜くことになっていた。中山博道が来場した。準一はそれを知るや予定を変更して長谷川英信流の早抜きにし、ついで二つの丸椅子〈?・〉に離して置かれた巻藁二把を一刀で斬り捨てさっさと刀を納めてしまった。博道は「ひとが楽しみに

昭和 31 年 5 月
京都大会　試斬り

して来たのに早抜きするとは」と嘆いたという〈忠利〉。それはそうであろう。博道は愛弟子の空前絶後の居合を楽しみに京都に来たのだから。羽賀の強情っぱりめ！〉

第九章

# 羽賀準一に道場が！

昭和 31 年 5 月　千代田区剣道大会に於ける羽賀一門の居合道演武披露
羽賀準一と新弟子たち
後列右から　大石、長濱、古川、根本、中台、岩下、渡辺

# 大石純正弟子になる

さて、話は一九五四年（昭和29）にもどる。この年四月妙義道場で運命的な出会いがあった。その結果、なんと羽賀準一が道場を持つことになるのである。ということは若い弟子たちを持つことでもある。羽賀流の剣道・居合を伝えて行く可能性の誕生でもある。

これからその「東京都剣道連盟仮道場」（文部省国民体育館朝稽古の会）の誕生を語ろう。この道場はずっとのちに羽賀道場とも呼ばれるようになる。だからこれは羽賀道場の誕生譚でもある。

この誕生譚の生き証人はこの世に一人しかいない。この人に出会うまでわたしにとって、羽賀道場の誕生と道場初期の兄弟子たちのことは深い霧のかなたにあった。羽賀準一は自分のこれまで教えた弟子の中で「打合で一番強いのは張東緑。剣道・居合ともによくできたのは古川（こがわ）と根本だ」と言っていた（直話）。そのあと濁すように「もうひとり大石というのがいた」と付け加えた（言外の事情は後述）。大石らの次の代の兄弟子中最高の遣い手である高橋（旧姓白須）靖夫から聞くのは「古川さん、根本さん」ではなく、なんといっても「大石さん」であった。ともあれ「大石さん、古川さん、根本さん」という兄弟子たちはわれわれ羽賀一門の中では伝説の人であった。そのうえ古川はすでに亡く、根本は早くから行方が分からない。

二〇一三年一二月下旬、わたしは、今でも連絡がつきそうな中央大学剣道部ＯＢ三人の住所を藤森将之から聞き、はがきを出した。いずれも未見の方々である。「いつ頃、どうして、国民体育館に行くようになったのですか。どこで、どうして、いつ頃、羽賀先生のお弟子さんになったのですか。」これが質問要旨であった。

大石純正からすぐに電話があった。三日後の一二月二六日三鷹駅で落ち合い、取材が始まった。二度は三鷹駅前で、つぎの二度は静岡市の同氏邸で取材した。

中央大学入学以前の氏の略歴はつぎのようである。

大石純正（旧名倫功。以下純正で通す）は一九三一年（昭和6）八月一一日、静岡県牧之原市に生まれた。父は戦前日本一の製茶会社金吉の経営者。純正はその長男。

小学校三年生から剣道を始めた。旧制中学でも剣道を続け、戦後岡山県立倉敷青陵高等学校に入学（この間肺結核で入学が三年遅れている）。入学と同時に剣道部創設に尽力。ここで元陸軍戸山学校剣道師範の倉谷徳蔵に出会い、初代剣道部師範への就任を乞う。そして倉谷からみっちり稽古をつけてもらう。さらに後に剣道範士になった桑野正之にも師事。青陵高剣道部主将として大活躍するとともに、三年生の時には学校に武道場を新築するため友人らと夏休み中獅子奮迅の募金活動。二〇万円を集め父から出してもらった三〇万円と合わせて五〇万円もの資金を学校に寄付した。昭和二九年の五〇万円は大金である。大器の片鱗が顕れた活動である。二学期道場落成の時に結核が再発。療養のため大学受験を一年延期した。

さて、大石の直話と同氏文「練誠館居合道の生まれるまでの軌跡」その他の資料をもとに東京都剣道連盟仮道場の朝稽古の会の誕生譚を記して行くことにしよう。

結局計四年遅れて、満二二歳の一九五四年（昭和29）に中央大学に入学し、中大剣道部に所属した。当時中大剣道部は五三年（昭和28）の第一回全日本学生剣道優勝大会で優勝、大石が入学した翌五四年の第二回大会でも優勝という強豪校であった。

大石は大学で練習するだけでなく、師桑野正之の推挙で、妙義道場（文京区茗荷谷）に入門した。

師範は持田盛二、増田真助。羽賀準一、渡辺敏雄、中野八十二、滝沢光三、湯野正憲、鶴海岩夫ら錚錚たる高段者たちの来る道場だった。大石は四段を持っていたがお茶汲み係・掃除係位の立場で入門を認められた。稽古は渡辺敏雄によくつけてもらった。そのうち羽賀準一の剣道に魅せられた。人柄にも魅せられた。そして徹底的に稽古をつけてもらった。狭い道場なので、羽賀との組み討ちが始まると、持田盛二たちは稽古をやめてニコニコ笑って眺めていたこともあったという。また羽賀と張東緑の猛烈な打ち合いが始まったときも他の者たちが稽古をやめて見物していたこともあった。三島由紀夫が稽古に見えていて、けっこう力の強い人だった（以上大石談）。

昭和29年春の羽賀準一

## 朝稽古の会誕生秘話

羽賀準一は「弟子は張東緑だけでいい。もう弟子はいらない。弟子は持たない」と言っていたが、大石は「押しかけ弟子」になってしまった。張東緑につづく羽賀の戦後二人目の弟子である。かれは羽賀準一門下最高最強の高弟となるであろう。

大石は大学剣道部での稽古と妙義道場での稽古の違い、実力の差を痛いほど感じた。そして大学の稽古に羽賀流剣道を持ち込んだ。大石の剣道は主将はおろか師範をも超えた。当時の中大には各県下の高校生剣道界で一、二を誇る猛者たちがたくさんいた。分けても強い連中が大石の剣道（つまりは羽賀流剣道）に傾倒した。長濱憲、中台正明、重松忠志、根本義大、古川景久、渡辺修巳らである。かれらも全国大会優勝チーム中大の主将や上級生を遠慮無く打突するようになる。

当時の主将は非常に試合巧者だったが、典型的な竹刀競技型剣道であった。竹刀の柄の手許に鉛を入れ、先革と中結の中にはコルクをいれ、テコの原理と称して左手はあまり上げず、右手を上げて打ち込む。当たるといい音がして「一本」になった。日本刀を基準にすれば、金輪際あり得ぬ打ちだが、当時の某師範その人が同様の剣道を指導していた。羽賀流剣道とは天地の隔たりがある。中大剣道部は大石派と某師範・主将派に分裂して行く。

（この年〈昭29〉一〇月羽賀準一・良久子夫妻は千代田区神田多町二ノ九に「武道具製造販売　梅田号」を開店した。これを機に中島工務所を辞めたのであろうか。大石によると開店の資金面で張東緑が援助したという。開店とほぼ同時に夫妻は、豊島区雑司が谷二―四二九に居を移した。）

さて、中大剣道部の中には前から師範・先輩を二分するある確執があったのだが、その一方の派の大先輩と大石が繋がっているとの無根の理由で、大石は師範から退部を強要された。五五年（昭和30）春のことである。某師範・主将にとって大石を除かないことには、剣道部を統率して行けなかったのであろう。しかし部内には主将に対する以前からの批判がくすぶっていた。これに大石の退部が重なり、とうとう爆発する。

五五年一〇月二一日、一・二年生の部員中一七名（大石を含む）が「連判状趣意書」を書いて、大石を退

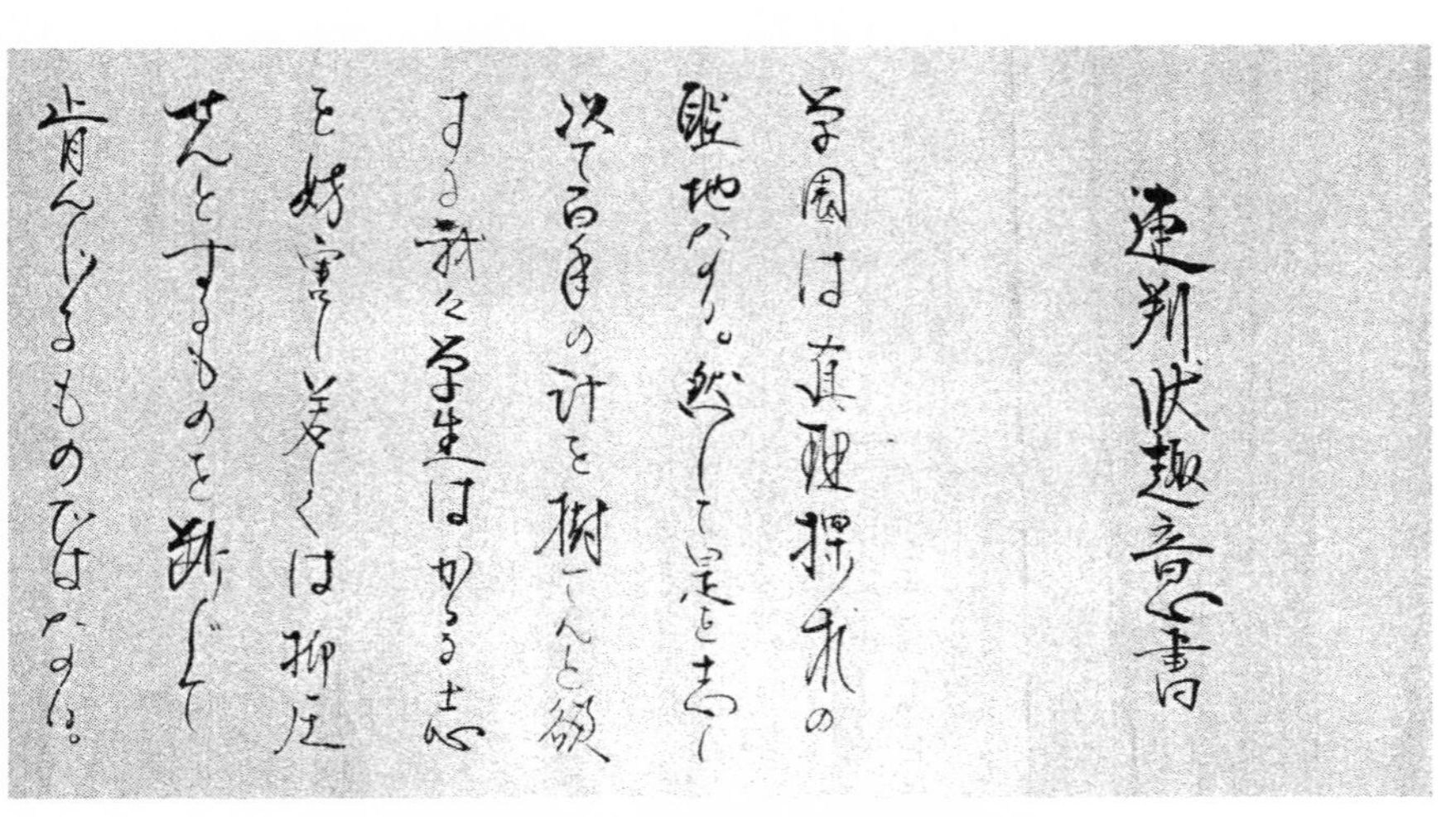
連判状趣意書

学園は真理探求の
聖地なり。然して是を志し
以て百年の計を樹てんと欲
する我々学生は如何る志
を妨害し若しくは抑圧
せんとするものを断じて
肯んじ得るものに非ざるなり。

神田国民体育館朝稽古の会誕生の発端

部させた勢力および主将の「非」に抗議したのである。これが提出されれば一六名の退部も必至だった。

大石は翌日早くこの「連判状趣意書」（血判状）をもって羽賀を訪れ相談した。羽賀はすぐれた剣を遣う学生たちが二〇名近くも稽古の場所を失うことに、いたく同情した。さっそく渡辺敏雄に電話してくれた。昨年三月全日本撓競技連盟と全日本剣道連盟とが合同して成立したばかりの新しい全日本剣道連盟の事務局長が渡辺であった。大石は妙義道場でとくにこのふたりに師事していたのである。羽賀・大石は電話での約にしたがい、その翌日全剣連の渡辺を訪ね相談した。そして東京都剣道連盟仮道場として神田の国民体育館を考えた。一気に二〇人以上が増えてしかも一緒に稽古できる道場は、外に考えられなかった。妙義道場は元太刀三人立つのがやっとという狭い道場である。

渡辺と大石が文部省と折衝し、朝五時から八時までなら使用可能ということで、契約が成立した。

東京都剣道連盟仮道場朝稽古の会がこうしてはじまった。

大石の文章を引こう。

今までは張氏ただ一人だった弟子が、いっぺんに20余人の若者が押しかける所となったのであるから、さあ大変な騒ぎとなってしまった。若者といっても、実力は今の五段以上の屈強で元気な若者達に囲まれて、稽古の後など羽賀師は本当に幸せそうで、目を細めて喜んでいたのが嬉しかった。私たち学生がどっと押しかけたので、道場は、若さとその熱気で一杯になり、あっちこっちで体当たり、組み打ちが始まり、羽賀師から直接の教育が受けられる歓びが満ちた道場に成ったのである。特に居合道においては、羽賀師自身が一人の修行者であったので、連日、休む事なく、何百本と居合を抜いて、工夫研鑽しながら、私たちに手を取って教えて下さって居たのが印象深く脳裏に焼きついて離れない。

純で、烈しく、愛情豊かな、人間味あふれる、心から尊敬できる師であった。どんなに辛くても、何処までも教えを求めてついて行きたい気持ちで、全員が一丸となって道場が何時も盛り上がって活気に満ちていた。広い体育館の床を数名の仲間と共に雑巾がけをして、お湯を沸かし、お茶を入れる準備をし、冬はストーブに点火して諸先生の御到着を準備したものである。

私達が居合道の修練を始める頃になると、（午前6時頃）羽賀師が来られ、上座に座られ、黙々と居合の修練を始められる。まず大森流の居合を行い、次に長谷川英信流に移り、最後に長谷川英信流の早抜きを修練されるのであった。電光石火、目にも止まらぬ速さで抜き、滔滔と流れる大河の様に雄大にして千変万化、唯うっとりと見とれていると、突然〝大石！　何をしとるか！　しっかり抜け！〟と叱咤が飛んで来る。羽賀師の教えは、常日頃の心の動きの大切さを説く事を主眼において教えて下さったように思い出す。私達の師であると同時に、師自身も日々休む事の無い修行者で在り、求道者であったのである。

私自身の学生生活を振り返ってみるに、師のお供をして、見聞を広めたり、お宅に伺ったりした事の方が印象に強く、大学4年間の思い出よりもはるかに強いものがあり、以後の人生にも決定的な影響を受けて居たのであった。

居合の練習が終わる頃になると、他の諸先生方もおいでになり、そこで剣道の朝稽古が始まったのである。東京在住の名だたる諸先生方は殆どおいでになったのを覚えている。全日本剣道連盟事務局長の渡辺敏雄先生、湯野正憲先生、時には当時の警察大学師範の滝沢（光三）先生なども良くおいで下さり、稽古をつけて頂いたものである。剣聖持田範士のご親戚にあたる、中野八十二先生もちょくちょくおいで下さり、稽古をつけて頂いた事もあった。

以上が東京都剣道連盟仮道場朝稽古の会（羽賀道場）誕生物語と道場初期を髣髴とさせる光景である。こうして仮道場内に羽賀準一と大石ら中大剣道「浪人」たちとの間に師弟関係が成立する。彼らの剣道も羽賀流一色になってゆく、大技・体当り・突き・横面・足がらみ・組み打ち等々。

自然の成り行きで仮道場は実質的に「羽賀道場」となってゆき、一部でそう呼ばれるようにもなった。しかし準一自身は決して「羽賀道場」とは言わなかった。一九六五年（昭和40）頃でもわれわれは「神田の体育館、国民体育館、朝稽古」などと呼んでいた。「羽賀道場」と言った記憶はない。

さて、この朝稽古の会は羽賀準一にとって巨大な意味をもった。

一、このような形においてであれ、準一は「道場」を持ったのである。それは若い弟子たちを持ち、かれらに羽賀準一流の剣道・居合を伝えるという夢のような道が開けたことを意味する。

二、大石が書いているとおり準一は「居合道においては……自身が一人の修行者であった」。このたびはその修行の場まで持ったことになる。望外の事であったろう。

三、弟子を持ったことで、修行者・求道者としての自分のなかに、師範としての自己を見いだすことになる。一九五六年（昭和31）以後書かれる多くの剣道論・居合論もその一端である。

四、「羽賀準一年譜」を編集していて困ったのは、一九四九年（昭和24）三月以後五三年（昭和28）まで書くべき事項とその資料が無い（あるいは見当たらない）ことである。羽賀準一の四十歳代はその剣技の絶頂期である。にもかかわらず何も「無い」のである。居合を軸に修行に没頭しつつひたすらその大成した剣技に磨きをかけていたのであろう。しかし大石との出会い以後様相は一変する。生涯をかけた修行の成果は伝えるべき、語りかけるべき無数の対象を得て生動することになる。

五、以上は羽賀準一の剣道人生の劇的転機となった。その功績の随一は大石純正に帰せられるであろう。それから渡辺敏雄に。大石は羽賀・渡辺の二人を生涯の恩師としていた。

六、「羽賀準一年譜」一九五五年（昭和30）秋以降のほとんどの記事は、直接に間接に朝稽古の会とかかわるのである。朝稽古の会が無かったならば、たとえば古川・根本らの中大組、以下後述の法政組・東大組・第二次法政組・芝浦工大組はみな無かったであろう。現在の一剣会羽賀道場も、この本書自体も無いであろう。

## 若い弟子たちに恵まれて

もともと「実力は今の五段以上の屈強で元気な若者達」なのだからそれに羽賀から剣道・居合を直伝され、互い同士も切磋琢磨すれば、どれほど強くなったか。往年の有信館や修道学院が復活したような趣だったで

昭和 31 年 5 月　千代田区体育館前の中大生
重松　大石　古川　岩下　根本　長濱
中台　渡辺　伊藤　泉

あろう。なお落語の小さん師匠もよく稽古に来ていた。ある日大石が小さん師匠と稽古しようとしたら、羽賀準一が飛んで来て、「(あまり叩いて) こわすなよ、明日から落語が聞けなくなるぞ」と言ったという。

大石らは当時地方の道場に行くと、激しく強く大技でけっして後ろに下がらない稽古をするのにおどろいて、あなたの先生はどなたですか、と聞かれた。「羽賀準一先生です」と答えると「え、羽賀ツ、羽賀かあ、どおりで」あるいは「君、そのうちにバラバラにされるぞ」「今までよく殺されなかったな」などと言われたそうである。

渡辺修巳の記憶によると準一は弟子たちを呼び捨てにすることはなく「君」づけで呼んだ。呼び捨てにされた例外は「大石ッ」「古川（こがわ）ッ」であった。

準一は弟子たちを済寧館その他の道場にも連れて行って稽古させた。またデパートが主催する演武の会にも、弟子たちを連れていって居合を抜かせた。弟子たちは集団で見事な居合を見せた。自分たちを「羽賀準一軍団」と称した (渡辺修巳談)。また大石・根本・長濱・古川・中台らを引き連れて九州遠征もおこなっている。貝島炭鉱常務の小沢親光の所を拠点にして九州のあちこちの道場へ出向き修行させた。

翌一九五六年四月からは法政大学剣道部の学生たちが入門してくる。高橋（白須）靖夫が先に入り、久保田唯夫、藤森将之、小海川剛毅、川名鍾司、寺内真英らを朝稽古に引っ張ったようである。中央大学からも何人かが入ってくる。その他立教大学・東京大学・慶応大学からも入門してくる者があり、多いときには師範方と学生たち合わせて五〇人もの稽古で道場は壮観だったという。

法政大の連中の入門時は中大連中の入門当時から見るとまだひ弱だったであろう。さきに述べたような理由で、羽賀を中心とする道場ができたときにはすでに大石に仕込まれていた二年生・一年生の中大生たちは相当基礎ができていた。大石は四歳年上、古川・根本らも年季の入ったしかも大石仕込みの強さをもっていたのに対し、法政大の新入門者は高校で剣道を始めたものが、主だった。しかし、これから四年間羽賀準一直々の指導で稽古すれば、恐ろしく強くなるだろう。

## 「なぜ正座は必要か」

最初が「なぜ正座は必要か」（一九五六年五月）である。

当時道場に正座軽視の風が出てきたらしい。若い人は正座を軽ろんじ指導者も正座の意義が分かっていないため指導が徹底しない。準一はこの風潮に問題を感じて提言する。

要約すると以下のようである。

剣道はじめ烈しい運動のあとの疲労回復に正座の効果は偉大である。

正座にはこれに伴う腹式呼吸が大切である。これが欠ければ、いかに長い時間正座してもほとんど無意味である。

また呼吸は外界から酸素をとり入れて体内の物質を燃焼させ、新陳代謝の総決算としての炭酸ガスを排出するのであるから、呼吸のリズムの深さを意志の力で変えると、新陳代謝、ひいては体の状態に好影響を与えることができるのである。

意志の力で呼吸を調整し心身の鍛錬を図る方法は、昔から種々行なわれてきた。たとえば、正座法、腹式呼吸法、あるいは座禅等において。

武道には呼吸が特に大切である。すべての芸事も「呼吸」を覚えることだ言われるが、剣道のように精神と肉体がデリケートな競技は、身体や精神のはたらきを調整する呼吸こそ重要な役割を果たす。

呼吸には胸式と腹式がある。

胸式は、おもに胸を動かすもので肋間筋がはたらく。

腹式は、腹をふくらませたり、へこませたりするもので、横隔膜（筋）がはたらく。横隔膜が下がると、胸部が広がり、空気が充分に入ってくる。それと同時に腸に圧力がかかり、腸の運動が盛んになり、滋養物を含んだ血液は門脈から肝臓へ送りこまれ、さらに心臓への環流がうながされる。横隔膜を下げる腹式呼吸は、このように健康にもよい。

横隔膜を下げるにはどうすればよいか。腹をふくらませるようにして、息を吸えばよい。

剣道家が試合中痛切に感じるのは、いかに呼吸の平静を保つかということである。はげしい試合中でも、息をつく時間はかなりあるもので、腹式呼吸は戦果に大きな役割を果たすものである。

試合の前、稽古の前に精神を静めるために正座し、稽古終了後さらに正座すると、道場の規律にも精神と身体の健康にも大きな寄与をなすのである。

ここで準一が「腹式呼吸」と言っているのは、のちに「逆腹式呼吸」と呼ぶ呼吸法である。

腹式呼吸は「腹をふくらませたり、へこませたりするもの」だが、準一の言う腹式呼吸すなわち「夜船閑話」の呼吸法は、息を吸って「腹をふくらませ」ると、息を吐く時も「腹をふくらませ」たままである。したがって常時下腹に力の入った状態で呼吸するのである。

第十章

# 剣道を論ず

昭和 31 年 11 月
中島五郎蔵と神道無念流五加を打つ準一（左）

# 「全日本東西対抗剣道見たままの記」

同じ一九五六年五月に「全日本東西対抗剣道見たままの記」を書いている。これは同年四月二九日に仙台市でおこなわれた「第三回全日本東西対抗剣道大会」観戦記である。

十人抜きした東軍の榊原正（愛知）に対しては賞賛を惜しまない。「このような専門家の試合で十人を抜くことはだれも予想し得なかった。そして試合態度の立派さはまったく頭の下がる思いだ。さぞ日頃の心掛けも立派なことであろう。」

これに対し西軍で七人抜きを果たした杉江憲（京都）に対しては厳しい。「時間かせぎのためか、引き揚げも多く、小細工が目立つ。突然タイムを要求して一息入れるあたり、昔の高専大会を思い出す。」「応援の観衆が杉江の試合までは選手に悪口をいわなかったが、この試合には聞くにたえない悪罵を放ったことは残念であった。」

東軍小笠原三郎（栃木）は三人抜いて小島主（長崎）と対戦。結果は延長で小島が勝ったが、準一はこの試合を賞賛して言う。「今日これまでの試合（五二試合）でこれだけの重量感のある試合はなかった。まったく専門家らしい大試合。」

小島は二人抜いて萱場照雄（宮城）と対戦。「萱場は二刀を執って日本一といわれ、長剣三尺六寸百五十匁以上を使用、立ち上がる。互いに打ち合って四つに取り組む。強力同士ですさまじい。」三本目萱場が胴をとって勝負あり。

「西軍中倉教士（鹿児島）出場、かれは西軍のホープ、筆者とは同門で彼の力は知りつくしている。試合巧者では天下に名のある両者。」中倉の九人抜きが始まった。

中野八十二（東京）と対戦。中倉小手を先取。「中倉不充分で引き揚げが多い。」中野逆胴を決めて一対一。延長戦。中野優勢に試合を進めるが、中倉が最後に小手を決めた。

中倉勝ち抜いてついに東軍主将乳井義輝（宮城）出場。「乳井はいまさら書くまでもなく剛勇を以て鳴る。」勝負は中倉の二本勝ち九人抜きで東軍逆転優勝。

復活した剣道の初期の様子を名人が活写した観戦記である。羽賀自身が諸試合の中に没入している。それにしても羽賀自身は大会に参加する気はまったくないらしい。

## 「剣道の伝書と呼吸」

七月二五日「剣道の伝書と呼吸」（原題「呼吸を考えよう」）が「＊＊＊（初出紙誌不明）」に載る（これ以降、文章の内容をより良く伝えるタイトルをわたしが付し、そのあとに原題を示す場合もある。了承されたい）。

古来、剣道の伝書には、呼吸のことがほとんど取り扱われておりません。扱われているのは、飛んだり跳ねたり、技術的なものが主で、表とか裏とか、あとは口伝、一子相伝と書かれてありますことは、現在の学剣者にとつてはまことに不便であるとともに、なんだか奥歯に物のはさまった感を与えているのであります。

それだけ剣道の教えは書き残し難いものなのかと思えば、じつさいには「不動智神妙録」「太阿記」「剣法夕雲先生相伝」「天狗芸術論」「常静子剣談」などなど、じつに見事に剣道を教えてくれている先師もあります。そして天狗芸術論巻四の中には、白隠禅師の「夜船閑話」と大同小異の気の修めかたなどまで記してありますが、このような立派な伝書の中にも呼吸問題が取り扱われていないことは、まことに残念であります。

「呼吸」に関する言及については後段でふれよう。

「見事に剣道を教えてくれている」書として五冊挙げられている。いずれも技の書ではない。最初の二冊は臨済宗の僧沢庵が剣道における心法を説いたもの。三冊目の「剣法夕雲先生相伝」は「夕雲流剣術書」ともいい、「赤子の心」「相ぬけ」等を説いたユニークな剣道書。針谷夕雲の弟子小出切一雲の手になる。「天狗芸術論」についてはすでにふれた。「常静子剣談」は心形刀流の達人常静子の手になる。明快で含蓄のある剣道談。

羽賀準一推薦の剣道書の古典として学剣者にはありがたいリストである。

宮本武蔵の「五輪書」が挙がっていないことにも留意したい。羽賀は先にも見たように「五輪書」をあまり評価していないのである。また「一刀斎先生剣法書」については気配さえも示さぬ。準一にとってこれは極意の書そして秘書なのである。

さて、羽賀準一が「昭和三十七年十月二十六日」付で書いた原稿に「資料（十四）白井亨の剣道と白隠」というのがある。内容のほとんどは富永半次郎『剣道に於ける道』からの抜粋である。

出だしは「白井亨と申します剣客は一刀流から出て居ます」であるが、富永の原文は「白井亨といふ人の系統は伊藤一刀齋の一刀流から出てゐます」である。羽賀は抜粋においてさえ「伊藤一刀齋」を隠している。伊藤一刀斎が羽賀準一にとっていかに特別の剣客であるかは、ここでも知れる。

それはさておき、この原稿（抜粋）「白井亭の剣道と白隠」で準一が言わんとするのは、白井亭と「白隠の練丹の方法」とのかかわりである。白井は針谷夕雲・寺田宗有といった天才たちの剣の境地に到達したいが、自分にはそのための「階梯（はしご段）」が無いことに悩み通した。その末に探り当てた。「白隠の練丹の方法」がそのはしご段だと言う。「練丹の方法」とは呼吸法（逆腹式呼吸）である。準一はそれを知りたければ直木公彦『白隠禅師―健康法と逸話』を読むように奨めている。

こうして白井亭が剣道修行の果てに呼吸法に到達したことを熟知していながら準一は「古来、剣道の伝書には、呼吸のことがほとんど取り扱われておりません」と言うのである。

白井亭にとって「呼吸法」は剣の技術の修得の極において、取り組むべき精神鍛錬の方法なのである。準一にとって「呼吸法」は剣道のアルファにしてオメガである。刀の握り方から構え方、最も基本的な技から千変万化の技までを貫き、気当りにまで行き着き、さらに行住坐臥へ、さらに柔道・相撲・レスリング等の全格技、さらには野球の打法にまでひろがる極意なのである。

以下はその一端を顕している。名人の貴重きわまりない呼吸論である。

一口に「呼吸を計って……」といい、呼吸のやりかたも教えずに手軽に取り計らいますが、これが十分に判れば一人前です。息を吸いながら打ち込んでいけるものか……どうか。すべての格技すなわち柔道、相撲、レスリング等に経験をお持ちの方はすぐお判りのことと思います。

十分に息を吸い込んでから、それを吐きながら打ち込むか、息を止めて打ち込むか、手も脚も腰も、

昭和32年11月3日
神道無念流五加　右は中島五郎蔵

この呼吸と協同して動作をしないと、〝バランス〟がすぐ崩れます。即ち、負けます。敵を視るときは、〝間合〟を計り十分息を吸い込んで、全部の息を吐くことなく静かに呼吸しながら、こちらの呼吸を敵に知られないようにして、敵の目、剣尖、足等自己の眼界に入るものが、どれだけ一致して、どこに隙が有るかを知ることが敵情視察で、ふつうこれを「呼吸を計って……」というのであって、息だけのことではないのであります。いいかえますと、自己の全機能がその協同動作の緊張の頂点に達したときに、いわゆる「気合に満ちて」くるのでありまして、一点に集中された全神経は、常時以上の作用を示して来ます。当方からも相手に向かって何か放射している。剣道ではそれを「気当り」といいます。相手からもなんとも表現しようのない力が放射され、当方の脳髄、内臓へぐんぐん圧迫して来るものがある。この気当りのある相手と稽古するときの〝醍醐味〟は、喩えようも無い嬉しい気持ちと異状なまでの緊張感を呼んでくれるのであります。この様に表面には現出しない何ものか・力を物理的に計算することが出来るとすれば放射力として、素晴らしい高度のものに違いないと思われます。

読み手が思わず知らず息を止めてしまうような迫力である。名人の百戦錬磨とあくなき修行・思索があっ向かって走る。

それではほぼ同等の気当りの達人同士の立ち会いはどういうことになるのだろう。準一のペンはそちらにてのみ書きうる文章である。

この様な緊迫した試合者が闘争を継続している内に、弱い方に生理的な変化が起こり、顔面蒼白になり、又呼吸の乱れとなり、いわゆる気合負けとなるのであります。

相当な遣い手で互角の場合、互いに満を持してしばらくは無駄な動き一つもないものでありますが、その時の体の調子や気分によって生理的に我慢の出来なくなった方から、何らかの動きを示すことになります。例えば掛け声になって現れる等。この場合の掛け声は第三者が聞いていては何という掛け声か判り難い一種のうなり声であり、これに応じて対手も同様な掛け声をかける。この掛け声の烈しさは対手の五臓はいうに及ばず、第三者にも何とも言えない強い響きを持っているもので、人間の声というより無形の砲弾否すばらしい振幅を持った音響と言えましょう。即ち精神的爆弾の炸裂音とも言えましょう。

大分呼吸とは別な方向に行き申し訳ありません。

掛け声の事につき一言申し上げることに致します。掛け声の場合対手の息の吸うところに又は息を吸いつつあるところに、かけるのが好機であります。すなわち対手の呼吸を充分に察知することが必要であるとともに、自己の呼吸を何時でも調えておくことが大切なのです。これを可能にするのが腹式呼吸です。腹式呼吸の習熟によって、如何に烈しい戦いの中にあってももっとも短時間に息が調えられるようになるのです。

# 「剣道の学び方」

五六年一一月「剣道の学び方」を執筆。これは前述の小沢親光（貝島炭鉱重役・下関剣道連盟会長）の主宰する新聞への寄稿と思われるが、その掲載紙は不明。本稿では筆者所蔵の原稿コピーをもとに堂本『羽賀準一剣道遺稿集』を参照しつつ、抜粋・要約する。

剣道の名人達人は長命である。なぜ長命か。いい稽古をするからである。それはどのような稽古か。脳髄・肺臓・心臓等に衝撃を与えない稽古、胃腸等をもみくちゃにしないよう、充分腰の入った稽古、血液の循環・酸素の補給が順調で規則正しくおこなわれる腹式呼吸に習熟した稽古、がそれである。別の言い方をすれば、古伝の水鳥の教えのように、何時も平らかに運動し、かつ精神は絶えず緊張していること。進退打突にあっては剣理にたがうことなく心と気に随い、運剣においては無理な力を用いず、しかも常に打突の数を多くするよう心がけること。これがいい稽古である。

稽古においては、必ず打とう・突こうということにばかり心をめぐらしたり、相手が受けたり避けたりすることをいとうたりしてはいけない。ひたすら思いきって真剣に打ちこんでゆくべきである。ただ勝負にのみ関心を持つと、心は治まらず、気は荒んでいろいろな欠点を生じ、打突の方法が正しくまとまらないものである。ときたま相手に当たっても、それは真実の当たりとはならない。そうなるのは朝夕の錬磨のとき勝負を争うことを主とするからである。姿勢が整わないで見苦しいことも顧みず、ただ打ち突きすることをもつて剣道と思っているからである。

昭和31年2月　下関にて
右から張東緑、羽賀忠利、羽賀準一、小沢親光

試合稽古で打たれたとき、とくに我のつよい者は別として、おおかたはやられたという感じを持つものである。その反面、気持ちのうえでは少しも打たれた感じがないのに、打たれて負けることがある。

これはただ当てることが上手なだけの相手と対したときにおきることで、真の勝負ではない。

剣道の教えに「勝ちに不思議の勝ちあり、負けに不思議の負けなし」とある。日頃十分に錬磨の功を積んでいると、道理にしたがい思わぬ打ちが出て、勝つ場合がある。また負ける場合は、無理をするか欲を出すか、必ずなにかの原因があるものだ。このこととは別に、打った、当たった、しかし勝ったとは思えない、という場合が剣道にはある。

わが体験を例にしよう。

わたしがまだ警視庁に勤めていた二十四、五歳頃のことである。ある日、斎村（五郎）先生に稽古をおねがいした。先生は四十歳台だったと思う。わたしは自分でもうまくできたと思って稽古を終わり、そばで見ていた友人もまた、今日はひじょうに良く遣った、といってくれた。

ところが、さて正座して今日の遣い口はどうだったかと考えると、斎村先生に打たれたわずかの本数のみ頭に残っていて、わたしが打ったと思ったものは、淡雪のごとくに消え去った感を受けたのである。すなわちわたしの技は心がともなっていなかったので、先生の大きな技と心に翻弄されただけだったのだ。剣道は相手の心と技の欠陥を、自分の心と技の一致したもので攻撃して勝ちを得るべきものであって、これが真の勝ちである。

このように剣道は精神的な要素を大きく必要とするもので、単なる打ち合い、当て合いでは納得のいかないものである。ほんとうの稽古、ほんとうの試合では当事者間に勝負を超越した醍醐味が生まれて、なんともいいあらわしようのない剣道の良さを感じるものである。

昔から剣道は役に立つとか立たないとか議論されているが、要は役に立つ剣道を教えること、役に立つよう剣道を学ぶことだと思う。各人の立場によって求め方も多少異なるであろうが、わたしはつぎのことを学剣上の眼目にしたい。

一、健康で心と身体が柔軟なこと
一、仕事に腰を入れて全生命を打ち込めること
一、打たれ突かれて反省の習慣を身につけること
一、いかなる困難にも負けないつよい魂を養うこと
一、臨機応変の処置ができて、誠実勤勉な心を養うこと
一、他人（国をふくむ）のために尽くして悔のない人世の勉強をすること

一、無欲に徹する剣道をすること

このような道を求めて行なう剣道は、いつの時代にもやる値打ちのある剣道であると思う。大いに推奨したい。

再度言う。要は教え方、学び方なのだ。幕末の志士吉田松蔭先生はつぎのことばを残してくれた。

妄りに人の師となるべからず。真に教ふるものありて師となるべし。

妄りに人を師とすべからず。真に学ぶべきものありて師とすべし。

千金の値ある教えとして味わうべきものである。

## 居合と剣道の不可分を論ず

大阪の新聞「日本武道」からの質問「居合道の一本化はなぜ実現しなかったか」に応じて、「問に答えて」を執筆、五七年（昭和32）三月一〇日の同紙に載った。

前提になる事情に先にふれると、五四年（昭和29）三月に全日本撓競技連盟と全日本剣道連盟が合同して、新たに全日本剣道連盟の創設がなったのであった。日本中の居合も遣う剣道家の大部分はこの全剣連に所属していた。ところが同年五月全日本居合道連盟なるものが創立された。剣道ぬきで居合だけをやろうとする諸流派の人達がここに集まったらしい。五六年には全剣連に居合道部が創設された。

準一は全居連の動きに批判を展開するわけだが、批判の根底にある居合観のみを抜いておこう。

剣道と居合が別々になる事には反対である。

居合の、抜き付けと納刀以外は全く剣道である、と言ってよい。居合から見れば、竹刀打ちすなわち現在の剣道は、居合にふくまれるといえよう。剣道から見れば、居合は剣道の一部だともいえる。

このように居合と剣道が不可分のものなら、居合は上手だが剣道は下手だ、剣道は上手だが居合は下手だ、ということは高段者としてはいえない言葉である。わたしの恩師中山博道先生は、居合は近世の名人といわれたが、剣道もまた名人であることは、ご承知のとおりである。

羽賀準一の居合が中山博道同様なぜ別格なのか。羽賀準一の剣道が中山博道同様なぜ別格なのか。ここにその答えがある。この答えは本書全体の言々句々を貫くものでもある。

さて、羽賀準一の居合が別格であることが次第に広く認識されていったらしい。佐藤寒山監修の映画「日本刀物語」に出演している。五七年（昭和32）のことだと思われる。わたしのおぼろげな記憶を呼び出すと、場所は箱根の竹林。双手で片手でさまざまの斬り方でたくさんの竹を斬ったが、最後の一本のみ切り口が甘くなった。切り口がほとんど誰が見ても分からないほどかすかに曲面を帯びたらしい。銀座で写真展があったとき、その切り口が写真になっていたので、展示から剥ぎ取った。職員があわてて飛んで来たが、自分の失敗をさらす写真を自分で剥ぎ取ったのだ、かまうものか、と言いはなったそうである。

五七年（昭和32）六月一〇日付の新聞「日本武道」（大阪）に「居合大会と映画で見たもの」という記事が載った。筆者は変名で高階砂太郎。準一は同じ六月のうちに「火の粉を払って」を書いて反撃した。要旨をつづって行こう。

記事の前半は全剣連居合道の部にたいする感想なのでわたし（羽賀）は自分に関係する後半について

論じよう。

高階氏は映画「日本刀物語」で「竹を切る場面があった。切り手の名前は知らないが竹は見事に切れた」と言っている。その「切り手」はわたしである。氏はわたしの当日唯一の失敗に気づいていない。「最後に竹の切り口が大写しになったときなど、自分としては恥ずかしさのあまり冷汗三斗だった」のに。

あのような拙劣な切り口、いま考えてもゾッとする。それまではなんとか人並みに斬れたと思っていたが、最後のシーンのところではこれで終わりと気が緩んだせいか、あのとおりぶざまな切り口になってしまった。ひとさまに見ていただくには申し訳なくて、再撮影を監督の浅野君に申し入れたが、それにはさらに多くの時間と経費が必要になるし、剣道や居合道の専門家に見ていただくものでないから勘弁してほしい、とのことで恥を天下にさらすことになったのである。だが、この映画出演によって、不整地での斬りかたをわたしは学んだ。足の位置、踏みかたによって斬れ味に大きな差があることを勉強できてほんとうに嬉しかった(名人になると、切り口一つにこれほどもこだわるのだ。そして些少なミスからも教訓を得るのだ)。

高階氏はわたしの居合に対して「なぜあんなに尻を振って納刀するのか」と言う。答えよう。

稽古後の団らん
手前 準一　その左 良久夫人
白服 張東緑（メモは準一のもの）

居合の場合、使用する刀の長さによって、腰を使うように見えることがあるが、じつさいには膝関節の動きですべてをまかなっているのである。腰や尻だけを膝関節と別に振れるなどと思っていたら、それは人体の動きを知らないということである。とくにあの場面は、足場が筍を掘りとったあとのでこぼこである上、竹藪の中だった。

刀の長さと周囲の状況に応じた納刀なのだ。尻や腰も動かさずに納刀したければ、二尺三、四寸以内の刀を使用すればよい。そうすれば手だけで納刀できる。わたしは身長五尺四寸で、毎朝二尺八寸余の刀で居合の稽古をしている。居合の鍛練の目的は身体全体を動かして、刀も自己の身体のごとく使えるようになることにある。したがって平素の稽古においては、手足はもちろんのこと膝も腰も一致した動きを目指さなければならない。初学者の場合、修行の段階として身長・技倆に適した刀を使用するよう心がけねばならぬことは当然だが、高階氏のように尻を振ってはわるい、腰を動かしてはいけないと力みかえるのは笑うべきである。尻や腰が勝手に動くものでないことは前述したとおりだからである（全動作において、体（たい）が生きているような居合を遣うことがどれほどむずかしいことか。現実にその居合を極めた人だけの言えることである）。

ついでに大森流の血振りにもふれよう。あのような振りかたで血が落ちることはない。しかしあれは残心の表現なのであり、納刀が終わるまで気を抜かないことを指示しているのである。すなわち血振りから納刀の終了までが残心なのである。ただし、実戦の場合はまた別であって、敵を斬り完全に勝ったことがわかって戦闘が終了すれば、刀に拭いをかけ、腰の鞘を抜きとつて、ゆっくり納刀してもさしつかえない。要は残心の問題なのだ。

最後に大森流の居合（正座の居合）について。

大森流居合の全ての技は腰に大刀を差して正座することに始まり、同様に正座することで終わる。

しかし徳川時代に、武士が座敷で大刀を腰にするようなことは、特別な異変でもないかぎりなかった。武士が他家を訪問するような場合、刀は玄関脇の刀掛けにかけるか、右手に持って敵意のないことを示すかしていたようである。用心するときでも、座敷では左膝に引きつけておくらいだったようである。

したがって、大森流の全ての技は非実際的なのである。われわれはその大森流の修練によって何を追究すべきなのか。

正しい呼吸、冷静なる判断、身体の変化に添った自由自在な運剣の法。これ以外に何があろうか。納刀などは末の末である。

わたしは下根の生まれで、今日（こんにち）でも命をかけて毎朝、居合に、剣道に精進している。道の修行、身体の鍛錬ということになると、これで満足だと思ったことはいまだにない。この世に生あるかぎりがんばる所存である。

## 「軟式剣道批判」

同じ六月に「軟式剣道批判」（原題「思いつくまま」）も書いている（四百字詰約七枚。〔堂本・遺〕では「軟式剣道」）。要旨は以下のようである。

新しいものが現れたとき、古い権威はこれを否定しようとする。しかしその古い権威もかつてはそれ以前の権威を否定して出てきた新しいものだったのである。

剣道の歴史も同様だった。天保年間に寺田五郎右衛門や白井亨が刃引や木刀による伝統的な組太刀で高度の境地に達したのであったが、結局は一刀流中西系や直心影流長沼系の竹刀剣道に圧倒された。その竹刀剣道は明治・大正を経て、昭和初期に全盛を迎えた。しかしアメリカ軍の進駐とともに抑圧された。それでも昭和二五年に撓競技が生まれ全国に拡大した。そして講和条約締結とともに戦前派剣道が台頭。撓競技の影はうすれてきた。

昨年秋には中学校に剣道を正課に復活する声が出たところで、「痛くない軟式剣道という看板のもとに、またも十六割袋シナイを使用す」る動きがはじまった。「最近の話によれば、剣道正課に使用することが決定したとか、防具も原色の黄とか青を使って」少年たちの気を引く動きも出て来たらしい。

剣道愛好者のわたしとしては、剣道が盛んになることは結構なことだと思うので、伸びてきた新しいものを大事にしたい。

それでも軟式剣道に対しては、別な意味から反対したい。

(ここで準一はちょっと脱線して、先におこなわれた関東大学新人戦における選手たちの当てっこにこだわりすぎる試合態度を注意し、さらに審判の問題を挙げる。ＯＢが審判になっていたが未熟なことははなはだしい。これは新しい指導者層の未熟という問題につながっている、との危惧を表明する。)

さて、記録によると袋シナイを使用したのは、日本剣道中興の祖で現代剣道の基礎を造ったと言うべき新陰流の祖上泉伊勢守が最初とされる。このころの袋シナイは、割竹にナメシ革を着せたもので、防具無しの稽古に使用したものである。徳川時代になってからは柳生新陰流においてもっぱら使われ、前記の天保時代に至ったもののようである。

今回軟式剣道に使用されるのは全長三尺六寸。現在少年用四ツ割竹刀を十六に割って、馬革の袋を先の方三分の二に着せるようである。これならば十分打っても痛くない、怪我はしないというのが発案者のミソのようである。

だが、この袋シナイはいままでの四ツ割竹刀より破損は激しく、費用もいままでの竹刀より多くかかることはまちがいない。弱い馬革使用は、袋の内部でささくれになった竹がいつなんどき外部に飛び出してくるかわからないという、危険をはらむ。ここに見えない新しい敵がひそんでいる。この新しい敵が今後いかなる役割を演ずるか、未熟な指導者という条件と重なってどういう事態を招くか、おそろしい気がする。

今日までおこなわれてきた剣道では、打たれたり、突かれたり、投げられたりして、多少の打ち身やコブで痛い目にあったことはあっても、道場から病院へ運ばれるというような例は、アキレス腱の断裂以外見たことがない。わたしには安全という見地からいっても、今日の剣道のほうが良いような気がしてならない。まして、腰の弱いやわらかい袋シナイを思うがまま使用できるようになるには、たいへんな苦労を必要とする。これはわかりきったことである。

スポーツ界は昨年のメルボルン・オリンピック以来、はっきり鍛練主義に転向した。学生野球も公式試合は軟式を追っ払ってほとんど硬式にかわりつつある。このような時期に剣道がなぜ体当たり、足摘みを禁止しなければならないのか。たびたび引き合いに出して申し訳ないが、見聞するアメリカンフットボールやラグビーの死傷のことを見聞すると、剣道が荒っぽいなどとはまったくいえないはずである。世間では剣道のことを棒切れのようもの（木刀）や仮想日本刀（竹刀）をふりまわして打ち合いをしているとんでもなく殺伐なものとの印象を持っているのかもしれないが、事実は全然違うのである。

世界の貧乏国日本では、生活戦線における苦しい闘いを強いられるのは当然のことだろう。体力、気力が不足しているひとがこの現実の闘いにどう対処していくか。いかなる人生をたどることになるかは自明の理である。三つ子の魂百までのたとえもある。求める心が旺盛な少年期に、痛くない軟式剣道が必要なのか。十六割袋シナイがほんとうに痛くないか。四ツ割竹刀はほんとうに痛くて使用に耐えないか（初心者の問題ではないが、本当の遣い手ならどちらの竹刀を使おうが、痛い打ちも痛くない打ちもできるものだ）。

多数の学識経験者が集まってつくった中学校剣道正課案ではあるが、こうして多少の疑問は残る。生まれつき弱い者も痛味の少ない竹刀なら強い者と同じように公平に剣道を学ぶことができるという大きな配慮から軟式剣道が検討されたものと思いたい。痛くないということで、昔以上に剣道が盛んになるというのであれば、これに越した喜びはない。古くから老人の手許で育った子どもは弱虫が多いといわれるが、新しい再建日本では少国民を強く明るく育てたいものである。

新しい剣道は、費用が少なく、喜んで鍛練でき、どこでもやれるものを、とわたしはいつも考えている。問題は竹刀をいかに改良し、どんなものを発明するかに帰着する。三百幾十年以前試験済みの袋シナイや、明治初年完成した現在の竹刀・防具をしのぐもので稽古のできる日はいつか。真に新しいものの生まれる日を心より望んでやまない。

## 「修行の跡」――学校剣道への提言

五七年（昭和32）七月「修行の跡」を執筆。
復活した剣道だが、その剣道教育の今後を憂い、提言する。ついで自分の修行の跡を記して参考に供する。
さらにいくつかの付言。
要約していこう。

剣道が戦前の隆昌期と同様な段階にまで至るにはあと何年かかるだろうか。誰にも分からないことだが、中学校での剣道正課化も本決まりになったことだし、その日は遠いことではないかもしれない。しかし全国の中学校が正課にしたばあい、そんなに多数の適任の指導者がいるのだろうか。先ごろ文部省主催で三日間ほどの全国講習会があった。講習生のほとんどは戦前にかなり剣道を学んだ人たちだったらしい。地方に帰って指導的地位につくのであろう。しかし三日間ばかりの講習を受けて、各府県に帰任して、なにを教えるのだろう。おそらくは、戦前の剣道の知識プラス今度の講習会のわずかな内容であろう。

かくして各府県での講習会では、中央の指導はほとんど通ぜず、なにがなんだかわからない講習会というところに落ちつくのではないか。

中学校における剣道正課化の現状は自分の理想とはかけ離れていると準一は言う。その上使用が決まった防具は短期間しかつかえぬ粗末な代物だ。そんな無駄遣いをなぜするのか。

さて、剣道を正課にするのであれば、青少年の発達段階に応じた指導理念が必要だが、文部省にもそこに参画しているであろう剣道家にも指導理念や指導の見透しがあるとは思えない。

現在の学校制度に応じて、剣道においても小・中・高・大学という発達段階がかんがえられるであろう。学習者がいかなる心構えであるかということが、やがて来たるべき段階に大きな影響を及ぼすことは、言うまでもない。

小学校においては興味が中心でなければ、なかなか続かない。この興味中心の時期に教育にあたる指導者こそ初学者の将来にいちばん大きな影響をもつのである。しかしこの段階の指導にあたる者たちのほとんどは、万能的体育教官のつけ焼刃の片手間仕事である。この事情は将来の剣道界に大きなガンになるであろう。

現在の学芸大学において剣道教育が有名無実であることは、現在の大学の対抗試合を見ても分かる。かくてわけの分からない指導者が、なにを教えたか、なにを教えるか、子供はなにを学ぶべきであるか、さっぱりわからないままで、中学校の剣道は終わる。

高校とて同様だ。恵まれた指導教師のいるところは別として、一年二年と終えて行き、三年となると大学入試の勉強に一カ年がすぐ過ぎるだろう。

かくて幾年間もの貴重な時間を、腰を退き頭から突っ込むように飛び込んで、ただ棒振り剣術の真似を学ぶのである。そして就職戦線に突入するものと大学に進むものとの二派にわかれる。大学に入学するまでに当てることのみが剣道のように考え、試合では勝つことのみに、青春の血をわかす。

大学にはいり、学校生活最後の仕上げをするころには、棒振り剣術が身について、打つことのみが剣道と思って卒業する。そして社会にはいって行く。

これが現在の青少年の剣道を学ぶ各段階であるように思う。

剣道を学ぶ各段階にあって、実は技を学ぶ段階はいちばん短くてよい。小学校時代からよい指導者に指導された場合、高校を卒業するころには、技はほとんど完成されるものなのである（準一の頭の中にはきっと森寅雄がイメージされているのであろう）。

大学入学と同時に心の問題と取り組んで、静中動、動中静、呼吸等の問題をがっちり勉強するようでありたい。

卒業して社会の一員となり、実社会の勉強をなし、それまで学んだ剣道を生活戦線で試み、生涯にわたって人間的勉強をしてこそ、真の剣道を学んだといえるのではないか。このように学んでこそ、剣道は学んでよかった剣道となるのではないか。

このような理念に基づき剣道学習のカリキュラムが組まれたなら、日本の剣道はどれほど豊かに復活できたであろう。やんぬるかな、羽賀準一はいつも極少数派なのだ。正統が異端なのだ。剣道界はすでに、スポーツ剣道が主流だ。そしてますます軽くますますヤワになろうとしている。軟式へ、軟式へ！

結論部分の内容を準一はこう繰り返す。

昔から火箸のようにやせた人でも、心を鍛えた者は、戦場のものの役にたつといわれる。すくなくとも、大学に入ると同時に心の問題に取りくむくらいに高校生を鍛えるのが最上である。なぜなら、技の段階は二十歳までに終了することが可能だからだ。であれば一日も早く心の問題と取りくむことが道を学ぶに近道ではないか。

技はだれが使うか、腕か足かまたは腰か。身体を使うのはだれか。こうと考えると、「心の問題」だとはっきりしてくる。

青年の向学心の燃えるころに、このような重大な問題にぶつかることは、人生最大の幸せではなかろうか。

以上学校剣道の方法をわたしなりに理論的に書いてみた。

文脈から言って文中の「二十歳」は数え年であろう。すなわち高校卒業の年だ。最高の指導者が可能性豊かな若者に最高の指導をするならば、幾人もの森寅雄を育てうる！　なんと壮大な方法だろう。羽賀は裏付けのない論を説くことは決してしない。京城大学予科の教え子たち・来春卒業する大石純正ら中大生の弟子たちを育てた経験に基づく構想であろう。「心の問題」とは不動心を根本とする理の問題なのであろうか。それらの根底には正しい姿勢・正しい呼吸があることはたしかである。

## （承前）わが「修行の跡」

以下簡単に私の修行の段階（修行の跡）を記してご参考に供したい。

私は大正十五年春、郷里広島県の山奥で、現在東京都立芝商業学校（元京橋商業学校）の剣道師範であった矢吹益一先生に手ほどきを受け、同年八月に上京、同先生のご紹介で牛込若松町の養真館梅川熊太郎先生の道場に一週間くらいお世話になり、その後、猶勝堂（市ヶ谷）に同年九月入門。中山博道先生のご指導を受けるようになり、昭和二年八月、中山先生のお骨折りにより、皇宮警察に奉職した。当時は上席師範中山博道先生以下斎村五郎範士、故大島治喜太範士、故橋本統陽範士等がおられ、助教に山本忠次郎範士、中村定芳教士など優秀な方が多数おられた。

当時私は三級にもならない程度で、初心者というより、最下級のはじめたばかりの青年で、数え年二十歳であった。

修行の段階においては、いろいろな先輩各位の親切なご指導があった。しかし心に残るご指導はたくさんあるものではない。

修行における第一の教えは「努力」、すなわちほかの人の何倍稽古するか。第二、よき指導者を求めること、即ち、むだの少ないこと。第三、よき友をもつこと。第四、剣法の古書について学ぶこと、である。

第一「努力」の教え。恩師中山博道先生は、夜分、いかにおそく帰宅されても、翌朝午前四時ごろには道場に出て居合のご稽古を、在京のときは一日も欠かされることがない。当時先生は五十歳を半ば越しておられ、なおまったくの精進であった。かくて七十歳にして未だ私どもの遠く及ばない実力を維持できたものと考える。

第二「よき指導者」。親切な指導者であった故大島治喜太範士。技の人と称せられ、千変万化、みごとなご稽古であった。下手な私を連れて東大や警察署に行き、行く先々でご指導くださったことは終生忘れることのできない思い出である。

次に動かざること山のごとしといえる斎村五郎範士。私の二十四、五歳のころは、先生のご近所に居住していたので、特に近くから先生を知る機会に恵まれた。これは私にとって真に幸いであった。ご承知のごとく先生の剣風は、いかに打つことができても、稽古終了後は打ったあと味が全然残らない。稽古中、今日はかなり打てたと思って面をとって考えてみると、打った気持が残らなくて、おもしろくない感じが残るだけであった。若い私は、先生のお顔を見ると腹がたつ。なんとかして一度でよいから、先生に参ったと頭を下げていただきたいと今日まで、終戦後も稽古を止めずがんばったが、完全に引っ張られていた。これがほんとうの指導力といえるのではないか。今生に一度でもよい、さらにご指導を願う機があればと思う。なぜなれば、先生にお稽古を願ったのは、私の二十四歳までで、若くて荒っぽいといわれた時代のことである。その当時から多少は進歩したかどうかを示す私のバロメーターの先生だからである。

第三は「よき友」。有信館道場の先輩に、大畑（郷一）さん、矢木（参三郎）さん、高須（忠雄）さん等々がいた。

矢木参三郎さんは、小さい体でたいへん強い方であったが、相打ちの勝ちを主とされ、一パイ飲むと、割箸を両手に持って、煙草を横ぐわえによく論ずる方であった。体が小さかったせいか、体の開きの話が主であって、技の方であった。

大畑さんは、中年から遺伝病のため剣道界を去られ、あまり知られていないが、大変親切な方で、現在の剣道に対する私の考え方の大半を指導してくれた方である。

そのほか中島五郎蔵君には、胴の打ち方を教わり、長本寿君には面のあご下のふとん（別名臆病垂）があるからお前は突きを恐れると、ちぎられたこともある。競争相手には、故野間恒君、森寅雄君、中倉清君あり、同門のためか特に思い出はつきない。

第四は「剣法の古書について学ぶこと」。私がこのように言うと意外に思われる方もあろう。小学校しか出ていない私が本に親しむことを覚えたのは、昭和九年春、朝鮮の京城に赴任してからである。剣道界で突き増の異名をとった増田道義先生のご指導のおかげであった。先生は、一万数千冊かの書物を自宅の書斎に集めておられ、私のためにあらゆる書籍を（剣法の古書を含めて）自由にお貸しくださった。このご恩は忘れることのできないものである。今日まがりなりにも文章が書けるようになったのも、ひとえに先生のご指導のおかげである。

羽賀準一は剣法の古書を読むよう奨めているがなぜそれが必要なのかについてはふれていない。なぜであろうか。

以下にいくつかの付言があるが略す。

## 「剣道上達のこつ」

八月上旬「剣道入門階梯」を書くが未定稿に終わる。興味深い叙述は各所に光るが、文体も内容も荒々しく、一九六一年（昭和36）一月に決定稿を書くのでそちらに回す。

それにしても中大生たちが弟子入りしさらに法大生たちが弟子入りしてからの準一の原稿執筆ぶりはめざましい。活字になることによって執筆の依頼が来ることになったという面もあろう。しかしとくに五七年

（昭和32）の今は、中大生の弟子たちが卒業を半年前に控えての今である。弟子たちに遺すべきいわば伝書の用意を考えているようである。

大石の記憶ではこの年の秋に山田志津子が入門してくる。

山田は一九二〇年（大正９）三月三一日生まれ。山田については張東緑の場合同様わたしはほとんど何も知らない。薙刀は天道流だったと思う。ある日園部秀雄（直心影流薙刀術第十五代宗家、大日本武徳会薙刀術範士）の強さについて羽賀準一に尋ねたことがある。「なあに山田に毛の生えたようなものだ」とのこと。山田さんはそんなに強いのか、とおどろいた。

そもそも山田が羽賀準一に出会ったのはどこかの大会であったらしい。異種試合があって山田も出場した。試合用の薙刀は、大まかに言うと先竹という刃にあたる竹製の部分と樫の木でできた柄の部分とからなる。形（かた）のときに使用するのは全部が樫でできた薙刀である。試合のとき山田は先竹なしの樫の薙刀で出場したらしい。それを見た準一は山田の所に来てその薙刀を取り上げ、主催者にそれを見せ、「こんなものを使うなら木刀で試合するようなものだ」と注意を促したそうである。

そんな縁があってある日山田は神田の体育館に稽古にきた。稽古を願ったので準一は立ち合った。山田が前にした方の胸板を準一はつぎつぎと「往復」して突いた。さぞ痛かったであろう。山田があとで調べると、突かれた部分が青あざで連なって棒のように一直線になっていたという。準一は明日はもう来んだろうと笑っていたが、翌日また来た。山田は昨日と左右逆に構えた。準一はご丁寧に前に出た方の胸板を昨日同様に突いた。山田の胸板は青あざで左から右まで二日分が一直線になったという。

もう来んだろう。ところが三日目、山田はまた現れた。こうして入門が許された。

この年一二月の初め、東京のある少年雑誌社の求めに応じて準一は「剣道上達のこつ」を書いた。少年・初心者向けとはいえ、名人羽賀準一が完全に体得した技の内、代表的な技を説いている。一行一行が汲めども尽きぬ金言の連なりと言えよう。原文の敬体表現は全て常体に改め、若干の校訂をほどこした。

面業（めんわざ）は剣道におけるすべての業の根幹である。そして正面攻撃であり、正々堂々の攻撃法である。

面を打つ機会はいろいろあるが、大きく分けると、相手が引くところ、出ようとするところ、居ついたところなどがおもなる機会である。

面業は大きく強く思いきって打ち込まねばならない。

変化の業としての面。

甲手を攻めて相手の防御心を甲手に誘って面の隙に打ち込む。

突きとみせて面。充分に気合を充実させ、突きの気勢を示すと、相手は払うか引くかする。そこをすかさず面に打ち込む。

胴とみせて面。甲手の場合と同様、胴に注意を誘って面に打ち込む。

払い面。相手の守りが堅く、どうしても打ち込むすきが見いだせない場合、相手の刀を右または左に払って、その瞬間一気に正面に打ち込む。

抜き面。相手が右甲手を打ってきたのを、相手の顔面を突くような気持で抜くと同時に打つ面である。

すり上げ面。相手が自分の正面に打ち込んできた場合、体を後方に退くとともに、あるいは左右に開くとともに自分の刀をもって、右上なり左上なりに相手の刀をすり上げて相手の正面を打つ業である。

離れぎわの面。相手と接近し、つばぜり合いとなったとき、敵の虚に乗じ、離れぎわに面を打つ。この業を使う場合は相手を気合で押えるか、体力でひるませるか、あるいは機をみて、われより退きながら打つ。

甲手業について。相手と中段で対峙した場合、甲手がいちばん近い位置にあること、甲手の位置が変化しなければ相手の業は出ないこと、このような条件があるため、甲手を攻めて行使する業がいちばん多い。

甲手は相手と対峙して、わずかのすきを発見したらすかさず打ち込む業である。

面を攻める気勢を示して相手の手もとが、または剣先が、わずかに浮いたとき、直ちに甲手を打つ。

突きを攻めて甲手。これは面の場合と同様である。

払い甲手。相手の刀を斜め下より払ってすかさず甲手に打ち込む業。

押え甲手。相手が面に飛び込んできたのを体をかわして甲手を打つ。

上げ甲手。相手が上段に構えようとして刀を頭上に振り上げようとするところを付け入って直に打ち込む。

応じ甲手。相手が甲手なり右胴なりに打ち込んできたのに応じて打つ。

かつぎ甲手。相手の甲手を下から攻めて甲手を強くかばうように仕向けて刀を左肩に振りかつぐと、相手は面をかばうために手もとが上がる、そこを思いきって甲手を打つ。

胴業はほとんど相手の変化によって打つ業である。

抜き胴。相手が面に打ち込んできたところを、体をしずめて斜め右前に進み出るとともに、すれちがいながら相手の右胴を打つのである。

飛込み胴。思いきって大きく刀を振りかぶり面にいくように見せ、相手が面と思って手もとを上げて胴にすきができたところを体をぶっつけるような気持で、すかさず打つ。

応じ返し胴。相手が面に打ち込んでくるのを、抜く間のない場合、自分の刀で応じて打つ。この業はそのときどきによって、右斜め前に出たり、その場で打ったり、左斜め前に出たり、いろいろな打ち方がある。

つばぜり胴。つばぜりあいのとき、軽く相手の手もとを押し、相手が押し返したとき、直ちに退きながらその胴を打つ。

逆胴。相手が左片手横面を打ってきた場合、右に応じて、手を返して相手の左胴を打つ。あるいは相手が左片手突きを突いてきた場合、これに応じて、すかさず敵の左胴を打つのである。

突き業は、相手を攻める場合に必要な業で、突き業のない稽古は強くならない。

もろ手突。相手の刀の中心がはずれている場合、両手をしぼりこむようにまっすぐに伸ばして突き垂を突く。突きは突き出しただけでなく、すぐに引いて元の構えに返ることを忘れてはならない。

表突き。相手の左側のつば元から突く。

裏突き。相手の刀の右側から刃先を左斜めにするような気持で突く。

左片手突き。遠間より、左片手で、こぶしを内側にしぼりこむようにして、表からも裏からも突く。

払い突き。相手の刀を表から払ったり、裏から払ったりして突く。

突き返し突き。相手が片手またはもろ手突きで突いてくるのを、手もとにながしこみ、すぐに返す。

業は文字どおり千変万化である。その数も無数と言ってもよいだろう。

代表的な業をひととおりならべてみたのである。これらの業を充分習得したら、おのおの自分の性格、体格に合ういろいろな業の研究をするよう、勧めたい。

いままで書いた業を的確に行使するには、間合が必要である。剣道における間合とはなにを意味するか。ここでは心の間合など、むずかしいことを言ってもわかりにくいと思うので、簡易に記すことにしよう。

間合とは、相手と自分の距離間隔である。時間的に表現すると、時計の振り子が左右に振動するその中間のごとく、相手の心の動きに生ずる瞬間的の間隙を言うのである。現在の剣道の稽古の場合にいう「一足一刀」の間合とは、彼我の間隔約一間（約一・八メートル）。互いに一足踏みこめば相手に充分とどく間合であって、通常この間合より業をしかけることが多い。

これより離れた場合を遠間という。遠間にいるときは、たとえ相手が打ち込んできても、距離的にも時間的にもやや余裕があるが、一足一刀の間合においては、ほとんど余裕というものがないので、少しも気をゆるすことができない。常に緊張していなければならないのである。

また、遠間にいる場合でも、出足の早い踏込みのよい、すなわち遠間を得意とする相手であれば、これまた一足一刀の間合いと同様少しも油断するわけにはゆかない。が、だいたい相手と相対して立ち上がった場合は、遠間のほうが比較的安全とみてよいのである。遠間からは、よほど足さばき、体さばきがよくないと飛び込めないものだが、常に心がけて遠間の練習を積んでおくことは、すこぶる有利である。

出足のない遠間の不得手な相手に対した場合、こちらからは楽に打つことができ、相手からは打たれる心配のないくらいの位置を保つことができるのである。初心のうちは特に遠間の練習を心がけねばならない。

間合について具体的に説明してみよう。

相手が一足一刀の間合から一足踏み込めば自分にあたる。その場合、こちらが一歩後退すれば相手の刀は自分にあたらない。また相手が振りかぶって打ち込んできたとき、こちらが退いたのでは避けることができない場合は、右か左に開いて、これを避けることができる。あるいはまた反対に、相手のふところに飛び込むことによって避けることができる。

これらも間合のかけひきに含まるべきものである。すなわち間合とは、相手と対した場合、前後左右の変化によって有利な距離を保つ方法であると言うこともできる。要は相手の間合を知り、自分の間合を知り、いつも有利な地歩を占めることである。

以上、業と間合について書いたが、この業と間合を使うものはなにかという問題になってくる。すなわち各人の心構えの問題になってくるのである。

初心の人は、第一につづけて稽古すること。第二は正しく学ぶこと。第三は、というよりいちばん大切ことは、手足を動かすのはなにかという問題である。すなわち心の動き、心構えとでも言おうか。

学ぶ心、求める心の大小によって、すべては決定される。

大いなる勇気をもって苦しい稽古に勝つこと、否、自分自身に勝つことこそ剣道上達のこつである。

# 第十一章　中大組から法大組へ

昭和 31 年 10 月 5 日の羽賀準一

# 五人掛け

この年（昭和32）の末というからやはり一二月のことと思われるが、大石の回想によると羽賀準一は五人掛けをやっている。相手はすでに二年間この朝稽古で羽賀流の剣道・居合を修め、都内の名高い諸道場はいうに及ばず九州にまで遠征した猛者たち、高名の高段者たちとも互角に打ち合う青年剣士たちである。大石純正、古川景久、重松忠志、長濱憲、根本義大。審判は渡辺敏雄。

ここで、五人の腕前を示す一例を挙げておきたい。榊原正が朝稽古に来たことがある。五六年（昭和31）のことである。榊原は五三年（昭和28）五月の第一回全日本剣道選手権大会の優勝者、五六年（昭和31）四月の第三回全日本東西対抗剣道大会の最優秀選手である（この時の榊原を賞賛する準一の文章はすでに見た）。榊原はこの東西対抗戦のあと羽賀準一に稽古をつけてもらいにきたのである。準一は体の調子が良くないから（という口実で）これとやりなさい、と大石純正を紹介した。ふたりが立ち合ったとき、先生方（羽賀準一、渡辺敏雄、中野八十二、湯野正憲ら）は全員観覧席に腰かけて、見物にまわった。稽古は大石純正の方に分があり、いい打ちが決まるごとに、先生方は声を発し、手を打ったという。二、三〇分の稽古が終わった。榊原という人は謙虚な礼儀正しい人で準一の所に来て礼を言い「いい先生に稽古をつけていただきました。この方（大石）はどちらの先生ですか」と尋ねた。準一は「これはまだ学生だよ」と笑って答えた。

（つぎの直話も準一が稽古相手を大石に任せたときの心事を理解する上で参考になるだろう。伊保清次〈第九回全日本剣道選手権大会優勝者〉は準一にこう言っていたそうである。「調子が最低のとき以外は羽賀先生とはやりません。調子がいい時やるとあまり打たれて好調をずたずたにされますから」と。）

つまり五人のうちの誰かと榊原ほどの達人が入れ替わっても、これから始まる五人掛けの中身はなにも変わらなかったということをわたしは言っておきたいのである。

さて、大石が羽賀の正面に立ち、長濱・重松・古川・根本が左右と後ろを囲んだ。始まった途端に羽賀の姿が大石の前から消えた。だれかが打たれた。足さばきがすごい。四人がつぎつぎとやられ、あっと思うと大石の前に現れた。大石もなすすべもなく打たれた。瞬く間に五人がやられた。

笹森順造『一刀流極意』の「一刀流兵法本目録」に「八方分身須臾転化　欲在前忽然而在後」という術があり、笹森による以下の解説がある。


多数の大敵に取り囲まれた時には敵のくるのが百方からであるが次第に吾れに近寄つては十六方、八方となる。これを切り抜ける教えは八方に散乱している敵を心得ながら、吾は一番近い敵を目懸けまつしぐらにその一方を切つて払い抜ける。一方に切り抜け出さえすると他の敵は全部一方になる。この一方からくる敵を近い者から、切り払い切り払いさえすればわが身を八方に分身させたも同じことであり、一人で八人の働らきをなす所である。八方の敵を切払うのには八人を一遍に切払うのではなく、一人一度八遍に切払うのである。八方分身の働らきはこれである。この働らきを現わすには是非とも須臾にして転化しなければならない。手の裏を返し表を返すように速かに働く事が肝要である。わが前後左右への転化は敵には神出鬼没にも見えるであろう。

わたしは羽賀準一から、植芝先生の多人数掛け（それが槍ぶすまであろうと）は一番弱いところを攻めてそこから囲みを破って行くのだ、と聞いた記憶がある。笹森のいう「一番近い敵」は同様の意味に取るべきであろうか。ともあれ、大石の経験はまさに一刀流極意「八方分身」の術そのものであった。羽賀の「前後左右への転化は」大石には「神出鬼没にも見え」た。

大石はのちに植芝盛平の多人数掛けをビデオでみて、羽賀の足さばきが植芝と同じだったと思った。羽賀の多人数掛けは植芝盛平に学んだものだと看破したのである。すでに見たように、羽賀は朝鮮時代に龍山憲兵隊で多人数掛けをみごとにやっている。朝鮮時代は毎年上京し必ず植芝道場を訪れていたからその頃すでに学び取っていたのであろう（ただしかの時と今度とでは、掛かり手たちの腕が違う。今度の五人が断然強い）。だから、準一の多人数掛けは一刀流の文書から学んだものではないと思われる、「八方分身」の術は口伝なのであるから。

（大石の話を聞いて、中島五郎蔵からの聞き書きを想起した。「中山博道と羽賀準一の剣道はどういう点が似てますか」との質問に対して。「足が似ている。歩み足が似てました。羽賀の剣道はたいしたもんだった〈感に堪えぬ風に〉。中山先生と同じ様な稽古っぷりだった。足がよかった。あんな稽古はない。」）

年が明けて一九五八年（昭和33）になった。大学卒業が間近に迫った大石は多町の店に新年の挨拶に行った。すると「師は突然大きな袋の中からパンフレットを取りだし、この中に君に教えた全てのことが印刷（ガリ版刷り）されているので、実家へ帰ってからもこれを参考にして練習に励むようにと、大森流、長谷川英信流居合に関する伝書とも言うべき、パンフレットを私に下さったのである。師が手を取って教えた門人、弟子のみに渡す事にした、と言われ、完成したばかりのメモに近い、ガリ版刷りの、師の汗と情熱で一杯の伝書を下さったのである」（渡辺修巳所蔵の原本によるとガリ版刷りではなく、オフセット印刷のようである）。

先日大石から、このパンフレットを印刷・製本した「羽賀準一著　大森流居合解説」・「羽賀準一著　長谷川英信流居合」（一九九八年）を頂戴してきた。後者には「奥居合之部（坐業）」が含まれている。内容的には後年準一自身が印刷・製本したものと全く同じである。読点や送りがなの有無等が少し違うだけである。したがって、この両著は有信館時代・朝鮮時代・中山博道直伝の時期・戦後一二年間余の長期にわたる居合・剣道修行研鑽の総決算である。

この二編を「羽賀準一著」としているところに大石の高い見識が示されている。

二月大石純正、重松忠志、中台正明、長濱憲ら中大生の多くが卒業する。

しかしまだ、古川景久、渡辺修巳らが残っている（根本義大は四年生の初め頃行方不明に）。（この年の何月のことか分からないが、古川景久の甥阿保健治が入門している。まだ中学三年か高校一年生のはずである）。

この間に朝稽古では法政組が強くなっていた。

このあと約二年間、準一の動向を知らせる資料が極度に少なくなる。今分かるのは五八年九月に「剣道具の変遷」を書いたことだけである。

神田の体育館で居合を抜き、中大と法政の弟子たちを中心に稽古をつけるなど、自身も修行に励んでいたことは確かである（力は不断の稽古によってのみ維持しうる。これは準一が博道から学んだ最大の教訓の一つだった）。そして多町の梅田号で営業。折を見ては済寧館その他の道場に行っていたし、各大学に防具など注文の品をもってゆき、ついでに学生に稽古をつけるということもあったらしい。

一九五八年（昭和33）一二月一四日、中山博道が亡くなる。その直前の時期、準一は入院中の中山博道をよく見舞ったらしい。博道と同室の人が準一にこう言ったという。「羽賀さんが見えましたよ、と看護婦が告げると、中山さんはにっこりして、顔がぱっと明るくなるんですよ」と。〔直話〕

昭和 34 年の新年会
朝稽古の会が誕生して３年。弟子もふえた。

自分の剣道・居合の最上の境地を継いだ弟子が見舞いに来てくれた時の、博道の歓びが伝わる話である。

一九五九年（昭和34）一月、国民体育館朝稽古の会の新年宴会の写真がある。二六名の盛会である。若い弟子たちが九名写っている（中大生、法大生と高校生？の阿保健治・後列左から二人目）。社会人の弟子が山田志津子も含めて一一名（このうち葛城庸信、笠原兄弟、窪田隆はかなり稽古に通ったと聞いている）。若い女性が三名見える。二列目左端は原やゑ子、剣道も居合もしっかり稽古した人らしい。その隣は姓のみ分かる、馬場女史。この人は山田志津子と薙刀の形を演じたりしている。

二月（三月？）いよいよ中大組の古川景久、渡辺修巳らが卒業である（根本の行方はその後も分からない）。

## 植芝盛平・森寅雄の居合観

昭和35年3月　卒業する法大組
小海川剛毅　藤森将之　寺内眞英　久保田唯夫
高橋靖夫　羽賀準一　川名鍾司

法政組の小海川剛毅、川名鍾司、久保田唯夫、高橋（白須）靖夫、寺内真英、藤森将之六人がこれから一年間、道場の若手の核である。

分けても高橋靖夫は剣道・居合ともに進境著しかったようである（藤森は中大の根本義大と高橋靖夫にはその剣道・居合の質と卓抜ぶりにおいて共通するものがあったと言う。わたしが実際に稽古した兄弟弟子の中で羽賀準一の剣道に最も質が近いと感じたのは高橋靖夫である）。

一九六〇年（昭和35）三月高橋靖夫・久保田唯夫・藤森将之ら法政組六名が卒業する。

準一はこの年の一時期卒業した高橋靖夫との養子縁組を考え、靖夫を自宅に迎え同居している。その間が何ヶ月になるのか不明である。そのころに学んだことの一端を後年高橋靖夫から折に触れて話してもらったが、剣道の古書と結びついた高度の内容に驚嘆したものである。よほどたくさんのことを学んだ人であった。また準一の若き日の「稽古一日五回」を実践して、一ヶ月。頬がげっそり痩せて、それ以上続けられなかったそうである（日本剣道協会・山田一郎談）。それほどに稽古したのだから特別強くなるはずである。

それとほぼ同時期と思われる。高橋にフランス行きの話がきた。フランスで合気道と剣道・居合ができる師範を捜していた。おそらく植芝道場から準一に話が来たのであろう。準一は高橋を推薦した。高橋を植芝道場の内弟子としてもらうため若松町の道場に連れて行った。植芝盛平は「羽賀さんのお弟子さんなら、居合をみせなされ」と言ったという。つまり剣道の腕がどのくらいか、合気道のある水準を短期で修得すべき武道の修養がどこまでできているのか、その居合を観れば分かるというのであろう。高橋は内弟子にしてもらった。

不世出の武道家植芝盛平は居合の中に剣道を見、剣道の中に居合を見ていたのである。

（後のことになるが共通する逸話をもう一つ。一九六五年静岡市とアメリカ合衆国オマハ市が姉妹都市になり、翌六六年〈昭和41〉大石純正はオマハ市を表敬訪問した。八月ロスアンゼルスに寄って、剣道のできる日本人と会って話していると、森寅雄を紹介しようということになった。紹介を受けた森は、鞘の鯉口附近が割れた二尺六寸二分の日本刀を持たせて「羽賀さんの弟子なら居合をみせてもらいましょうか」と言った。大石の居合を見た森寅雄は「たしかに羽賀の弟子だ」と言い、稽古の時大石を自分の横に並ばせて元立ちをさせたという。名人森寅雄も居合の中に剣道を見、剣道の中に居合を見ていたのである。）

植芝盛平・森寅雄ふたりの武道家は羽賀準一の居合の中に羽賀剣道の真髄をも見ていたのだと思われる。

高橋靖夫は、その後植芝道場での内弟子として合気道修行中に腕を折り（折られ？）、稽古を休んだ。準一は腕が折れても稽古はできる、と叱った。高橋靖夫はそれに反撥し、合気道もやめ、羽賀家を飛び出した。

養子縁組も解消した。フランス行きも実現しなかった。

## 準一と東大剣道部

さて、時間は少し戻る。法政組が卒業したあとに羽賀準一の影響を強く受けるのは東大剣道部である。もっとも羽賀と東大剣道部の縁は遠く戦前にさかのぼる。大島治喜太は東大剣道部師範であったが、準一をよく東大へも伴ってくれた。昭和三一年前後東大医学部の学生右田徹らが二、三人神田の朝稽古に来ていたと大石純正は記憶している。もっとも右田らは東大入学以前（戦前）すでに海軍経理学校等で稽古を積んだ猛者であった。右田は剣道部のマネージャーをやっていた関係で、多町の店（梅田号）を何度か訪れ、羽賀準一に朝稽古に誘ってもらったという。

その後も竹内淳・半田敏久（昭和36年卒）石井邦夫・伊藤恵造・斎藤行生（昭和37年卒）などが羽賀準一の影響を受け朝稽古に通った。

こうした縁があっての結果であろう、昭和三五年の五月ころ、東大剣道部（駒場・教養学部）の一部員の心に大きな変化が起きた。それは東大剣道部の大きな変化の始まりとなった。以下はインターネット「もうひとつの剣道／村山氏」に載った村山正佳（昭和36年秋～37年秋東大剣道部主将。38年卒）の談話の一部である。

村山は浦和高校時代剣道部主将としてすぐれた指導力を発揮し、試合では大将をつとめ埼玉県民大会で浦高剣道部を優勝に導いた。高校卒業時には三段であった。

東大の剣道部員は1年生から4年生まで先輩後輩の上下関係はもちろんありますが、ある意味で対等なんですね。自由闊達であり、主張があるわけです。師範がおられても、別の先生のところへ通うのも許されるおおらかさを持つ部でした。師範ではない羽賀準一先生が剣道部の稽古に来られたとき私は強烈な印象を持ちました。なんとも言えない迫力、圧倒感がありました。なぜ上背のない先生に上段に構えられたときどうにもできないのか。先生が、いくぞ、といってグッと攻める、そのたびにこちらは距離があるのに何もできない状態になってしまう。物理でない心の世界の力というのはすごいと魅せられました。そのところがポイントでした。羽賀先生にさまざまな言葉をいただきましたが、最後に言われたのは、「若いうちは形のある世界の追及でいいんだ、しかし歳を取ったら形のない世界を追及しなさい。見えない世界というものを追求しないことには人生は不満足だよ。君にはまだわからないだろうが、いずれわかかるから聞いておきなさい」ということでした。

先に「一刀斎先生剣法書」にふれたとき、目に見える技の領域を「事（わざ）」といい、目に見えない心の領域を「理（り）」という、と書いておいたが、二〇歳の村山は羽賀準一の剣道の中に「理」の世界を感得したのだと思われる。同じころ同学年（二年生）の岡本淳も羽賀の剣道に魅せられていった。

同じ一九六〇年（昭和35）四月に会計兼防具掛になった石井邦夫は同学年の伊藤恵造にヘルマン・ヘッセの『シッダルタ』を紹介されて読んだ。この小説のことを多町の店で羽賀準一に話した。その場に山田志津子がいて、私も読んだと言った。準一はさっそく読んだらしい。六〇年八月以前に読み終えている。これが羽賀準一生涯の愛読書『シッダルタ』との出会いである。以後準一の書くものの中に『シッダルタ』がよく現れる。〈この出会いをつくった石井は、神保町で『武道宝鑑』を買い求め熱心に読んだ。後年〈二〇一四年〉講談社学術文庫『天狗芸術論・猫の妙術　全訳注』を出すことになる。六二年の一二月わたしも羽賀先生から角川文庫本を神保町の本屋で買っていただいた。今も愛蔵している。そのとき、この本は手塚富雄訳がいい、もう何十回も読み百人近くに贈った、と言っておられた。わたしもさっそく読んだのだが読後の初感想には「なんにもわからない」と記している。羽賀準一伝をこうして書いてきて読み返すとき、シッダルタの人生と羽賀準一の人生が重なり、登場人物たちも剣道の師・稽古仲間・男女の弟子等々と重なる。うろ覚えだがこんなことを聞いた記憶がある。作品中に「考え、待ち、断食する」というフレーズがたびたび現れるが、これは剣道だと「作戦を立て、間合をはかり、決断して踏み込む」になる、と。）

（この年四月さしあたり羽賀準一には全く無関係だが、のちに深くかかわることになる動きが始まった。芝浦工大に合格し島根県米子から出てきた生田宥は剣道部に入りたくて防具を担いで入学式に臨んだ。残念なことに剣道部はない。創部を思い立って同好の士を捜した。二年生の菊井美尭に出会い、一緒に三〇人ほどのメンバーを集めた。生田は初段だが、二段三段もいた。道場はない。空いている教室の机、椅子をかたずけ、掃除して稽古した。時々は愛宕警察署等の道場を借りた。生田個人は伝を頼っていろんな道場に出かけた。早稲田大学の道場で渡辺敏雄に稽古をつけてもらったこともある。

その早大剣道部OBに小藤（ことう）清己がいた。戦後学生剣道を復活させるべくGHQ相手に奮闘した一人である。小藤は島根県安来の人であり、かつて小藤の弟が生田家に下宿していたという縁があった。この年一一月剣道部は正式に承認された。菊井と生田たちは昭和三六年度からは剣道の強い学生を集めようと企画。菊井が奔走して学校側から推薦枠を取り、全国から強い選手の情報を集め新年度に備えた。こうした動きがあることなど羽賀準一は夢想もしていないであろう。）

# 「五味康祐氏の『現代剣法奥儀』に反論する」

五月、準一は「五味康祐氏の『現代剣法奥儀』に反論する」(原題「五味さんに応えて」)を書く。これは前年一一月号の「文藝春秋」に載った五味康祐「現代剣法奥儀—康祐漂流譚—」への反論である。五味は当時『柳生武芸帳』などで剣豪小説ブームを巻き起こした作家。剣道関係書をよく調べていて、その限りでの知識は相当にあり、それらを荒唐無稽のプロットのなかに巧みに組み込み、流行作家になっていた。しかし自身は剣道はできない上、近現代剣道については無識であった。

その人がもっともらしく「現代剣法奥儀」などを書いたのである。しかしこのもっともらしい言説に反論するに足る知識と「数世紀前の剣の使術」を兼ね備えた剣道家は当時羽賀準一ひとりであろう。とくに「昔の剣客」(たとえば五味がひいきの柳生宗矩・宮本武蔵等)と「現在の剣客」との実力比較論はみじかいが本論中の白眉である。

『文芸春秋』昭和三十四年十一月号に掲載された作家五味康祐氏の「現代剣法奥儀」を拝読した。所詮は作家の剣道観だから変な記述が多少あっても不思議はないが、この記事のために、剣道を学ぶ初心者が過失を犯したり怪我を蒙ったりしたのでは気の毒だ。

その外にもところどころ批評の必要を感じたのでペンを執った。氏はご自身の修行の思い出のところで、とにかく蹲踞(そんきょ)から師に就いた、と述べておられる。修行は礼儀から始まるはずで、蹲踞もまた礼の一種だが、それはまあおくとして、氏はさらにつづけて、中学校四、五年生の頃、奈良の山中、多武峰のある寺で過ごしたとき剣道五段と自称する老師から朝の稽古をつけられたと言う。主として古武道の形で、折々、素面、素甲手、木刀で打ち合ったとか。このことはいままで隠していたのだがじつは氏も木刀でなら少々勝負できるという。

とんでもないことを言われる。こんなものを読んで、青少年が変な真似でもするようになったら、剣道の発展上、由由しいことになる。木刀の勝負は真剣勝負に異ならないので、骨折するか片端になるかが普通で、悪ければ死んでしまう。五味氏はよくもこんなことを書けたものだ。

木刀での試合は、お互いが可なり上手になってから、真の実力を試みる為におこなったことはある。しかし、他流とはほとんどおこなっていない。

両者立ち上がって互いに間合をはかり気分で詰め、詰められた方が「参った」と言って負けを認める。打ち合いはしないものである。

木刀での稽古はどうか。流派の形にしたがい、打太刀・仕太刀の約束で間髪を入れず充分に間を詰めることを学んだ。これがすなわち形稽古である。形稽古は木刀を用いるので惜しまず打つことのできない欠点があった。

故に、徳川末期に至って、形稽古は竹刀稽古にかわったのである。すなわち惜しまず打つことのできる剣道に移行して、幕末の最盛期に至ったのである。

五味氏のいうような無知にもとづく木刀試合や稽古は絶対おこなってはならない。まさに、生兵法は大怪我の基、である。

昭和三十年だったか、皇居内の済寧館において天覧試合がおこなわれた。出場選手は東京を中心とする近県の警察本部剣道師範の方々であった。このときの優勝者は警察庁教養課の滝沢光三君である。この天覧試合を五味氏も拝見したそうだが、氏はこの試合より柳生村で見た試合のほうが数段おもしろかった、と言う。柳生村でおこなわれた試合の出場者は、奈良県下の警察官と付近の村民だった由である。

五味氏のいうおもしろさとはなにか、それがはっきりしないが、試合の内容でいえば、柳生村の試合のほうが天覧試合より良かったとは、わたしには思えない。

氏は、柳生石舟斎以来土着した剣術者の気風と気概はそのままざまざといまに生きている思いがした、近頃のオートバイを吹っ飛ばす快感と同程度に剣術そのものが愛好され愉しまれているのだろう、こうした村の者全体が盛り立てた試合のおもしろさでもあった、と言う。掘立小屋の旅芝居と天覧試合とを同一に論じられたのではたまらない。

五味氏はまた、昔の剣客と現代の剣道家との実力を比較して、簡単に答えを出しておられる。答えは出ないと言うのが本当のところである。しかしまあ、初心者のためにこの問題について少し書いてみよう。

いったい昔の修行者は一本の稽古のために幾十里も歩かねばならなかった。町道場のあるような土地は、おそらく城下町くらいのものだったろう。幾十里歩いてやっと探しあてた道場を訪れても、他流試合はいたしません、と断わられるのがふつうだった。明治になってからでも、十里歩いても稽古できるかという不安があった、とは古老の話である。明治二十六、七年頃までの剣道修行はこんなものだった。

こんにち十里どころか百里、二百里先でも夢を見てる間に着いてしまう。百年以前の稽古の量と、現代本気で修行しているひとびとの稽古の量とを比較してごらんになるがいい。人が持って生まれた心身の素質は今も昔もほとんど変わるまい。要は良き指導者を得て十二分に稽古することが名人上手を生むのである。

稽古できる時間から考えても、稽古相手（学剣者）の数から考えても、現代の剣道家のほうが格段に稽古量が多く、したがって技術的にもはるかに進歩していると言える。

しかし、剣道は技のみの闘いではない。精神面こそ重要な役割を持っている。今日では真剣勝負に出合う機会はまったくない。真剣勝負が現実的であった昔の剣客と非現実的となった今日の剣客の精神面の比較という問題である。

精神面も含めるならば、昔の剣客と現代の剣客との実力を秤量することはむずかしくなる。五味氏ごときが秤量できるような問題ではない。

五味氏はまた、柔道は盛んだが剣道は下火である、といわれる。氏はいかなる根拠でそう断じられるのか。わたしが知るところでは大差ないが。

柔道には嘉納治五郎先生がいるが剣道にはこれに匹敵する人物がいない、という五味氏の意見にはわたしもまったく同感である。しかしそのことが剣道の発展にマイナスであったとかマイナスであるとか、そんなふうにはわたしは考えていない。

嘉納先生が教育者として日本の一流人で、先見の明をお持ちであったことは十二分に認める。武術である柔術を体育である柔道へと作り替え、「精力善用」を表看板に徐々に改善して、今日の発展の基盤をつくられた。

それにひきかえ剣道は、西南の役で警視庁が抜刀隊を組織し、実戦第一主義を看板にした。その上日本刀はわが国の精気などと称し、打突に主力を注ぎ、肝心の基盤をつくるべきとき、軍に追従し、流派間の争いもあり、大日本武徳会ができてもなかなかまとまらなかったように聞いている。

五味氏の言によれば、亡き中山博道先生が一応剣道隆盛のお役に立ったとのこと。だが、当時京都には内藤高治、門奈正の両範士があり、東京には柴田衛守範士あり高野佐三郎範士あり、これらの諸先生は中山先生にとっては先輩で、重要部門での発言も強力であった、と聞いている。五味氏は、その中山先生があまりに政治色を帯びたため、あれだけ「居合の中山」と評判されながら人間としては後進に慕われなかった、と述べておられる。

このことに関してもの言うのはためらわれるが、五味氏にはっきり言っておきたいので、この際書く。中山先生が後進に慕われなかった大きな理由は、不如意、である。若くして根岸信五郎先生の後を継がれた中山先生は、道場経営に腐心されたが、経済的には大変だった。立派な実力を備えながら生活はまったく火の車で、このため門人の昇段でも金のない者の世話をしてくださらなかったのは事実である。しかし、先生ご自身の暮らしぶりもきわめて質素だった。もっといえば、家庭的には孤独で、家では居場所さえなかったかたである。

わたしが二十歳くらいで大掃除のお手伝いをしたころは立派な銘刀も何本かお手許にあったが、昭和二十年ころには居合刀の忠吉のほかにあったのは栗原さんの刀ぐらいで、ほとんど手離しておられた。

中山先生は強い政治色を帯びた先生と評するよりか、一生貧乏に耐えられた先生と申すほうが当っているようである。このような点で、嘉納先生とは大きな開きができたのではなかろうか。

五味氏が現代剣道界の四聖として、小川金之助、持田盛二、斎村五郎、中野宗助の各先生を挙げてくださったことはうれしい。ありがとう。さらに氏は、少し年齢が下がったところで、小野十生氏、森正純氏、中村太郎君、谷崎安司君らが明日の剣道界を背負う傑物だろう、そのほかにも高野弘正氏など在野の妙剣をさがせば十指に余るかもしれない、と言われる。これらの諸氏の実力についてはわれわれはあまりによく知っている。五味氏、何をか言わんや。

米軍の占領政策によって、剣道の発展が遅れたというのは五味氏のいわれる通りである。なによりも学校剣道の禁止がひびいた。このために若いひとびとが剣道から遠ざかった。剣道界にとつてまったく大きな痛手だった。しかし、禁止されたのは学校剣道であって、わたしども同志は戦いの終わった日から、明日の剣道界のために空きっ腹を抱えて稽古をやった。ただし米軍をおそれて見張りを立てたり懸け声を忍んだりして打ち合いをしたことは一度もなかった。

五味氏は剣道をやるために防具が三万円から三万五千円もかかり、それが剣道への門戸を狭くしているという意味のことを述べておられるが、こんにち三万、四万の防具を買えるるひとは全剣道人口のうちいかほどいようか。防具はぜんぶ手工業だからたしかに手間をかけたらきりがないが、安価な品であれば衣袴・防具など揃えても四千円ぐらいで手にはいる。剣道は費用がかかるとの五味氏の言だが、野球のグローブ一個でさえ四、五千円はするのである。

なるほど柔道は衣股帯合わせて二千円もあればすぐ始められる。それはまったく五味氏のいわれるとおりだが、しかし剣道は道場がなくても野外でできるのに、柔道はそうはいかない。それに怪我のことだが、剣道の場合医者にかかるような怪我はめったにないものだが、柔道の場合一人前になるまでに一度も骨を痛めたことはないというひとは稀なのではないか。

五味氏はまた、今後剣道が昔日のごとき隆盛を迎えたとしても、現今のこのうるさい応援さわぎではかつてのような立派な大試合が演じられないのではないか、と憂慮しておられる。まったくこのごろの節度のない応援には困ったものだが、しかし試合者はわたし程度の者でも、ひとたび立ち上がったら、もはや相手しか念頭にないものである。

これにはおもしろい話がある。

昭和二十何年だったか、はっきりした年月日は記憶にないのだが、将棋の木村義雄氏が名人戦の下検分のため皇居の済寧館に来場されることがあった。ちょうどそのときわたしどもは稽古中だった。ここはかように揺れるのですが対局にはいかがでしょう、と友人高橋英君が木村氏に質問した。木村氏が答えて曰く、いったん対局が始まったら隣に雷が落ちても勝負には関係ありません、と。じつに名人にしてこの言あり。たいへん参考になったものだ。

さらに五味氏は次のように述べておられる。「戦後はまるい竹刀をゆるく遣えと文部省あたりが言い出し、刃すじの立った打ちなどはもう問題にされなくなった。何処をどう打とうと叩いた方が勝ちという剣道である。はじめから丸い棒での殴り合いなので、そんなゲームが剣道競技と看倣されている。戦後、再び文部省に剣道を入れるためには其処まで去勢されねば受入れられなかったのだろう。しかしその結果、却って剣道自体のわざが今のように荒れきってしまったのを識者はなんと見ているだろうか。昭和三十年かの天覧試合に私が索漠たるむなしさをおぼえたのもこの点にあった。まるで殴り合いであった。やたら無駄打ちをする。甚だしいのになるとシャモの喧嘩同様に跳び上がっての打合いである。

何処に剣道があるだろう」と。

五味氏はよほどあの天覧試合を気にしておられるようだが、当日出場の剣士が当代一流の剣士というわけでもない。なにかといえば真剣勝負は……と云々されるが、修行途上にある出場諸氏にこのような心境を求めるのが性急過ぎるので、各自の段階を見てやることを忘れているのではなかろうか。

また現代の竹刀剣道は打っても突いても怪我はほとんどない。前にもいったが、十二分に打突を学ぶことができるのが現代竹刀剣道の特色である。稽古に生命をかけても生命に別状ないのが今日の剣道で、相手に怪我をさせないことが前提である（これが真剣勝負との決定的な違いだ）。目下の稽古や試合はあくまでも演習である。剣道を批評するならもっと広い見地に立っていただきたい。

また、打突のことについて五味氏はいろいろご意見をお持ちのようだが、丸であろうが三角であろうが力の線がぴたりと出ることが肝要で、それが出たときに自己の技に満足できるのである。これは貴下にはおわかりになるまい。

五味氏は例の「昭和三十年かの天覧試合」を持ち出して、審判の持田範士がどう思ってあの勝負をつけたのか訊きたいと言われる。作家が他の専門分野に立ち入ってそこまで「なぜ」と質問されるのであれば、少々修行して体験を持たれてからのほうがよろしかろう。そのほうが、回答を理解しやすいし、納得もしやすいはずだ。その上、持田先生と宮本武蔵や山岡鉄舟が試合したら持田先生が負けるだろう、などと空想試合の予想をとくとくと語っておられるのはどういうつもりか。競輪、競馬の予想とはわけが違う。五味氏は素人だ。作家という稼業柄なにか書かねば商売にならないのかもしれないが、それにしても、持田範士七十余歳の老大家に実力いっぱい技をふるつて森正純範士と試合してもらいたい、と書くにいたってはあまりにひどい。持田・森両先生の実力はわたしにははっきりしすぎるくらいわかっている。このような試合を希望する五味氏は、作家では一流かもしれないが、剣道に関しては見ることも知らない素人である。

同じ範士と言っても、初段と十段ほどの差がありうることを知っておかれたい。

悪口のついでをもうひとつ。ナナ通信から朝日新聞社が依頼され、日本の剣道を海外に紹介するカラー写真を撮るために、前述の小野・森両範士の模範試合が組まれたという。五味氏は試合の模様を自分では書かないで、朝日（新聞）剣道部の久保教士の言に代弁させている。以下は久保教士の言の要約である。〈さて試合が始まって、あっと我々は息をのんだねえ。間合いが、双方ずぶりと、竹刀の半分近く交叉するまでに入っているのだ、われわれならとても怖くてそこまで踏み込めない。そうして竹刀をガチャガチャ鳴らし合っている。常識を無視した間合の詰め様だ。隣で観戦中の中村太郎七段と自分は思わず顔を見合った。ヒョイと延ばせばもう届くのです。それが、なかなかどちらも技を仕掛けない。互いの腹の攻め合いをしているわけです。何か我々と次元の違う神技を見ている気がしましたよ〉とのこと。

間合を詰めて竹刀がガチャガチャ鳴ったから腹の試合だなんて、ましてそれを見て息もつげなかったなんて、これはもうお笑いぐさだ。間合を詰めるまでがたいへんなので、詰めておいて打たないのは、そこで遊んでいるということだ。剣尖が触れ合うまでにすべての作戦は終了しているもので、それ以後は変化である。ここが見えるかどうかが素人と本職の違いなのだ。久保教士は試合に感嘆して顔を見合わせたつもりのようだが、わたしにいわせれば、中村七段は試合にあきれて横を向いたのであろう。というのも、気のこもった攻め合いのときには、当事者以上に傍にいる者の方が心を打たれ、息が詰まってしまう。ほかを見るひまなどないものなのだ。こんな観戦記に感心して代弁させる五味氏の剣道観の底の浅さよ。

五味氏が久保教士を補足してのべた知ったかぶりについても一言。

六十歳、七十歳になれば気がはやっても足がついていかない。出られない。それで間合が近くなる、という。おかしな話しだ。間合が近いのは結構だが、気がはやって足が出ないようでは大家とはいえまい。歩けるひとなら十分に遣えるはずだ。現代剣道では竹刀の長さが規定されている。現在の先生がたのほとんどが三尺九寸の竹刀を使用しておられる。飛び込んでもその場で打っても届くということに関してば同じである。ただ身長によほどの差異があると、片方は面に届くが片方は甲手にしか届かないということはある。しかしおたがい相手のからだの部分に届くことはまちがいない。相手が何尺飛び込んできても、それを迎えて相手の竹刀の届く寸前にこちらが打てば間に合うのである。剣道が割合年齢に支配されないのはこのためではなかろうか。

したがって、剣道では技も必要だが、じつは心が問題になってくるのである。技を遣うのはだれか。手足を動かすより前になにが働くか。考えてみれば答えはおのずからはっきりする。

五味氏は、剣道界の最高峰持田範士の生存中にぜひとも森正純範士との試合を世に公開されたい、との希望を述べておられる。それというのも、その試合は剣道のいかなるものかを、斯道に志す青年たちに、百万言を弄するよりもつと如実に訴えるだろうと思うからにほかならない、という。相手が小野十生範士でもむろんかまわない。「道の繁栄をねがうなら、常に最高の技術を披露するのが人間の誠実さというものではないか。大衆は、断じていいものは知っている。黙っていても感知する。警察官に棒の振り廻し方を教えるだけが剣道ではあるまい」と。

五味さんに教えてあげよう。持田先生は年齢七十五歳、第一線をすでに退かれたかただから、よほどご無理をお願いしないとわらって断られるだろう。森先生はたしか六十四歳、小野先生は六十五歳で十歳も若い。だが両先生が逆立ちしても持田先生に五分には遣えまい。みなさん利口だからわたしのようにはっきりとはいわないが、持田先生の養生のしかたと森・小野両範士の養生のしかたとでは、あまりに差がある。

もしたって稽古を拝見したかったら、文京区小日向台町の妙義道場（師範は持田先生）をおたずねなさるがよい。この道場の朝稽古、とくに日曜日だったら小野・森両先生ともほとんど出席されている。いつでもどうぞご覧なさい、と申しあげておく。

顔を見ただけで、その人の剣の力量がわからないようでは、剣は語るに及ばず。

だいぶん勝手なことをいったが、五味氏に一言お礼のことばを述べておきたい。貴下のおかげで、いろいろな雑誌が剣に関する記事を載せてくれ、剣道は学ばなくても剣に関心を持つかたがたいへん多くなった。間接的な剣道普及に感謝申し上げる。

昭和三十五年五月

第十二章

# 居合を論ず

昭和 39 年 11 月、羽賀準一満 56 歳

# 「居合とはなにか」

六〇年八月「居合とはなにか」（原題「私の居合観〈ある新聞を見て〉」）を発表している。

剣道は全国統一的に各種行事もおこなわれてますます盛大になりつつあるが、居合道は一部のひとびとが別派を立て、こちらが先に始めた本家だなどと称して、全日本剣道連盟と同様に範士、教士の称号を出し、それでも足りなくて何々流正統とか宗家とかと唱えなければ一人前でないような風潮が見られる。

居合で流祖と称されてもよいと思われる人物は、古来三名くらいのものであろう。剣道の多くの流派は三大流派から分派したものだが、居合の多くの流派もほとんどは分派に過ぎないのではないか。その流派においても、時代によって多少の変化があるのは当然である。流祖がいかに立派でも何代目かがまったく異なった学びかたをした場合もあれば、流祖は未完成だったが何代目かが完成させた場合もあるなど、各流にいろいろな特色・歴史的事情があるのは当然である。そのような特色も事情もわきまえず、自分勝手に流祖や中興の祖の教えと異なった学びかたをして、それで正統・宗家と称して世間に出たなら、そのひとの居合は道化役者の手踊り以下にしかならないだろう。

流儀の形は長年にわたる流伝のあいだに、ときに正伝を逸し、ときに真義を忘れ、形骸のみに堕することがある。こうした場合、その流儀の演武は単なる刀の舞いになるおそれがある。古伝継承家はつとめて見聞を広め、他流儀をもよく研究し、道の根本に近づく努力をしなければ武道の枠外に出てしまう。

独善はどんな場合も良い結果をもたらさない。わたしどもが求めたいものは、宗家でもなければ正統でもなく、正しい居合の道である。

最近、全居連発行の新聞を見た。指導者と称する人の居合に関する記事があった。いちばん肝心の「心の事」については「心の位を求める」「心の清明を養う」としか述べていない。これでは内実がない。幾千万回鍛練する。それだけでよいのか。学ぶべき方向を示していないではないか。ああやれこうやれというだけで、教わる側は納得するだろうか。初心者は疑問を持つものである（最近の若い人の場合はことにそう言える）。流祖から伝わったという理論と実際についても「それはなぜ」「それはどうして」と質問されるだろう。それに対し流祖からそう伝わった、とにかく幾千万回鍛練せよ、と答えるだけで間に合うものではない。

教えるからには、まず自分の稽古を十六ミリフィルムにでも写して勉強してはどうか。自分の姿がわからないで、どうして教えられようか。しかも初心者には各人に応じた道というものがある。各人の力量、程度にしたがって、教えにも段階があるのだ。

さて、新聞の中には、納刀がどうの、柄への手のかけかたはどうのと、ご託をならべてあるがそれはまあ結構としておこう。

おつぎがいけない。竹や巻藁の試し斬りは人前でするべきではないのだと言う。榊原鍵吉が明治天皇の天覧に供した兜切りは鉢試しという試し斬りではなかったか。

居合の早抜についても「刀の操作を習熟するため、当流十七代宗家大江正路先生が創作されたもので、真の居合とは別なものである」とのことだ。

この指導者と称する人の言だと、刀の操作に慣れることは居合のうちには入らないらしい。人が刀を腰にして抜きつけ斬り下ろし、そして納刀する。これが居合でないというなら、現在貴下がやっていることはいったいなんなのか。踊りか舞いか。

こういう居合修行者の考えることといえば「我が剣の触れるところ何物をも断ち斬る絶妙の技」なのだとか。絶妙の技とはなんだろう。修行不足のひとが口にするのならともかく、使術者が口にすべきことではない。人間の手足が絶妙に動くものでないことはおわかりだろうに。

ひとに器用不器用はない、とわたしは信じる。不器用とみられるひとは「我」がつよく、師匠の教えを素直に受けいれなかったひとだと思う。何事をなすにも肝心なのは心の働きである。手足はだれが動かすのか、技はどうして働くのか。ご一考を促したい。

徳川時代は二尺三寸くらいの刀を腰にしたものだそうだが、太刀、刀を腰にしたまま座敷でも対座した時代は桃山時代まではないか。徳川三代家光の頃には座敷で腰にしたのは小刀だけ。そうすると、徳川時代における室内闘争の中心は小刀の居合ということになる（この問題は別の機会に語ることにしよう）。

戦場ではほとんどといっていいくらい居合の必要性はなかった。天下太平の時代になって居合は発達したのである。

このように考えると、居合は実際場面の必要から発展したのではないことが分かる。では現在のような居合はなぜ発生・発展したのか、なんのために学ぶ必要があるのか。

いつの時代でも闘争を求める者はまれで、平静を好むのが人情である。だが、武士は変に応ずる心身の訓練・修養が必要だった。こうして居合が発展し今日に至ったのである。

今日にあっても居合の主目的は心身の訓練・修養である、と言えるであろう。

ついで心身の訓練・修養の魂とも言うべき、呼吸について述べておこう。

人間が生きるについて一日も早く取り組まねばならないことは、呼吸の問題である。だれにも経験あることだが、町を歩いていていきなり（物陰から斬りつけられる心配はないが）自動車やオートバイが飛び出てくる。ハッとして呼吸がとまる。また、怒ったときには呼吸が荒くなる。すなわち前者の状態は仮死、後者の状態は病気ということになる。

このように考えてみると、正しい呼吸を持続することはたいへん大切なことで、冷静なる判断を可能にし、これに技が伴うといかなる変にも応じることを可能にするということになる。

剣道は対手があり、こちらの悪いところは打ち・突きしてくれるが、居合は一人で学ぶ関係上、よほど基礎をしっかりしておかないと、知らず知らずのあいだに悪い癖が出がちなものである。

居合も「技」は大切だが、呼吸は一層大切である。人はオギャーと生まれてから息がとまる（死ぬ）まで、呼吸を休むわけにはいかない。こう考えただけで、いかに呼吸が大切かおわかりだろう。だが、あまりにも身近なことなのでかえって忘れがちなのだ。

居合の習い始め、座して技を習うとき、技と技との間（たとえば一本目と二本目の間）で三呼吸または四呼吸して、つぎの技をほどこす。居合はこのようにはじめから呼吸と取り組むのである。正しい呼吸をするにはまず正しい姿勢が必要で、体が曲ったり、傾いたりしては、正しい呼吸ができない。体を正しく保持して、下腹部に充分力の入った状態を常時求めるように心がけなければならない。肩に力が入ると腹の力が抜けていると心得ねばならない。

こうして呼吸と技と同時に指導する。技が進むとともに姿も整ってくる。自己の欠点をある程度察知できるところまで進むのに約一カ年はかかるだろう。ここまで進んではじめて、居合のいの字がわかりかけてくる。その後は、刀は生きているか、体勢はどうか、動作にタルミはないか、呼吸は、と全動作の反省ができるようになるのに又二カ年は要するだろう。

かくして基本的な修練を充分おこない一人前になる。その後は数をかけての体得である。自己の居合をものにしてゆくには、「考え、待ち、断食する」の精進があるのみ。

つけ加えておきたい。居合の演武の際（したがって居合の稽古でも）、床板に着眼して背を丸くしている姿を多く見かける。剣道の稽古や試合の際、対手の面、甲手、胴を打つときに、打つ場所を見るのは初心者だけである。居合でも特定の場所を斬るとき以外は視線を下に向けぬよう気をつけていただきたい。

正しい姿勢、正しい呼吸、世の中を広く見ること、は人生に必要であると同時に居合道にも必要である。

最後にもう一言。居合は剣道の一部分である。立合に対する居合である。居合の勝負は鞘の中にありというくらいで、抜けばあとは剣道である。剣道の諸流派には居合がそれぞれついていた。最近剣道の先生が居合をやられない事もよくないが、居合の先生が竹刀を持ってささら踊りでは居合が泣くだろう。

剣道を見れば居合が判り、居合を見れば剣道が判る。どちらかがひどく下手ということは、どちらも上手でない、ということだろう。昔から武芸は剣道が表看板であった。今さら居合を表看板にする必要があろうか。

昭和三十五年八月

## 「居合学びの奥義」

同じ八月、「居合学びの奥義」（原題「居合に就いて」）を執筆。

抜刀術、俗にこれを居合と申します。その起源はあきらかには知られておりません。永禄、天正の頃からはじまったようだ、との説があります。

流祖と称される林崎甚助重信は、出羽国林崎明神に参籠して霊夢に感じ、神明の剣法を得られ、三尺三寸の太刀、九寸五分の腰刀をあわせて授かりしとのことです。夢は五臓の疲れといいわれています。そのうえ神から太刀、腰刀を授かりし、となれば現代人には不可解ですが。

ともあれかくして林崎神明夢想流、また略して夢想流が生まれたとのことです。夢物語的な伝説を、こんにちどこまで信じてよいか、わたしには判じかねます。

一般に、居合の勝負は鞘の内にあり、と言われてますが、勝負の場にのぞんで鞘の内にこだわりがあるようでは、名人達人とは言えません。勝負は敵によって転化すなわち変化自在。名人武蔵は晩年丸腰で暮らしたことは有名です。武蔵は鞘の内どころか、両刀さえ超越していたということでしょう。

居合を修練する時には、はっきり目標を立てて行うことです。そうしますと、一つ一つ答えが出て面白く、やめられないものです。たとえば今週は初発刀に力を注ぐ、その次は流刀に、という具合にやってゆけば、苦しい稽古にも楽しみが持てます。

各種の技にはそれぞれの意味があり、心の働きがあります。心の働きがともなわないと満足した気持ちが持てません。技を生かす根本は「心と体」が一致することです。これには正しい姿勢と正しい呼吸が必要です。このことは特に意に留めてください。

稽古の意味と内容にこだわってみましょう。「稽古」とは「古きを稽(かんが)える」ことそして新しきを悟ること、です。

役者の最大の関心事は、舞台の上でわが技倆を遺憾なく発揮することであり、その技倆を発揮させるためには、不断の準備即稽古が必要である、と言われます。剣道・居合の稽古についても同じ事が言えましょう。

稽古は自得と不可分です。こんな言葉があります。「道は見るべからず、聞くべからず、その見るべく聞くべき者は道の跡なり。その跡によってその跡なき所を悟る、是を自得という。学は自得にあらざれば用をなさず」と。

全く自得したものでないと、理論も技もものの役には立ちません。

しかし、何にも知らずに無茶苦茶の稽古をするよりも理論を知っておいて稽古する方が早く上達します。

つぎに慣れであります。慣れとは稽古に数をかけることで、この慣れの進むにともなって、心にほがらかなゆとりのできて来ることは、注目すべき要点であります。やることなすことにそつがなく、間の抜ける事もないのは、まったく心のゆとりから生まれる結果であります。

心の落ち着きは、稽古につぐ稽古によって起こる慣れの結果である場合が多いように思われます。慣れるにしたがって力量もどんどん進むものです。

ところが、姿勢が悪い稽古だと進むどころか、やればやるほど変な癖が出て、ついに骨折り損のくたびれもうけになります。なぜか。姿勢という字を別々に読むと判るでしょう。姿に勢い、と書いてあります。まさにそのとおり。勢いのない姿なんて人形と同様です。

正しい姿勢が保持できるようになると、自然呼吸も正しくなり、気合も充実して来ます。

では、ここでいったん呼吸の問題に転じましょう。ひとくちに「呼吸を計って」などと言いますが、これがなかなか重要です。試合でも稽古でも、息を吸いながら打ち込めるものでしょうか。剣道・居合に経験のある方ならすぐ答えが出るでしょう。

息を吸って吐くか、止めるかした時に技は仕掛ける。この時手も脚も腹も呼吸と協同一致しての動作をしないと、すぐ破られるものです。

対手を見るとき、眼、剣尖、体、これが一つの目標として眼界にはいって来ます。これらが、どれだけ一致しているかいないかによって、対手の力量の大体がわかります。

離れて即ち遠間にてこれを知ることが敵情視察です。呼吸を計るということばの意味は、息だけのことではありません。自己の全器官がその協同動作の緊張の項点に達したときが、いわゆる気合の満つるときであります。一点に集中された全神経は常時以上の作用を示してくれます。

こちらからも何らかの放射をしているが、対手からも何ともいい知れない、なにかで、こちらの皮膚だけでなく、内臓へ脳髄へぐんぐん圧迫してくるものがあります。これが剣道でいう、気当たり、であります。もし、なにか物理的にこの力を計測する機械があったなら、放射力としてすばらしく高度なもののような気がします。

この緊張が二人の間に闘争として継続しているうちに、弱いほうが生理的変化を起こして蒼白になり、呼吸の乱れとなります。いわゆる、気合負け、です。

また別な場合、互いに満を持してしばらくは無駄な動き一つもない内に、生理的に我慢のできなくなった方、弱い方から「エイッ」とか何とか掛け声になって出てくると同時に仕掛けてくる。そこで対手はこれに答えて「オオー」とか「エーイー」とか、応えて変化する。このときの掛け声の烈しさは、互いの皮膚、内臓、脳髄へぴいんと響く力を持っています。人間の声というよりは、無形の砲弾、否、すばらしい振幅を持った音響、というよりも精神的爆弾の炸裂音と表現できましょう。

互格と言っても、非常に高度の人の場合は、特殊の放射線によって顔を見合わせた瞬間、相手の力量を察知して、無音無形の闘いを終え、形式上の闘いはなく、互いに目で挨拶して別れるでありましょう。小説ですが、宮本武蔵と柳生兵庫との出合いがこのように書かれています。

最近、剣道では流派を名のる方がほとんどなくなり、ときたま形でも行うとき、何々流形というくらいですが、居合ではなかなか流派がやかましい。

人間が刀を持って動作をするという原則からみてわかるとおり、まず体（たい）は生きているか、腕は力の線に沿って動いているか、刀は正しく握られているか、手のかえりは充分か、などが肝所となります。こう考えてみると、すべてが生きて動作しているか、が求められているわけです。それ以外に求められるものとしては心の問題が残るだけです。

これら居合の命とも言うべき問題を追究する事なしに、わが流派は正統であるとか、何代目であるとか称している人のなんと多いことよ。流名などは何とでもつけられます。ただ居合で有難いことは、いくら我を張っても、打たれて痛い目を見る心配のないことです。誠に気軽でよろしい。

徳川時代の居合のおもしろい記事があります。ご参考までに記しましょう。「撃剣叢談」巻の四に、とくに剣道ではないがとことわって、田宮流の居合に関して書いてあります。居合の諸先生方には、ぜひとも一読していただきたいところであります。

一、田宮流は居合なるを唯一流ここにまじへたるは微意無きにもあらず、今紀州及び江戸に行はるる田宮流は先づ表に伝ふる所は居合の態也、それより太刀となり打合の勝負を専一に修行す、名は居合にして勝負する所は太刀態なり、ここを以て付記してあらましをあぐ、此流はもと奥州の林崎甚助重信に出づ、其の門人田宮対馬守重正、同子対馬守長勝と伝ふ、此対馬守長勝播州にて参議公に召れて、士組を預りたり、後紀州に仕へて食禄八百石を受け、其子平兵衛、其子三之助相継で居合を以て世に鳴り、上手の誉有て、平兵衛が芸は上覧にも入しなど云ふ也、子孫は今紀州に仕ふ、平兵衛弟子に斉木三右衛門と云ふ者江戸に於て流を弘む、最も上手也しが、其比江戸の剣術の師数人と仕合して皆仕勝ちたり、是等の勝負せる様皆太刀態也、又古伝は、刀を抜かずして左手は鯉口を持て、右手は脇指の柄にかけて敵へ詰寄り、敵の太刀おろす頭を先に、刀の柄にて敵手首を打ち、其拍子に脇指を抜て勝つことを専とする也、是を行合と云、諸流の居合勝負と云もの大略此態を以て第一とする也、皆今備前に行るる田宮流と大に異なり、委鋪しるして異聞を弘むるのみ、

このような記事を見ますと、剣道と居合は別々にはできなかったと見なければなりません。居合では近ごろ、家元とか何代目正統とか称し、居合道範士とか教士とか言います。剣道が満足にできなくて何の居合ですか。表芸である剣道に精進しないで裏芸である居合のみの大家というのは、いわば隠し芸の大家ということと同じではありませんか。最近、真剣味を忘れた居合を多く見かけますが、このことも関係しているでしょう。

さて、では今日において居合はどう学ぶべきでしょう。

〝行〟で始める人、〝心〟と取り組んで学ぶ人、各人その好みによって、どちらかから入ります。その場合どんな立派な教えがありましても、また見事な師匠に師事しましても、重要なのはその学ぶ人の受け取り方です。

たとえば禅の教典は無駄ではないかと思うほどたくさんありますが、それらは実に神聖視されております。教典はこれを学ぶ人たちにどうしてそれほどの意味を持つのでしょう。

すべての決定的な修練を終えて、教典とは独立した何ものかをすでに持っており、それを教典の中に確認できる人に対してのみ、教典は真の生命のある意味を開示してくれるのです。これに反して修練の経験のない人には教典はものを言わないとされています。

教典の行間に隠された深い意味を、修行者が読みとりうるか否か、読みとれるまでの境地に到達しているかどうかが決定的なのです。

どんな禅、剣の大家でも修行の第一歩の段階で、自己完成した段階と同様の深い理解を教典や伝書から得られるものではありません。深い理解を得るまでには、いかに多くのことを克服し、後方にしなければならなかったか。大望のあの真理に到達するためには、その途中、いかにたびたび、絶望的な感情に苦しめられることでしょう。しかし、この不可能と思われた真理への到達がいつの日にか可能となり、その真理は自明とすらなってしまうのです。

居合の修行も同様です。良い師につきその指導に従って錬磨の日々があるのみです。その果てに「大望のあの真理に到達」する日が来るでしょう。

前にもふれたように、昔の武士は槍一筋とか、刀槍一通りとか口にしておりますが、居合を表と称した記録は見当たりません。しかし、剣道の各流派には何本かの居合の形があったと聞いております。

居合は武士の表芸ではなく、たしなみとしておこなわれたものと思われます。居合という言葉も徳川時代になってからのものでしょう。それ以前の時代の戦場では抜刀術などたいして必要ではなかったようです。天下泰平の世になってから武士の修養法の一つとして、また体力・気力を鍛える意味において、居合が発展したのではないでしょうか。

居合の今日に至る発展という見地からすると、長谷川主税助英信が長谷川英信流をまとめたこと、ついで大森六郎左衛門が大森流すなわち正座の居合を創始したこと、明治大正昭和にかけて故中山博通先生がそれらを継承しつつ見事な居合を遺されたこと、などは特筆されるべきでありましょう。

最後にもう一言。剣道も、居合も、正しい姿勢で学びましょう。初歩のあいだは有念・有想も結構です。技の末節に拘泥すると魂を置き忘れます。

修行は楽ではありませんが、先人が荊棘(いばら)を切り拓いて遺してくれた居合の大道を、良師を道案内人として、ただまっしぐらに進もうではありませんか。

昭和三十五年八月

## 植芝盛平と羽賀準一

一九六〇年(昭和35)九月一日準一は東大剣道部の学生たちを若松町の植芝道場に連れて行き、盛平の演武を見学させ、講話を聞かせた。石井邦夫がこの日のことを興味深く伝えている。

この日植芝盛平は風邪で寝込んでいた。準一は寝室に入って行って枕許で「先生風邪と稽古は関係ないですよ」と言って起こしてしまったという。かくて植芝盛平はみんなの前に出て来てくれた。盛平は一八八三年一二月一四日生まれなのでこの時は満七六歳である。

演武では、十人近くの高弟が次々と必死になつて掛っていった。植芝盛平は余裕しゃくしゃくの様子で、何かを呟きながら投げ飛ばしていた。藤田一（昭和36年度主将）がその呟きを聴きとった。「魄（はく）を去って魂（こん）に入る」と呟いていたのだという。それも学生たちに向かって呟いたのではなく、羽賀準一に向かって呟くように語りかけていたのだという。

わたしの直話メモにもこうある。「羽賀さんなら一年で自分を継げるようになるから弟子入りして一緒にいわやに籠もろうと、植芝先生が誘う」のだと。

この時期に植芝盛平が羽賀準一に「魄の境地を去って魂の境地に入ろう」そのために自分と一緒に「いわやに籠もろう」と言っていたのである。きわめて興味深い貴重な証言である。（魂と魄については高橋英雄編著『植芝盛平先生口述　武産合気』〈白光真宏会出版局、1987〉を参照されたい。）

植芝盛平
昭和35年11月

羽賀準一が「植芝盛平先生は国宝級の方である」と言っていたことも石井は記憶している。これは三年後のことだが、塚越健二（後出）に植芝が「羽賀先生こそ世界一の武道家です。日本武道の正当を嗣ぐ人です」と言ったのに照応している。二〇世紀後半最高の真に国の宝であった武道家同士はかくも高い次元でお互いを評価しあっていたのである。

なお、植芝先生の風邪はそのまま治ってしまったと。これも石井が聞いた後日譚である。

さて、同じ九月「業務日誌」と題して新聞の切り抜き帳を準一はつくりはじめる。このスクラップにも剣豪の内面が窺えて興味深い。

後に巨人軍打撃コーチになり、王貞治を大打者に育てた荒川博が羽賀準一を知るのは昭和三五年秋のころらしい。かれは新宿・若松町の合気道本部道場で羽賀準一の稽古を見た。その時「あの人が剣を持たせたら当代一の達人か」と強い関心を持った。その後ドイツのカメラマンが植芝盛平に「日本の武道の神髄をフィルムにおさめて帰りたい」と相談したところ、植芝はそれならば羽賀さんを、と紹介した。

昭和三五年秋椿山荘で羽賀準一の演武が行われた。居合と剣道（相手になったのは張東緑と山田志津子）の貴重な映像が少しだが残っている（藤森将之撮影）。荒川はこう言っている。「羽賀先生の神技ともたとえられるような演武に直接触れて私はほとほと感じ入ってしまったものだ。道をきわめたきびしさと、あたりをへいげいし去った、なんともいえない風格に私はスッカリわれを忘れてそのふん囲気にのみこまれていた」と。ここで荒川は羽賀の面識を得たらしい。

## 「道の跡」

一二月、東大剣道部の機関誌「赤胴」七号に「道の跡」を書く。

東大剣道部には木村篤太郎、増田道義、結城令聞ら剣道の理にも伝書にもくわしいＯＢがたくさんいる。

さすがに書きにくかったのであろう。羽賀準一が昭和二〇年に中山博道所蔵の文書から筆写した前掲「羽賀準一昭和二〇年抜書」・「一刀流伝書」のように当時ごく一部にしか知られていない文書からの抜粋であった。また戦後に愛読した「正法眼蔵随聞記」等からの抜粋もある。確認できた出典のみ括弧に入れて示した。

準一は東大剣道部師範ではない。当時駒場の師範は安藤謙、本郷の師範は鶴海岩夫であった。しかしあえて準一に寄稿を依頼したのは当時二年生だった村山正佳である。かれがいかに深く羽賀準一に傾倒していたかを示している。

剣友村山君の求めによって、東大剣道部の機関誌に寄稿するのやむなきに至りましたが、最高学府の学生諸君に満足していただけるものが書けるか疑問です。

突然、東大剣道部の機関誌に原稿をといわれてみると、無学の私にはたいへんな重荷に感じられます。いつものように、勝手な気分でペンを進めてみたいと思ったのですが、なかなか思うにまかせず、そこで逃げの一手。古い教えや言葉のうち、わたしの脳裏に残っているもので、比較的世間では忘れられていると思うものを拾い出し、剣友諸君のご参考に供したいと存じます。

言葉、文字と取りくむ場合、その行間の意味を読み取ること、そしてこれを行によつて裏づけすることと、この様にして古人の求めたものを求めることが肝腎と存じます。

一、それ心は事（わざ）の静、事は心の動、心は事あるを以て其の用顕れ、事は心有るを以て、其の身を知る也。心に預らず、理に本づかざるの事は、誠の事と云ふものに非ず。心有るとも事なきときは、其の心の用、何に依って見ることを得んや。是を以て、事心一理なることを知るべし。（「羽賀準一昭和二〇年抜書」）

一、其の形有りと雖、心その構に不レ止を無形の構と云ふ。（「羽賀準一昭和二〇年抜書」・「一刀斎先生剣法書」）

一、剣は手に随ひ、手は心に随ふ、心は法に随ひ、法は神に随ふ、神運錬磨久しうして、手を忘れ、手は心を忘れ、心は法を忘れ、法は神を忘る、神運万霊心に任せて変化必然、即ち体無きを得て至れりと謂ふべし。（「羽賀準一昭和二〇年抜書」・神道無念流免許「無上剣之巻」）

一、剣は死生の境に臨んで、死生を眼中に置かざるを以て、その妙諦とする、禅は初より、心を死地に投じて、生を求めず、死を厭わない。二者共に、其の極致の心境に至っては、即ち一つである。（出典未詳）

一、意進　術進　全進

意進は彼我共にあり、神気飽くまで剛強にして、少しも恐れず、踏込むところの勇猛也。是れ武術の源故に善なれども、進み過ぎて失あり、又見事に勝つことも有る可し、必ず是を不可と云ふには非ず、然れども意進の本体丈夫になくては実理に不可也。

術進は是も彼我共にあり、心はさのみ丈夫になけれども、修行の術を以て進む事あり、習を以て進むこと故に、ただ剛気一偏にて踏み込むよりはましなれども、本体に丈夫無くして、術の徳のみにて進むは彼我ともに慥なる勝負は不可なり、然れば意進も本法に非ず、術進も体用一致にあらねば、ただ一方のみにては、必功には破らるゝ者也、故に一つづつの意進、術進ともに本式の業に非ず。

全進此の位に至るを至極とす、意堅固にして、術また鍛錬の上にて進むを全進と云ふ、故に少しも危きことなし、常に此のところを修行すべし、如此すれば必勝と云ふところを慥に知つて進める可き也。

（「一刀流伝書」）

一、三気呼吸

三は陽数也、気は元気又息也、呼は出息也、又発声也、吸は気入也、又引也、又飲也、呼吸は鼻息也、孫子軍争の篇に、朝気を鋭気、昼気を惰気と云ひ、暮気を帰気と云ふ、是を三気と云ふ、呼吸は息也、一昼夜に一万三千五百息を以て医書の論とす、鋭はスルドと訓、惰はオコタルと訓、凡そ血脉呼吸のある物、人は勿論、金鉄ならねば、気に盛衰あらずと云ふことなし、午后時にて心惰気となる、我れ鋭なれば勝つ、敵の鋭に我れ惰を以てすれば負る、故に敵の鋭気をくじき、我れ鋭を以て打つを妙手とす、此の三気を知る者は鋭気を貯へて成になすにあり、下手は一たんに鋭気を使ひ切り、もみ切る故に負を導く、深く味ふ可き也。（「一刀流伝書」）

一、無学之事

是は心秘中の大事学習処は師伝也、変に臨みて師伝の如く為すを下手とす、その行なはるるの節に至るには臨機応変也、敵に大兵小兵、刀に長短あり、力量すぐれたるあり、架に色あり、業に遅悠急あり、時と処と位あり、習学通りを以て勝利を得んと思ふは下手なり、人は万物の長、天性の妙有るを知って教をつくして、教を放れ、我れ見る儘に働く位を無学と云ふ。天地の間の事は人巧也、何の恐るる処あらん哉、彼も人、我れも人也、その詰る処は我れ得ならでは出ざる者也、師伝に曽て無太刀筋を以て勝は天性の妙なり、是れを極意と云ふ、我意を極るを極意と云ふなり。数年学んで、是ならば如何なる勝負も快く成ると安心する処、是を極意と云ふ、師より極意を伝るは、師の極意なり、師も自分に堅固勝を得ると決定したる処を伝るの外不可有、故に我が極意には非ず、書物に極意あるは、必ずその書を著述したる人の極意なり、是を取りて我が極意にはならず、能く此の意を得て惑ふべからず、禅録に悟則是非も是也、迷則是非も非也、と是を以て無学の深き意に可至也。（「一刀流伝書」）

一、松陰かつて高杉晋作に書き与へて曰く

貴問に曰く、丈夫死すべき所如何。僕去冬已来、死の一字大いに発明あり……。其の説甚だ永く候へども約して云はば、死は好むべきにも非ず、亦悪(にく)むべきにも非ず、道尽き心安んずる、便(すなは)ち是れ死所。世に身生きて心死する者あり、身亡びて魂存する者あり。心死すれば生くるも益なし、魂存すれば亡ぶるも損なきなり。（高杉晋作宛て吉田松陰書簡、安政六年七月中旬）

一、たとひ我は道理を以て云ふに、人はひがみて僻事を云ふを、理を攻て云ひ勝は悪しきなり。亦我は現に道理と思へども、吾が非にこそと云ひて、はやくまけてのくもあしばやなり。只人をも云ひ折らず、我が僻がことにも謂はず、無為にして止みぬるが好きなり。耳に聴入れぬようにして忘るれば、人も忘れて嗔(いか)らざるなり。第一の用心なり。（「正法眼蔵随聞記」）

一、古人の云く、不レ似二其人一莫レ語二其風一と。云ふ心は其の人の徳を学ばず知らずして、其の人の失あるを見て、其の人はよけれども、其の事は悪しさよ、悪しき事をよき人もするかなと思ふべからずとなり。ただ其の人の徳を取て失を取ることなかれ。君子は徳を取て失を取らずと云ふは、此の心なり。（「正法眼蔵随聞記」）

一、ただ請ふらくは学人静坐して、道理を以て此の身の始終を尋ぬべし。身体髪膚は父母の二滴、一息とゞまりぬれば山野に離散して終に泥土となる。何を持てか身と執せん。（「正法眼蔵随聞記」）

一、我が身愚鈍なればとて卑下することなかれ。今生に発心せずんば何の時を待(まつ)てか行道(ぎやうだう)すべきや。

今強て修せば必ずしも道を得べきなり。（「正法眼蔵随聞記」）

一、古語に曰く、気は容を得て生じ、容を亡して存ず、草枯れてなほ疾を癒するごとし、四体未だやぶれず、心先づ衰ふものは天地の則にあらざるなり。（出典未詳）

◎註　気と容とは、気の方があとで、先ず容が出来てから気が生ずるものではあるが、然し容が亡んでも気は存するものである。それは丁度薬草の場合に見られる様に、草は枯れても、なほ病を癒するはたらきがある如きである。だから我々の体がまだ破れないのに、先ず心が衰える、元気がなくなってしまうのは天地の原則にもとるものだ。まだ体が駄目にもならない先に老い込んだりしては駄目である。目をつぶるまでは、われらは元気旺盛であるべきだ。

昭和三十五年十二月十二日　　　　以上

＊　＊　＊　＊　＊

この昭和三五年中のどこかで準一と愛弟子中の愛弟子大石純正との間に不和が生じた。準一は剛毅果断の裏面として、ときとして偏見による独断が生じた。二人の弟子がいたとしてたまたま片方をその時、より信じたとする。その片方が他方を讒言あるいは中傷すると準一という人は容易に片方を信じ、他方を誤解し責めるのである（わたしにも同様の悲しい思い出がある）。大石とのそれまでの関係を静かに反芻すれば誤解は簡単に氷解したはずだった。でなければだれかが取りなしてくれればよかった（そのだれかは虎の首筋をなでるほどの勇気を要したであろうが）。

大石はすでに二九歳、静岡で家業を継ぎ精力的に事業を営んでいた。ふたりが再会することはなかった。

# 第十三章　空前絶後の居合——映像（ＤＶＤ）※の解説

※本章で解説する映像「ＤＶＤ　不世出！　羽賀準一先生の剣技」は別売になっております。
ＤＶＤのお申し込み・購入方法については巻末４９２頁をご覧下さい。

## 伊藤一刀斎の真剣勝負の映像がもしあったら……

あるはずがない。二一世紀の現在にあって、戦国時代末期に現れた上泉伊勢守や柳生宗厳、あるいは伊藤一刀斎、富田重政といった名人たちの真剣勝負を映像で見るということは、絶対にできない。時代が三百年ほど下った幕末の男谷精一郎や山岡鉄舟の剣技すら見ることはできない。古書を繙いてその神技を想像するほかない。

何十年もの間わたしはそう思ってきた。本書を執筆していて気づいた。

いやそうした映像はある。わたしはかつてその真剣勝負を見た。今も見ることができると。これはまるで奇跡のような発見であった。

羽賀準一の居合映像（ＤＶＤ）である。先生は言われた。「居合の、抜き付けと納刀以外は全く剣道である、と言ってよい。居合から見れば、竹刀打ちすなわち現在の剣道は、居合にふくまれるといえよう。剣道から見れば、居合は剣道の一部ともいえる。」本書二六四ページ（なお本書四六二ページで高橋（白須）靖夫が師の言葉を明快に敷衍している、参照されたい）。

羽賀準一の「剣道」は竹刀を使った真剣勝負である。まして居合演武中の「剣道」は真剣を用いているので準一にあっては真剣勝負そのものなのである。すなわちかれの居合の抜刀と納刀以外は想定した敵との真剣勝負だったのだ。

こう考えたときあらためて二つの光景が浮かんできた。

一つは、羽賀先生の切り下ろしの時のこと。たとえば大森流一本目「初発刀」で抜きつけ、「逃げる敵を追うように大きく一歩右足より踏み込んで敵の真向に斬り下ろす」動作（本書三四四ページ）。その時「敵」の頭蓋を両断する音が聞こえるのである。それも毎回聞こえるのである。半年後も一年後も二年後もそれは聞こえた。羽賀先生の居合における全動作は想定した敵との真剣勝負なのだ。演武中の敵との間合いを含む全条件が想定され、その敵と真剣勝負しているからこそその演武の中に真剣勝負の光景が見え音が聞こえるのだ。

もう一つ恐ろしい動作を見た。長谷川英信流の四本目は「浮雲」である。あれは一九六五年（昭40）頃のことだったと思う。居合を習って一年二年の者はだれも長くて重く、切れ味鋭い日本刀はもてあまし気味である。所作を覚えるのに懸命で、一々の動作の意味するところはあまり考える余裕は無い。法政大のだれかだったと思うが、「浮雲」をやっていたとき、先生は見かねたのであろう。つかつかと近寄って行きその弟子を右横に立て膝で座らせた（仮想敵に仕立てた）。そして「浮雲」の演武をされた。

おそろしい演武であった。とくに以下の動作が凄かった。

「**少し腰を落しながら、鞘を元の帯刀の状態に復する様に右手の方に引きつけ乍ら腰を充分左にひねり敵の胸部、二の腕かけて斬りつけ体を右に廻し刀の棟に左手を開きてあて、右足を後方に大きく一歩引きて床に付け斬りつけた刀を右方に引き廻して敵の体を引き倒す**、次に刀棟に添えたる左手をもつてはねる様な気持で柄に左手を添え大きく左手前方より頭の前方に廻して右手を肩の高さに充分延ばして構え更に諸手上段に取ると同時に右膝を左踵の後方によせ左足を右膝の前方に踏み付け引き倒したる敵の胴へ斬り付け……」（本書三五三〜四ページ）。

**太字**部分の動作であった。友の体は思いっきり引き倒された！　所作事とは無縁の、真剣勝負の一場面であった。そしてとどめ、「引き倒したる敵の胴へ斬り付け」た。寸止めされたから、友は生きているが、あれが真剣勝負だったら胴は両断されたであろう。

あまりの生々しさに異様な衝撃を受けた。真剣勝負の現場に立ち合ったかのような錯覚を覚えた。六〇年近くを経た今も、思い出すとかすかな動悸をおぼえる。

わたしは友のところに近寄った。友は「これ」と言って見せてくれた。稽古着の胸の部分に刃のあとがくっきりと食い込んでいた。「刀を右方に引き廻して敵の体を引き倒」したときに付いた刃の跡であった。

羽賀準一の居合を真剣勝負として観るならば、われわれは剣道史上最後の名人すなわち「最後の剣聖」の真剣勝負を観ることができるのだ。

藤森将之が遺してくれた居合映像（ＤＶＤ）の原画（8ミリフィルム）は国宝あるいは世界記憶遺産の一部となるべきものとわたしは信じている（中山博道の居合、植芝盛平の演武、高野佐三郎・中山博道の日本剣道形等々の映像も含めて）。世界記憶遺産の場合は剣術を核とした日本武道の、世界の武道における独自性・卓越性が説明されねばならないが。さらに剣術が武術として特異の発達を遂げ得た謎も解明されねばならないが。諸種の剣法書がもつ事理一物の剣理にもとづく絶妙の心法・その哲学性。これらの基礎にある素肌剣法（甲冑を身につけない剣法）の発達の考察、また柔術等の発達史の研究も伴わねばならぬであろう。

さて、羽賀準一だけがなぜこのような居合の絶頂に到達できたのか。本書の全体がその答えでもあるが、簡潔に要約しておこう。

準一は剣道も居合も中山博道を無上の師とした。中山は明治・大正・昭和にわたって居合にも精進、長谷川英信、大森六郎左衛門の衣鉢を時を隔てて継いだ名人であった。

なお長谷川英信は武芸百般に通じた達人と言われ、大森六郎左衛門は新陰流の達人だったという。二人は江戸時代の人だから、居合が剣術の一部であることは至極当然であった。現代のように剣術（剣道）から独立した居合など奇想天外であろう。居合しかできない現代の居合道範士・教士らを見たなら、羽賀と同様「道化役者の手踊り以下」と酷評するであろう。（本書三〇八～三一〇ページ参照）

中山が居合に精進したのは、竹刀を日本刀と同様に使いこなす剣道を追求したからだと思われる。師根岸信五郎は戊辰戦争のとき、十三、四回も実戦を経験した強者で、真剣勝負と竹刀打ち剣道との落差を痛感していた人であった。だから弟子たちには大技の剣道、初太刀に賭ける意識など真剣勝負を前提とした稽古を徹底した。中山が居合の修行に生涯をかけた背景にはそうしたことがあったはずである。（本書三七～三九ページ）

この中山が命がけで体得した剣道と居合を、発展的に継承したのが羽賀準一である。師の中山博道と同じく、羽賀準一も剣道即居合であり居合即剣道であった。

この形成過程を要約しておこう（すべて本書中の当該箇所の抜粋要約である）。

有信館に入門して一年後から準一は居合を習い始めた。このころから博道は新前の指導は高弟たちに任せるようになった。準一を指導してくれたのは大畑郷一であった。かれの指導は剣道・居合ともに卓越していた。準一も剣道・居合ともにめざましい進歩を遂げた。三年後には剣道で精錬証を取得した。居合もとれるはずであった。博道は金のない準一に居合の精錬証を出さなかった。そして例の喧嘩になった（本書四二～四五ページ）。

しかしこのいきさつが羽賀流居合を生み出すことになる。

準一は後年語っている。「朝鮮時代の一〇年間は実に勉強になった。打合の相手がなく、もっぱら居合と理論（剣法の古書）を学んだ」と。この一〇年間の居合修行は独学だった。教わるべき人はいない。大畑が教えてくれた居合だけをたよりに、あとは若手日本一の高い境地に達していた剣道、さらに古書から学びつつ目標とした剣道史上の巨人たちの境地に照らして、居合の全動作を鍛え上げ磨き上げていった。その過程は第十二章「居合を論ず」で今観てきたとおりである。

こうして敗戦直前のあしかけ五か月にわたる博道からの居合直伝の前提はできあがった。直伝はなされた。（第五章「空襲下の修行」参照）

剣道はその後三年間の修行で伊藤一刀斎に行き着いた。かくて剣道は居合によって完成し居合は剣道によって完成した。

羽賀準一の居合は他の追随を全く許さない。まして剣道ができない人の居合など、比較を絶している。富士山と近所の丘を比較できようか。

こうして根岸—中山—羽賀という特別の系譜が成立した。その掉尾を飾る人の居合・真剣勝負の映像をわれわれは今観るのである。

## DVD「不世出！　羽賀準一先生の剣技」を観るにあたって

羽賀先生の剣技はあまりに偉大なので、弟子たちのだれが評しても「群盲象を評す」の域を出ることはできないだろう。ましてわたしなどがその任に堪えないことは、明らかであるが、わたしの評もなにか取り柄はあろうかと思いたい。その評が象のしっぽにあたるのか、鼻にあたるのかなどは不問に付して。

この章では藤森さんの不滅の業績である8ミリ映像という根拠があってわたしの評を支えてくれる。またもし、わたしがまちがいをおかしても映像は永遠に羽賀先生の剣技を伝えつづけてくれる。その意味で映像はわたしの評に対する最高の批判者でもあろう。

以下にこのDVDを観るにあたって、わたしが肝所と思うところを参考までに記しておきたい。

ある日先生に質問した。「奥居合とはどういうものなのですか」と。先生は宮本武蔵五輪書の言葉「いづれを表と云ひいづれを奥といはん」を引いてから、「一刀萬刀に化し萬刀一刀に帰す」（本書二一二ページ）と言われた。つまり居合でこの「一刀」に当たるのが大森流一本目（初発刀）なのだと。

したがって大森流十二本・長谷川英信流十本・長谷川英信流奥居合（座業）八本のすべての業は初発刀が化したのであり、初発刀に帰するのだ、と。

その一本目の肝所と思われる「呼吸」と「抜きつけ」について記そう。

呼吸。各動作の前には必ず逆腹式呼吸を三（または四）呼吸する（口から吐き鼻から吸って一呼吸）。逆腹式呼吸については本書五〇〜五二ページ参照。

居合における呼吸と姿勢について先生はこう記している（本書三一一〜三一二ページ）。

> 居合の習い始め、座して技を習うとき、技と技との間（たとえば一本目と二本目の間）で三呼吸または四呼吸して、つぎの技をほどこす。居合はこのようにはじめから呼吸と取り組むのである。正しい呼吸

をするにはまず正しい姿勢が必要で、体が曲ったり、傾いたりしては、正しい呼吸ができない。体を正しく保持して、下腹部に充分力の入った状態を常時求めるように心がけなければならない。肩に力が入ると腹の力が抜けていると心得ねばならない。

こうして呼吸と技と同時に指導する。技が進むとともに姿も整ってくる。自己の欠点をある程度察知できるところまで進むのに約一カ年はかかるだろう。ここまで進んではじめて、居合のいの字がわかりかけてくる。その後は、刀は生きているか、体勢はどうか、動作にタルミはないか、呼吸は、と全動作の反省ができるようになるのに又二カ年は要するだろう。

居合と呼吸について、高橋（白須）靖夫がきわめて有意義な一文を草している。本書四六四ページを参照されたい。

抜きつけ。先生は剣道で一人前になるのは三年で足りるが、抜きつけをものにするには一〇年かかる、と言っておられた（「一人前」は、昭和初年の高段者相当を意味し、かれらは現代の高段者とは比較を絶する遣い手たちである）。抜きつけの想像を絶する難しさを先生は語ったのだ。

藤森将之氏はそのウェブサイト「私の教わった剣道・居合」「趣旨」の「居合」の項でこう記している。

羽賀先生が私に宿題を出されました、それは「抜きつけで試し斬りをして見ろ」と言うことでした。それからは稽古の合間に抜き付けを研究し、試し斬りを試みました。その結論を言えば抜き付けでは斬れないと言う事を知りました。わらを直径15㎝程にたばね、水に漬けた巻きわらが、通常使用している日本刀では初発刀のような抜きつけでは1㎝程、下からの逆袈裟では3～5㎝程、上からの袈裟がけでは5～8㎝程しか斬れませんでした。

藤森さんの言われることであるから、傾聴に値する結論だが、わたしは異見をもつ。羽賀先生が藤森さんに宿題を出されたのは、「おまえの抜きつけでは切れないよ。試し斬りで研究してご覧」という意図だったと思われる。根拠を以下に記そう。

羽賀準一「剣道日記」一九四五年九月の項にこうある。「居合の方は逆袈裟にて巻きわら、抜打にて斬れる」と（本書一五一ページ）。

藤森さんが「３〜５cm程」しか斬れないところ、先生は五寸・約15cmの巻藁を両断している。「上からの袈裟がけ」ならいっそう簡単に一把斬れたということになる。

藤森さんが「１cm程」しか斬れなかった初発刀の抜きつけではどうだったのだろう。

一把斬ったかどうかは確証がないので結論できないが、深くざっくりとあるいは一把全部を斬ったと推定される。

わたしの「直話ノート」にこうある。「相手の体の肩巾だけ切った刀は反動でもどり切先は相手の中心につくことになる」と。

これは初発刀の抜きつけについての教えである。先生の抜きつけは相手の体の肩幅を斬ることを想定している。映像を止めて抜きつけた刀の極限の位置を見れば、言葉通りに斬りつけている。それから、右手のしぼり（小指の締めと手首のかえり）を受けた刀の切先は相手の体の中心までもどっている。手がかえったので刀は生きている。（「しぼり」と「刀が生きている」の関係については後述）

この刀の動きは真正面から実際に見ると映像以上に凄みがある。抜きつけが極まった瞬間の刀はギッタリという感じで右の極限まで行きそしてもどるのである。この抜きつけをできた人が高弟たちの中にさえいたのかどうか、今となっては確認できないが、ものすごくむずかしいのだ。最後の剣聖・天才羽賀準一先生すら、一〇年もかけて体得した抜きつけである。

以下の内容は後ほど、ＤＶＤの大森流一本目（初発刀）の映像を観ながら、存分に研究されたい。

引用は後掲「大森流居合解説　羽賀準一」の「動作」からの抜粋（**太字**は近藤による強調）。

> 座る。居合における正しい姿勢・正しい呼吸は始まっている。肩の力は抜け、下腹に力が充ちている。
>
> **十分気の充ちた時**、左手を静かに鯉口近き部位を握り、左手親指の腹にて鯉口を切る。右手は鍔元近くを静かに握り、両膝を静かに立てると同時に刀を抜き始める。この場合、両足先は爪立てる。この場合**敵の動作に充分気を配り一分のスキのない態勢を作り刀尖が鯉口迄あと四、五寸位の時、刀を外方へ倒すと同時に横一文字に抜きつける**と同時に右足を一歩踏み出す。

この間もこれからも下腹の力は充ち、肩の力は抜けている。正しい姿勢・正しい呼吸は常時保たれている。ここで「横一文字に抜きつける」映像をみていただきたい。あの長くて重くてめっぽう切れる刃物を抜きつける瞬間の怖さ。わたしなどはいつも下腹の力が抜けて、下腹で結んでいた袴の紐はずり上がっていた。羽賀先生の紐は必ずきちんと下腹に締まっていた。

この時の右手の働きは先にもふれたが、映像を止めては確認しつつ、観ていただきたい。片手の場合も、右手小指を強く締め、右手首を刀の道筋に沿って極限まで（相手の肩幅まで）働かせている（**しぼり**）。右のこぶしと刀尖の高さは水平ではない。鍔元に水を垂らすと自然に流れてゆくくらいに刀尖が低い。こうすれば「刀勢に一層の活気を生ずる」（中山博道）。するとその瞬間右**手がかえり**切先は相手の体の中心に戻る（刀は手がかえったので生きている＝つぎの動作の始発点になっている）。

以上の右手の働きと協同する左手の働きはどうか。

「横一文字」の映像を止めて見ていただきたい。鞘の鯉口も鞘の全体（鯉口からこじりまで）も水平である、そして鯉口を握る左手は「**袴から小指を離れないような気持で充分後方に引**」かれている。先生はさらに極重要の注意を与える。「この時**特に注意することは左肩と共に左手を引くことである**」と。

抜き付けが極った瞬間。
相手の肩幅を斬っている。（小西孝尚作成）

抜き付け。手がかえり刀が生きた瞬間。
（小西孝尚作成）

以上の映像をとくとご覧いただきたい、抜きつけの体が極まった瞬間の姿を。

このとき、刀の物打ちの刃先に全身の力が乗り、初発刀の抜きつけが完了する。抜きつけという一瞬の動作に、左右の手の働きの協同が、さらに手をめぐる体全体の協同がなされている様を映像で再確認されたい。**これが人間のできる究極の抜きつけである。**初発刀でもし巻藁を一把斬れるとすれば、この抜きつけしか無い。

切先が中心に戻った刀は生きているから、間髪を入れず頭上に振りかぶれる。

つぎの斬り下ろしの恐ろしさを観よ。水平近くからしぼり（両手小指の締めと両手首のかえり）を受けた刀は水平をはるかに過ぎて斬り下がる（真向から臍のあたりまで）。ここで「手がかえって」刀は水平にもどる。

斬り下ろし、しぼりが極った瞬間。
臍下まで斬り下げている。（小西孝尚作成）

斬り下ろし、手がかえり刀が生きた瞬間。
（小西孝尚作成）

この瞬間、すでに「刀は生きている」から間髪を入れず新しい動作＝血振いなどに移ることができる。そして納刀。

付言する。大森流一本目初発刀を理解する上での肝所は「しぼり」である。羽賀先生の「しぼり」には普通に言われるしぼりと異なる要素があると思われる。

たとえば中山博道はしぼりをこう解説している（『剣道手引草』）。

而して此の切り下ろせし時に於ては、両腕とも同じ様に延びなくつてはならぬものである。（切り下ろす）時の手の中は、恰も手拭をしぼる時の如く、左右均一の力にて、しぼり込むものである。

高野佐三郎もほぼ同様の解説である（『剣道』）。

小指の締めがしぼりの肝所であることは両者に共通なのであろうが、あえて触れることはしていない。

羽賀先生の「しぼり」はこのしぼりに「手首のかえり」（「手のかえり」ではない）が必ず伴う。「手首のかえり」とは手をしぼったとき、手首を刀の道筋に沿って充分に働かせることである。右の写真（上段）の様な手首の働かせ方を先生は「手首のかえり」と呼んだ。

「剣道の打ちにおける手の内・冴えは『しぼりと手首のかえり』から生まれる」と直話ノートにある。またわたしの記憶では「手首がかえらないしぼりだと横にした巻藁は二把半しか切れない。手首がかえって初めて三把切れる」とも言われた。

羽賀先生のしぼり（両手首のかえりを伴ったしぼり、真っ向からへそのあたりまで斬り下がる）の妙を以下に記す「手のかえり」と合わせて、映像でご覧いただきたい。

羽賀先生のしぼりにはその奥がある。それが「手のかえり」である。

八相からふりおろした**太刀は自然に手がかえって、**左肩に来る。それが太刀の道すじである。もとにもどすことではない。**手がかえったとき**その刀は生きているのである。道すじをたがえると太刀は死ぬ。

（直話ノート）

本章の文脈にあわせて少し補うと、八相から斬り下ろされた刀は左下方（その角度は斬り下ろしの瞬間にきまる）への道筋を一直線に走る。刀が、十全のしぼりを受けて（**手首が**かえって）、左下方への道筋を終えると同時に「自然に**手が**かえって」**刀は**左肩に来る（二三八ページの写真参照）。刀は自然に次の道筋を準備している。だからこの刀は生きている、というのである。この生きた刀が間髪を入れず右上方に向かって斬り上がってゆくのが、高倉健に伝授した「燕返し」である。

これについては本書三八三ページ・四〇五ページを参照されたい。

では上から真下に斬り下ろされた時の「手のかえり」はどうなるのか。初発刀の斬り下げた刀と手はつぎのようになるのだった。

水平近くからしぼり（両手小指の締めと両手首のかえり）を受けた刀は水平をはるかに過ぎて斬り下がる。この時の「**両手首のかえり**」とは映像を静止させて観るとわかるとおり、両手首を刀の道筋に沿って強く働かせることである。両小指の強い締めによって刀は極限まで行った瞬間に、水平にもどる。これが「**手のかえり**」である。

刀は間髪を入れず新しい動作＝たとえば血振いに移ることができる状態にある。すなわち「刀は生きている」。そして納刀。

それでは再生機器をお持ちの方は、ＤＶＤ「不世出！　羽賀準一先生の剣技　大森流居合・長谷川英信流居合」を機器にセットしてください。

８ミリで観た頃の映像はずっと鮮明だったのですが、藤森氏がＤＶＤにダビングした頃には相当劣化が進んでいました。しかし現存しているものではこれが一番良い映像のようです。

スクリーンに８ミリを等身大に写して観たことがありますが、その迫力はものすごいものでした。スローで観る納刀は蛇が鞘の中に潜這い込んで行くようでした。

**ＤＶＤ【不世出！　羽賀準一先生の剣技　大森流居合・長谷川英信流居合】**で最後の剣聖の神技を実感してください。

本書二八八ページ～二八九ページに記したような事情で、準一は大石純正ら剣道・居合双方を修行した最初の弟子たちのために、居合の伝書を著した。「大森流居合解説」「長谷川英信流居合」である。これを大学を卒業して社会人となる大石らに、それぞれの行った先でもこれを頼りに研鑽を重ねるように、との思いを託し、授けたのである。羽賀準一の「有信館時代・朝鮮時代・中山博道直伝の時期・戦後一二年間余の長期にわたる居合・剣道修行研鑽の総決算」の伝書である（本書二八九ページ）。居合を修めようとする人たちには最上の伝書であるが、これを読んで独習できるわけではない。それは不可能事である。今となっては「一剣会　羽賀道場」で修行されるしか方法は無い。

ともあれ居合をやらない方々はつぎの二つの解説は飛ばして、十四章に行って下さい。

# 大森流居合解説

羽賀準一著

## 一、初発刀

### 1、意義

吾が前面の対座せる敵の害意有るを認め機先を制し、直ちにその顔面又は二の腕等に斬りつけ逃げんとするを直ちに上段より斬り下ろして勝つ意なり。

### 2、動作

正面に向い正座す。正座の場合、膝は約一と握りの間隔を置き、爪先は拇指を重ねる以上深く重ねざる可し。姿勢を正し手を膝の上に置く、十分気の充ちた時、左手を静かに鯉口近き部位を握り、左手親指の腹にて鯉口を切る。右手は鍔元近くを静かに握り、両膝を静かに立てると同時に刀を抜き始める。この場合、両足先は爪立てる。この場合敵の動作に充分気を配り一分のスキのない態勢を作り刀尖が鯉口迄あと四、五寸位の時、刀を外方へ倒すと同時に横一文字に抜きつけると同時に右足を一歩踏み出す、この場合左手は鯉口附近を握つたまま袴から小指を離れないような気持で充分後方に引く、この時特に注意することは左肩と共に左手を引くことである。直に上段に振り冠りて、この場合、左膝は同時に右足のカカトの辺りへ引きつける。

次に逃げる敵を追うように大きく一歩右足より踏み込んで敵の真向に斬り下ろす。この場合右足の角度は足首と膝頭の線が真直になり左足の角度は足の裏側のところが直角になることに注意すること。次に充分なる残心を以つて左手を静かに柄より離して左の腰（帯の附近）に軽く当てると同時に刀を持つた右手を返し（この場合刀刃は自分の左方へ向く）次にその位置より右手を自分の肩の高さに右方に開き（この時刀尖は後方を突くような気持で拳は右肩右方水平の位置に留める）刀は右拳のところから体と竝んだ形で正しく水平に保つ、それより右ヒジを曲げ右拳を右頭部のビンの当りにとり刀を頭上を廻して刀尖を体の前斜下に向くように振り下ろし右拳を握り締めて血振りを為す、同時に中腰に立ち上る、次いで左足を右足に引きつけ踏み揃へると同時に右足を大きく一歩後方へ退きて左手にて鯉口近くを深く握り刀を静かに納めつつ右膝を徐々に下ろし床に着くと同時に刀を納め終る。静かに立ち上ると同時に左足の処へ右足を踏み揃へて直立の姿勢となり更に左足より少しく三歩退りて静かに正座して次の動作に移る。

3、以下特に記するものの外抜付、斬り下ろし、血振い、納刀の要領は之に準ずる。

4、正座して運動を起すと同時に足先きを爪立ることを忘れざること。

5、動作中は体の中心を保つて体を前後左右に曲がらざるよう気を付けること。

6、飛び足、はね足にならざるよう気を付けること。

二、左　刀

1、意　義

吾が左側に座して居る敵に対して行う業にして初発刀と同じ意義なり。

2、動　作

正面に向い右向に正座し刀を抜きつつ右膝頭を中心に左に廻り正面に向い左足を踏み出すと同時に抜き付、更に上段より敵の真向へ斬りつけ次に初発刀と同様な要領にて血振いを為したる後、右足を左足の位置に踏み揃へ左足を大きく一歩退き納刀す。

三、右　刀

1、意　義

吾が右側に座せる敵に対して行う業にして初発刀と同意義なり。

2、動　作

正面に対して左向に座す、刀を抜きつつ左膝頭を中心に右に廻り正面に向い右足を踏み出すと同時に抜き付け更に上段より敵の真向へ斬り下ろす。

以下初発刀と同じ。

四、当　り　刀

1、意　義

吾が後方に吾れと同一方向に座せる敵に対して行う業にして初発刀と同意義なれど廻り込み方は足の踏方は左刀と同じ。

2、動　作

正面に対し真後向きに正座す、右膝を軸としで左へ廻り正面に向い左足を踏み出すと同時に抜き付け以下左刀と同じ。

五、陰　陽　進　退

1、意　義

吾が正面の敵に抜き付けたるも不充分、逃げるを追うて上段より斬り倒したるに別の敵の攻撃し来るを抜き打ちにて斬り付けるも不充分、逃げる敵を追うて上段より斬り下ろし勝つの意なり。

2、動　作

正面に向い正座す、正面に向い抜き付け（右足を一歩踏み出す）直ちに敵を追うて中腰に立ち左足を大きく一歩踏み出すと同時に上段より斬り下ろす、刀を右脇横に開いて血振いと同時に右膝頭を床に付ける静かに納刀、この場合、左足を静かに引きつけ右足カカトに臀部を乗せると同時に左足は右足近くまで引付ける、鍔元二寸位まで納刀した時別の敵より攻撃を受け左足を充分に後方へ退き横一文字に抜き付け敵の退るを追つて右足より一歩前進真向より斬り下ろす。以下初発刀と同じ。

六、流　刀

1、意　義

吾が左側面より不意に頭上に斬り付けて来るを敵の刀を左に受け流し体を右斜後方に開き敵の流れるを斬る。（この場合、敵の動作により斬る部位は腰、肩等に分れる）

2、動　作

正面に対し右向に正座す。刀柄に手をかけると同時に左足を一歩踏み出し同時に刀は峯を外側に向け刃は自分の方へ向く、ほとんど水平に近い具合で頭上僅か前方にて敵刀を受け流し体を右斜後方に開く如く右足を開くと同時に刀は肩に取り敵の流れる処を左足へ右足を引き着けると同時に諸手にて敵の腰部を斬り次に左足を後方に大きく引くと同時に刀尖は膝頭附近に付け、刀の物打のあたりを右膝頭上部に乗せ左手を充分前方肩の高さに保つて右手を逆手に持ち替え刀を返して刀背を鯉口に持つて行き静かに納刀同時に左膝を床に着けて終る。以下同じ。

七、順　刀

1、意　義

吾が正面四尺位の位置に左向の切腹人が居る。その介錯する意なり。

2、動　作

正面に向い正座す、顔は正面に向けたまま体を静かに右に向け、左膝頭を軸にして右足を一歩前に踏み出し静かに抜刀、立つや左足へ右足を踏み揃えこの場合刀は肩（右）の上に適当に位置し、機を見て大きく右足を一歩踏み込んで首を斬り同時に刀を手許に僅か引き刀尖を膝頭よりやや下に付け残心、以下納刀の順序ほ流刀に準ず。

八、逆　刀

1、意　義

吾が正面より斬り込み来る敵の刀を大きく一歩後退して外し（敵刀を磨り上げる気持で）敵の退く処へ一撃を加えるも不充分、直に追撃して勝の意なり。

2、動　作

正面に向い正座す。腰を上げ足を爪立てて刀に手を掛け鯉口を切り敵の動作を注視し右足を左膝頭の処へ踏み出し左足より大きく一歩後退と同時に右足も退つて左足の処で踏み揃えると同時に刀を抜き放ち左肩辺にてすり上げる気持で上段に構え仕損じて退く敵に右足を大きく一歩踏み出して斬り付ける（この場合刀尖の位置はおおむね肩の高さ）不充分のため第二撃を左、右と追つて右足の床に付くと同時に上段より斬り下ろす（この場合刀尖の位置は腰の高さ）中段に構えると同時に左足を右足に踏み揃える、右足を一歩大きく後退すると同時に上段に構え、静かに上段より刀を下ろしながら右膝を床に着く、この時刀尖は床上一尺位まで下ろす。充分なる残心を持つて右手を逆手に持つて柄を握り、左手は柄より離して右手は刀刃を前方に向け左手は刀の中程に平手にて（刀背に当てる）右手を静かに右肩の高さに引き揚げ、この場合左手のたなごころを刀の棟にてすらす、刀はそのままにして左手にて鯉口を握り順刀の要領にて納刀す。

九、勢　中　刀

1、意　義

吾が右手の方より上段にて仕掛け来る敵の甲手を切り払い後退する敵を追つて勝つの意なり。

2、動　作

正面に対して左向きに正座す。左膝頭を軸として右に廻り右足を一歩踏み出すと同時に敵上段の甲手を払う、この場合腰は充分に延び切らない、直ちに右足に左足を引き着けて右足より大きく一歩踏み込んで逃げる敵の正面を斬る。血振納刀は初発刀の要領による。

十、虎　乱　刀

1、意　義

敵の逃げんとするを追打に勝つの意なり。

2、動　作

正面に向い直立す、次に刀柄に手をかけると同時に鯉口を切り同時に左足を半歩前に踏み出し、右足を大きく踏み出すと同時に初発刀の要領にて横一文字に斬り左足を踏み出すと同時に上段右足を踏み込んで真向へ斬り下ろし直立のまま血振、右足に左足を踏み揃え右足を半歩後方へ退き納刀、左足へ右足を引き着け動作を終る。

十一、替　手（かえて）（陰陽進退の替技）異名＝膝囲（ひざがこい）

1、意　義

五本目陰陽進退と同じだが、第二の敵が吾が右足脛に斬り付けて来るを刀の鎬で打ち払い（切り落とす形）、敵の仕損じて退かんとするを刀を返して上段より斬り付けて勝つ意なり。

2、動　作

第一の敵に対するは陰陽進退と同じ。第二の敵が吾が右足の脛めがけて斬り付けて来るのを右手手の内を替えて（刃はこの際上を向く）柄を真上より握り、右斜め前に抜きつつ左足を大きく一歩後方に退き同時に左手の引き手を充分に引くと共に刀を抜き放ち、右膝をかばうがごとく刀の鎬で敵刀を打ち落とす如く受け止める。次ぎに直ぐ左膝を右足近くの床に着けると共に諸手上段に振りかぶり、右足を一歩進めると共に敵の真向に斬り下ろす。以下「陰陽進退」と同じ。

＊わが所蔵の二種の「大森流居合解説　羽賀準一」には「意義」「動作」の項が無く、藤森将之氏のウェブサイト「羽賀派大森流居合解説」の同項によって補った。

十二、抜　打

1、意　義

吾が正面に近接して対座する敵の害意を認め直ちに莫向より抜打にして勝つ意なり。

2、動　作

正面に向け正座す、左手にて鯉口を切り、抜きながら両足爪立て腰を充分延ばして右前方へ刀を抜き左肩側面を突き通す気持にて上段に取り直ちに諸手にて敵の真向へ斬り下ろす。次いで刀を右手に開いて血振いを為す、そのまま納刀しつつ臀部をカカトの上に静かに下ろして納刀終る。

## 長谷川英信流居合　羽賀準一著

### 一、横　雲

意　義

吾が正面に対座せる敵の首又は二の腕等に斬り付け直に上段にて斬り下ろし勝つの意なり。

動　作

正面に向い立膝に坐し、気充つれば左手を鯉口にとり拇指にて鯉口を切りつゝ右手を柄にかけ刀を抜きかけ右足を踏み出すや、一文字に抜き付け直ちに諸手上段に振りかぶり敵の真向に斬り下ろす、直ちに刀を右に開いて血振いし、次に刀を納めつゝ右足を左足に引きつけ（この時左膝は床につき、引きつけたる右膝は床より離す）爪立てたる左足の〝かがと〟の上に臀部を下ろすと同時に納め終り徐々に立ち上りつゝ右足より一歩前に踏み込み左足を揃えて直立し左足より一歩後方に退きて立膝に坐し次の業に移る。

◎注　意　事　項

（イ）立膝及び奥居合の血振るいは右に開く血振いの仕方である。この血振いの刀を右に開く場合、拳を開き刀は右方に向く。なお刀は体と平行に並んで刀尖は鍔元より僅かに下る、斬り下ろして血振いにうつる場合右手拳を返えす動作は刀尖の動きと共に可なり強く左手は直ちに左の腰（帯のあたり）に取る。

（ロ）約三分の一刀を納めたあたりより右足は引き付けるが、この際、特に注意しなければならないことは腰が曲ることである。絶対に腰を曲げ腹を引くことなく体の中心を保つことが大切である。

（ハ）以下特に記す外、血振い後の動作は之に準ずる。

二、虎　一　足

意　義

吾が正面に対坐せる敵が、吾が右脚を薙ぎ付けに来たのを吾が刀にて受け留め（敵刀を打ち落す気持で）敵の仕損じて退かんとするを上段にて斬りつけて勝つの意なり。

動　作

正面に向い立膝にて坐し、刀柄を真向より握り（刃はこの際上方に向く）右斜前に抜きかけ静かに立ち上りつゝ刀尖四、五寸残る位まで抜くや素早く左足を大きく一歩後方に退き同時に左手及び左肩を充分に後に引くと共に刀を抜きはなち差表のシノギにて敵刀を受け留める。次に直ちに左膝を付けると共に上段に取り敵の真向に斬り下ろし横雲と同要領にて納刀し終る。

三、稲　妻

意　義

吾が正面の敵が上段にて攻撃せんとする、その上段の甲手を斬り払い更に真向より斬り下ろして勝つの意なり。

動　作

正面に向け立膝にて坐す。刀を抜きつゝ徐々に立ち上り左足を一歩大きく退くと同時に右手を充分に延ばして敵上段の甲手を打ち払い左膝を付くと同時に諸手上段にて敵の真向に斬り下ろし血振い納刀して終る。

四、浮　雲

意　義

右横に坐せる敵の害意有るを認め、去ると見せて吾れ左方に開いて立ち上り、敵の太刀に手をかける処をその胸元に斬り付け、右に引き倒し上段より胴を両断して勝つの意なり。

動　作

正面に対し左向に坐し、左手を鯉口附近に取り（左手拇指を鍔にかけ、右手はかるく右足ももに置く）立ち上りつゝさやを左に抜くような気持で左足を一歩左に開き右向になりつゝ右手を柄にかけ鞘諸共に持ち上げ（敵の頭上を越す様に）同時に左足かかとが右足先に接する様（この時右左の足はくの字形となる、左踵は右爪先の上に浮かす）進ませ（この時は体は直立に近きも右左の膝は伸びきらぬ事）少し腰を落しながら、鞘を元の帯刀の状態に復する様に右手の方に引きつけ乍ら腰を充分左にひねり敵の胸部、二の腕かけて斬りつけ体を右に廻し刀の棟に左手を開きてあて、右足を後方に大きく一歩引きて床に付け斬りつけた刀を右方に引き廻して敵の体を引き倒す、次に刀棟に添えたる左手をもつてはねる様な気持で柄に左手を添え大きく左手前方より頭の前方に廻して右手を肩の高さに充分延ばして構え更に諸手上段に取ると同時に右膝を左踵の後方によせ左足を右膝の前方に踏み付け引き倒したる敵の胴へ斬り付け次に血振いを為し納刀しながら左足を右足のところへ引きつけ納刀し終る。

注　意

（イ）敵の胸部への斬り付けは、両膝は開き、体は低く沈め刀はキッ尖上り目になり腰を充分に捻り左手を思いきつて後方に引き鞘は体の後方になりコジリ斜上方に向くこと。

（ロ）敵を引き倒す場合敵の位置を良く考えて行えば刀の位置は自然決つてくる。

五、山　颪

意　義

浮雲と同様に横列に坐して居る右側の敵の右手が刀柄にかかつた処を直ちに右に廻つて我が右足にて敵のモモを踏み付け吾が刀を返して吾が柄頭にて敵の右手を打ち、或は人中に当て又は眼つぶしを為し敵の逃れんとするをその胸元に斬り付け右に引倒して上段より胴を切断する意なり。

動　作

正面に対し左向きに坐し左手を鯉口に拇指を鍔にかけ右に廻り敵のモモを吾が右足にてフミ付けると同時に手を返した吾が刀の柄頭にて敵の右手に一撃を加え左足膝頭を右足の踵のところへ引きつけ同時に腰を充分左に捻り腹を出す様にして刀を抜きつけ（この場合刀を抜くに敵の体が前にあるので充分吾が体に近くいだきこむ様に刀を持つて行く）敵の胸部に斬り付け（この時顔は正面に体は左に向く）左手を刀の棟に当てるや左膝をジクにして左足は四十五度左に廻し右踵は左膝頭のところへつけたまま出来るだけ右方に開く、かくて敵の体を右横に引き倒し（顔は正面に向く）浮雲と同様に刀を後にはね返し右足を中心として正面に向きながら諸手上段となり敵の胴に斬り下ろし血振いし納刀して終る。

六、岩　浪

意　義

吾が左側に近接して坐している敵の動向を察知し、その機先を制して直ちに左に向き敵の横腹を突き引き倒して胴を斬り勝つの意なり。

動　作

正面に対し右向きに立膝にて坐す、刀を前に刃はやや斜前に倒しながら抜きかけ（この場合刀は体に近く保つ）静かに左足を一歩後に引き低き腰にて立ち上り刀尖が鯉口のところまで出た時（刀は水平に左膝頭を床につけると同時に足は右方に廻し同時に右足足尖を左に向けて左膝頭のところへ引きつけ刀を正しく左方に向け右足を一歩踏み出すと同時に敵の横腹を突く（この場合、刀を抜き左向きに変る時左手の手のひらにて刀の三分の二位の処を軽く押える）直ちに刀を引き抜き刀を吾が前に横に取る（手はそのま丶刀の棟に当てて置く）（この場合右足は左膝頭のところへ引きつける）敵を引き倒すこの時左膝頭を中心に左へ九十度左足を廻すと同時に右足は出来るだけ右に開いて踵は左膝頭の横につけ足先は爪立てる（この場合顔は正面を見る）直に右足を前に一歩踏み出し刀を返し正面に向き直り上段に取り敵の胴を斬り血振い納刀して終る。

七、鱗　返

意　義

吾が左側に坐す敵の機先を制してその首の辺に斬りつけて勝つの意なり。

動　作

正面に対し右向に立膝に坐す、刀を抜きかけつゝ右足尖を軸として中腰にて左に廻り正面に向くと同時に左足を一歩大きく引くや横一文字に斬りつけ（陰陽進退の二度目の抜きつけと同じ要領）左膝を右踵のところへ引きよせながら諸手上段に振りかぶり敵の真向に斬り下ろし血振い納刀して終る。

八、浪　返

意　義

吾が後方に坐せる敵の機先を制して、その二の腕又は顔面等に斬り付けて勝つの意にして大森流四本日の業と同意義なり。

動　作

正面に対し後向きに立膝にて坐す、刀を抜きかかりつゝ右足尖を軸にして中腰にて左に廻り正面に向き直るや左足を一歩大きく引くや刀を抜き横一文字に抜きつけて以下鱗返しの動作に同じ。

九、滝　落

意　義

吾が後に坐す敵が吾が立ち上りたるところの鐺を握りたるをその拳をもぎとりて敵の引き退かんとする胸部を刺突し倒るるところを更に真向に斬り下ろして勝つの意なり。

動　作

正面に対して後向きに坐し左手を鯉口近くにかけ（左の拇指を鍔にかけ右手は軽くももの上に置く）立つや左足を左斜後方に開き柄を前方に抜きかげんにして直に左に充分開く（この時顔は後方の敵を見る）直

に左足を右足前に半歩踏み出すと（この時爪先は右前斜の方に向く）同時に左手はいくらか水平より下方を円をえがく様な気持で吾が胸に刀を抱えるように持つて行く（この時敵の手は逆になり鐺より振り切られる）直に右手を柄にかけると同時に右足を左足の前方僅かのところに踏み（この時右足は左方斜前方に向く）同時に刀を抜く（この時刀は刃を上に向け乳の辺に保つ）（体は刀を抜くと同時に爪先にて正面に廻り込み）左足を大きく一歩踏み込んで敵の胸部を上から落す様に刃を上にして突く、逃げる敵を追うて直に上段に取り右足より大きく踏み込んで真向より斬り下ろす（この時刀の斬り下ろした位置は中腰で水平にすること）直ちに左膝を床につけ血振い納刀して終る。

十、抜　　打

　意　義

吾が正面に対坐せる敵の機先を制し抜き打ちにする意なり　正座の抜打と同意義なり。

　動　作

正面に向い正坐す、刀を右斜前方に抜き左肩先へ突込む気持で諸手上段に取り前に乗り出すような気分にて真向に打ち下ろして血振い納刀して終る。大森流の場合と同意義なり。

# 第十四章　倦むことなく道を説く

昭和 36 年 2 月 19 日　赤間神宮（下関市）にて
すさまじい斬り口を見よ

# 「剣道入門階梯」

明けて一九六一年（昭和36）一月「剣道入門階梯」を書く。知人に頼まれて五七年八月に書いたがまとまらず未定稿のままだったのを書き改めたのである。「階梯」は「階段」ひいては「手引き」の意にもなる。したがって題意は剣道入門者への手引き、といったところであろう。

内容の豊かで深いこと、普通の剣道入門書とは次元を異にする。羽賀準一は入門者に対しても、たとえ初対面であっても、相手が相応の理解力があると認めると、剣の奥義でも、稽古の極意でも分かりやすく親切に教えてくれた。この一文にもそれが表れていて、入門者の心構えから、「悟り」や「心の問題」まで、果ては入門者への極上の指導方法までを論じている。

それらはその後の日本剣道への深刻な警鐘ともなっていよう。

剣友のすすめにより、約三年余り以前に書きかけた中途半端な原稿が、とんだ手違いで、世の中に出てしまったので、急いでまとめる気持になりまして、改めて「剣道入門階梯」という題名と取り組むことにしました。

入門階梯と言っても、この記事を読んでくださるのは、すでにかなりの時間をかけて、剣道を学んでいる方々と思量しますので、基本動作や細部についての技術に関しては省略します。

剣道と言うと、竹刀を持ってただ打合いをすることだと、世間ではみているようです。しかし、剣道入門とひとくちに言っても、剣道といえる段階に至るのにさえ、実際には幾多の難関があり、かなりの時間を要します。

はじめて竹刀を手にするのは、中学生か高校生がほとんどでしょう。これらの若い人たちに対して、まず求めたいのは、正しい基本動作であります。

指導者は正しい基本動作として、合理的な姿勢、身体の線にそうた刀法、技法を充分に教える必要があります。

習う方は、正しい基本動作を求めねばなりません。学ぶにあたっては、方針を選ぶ必要があります。しかし初心者が学剣の方針を選ぶというのはなかなか困難です。

ご参考までに入門にあたっての、心構えを先に説きましょう。

剣道入門にあたっての門すなわち剣道の正しい入口とは、と問われても、簡単には説明できません。日本一の富士山を登るにしても、登山口は山梨県側にもあり、静岡県側にもあります。どの登山道が正しい、とは言えません。人間には個性があります。考え方が異なると同様に好き好きもあります。根本目的は富士山の頂上に登ることです。この目的を定めたら、途中の道は登る人々が選ぶのです。

剣道も同じことです。昔は剣道にたくさんの流派がありました。どの流派に属するかが入口を選ぶことだったわけです。その流派ごとに行ずる方法（山で言えば「途中の道」）は異なりましたが、最高の悟りを得る、得たい（山で言えば「頂上に登る」）という念願はだれもがもっていたとわたしは信じます。

道を選ぶということは、すなわち修行の仕方を選ぶということです。これは人おのおのの個性に応じて、自己の信ずる方向を自由に選ぶべきであります。

この「悟ろう、得よう」という目的をもつのは楽しいことです。そこで「やろう、がんばろう」ということになります。しかしこの言葉はまことに簡単に出せますが、いざ実行となると、いろいろな障害が生じがちです。

富士山に登るにしても、七合目まで登って寒気のために中止する人。九合目まで登ったけれど体力が続かず引き返す人。ついに山頂に登ることのできた人。そして山頂を極め一望千里の視界がきいて、あよかったと思う人（この最高の境地に立てる人は、登山に対して、すべての準備がととのっていた人だということを、忘れてはなりません）。

剣道入門に際しても、よき指導者の必要なことは当然ですが、学ぶ人の心構えは最も大切です。人間相手のことでから、思い通りにはゆきません。こちらも打ちたければ、相手も打ちたいのです。このようにお互いの条件と目的が同様な場合に至りますと、どこで折り合うかということになります。すなわち我を殺すことが修行上の重要な問題になってきます。

両者剣を持って立ち上がったとき、我を通せるか、妥協するか、また、どこで和するか、という大きな問題が学剣第一日にして出てきます。ここで研究、工夫ということに突きあたります。人間生きているうちは、「考え、そして実行する」。これを離れての生活はありません。

前記三つの問題も各人の修行上の立場立場により、多少の変化はありますが、「適度に」と言うほかありません。

我をとおすことは悪いと言いますが、我を通すことが正当な場合もあります。妥協も度を越すと、卑屈になります。和も同様なおもむきを持っています。

たとえば剣道の稽古にしても、打たれてもしかたない、相手は強いのだから打たれるのはあたりまえ、と考えるようになると、剣道にはならなくなります。

ここで男の根性を持っている者は、今に見ておれ、口には出さないが、いつの日にかと思うもので、ここで、がまん、忍耐の勉強が始まります。

古い言葉にこういうのがあります。体力・気力の人にすぐれた者は武術など学ばなくても、戦場のものの役にたつ。非力で精神の弱い者は、武術を学ぶことによって弱さを補い、そうして第二の天性をつくる。この重大な効用を武術すなわち剣道に求めた、と。

修行によって第二の天性をつくるということは、人間でなければできないことです。

人を相手の剣道において、日々新たな気持で死ぬまで精進しても、これでよかったと思って死んでゆける人が世の中に幾人ありましょう。

学ぶ、求める、悟る、ということは、まことにむずかしいことです。私も年五十の峠をすでに越し、いまだに道の本源の泉はさがし得られません。なんとか、このものを自己のものにしなければ、死んでも死にきれないのですが。

「悟り」という言葉を使用しましたが、「悟りとはなんぞや」と聞かれ、仮にわたしが答えたとしても、それは文字か言葉にすぎません。肝心なことは自らの体験を通じて体得する以外に悟ることはできないのです。

悟りにも大きな悟り、小さな悟りと段階があります。たとえば、面を打つ技一つでも、初めは満足に打てませんが、わずかな回数の稽古で打てるようになります。これも一つの悟りです。

このように悟りとは、必ず裏づけすなわち行（ぎょう）によってしか得られないものであることを知っておくべきです。このように小さな悟りは、すぐにでも得られますが、大悟となりますと、総合的なものですから、そうそう簡単に得ることはできません。

また悟りという問題と取り組みますと、ちょっとやそっとでは天狗になるわけには行かなくなります。一生かけても、われ至れり、という境地に達することは不可能に近い気がします。そうかと言って、少しずつでもわかりかけてきた道を、さらりと捨てようとも思いませんが。

悟りに関係して生と死の問題にふれておきましょう。人はいつの日かこの世を去らねばなりません。どうせ死ぬのなら、一日も早く死・生という大問題と取り組んだほうが、損得からみてもはるかに得のような気がします。この点で、私どもが平素学んでいる剣道は、一本一本の打合いに全生命をかけますから、まことに絶好の機縁にふれて、日々をすごしていることになります。実に幸いとぞんじます。

さて、その立派な内容のある剣道であっても、真剣に研究・工夫しないと、その剣道はいつか、遊びへと変化して終わることになります。世間の子供の遊びを見ていますと、それぞれ子供なりに考え、工夫してはいます。しかし遊びですからこれを一歩進めて耐える、忍ぶという段階にはとうてい入れません。

遊びの剣道と求める剣道との間には、たいへんな差異があります。心しなければなりません。遊ぶも一生、求めるも一生。同じ一生なれば求めた方が希望があってよいのではないですか。

ヘルマン・ヘッセの『シッダルタ』の中の言葉を借りるとこう言えるでしょう。「考えることはよろしい、耐えしのぶことはなおよろしい、実行することはさらによろしい」と。

静かに正座して考えてごらんなさい、「手、足、体、これらを動かすものは、だれか。手足は勝手に動けるか。勝手に動けないとすれば、これらはだれが動かすか」と。すぐに根本の心の問題にぶつかって来ます。

このことについては、私などが意見を言うより、徳川時代初期の白隠禅師の体験を記した「夜船閑話」をご一読いただく方がいいでしょう。明らかに答がでています。

念のために言っておきたいのは、いかに尊い教えにしても、あくまでも教えであり、文字か言葉にしかすぎない、ということです。文字や言葉によって白隠の自得されたものをいただくわけには行きません。要はこの尊い教え等の、お導きによって行ずること、すなわち実行すること、です。それらは行によってのみ、身につけ、悟ってゆくものであることを知らなければなりません。

剣道を学び、はじめて試合に出場して、先輩に〝あがる〟という言葉をきかされるものです。これは腹の力がぬけて、肩に力がはいり、頭のテッペンに気が上がって足もとの力がカラッポになった状態を注意されているのです。

このようなときは正しい呼吸ができていないときです。すなわち下腹部の力がぬけているときのことです。呼吸については、激しい運動をする者はもちろん、人間みな生きているうちは絶対おろそかにできない問題です。この呼吸のことに関しても、前記の「夜船閑話」に詳細に記されていますので、ここでは省略します。

以上剣道入門する者の心構えを説いてきました。

いよいよ本稿冒頭で述べた基本動作に始まる指導法を論じましょう。これは私自身の剣道体験と指導体験に基づく、初心者を一人前にまで育てる方法です。

基本動作は十日間もやればまとまります。このとき、竹刀を手にさせると同時に、日本刀で基本動作を行なわせると、合理的に動くには、いかに姿勢が大切かを自覚させることができます。

次の段階は、防具をつけての対敵動作です。ここでは、十二分に技を出させます。正しい体当り・斬返し・打込みを教えることが必要です。ここで教えをあやまると、入門者が将来進歩していく上で、非常に困難を感じることになります。ある程度の打込み・体当り・斬返しができるようになるまでに約一カ年は必要です。この間にできることなら組打ちを加えることを忘れてはなりません。この段階の終りごろになりますと、そろそろ打合いをやりたくなりますが、できうるかぎり攻撃的訓練に重点をおくことが肝要であります。なぜなれば、完全な防御とは徹底的攻撃にほかならないからです。基礎訓練の充分に終わらないうちにお互いの稽古を実施すると、うまく打ちたい、打たれたくないという気持ちが強く出て、無理な姿勢（俗にいうヘッピリ腰）になり、手先だけの打合いという、醜い癖が身についてしまいます。そして終生ほんとうの剣道を学ばずに終わることになります。

このような階梯を終えた者には、互格の稽古すなわち打合いを教えます。相手と向き合って竹刀を構え、立ち上がったときの心構えが修行上非常に大切です。立ち上がって相対した以上、相手が師であろうと先輩であろうと、最初の三本五本の打突には、真に全生命をかける気持ちすなわち親の敵に対するくらいの気持が必要であります。稽古に真剣味が不足すると、みごとな遣い手といわれるところまでゆくのは困難です。

試合稽古の段階になっても、なお一回一回の稽古の終りには必ず斬返し、体当りを充分に行なうことを忘れてはなりません。かくして第二年目を終わります。

これ以後は各人の個性により、技も作戦も、多少異なったものが自然に生じて、得意の技をもつようになり、第三年目を終了します。ある程度資質のある者がみっちり稽古した場合、三年前の初心者は一人前の遣い手になっています。

かくして、打てる・当たるの段階にはいります。段位にかなりの差があっても、この段階に達するとおもしろいくらいに打てもし当りもします。日本中の大家がみんな下手にみえる時期があるものです。このようなときこそ、心正しくして学んでおかないと、将来悔いる時がかならず来ます。

俗にいう「当たる時期」というのは、目が目の真のお役をしていない時、即ち慣れの段階に達し若さで打てもし当たりもする時期です。しかし、自己が開眼して相手の真の力量がわかるようになりますと、なかなか打てなくなるものです。そうして打っても、当たっても、なにか心のすみに「?」が残るものです。しかし、この「当たる時期」の段階は修行者には絶対必要なのです。万一にも天狗になれたら、なってもよろしいのです。

ただし、次のことに一日でも早く取り組むことが肝心です。いくらでも打てる相手を打って、なんの満足です。なんの優越と受けとれましょう。お寺の木魚はいくらでも打てます。また打たれる道具ですが、打ち方によって音は異なります。打てる相手に対しては、攻めてみる。攻めても打ってもやれる相手に対しては、さばいてみる。このようにして、あらゆる角度から、相手を工夫研究することこそ、剣道にかぎらず、すべての道における上達の秘訣であります。まして稽古相手の少ないところにおりますと、激しい強い稽古はできません。前記の心がけで稽古を工夫しますと、どこにいても相手さえあれば充分稽古はできるものです。これは地方に居住する指導者が寸時も忘れてはならないことです。

以上の結びとして、技とはなんぞや作戦とはなにか、という問に対する私の答えを示しておきます。技とは、作戦とは、「不動心を根本とした、手足の自由、すなわち相手に対して変化自在」と。疑問ができましたならうれしいことです。手近な師か先輩にうかがうか、各人で解決してください。体当りして、すなわち行の裏づけによって、です。

最後に「真剣」ということに触れます。学剣者はわが民族が発明した日本刀を一度は手にしてもらいたい。三尺の秋水をじっと見つめていると、長い歴史と伝統を持つわが民族に生まれた喜びを感ずるとともに、なんとも口にだせない真剣味に身のひきしまる思いを感じさせられます。

真剣味について将棋の大豪・升田幸三氏はこう言っています。「奇妙なことに戦争に行った棋士は帰ってくると、みんな申し合わせたように強くなっている。将棋をしていなくても、あるものに集中しているると技術は退化しないものだなと思った。逆に精神が集中していないと多少勉強したくらいだと技術は下がってしまう」と。高度の頭脳を必要とする将棋が求めているものは、半端な勉強より真剣味なのです。

真剣味は学ぶ側だけでなく指導する側にも求められます。あらゆる領域に真の指導者が求められています。たとえば登山でも、あらゆる知恵すなわち体験をもった人たちの指導が必要とされています。剣道も真剣にこの道と苦楽を共にし、生き抜いてこられた先生や先輩の親切な指導が重要であります。剣友との約束で、なんとかここまで書きましたが、すべてが文字と言葉でしかありません。釈迦の教えも、孔子の教えも、あくまで言葉と文字でしかありません。

尊いものは、釈迦の悟りであり体験です。尊いものは、孔子の求めたものすなわち古人の行であり、自得されたものそのものです。

剣道とは、剣を通じての体験すなわち行の集積です。行の集積は、私どもが器用不器用にかかわらず、苦しさ貧富にもかかわらず、自己に打ち克ち強く生きぬき、道の追求に精励することを意味します。ただ打った・当った・勝った・負けた、だけのものでなく、深く生活に根ざし、自己形成への糧となし、敵もなく我もなく、生命への深い尊厳を悟るところに剣道を学ぶ最終の喜びを持ちたいと思います。

昭和三十六年一月

## 東大剣道部の飛躍

三年生になった東大の剣道部員たちは駒場から本郷に移った。本郷に移ると神田の国民体育館も近くなる。

村山正佳は一九六一年（昭和36）六月全日本学生剣道選手権大会（個人戦）に出場した。全国から予選を勝ち抜いてきた八〇余人を前に、この連中に勝ったり負けたりするのではなく、必ず勝てる剣道を求めたい、と村山は考えた。同時に羽賀準一に出会ってからかれはすでに自己のこれまでの稽古に迷いが生じていた。そこで、と村山は記す。

とにかく（昭和36年）八月から羽賀先生の道場へ通った。殆ど、大きくふりかぶって体当りとかかり稽古をやった。体がくずれては剣道としてゼロであることを知った。又腹の力が抜けていては体当りに激しさが出てこないこと、短時間に集中して稽古すること、早く呼吸をととのえること、稽古を短時間に集中するため真剣でないとケガをするからどうしても真剣になること、更に、稽古のとき体がくずれないためには普段から正しい姿勢を保つよう注意し、呼吸が苦しくなったら稽古も試合もその他人間の一切の活動は続けられないのだから普段腹式呼吸をすることを教えられた。

こうして街を歩くとき、電車に乗っているとき、勉強するとき、正しい腹式呼吸にとっくんだ。

村山は健康法としての剣道ということにも目を開かれた。

また、振りかぶって打つためには「相手の心を打つこと」が必要なのだと思った。「そこにこそ精神と精神の戦いがある。心の安定、迫力のみがき合いということが可能になる。これこそぼくの剣道の進むべき道だと思った。」

九（八？）月に主将となった村山は稽古と思索を重ね、羽賀流の剣道を部の稽古に取り入れることを決意する。

この村山をもっとも力強く支えたのが副主将の岡本淳だった。かれも夏ごろから国民体育館の朝稽古に通いはじめた。岡本は中学校時代に剣道を始め、高校では受験勉強の合間に稽古し卒業時には二段をとっていた。村山と並ぶポイントゲッターでもあった。岡本も「道場以外でもアゴを引いて背筋をピンとのばし呼吸を正し、歩き方も工夫しながらの日常だった」。

この二人にもう一人のポイントゲッター野崎敏男が加わってマネージャーになり、いわばビッグスリーを形成した。野崎も朝稽古を経験した。伊藤恵造・石井邦夫とともに駒場からも久間章生・高角泰夫、少し後には松村光典らが通った。

朝稽古の終わった後、多町の店で朝から酒を飲んで、そんな時、一生心に残るようなことをよく話してもらったりした（村山談）。

もちろんその日の授業は出られまい。村山と岡本は準一に七徳堂に来て剣道部員に稽古をつけてほしいと頼んだ。鶴海師範が来るのは週二回というから、鶴海君の来ない日に行ってあげよう、と言って準一は剣道部を直接指導してくれた。

一一月三日全日本学生剣道優勝大会で東大は三回戦で国士舘大と当たり敗れた。慶応大が優勝、中央大が二位、国士舘大・明治大は三位であった。

翌日のサンケイスポーツ（？）に戦評が載った。全約六六〇字の記事は当然決勝戦のことが主であるが、意外にもうち二二〇字分（三分の一）が東大の闘いぶりに割かれている。以下の通りである。

このほかでは、関西地区予選で優勝した関学が東大に敗れたのは意外だった。東大は村山四段、岡本四段らの確実なポイントゲッターをもっているだけに、関東地区予選でも、同大会の優勝校立大をさんざん苦しめ、侮れない存在として注目されてはいたが、とくにこの日の村山はこれまでにみられないさえをみせた。

2―2のあと大将同士の対戦で関学柴田四段にみごとな面で先制のポイントをあげたのが印象に深い。

柴田英一郎四段は翌年六月の全日本学生剣道選手権大会（個人戦）で優勝する遣い手だが、この大将戦で村山はその柴田を破って二回戦を勝ち抜いたのである。その時の「みごとな面」について村山自身がこう語ってくれた。「羽賀先生が、小技の勝負では君らよりもはるかに稽古量の多いあの連中に勝つのはむずかしい、勝つには大技を遣うべきだ、と言われた。あの試合で私が振りかぶると柴田が驚き、一瞬のまれたようだった。そこへ大技の面が思う通りに決まった」と。

村山・岡本等の詰めた朝稽古のわずか三ヶ月半が二人を、東大剣道部を飛躍させたのである。これほどめざましい成果が出て、東大剣道部が活気づかないはずはあるまい。ちなみに右の新聞記事は準一の切り抜き帳からの抜粋である。

## 幻の高段者剣道講習会

翌六二年（昭和37）一月、「日本武道」への寄稿として剣道に関する随想「感ずるまま」を書いた。これは準一の書いたもののうちでは冗漫の部類に属する。しかも四千字近い長文のうち半分近くが山田次郎吉『日本剣道史』第一章第三章からの典拠を示さぬ抜粋である。その他の部分もこれまでの準一の労作のいくつかの箇所と同工異曲である。おそらく随想というものをあまり理解しないままに引き受けたのであろう。

編集者と意思の疎通に欠けた面もあったようである。二カ所引いておこう。

一つ目は山田次郎吉からのほぼ抜粋であるが、内容は呼吸論として興味深く示唆に富む。

　高坂弾正が武田信玄公に申しました詞に〝戦国の武士は武芸を知らずとも事すむ可し、木刀などにて稽古するは、大平の代にては切る可き者なきにより、其の切様の形をおぼゆるまでのことなり、戦場に出る時は始めより切り覚えに覚ゆれば自然の修練となるなり〟と甲陽軍鑑にあります。

　この時代の武夫は多くこういう心で剣を学ばなかったのでありますが、しかるに心ある者はひそかに剣術修業に出精して、そして戦場へ乗り出す武士が往々あったのであります。この武士たちが働きにおいては大剛の者に勝るというのではないが、ここに一つ剣道を学んだ者に限って、特色があって、大利益があったのであります。

　それは阿吽（あうん）の呼吸で、千軍万馬倥偬（こうそう）の間に終日往来奮闘して息切れのせぬことです。よし大力無双という荒武者も戦闘時間の経過によっては疲労がはなはだしく、しかるに学剣者は、はげしい呼吸の連続を調整できる長所をもっていたために、この点がだんだんと武士仲間に知れわたり、ここではじめて剣道は敵を切るためばかりの業ではなく、兵の精鋭を尚ぶ気力に大関係あることを知るものが多くなり、したがってこの術に没頭する武士が出てきたのであります。

二つ目の箇所は白隠の「夜船閑話」の呼吸法を簡潔に実用的に書いている。われわれ弟子たちに準一が倦むことなく説いてくれた呼吸の勧め、である。リライトして引いておく。

　呼吸法会得にもっともいいのは、就寝の時である。まくらは少し低い目のものを使う。寝床で仰向けになり、両手をへそを囲むように揃えて置く。足をわずかに開き、鼻から静かに息を吸い、口から静か

卯木照邦
昭和37年秋

に吐きだす。これを毎夜わずかな時間を割いてつづけると、自然下腹部に力がはいるようになってくる。その際吐きだす息を静かに数えると、雑念が入りにくくなり逆腹式呼吸をよりながく続けられる。

また、町を歩くとき、電車などで立っているとき・腰掛けているときなどに、意識して姿勢を正し、下腹部につとめて力をいれ、呼吸を整える習慣を養っていただきたい。これは「行動の禅」であるとも言える。

このように、呼吸問題に取り組むことでわれわれは、いつ、いかなる場所にいても修行できるのである。

一九六二年（昭和37）四月、群馬県高体連剣道大会個人優勝・インターハイ出場の実績をもつ卯木照邦は法政大学入学とともに神田の朝稽古に通い始めた。このころの朝稽古は若手では古川（こがわ）の甥の阿保健治がいて村山・岡本らの東大組が熱心に通っていた。年長者では張東緑・山田志津子・園田直（衆議院議員、のちに厚生大臣・外務大臣等を歴任）・高橋利雄（日本印形を経営）・徳島佐太郎（鉄関係の会社社長）・窪田隆・市川保雄（税理士）とその息子二人らが来ていた。そこへ高校を出たばかりの卯木が入門してきたのである。

（同じ四月三年生になり満二三歳になったわたしは東大剣道部に入れてもらった。防具の付け方から教わった。剣道の手ほどきは主将の村山がしてくれた。まず面打ち体当たりそして切り返し。のちになって分かった。それは最上の手ほどきであったと。）

（菊井・生田の企画・奔走が功を奏し、昭和三七年度の芝浦工大剣道部は強者を集めることに成功した。試合のレギュラー九名中六名が新一年生だった。新一年生は個性の強い自信家揃いだった。）

五月一〇日、全剣連の審査を経て準一は八段になった。ただし八段昇格者は京都大会に出場する習わしであったが、準一は出場していない。他の八段昇格者は出場「済み」となっているが準一の覧だけはそこが空白のままである。

実はこの昇段には裏話がある。それも二つある。

一つは大石純正の記憶。羽賀夫妻・大石の三人が多町の店にいたとき、全剣連事務局長の渡辺敏雄が八段審査のための（?）書類を持ってきたのである。準一は「こんなもの書くか！」と言って引き裂いてしまった。時期は昭和三二、三年ころという。

二つ目は、にもかかわらず、このたびはなぜ八段を承けたのかという問題。わたしの聞いた直話にこういうのあった。（最近のことのようなニュアンスで）「渡辺が八段の証書を持ってきた。審査料などわしは払わんぞ、と言ったら、いいからいいからといって置いていった」と。

そういう形でこのたびは八段を承けたのである。なぜ承けたのか。当時渡辺事務局長が企画していた全剣連主催の高段者剣道講習会に関係すると思われる。講師としてたしか八人の名が挙がっていた。準一があのぶっとい指を折って講師は「仙台の乳井、東京はわしと鶴海、……鹿児島の中倉」と言ったのをわたしは覚えている（あと四人のお名前は忘失）。

準一の断簡に「今般全日本剣道連盟に於て、全国始めての高段者の剣道講習会をお開きになりますに付きまして、不肖私が図らずも剣道理論を受持つことになり」で始まる講習冒頭の挨拶原稿（コピー）がわたしの手許に現存する。そして三七年一〇月に準一は大量の講演用資料を作成した。今手許にあるものをいくつか挙げると、「思料（一）心法の参考」（昭和三十七年十月二日）「思料（五）信仰と剣道」（昭和三十七年十月三日）、「思料（六）能と剣道」（昭和三十七年十月十七日）「思料（12）呼吸」（昭和三十七年十月二十二日）「資料（ママ）（13）相ぬけ」（昭和三十七年十月二十三日）、「資料（14）白井亨の剣道と白隠」（昭和三十七年十月二十六日）「資料（15）猫の妙術」（昭和三十七年十二月四日）など。ちなみに「思料（資料）」の（一）（五）（13）（14）は、富永半次郎『剣道に於ける道』からの抜粋、「思料（六）」は黒田亮『勘の研究』からの抜粋である。「資料（15）」は現代語訳であるが、出典未詳。別格に重要なのは「思料（12）呼吸」で、これは羽賀準一のオリジナル原稿である。次の第十五章に「呼吸論」として収める。

さて、講師が七段では「高段者」を前に講習はできないだろう、先に八段を取っておいてくれ、という意味のことを渡辺が言い、準一もこれには納得して八段を承けたのだと思われる。

# 第十五章　王貞治らに打撃指南

昭和 38 年 11 月
芝浦工大にて

# 巨人軍コーチ荒川博入門

さて、これより以前の一九六二年（昭和37）六月にもどる。前年のシーズンオフに巨人軍打撃コーチに就任した荒川博は川上哲治監督から「王を25ホーマー、二割七分打てるバッターに育ててほしい」との要請を受けていた（ちなみに六一年度の王のホームランは一三本、打率は二割五分三厘である）。川上が荒川を招聘したのは榎本喜八を育てた実績を高く買ったからだという（大毎オリオンズの榎本は一九六〇年、二三歳で三割四分四厘打ち首位打者になっている。六一年も三割三分一厘打って終盤まで張本勲と首位打者争いを演じた）。荒川博『王選手コーチ日誌１９６２―１９６９一本足打法誕生の極意』（講談社）は一月二〇日の日誌から始まっているが、四月七日の開幕までずいぶん熱心かつ辛抱強く王選手を指導している。開幕以後王は大打者の片鱗は見せつつも不安定な打撃だった。開幕後四月二九日までの成績は六九打数一八安打、二割六分一厘。

川上監督からの重大かつ困難な要請に応えるためには、荒川自身がその打撃理論・指導方法を飛躍させる必要を感じたのであろう。二年前に垣間見た大剣道家・居合の名人羽賀準一のことを思った。すでに荒川は「羽賀先生の居合」の「あの切れ味のなんともいえないすさまじさが、バッティングにおけるインパクトの瞬間の鋭さに通じるものがあると悟っ」ていた（「王貞治とともに」）。

五月三日の日誌にこういう記述がある。

四月三〇日剣道の達人、羽賀準一先生のお宅に伺い、いろいろ参考になる話しを聞いたが、あなたたちの野球は、目で打つのか、それとも勘で打つのかと聞かれたが、ちょっと返事に困った（普通目で打つのだが選手は割合に勘で打っている）。

話の中で、正しい姿勢、正しい呼吸、柔軟な体が必要で、姿勢とは姿に勢いのあることだと言っていたが、野球の時でも、ボックスに入って、そのような感じになれたらなあと思う。

王の場合でも、今日第1試合の時、ヒットが出なかったので、ゲームの合間にＰ・Ｇを２人でやり、いろいろ直したが、結局投手から見た時に姿勢が悪く、数か所に隙があり、これでは打てないとすぐ解った（Ｐ・Ｇ＝ペッパーゲーム。投げ手と打ち手の二人が、５、６メートル離れてボールを投げ、ワンバウンドで打ち返す練習のこと。どんなコースでも投げ手にきちんと打ち返さなければならないので、バットコントロールの練習になる。これが本当にできなければ一人前ではない。――荒川）。

荒川はこれまで植芝盛平の合気道を（藤平光一を通じて）バッティング指導に摂取し、榎本喜八という稀代の打者を育てたが、今王貞治を長距離砲の三割打者として大成させるために羽賀準一の剣道を摂取し始めた。この四月三〇日がいわば羽賀詣での第一日目だったようだ。「投手から見た時に姿勢が悪く、数か所に隙があり、これでは打てないとすぐ解った」という箇所にもさっそくの成果が窺われる。

五月五日の日誌。

（王の）このごろのスイングは無駄な力が入らず、見ていてもきれいで、ぎこちなさがなくなった。欠点はミートした際の絞りが足りないのと、……また、インパクトする前から少し、左手に力が入りすぎるので、等分に力が入っていないことなどがあげられる。……

剣の名人（羽賀準一）が「わしは人より半分の力しか使わないが、人の３倍の切れ味を出せる」と言ったが、このような技ができるように稽古しなければならない。

「ミートした際の絞り」「等分に力が入っていない」「このような技」等は羽賀準一の「しぼり」の教えがさっそく王に伝えられていることを示す。

立てた巻藁を日本刀で斬るとき、刃が巻藁を切り抜いた瞬間に両手のしぼりが極まり、両肘が伸びる。打ちきった瞬間に両肘が伸びるようなバットスイングがもっとも合理的なのではないか。この打法を追求してきた荒川は羽賀準一から直接日本刀のしぼりを教わり、これをバッティングに応用できるよう咀嚼して王に伝えようとしている。

六月荒川は広岡達朗（内野手）を伴い朝稽古に顔を出した。時間のあるときには朝稽古に通うようになった。

同じ六二年六月、二二日の報知新聞が、「居合抜きをみっちり」という見出しでこんな内容を伝えている。アメリカ映画「北京籠城五十五日間」（監督ニコラス・レイ）に出演するため伊丹十三が二十二日スペインに向かう。「役は日本人大佐で、刀を使うため一ヶ月前から千代田区神田の文部省国民体育館に通い、出発直前まで羽賀準一八段に居合い抜きを習っている」と。

刀を抜いている伊丹の写真入りで、つぎの言葉も載せている。「脚本はまだ読んでいませんが、軍人なら刀を使うところが必ず出てくるはずです。基本的なことだけでもマスターしておこうと、みっちりけいこしていただきました。当時の日本軍人のシャンとした姿勢を示すことができれば―と思います。」

これも六月ころであったか。わたしは村山主将に中段の構えについて教えを乞うた。村山は「おれが日本一だと思う先生が神田に剣道具の店を出しておられる。その先生に聞くといい」と言ってくれた。

七月一日、巨人軍監督コーチ会議で王のバッティングが俎上にのぼり、もっと長距離をもっと打率を、ということが要求された。「いままでのタイミングの取り方をもっとおおきくするように王に教えた。」一本足打法の誕生である。第一試合は五打数三安打四打点とうちまくった。

七月一九日現在の王の成績は、ホームラン一六本（リーグ一位）、打点四六（二位）、打率二割九分二厘（五位）。荒川と王はみごと監督コーチ会議の要請に応えつつある。

このころだったであろうか、わたしは剣道部の部室で鶴海師範が「羽賀さんのところで剣道具を買ってあげなさいよ」と言っているのを聞いた。村山が言っていた店の主と羽賀さんという名が結びついた。その店を訪ねてみよう、突然思い立った。北海道旭川へ帰省する直前神田多町の梅田号を訪れた。

その時の強烈なインパクトは「第一章　羽賀先生の初印象」に書いたとおりである。本の中か映画の中にしかいないはずの剣の名人が、目の前にいることの不思議さ。

旭川帰省中の稽古のために音喜多保憲八段を紹介してもらうとともに、九月からの入門を許された。

七月二二日。暑さで王がつかれているので、練習に際し荒川は「7、8割の力で軽く打つようにと注意を与えた」。

この日のダブルヘッダーで王は打てなかった。王は「球が見えるのだけど、どうもおかしい。疲れているので、瞬間的に速さが出ない」と言った。これに対し準一は荒川にこう教えたという。

剣道の羽賀師範は、球が目で見えて、ボールが当たらないのは、技術的に進歩する過程にあるのだから、少しも心配はいらない。これから一歩前進するところだから、いままで通り、力いっぱいスイングすれば、1週間もすれば打てるようになると言っていた。

また、練習の際に、7、8分の力で打てということは間違いで、練習即試合で、いつでも力いっぱいスイングすることが必要であると説いていた。

この教えの正しさを荒川はすぐに実感することになる。七月二八日の日誌の最後は次の六箇条でしめくくられる。

芦屋旅館にて

①バットスイングの時、常に心がけることは、体重の移動によって、体のバランスを失わないこと。

②一本足になった時、右足は必ず左足の方に引きつけ、腰を入れ、腰の回転を利用する（膝の回転）。

③一本足になって、一瞬間正しい姿勢を保持できるよう注意すること。

④スイングの際に、バットをダウンスイングするよう努力すること。

⑤また一本足からボールを打つ際に、右足をステップするが、この時に体が前へ出すぎないこと。ステップが大きすぎないこと。

⑥ボールを打つ瞬間に両腕を充分伸ばし、腕が伸びたら、バットの先がターンするから、ターンは意識してやらないこと。又、腕が伸びると同時に両手の絞りを利かすことが必要。

この六箇条には荒川が羽賀準一の教えをさらに摂取している様子が見て取れる。

準一はプロ野球の打撃指導者たちが「腰の回転で打て」と教えるがあれは間違いであると言っていた。後日のことになるが多町の店で、そこに立って両脚を軽く開き、腰を回してご覧なさいと言われた。腰はまったく回らなかった。つぎに膝を回してご覧なさいと言われた。膝を回すと腰もそれに従って自然に回った。打球も膝の力で打つのです。腰で打つのではありません、と。準一は剣道・居合において、下半身では膝の重要性を力説して止まなかった。②で荒川はまだ「腰」にこだわりつつも「(膝の回転)」を意識し始めている。③の「正しい姿勢」にも準一の影響が出ている。

④の「バットをダウンスイングする」には従来のダウンスイングとちがって、刀の切り下ろしが意識されているように見える。準一は「刀の道筋」と言うことを常に言っていた（付言すれば、竹刀の全ての打突もこの道筋に従っていなければならない、とわれわれは教えられた）。⑥のところで触れることにしよう。

⑤は五月五日の荒川日記にある「いくらバットを振っても体をくずさないスイング」という準一の教えの応用であろう。

⑥ここに荒川が昭和三五年秋以来ひそかに求め、今年の四月末以来羽賀準一のところに通い、入門し、自ら刀を振ってバッティングへの応用を追求した成果が現れているようである。羽賀準一は少し後になるがこんなことをよく語ってくれた。

例えば八相の構え（刀を右肩に構える。右打者の構えはこれに近い）からの素振りである。振り下ろされた刀は左下方に一直線に向かう。「合理的な姿勢、身体の線にそうた刀法」であれば「刀の道筋」は正しい。行き着いた刀はしぼり（両手小指の締めと両手首のかえり）を受け、下方への道筋を終える。バットであればそのあと左肩上に振り抜かれて終わるが、刀なら自然に手がかえって刀は左肩に来る。そして、次の道筋を準備する（この原理で高倉健に燕返しの殺陣を教えるのは八ヶ月後のことである）。

羽賀準一の教えが四百年来の剣道の極意を踏まえているとすれば、これを打撃に応用したいと発想した荒川博の卓見、そしてこれを千変万化の球速・球種・コースに応じて瞬時に実現できるように猛練習した王貞治。今考えて見るとすごい組み合わせのすごい試みであった。

王と荒川は一本足打法にその実現の道の一つを見出しつつあった。
七月末、王は打撃部門の二つでトップに立った。ホームラン　一九本（リーグ一位）、打点　五二（リーグ一位）、打率　二割八分八厘（リーグ五位）

## 面打ち体当たり

さて、九月帰省を終えて東京に戻るとすぐわたしは神田の国民体育館を訪れた。しかし、不面目にも稽古時間に遅れた。恐縮して体育館の玄関に入ったわたしをちょうど羽賀先生が迎えてくれた。しかも右手・右膝を床につけ「やあ、いらっしゃい」と。

みごとに極まった挙措・優しい笑顔。今も目に焼きついている。

当時の稽古は火木土日の週四回（大石たちのころは週七回、つまり休みなし）。朝六時から居合、七時から稽古、八時には終わる。

生まれて初めて居合というものを見た。兄弟子たちの居合は姿勢正しく堂々としていた。羽賀先生が抜くと広い道場内の空気が張り詰める。まさに神技である（後述）。

居合の稽古も剣道の稽古も真剣そのものであった。あらゆる弛緩・手抜き・懈怠はこの道場には存在しえない。

初心のわたしには現在使い主のいない日本刀を貸してくれた。刀も防具も大きな道具置き場にたくさんあった。その日本刀でまず納刀を教えてくれる。それから素振り。振りかぶりは水平まで。剣先は水平より上であっても良いが、水平より落ちてはならない。振り下ろした刀もしっかり水平まで。剣先が水平より上で止まると「剣先が高い」と注意される。

日本刀での素振りは一回一回全力で振り下ろすこと。素振り連続百回などできるものではない。二〇本か三〇本振れば、息が上がり休まねばならなくなる、それが素振りというものだ、と教わる。ほんとうに二〇本も振れば息が上がる。休んでは再挑戦する。

下腹に力が充ち、肩の力が抜け、刃筋正しく力一杯斬り下ろし、その瞬間にしぼりが十全に働く。このような素振りができるようになれば巻藁一把など造作なく斬れるが、わたしのような鈍物がそのような素振りを体得するのにはその後の二年半では足りなかった。

稽古の時間になる。貧しかったわたしは防具など持っていない。大学の稽古では剣道部の防具のお古が使えた。朝稽古初日わたしは、防具無し、稽古着と竹刀のみをもって行った。わたしの構えと面を打つ姿勢を見た羽賀先生は使い手のいない立派な防具一式を持ってきてこれを使いなさいと言ってくれた。

その日から先生に向かっては面打ち体当たりと切り返しである。体力気力の続くかぎり、打って当たり打って当たる。限界に来れば最後の力を振り絞って切り返し。すぐに正座して呼吸を整える。先生が空いていれば二本目三本目をお願いする。面打ち体当たりの要領をもうすこしくわしく述べるとこうである。

中段に構えて（足は歩いて右足が出た状態）間合いに入ると思い切り振りかぶり一歩踏み込んで力一杯面を打つ、その時両肘がそろって伸びることが肝要である（これがしぼりにつながる）。足は次の動作に備えて、中段のときと同じ足になっている（これが非常に重要。右が先、左が後ろ）。間髪を入れず二歩目を左足で床を蹴り力一杯踏み込んで体当たりする。自分の竹刀と相手（受け手）の竹刀の柄を下腹の前で交差させ、体当たりするのである（当然下腹に力が入る）。交差の瞬間しぼりが利いていると手を痛めることはない。足はその時も揃えない。面打ちと同じ足さばきでなければならない。両脚を揃えると足払いを食う、体当たりを外されるとのめって敵に背を見せ向こうに抜けてしまう（よその道場でよくやる面を打ったあとに向こうに抜けて行くことなど論外・厳禁である）。足さばきが良いと、どんな強いあたりをして外されても一、二歩で踏み止まれる。

先生への面打ち体当たりが終わると兄弟子たちに稽古をお願いする。どんなに突かれようが打たれようが面打ち体当たりの要領で（姿勢は絶対に崩さずに）面に打ち込む。小手が空いていれば小手に打ちこむ（小手も大技しか遣わない）。胴は（少し後に教わったのだが）切り返しの面と同じ打ちを胴に振り下ろすのである。

突かれたときは下がってはいけない。顎を正しく引いて前に踏みだして受けなさい。そうすれば突き倒されることはない、と教わった。だから突きもこわくない。

（この九月芝浦工大は第一一回関東学生剣道大会でベストエイトに入り、全国大会への出場が決まった。しかし創部より日が浅く部員の統制が十分とれなかった。特に三七年入学組は個性が強く協調性が無かった。そしてベストエイト入りで天狗組の鼻はますます高くなった。生田は考えた。「この連中をまとめきれればすごい剣道部になる。しかし統率を欠くとどうなるか?」と。「結局、強烈な強さと指導力のある師範に鍛えていただく以外に無い」と結論を下した。そこで一〇月生田は小藤に相談。小藤は渡辺敏雄を紹介してくれた。渡辺は羽賀準一を候補に上げ、「どんな指導をするか知りたかったら東大に行ってみなさい」と言った。）

右のような稽古をしてひと月近く経った九月終わりか一〇月初め、法政大学剣道部の松本英清・塚越健二・一川宏、北村博らが、朝稽古に来るようになった。つづいて有信館の逸材故大畑郷一の長男宗郷とその弟が入門してきた。東大からも村山・岡本がたまに姿を見せ、久間章生も姿を見せた。このころになると東大剣道部は一一月の全日本学生剣道優勝大会に向かって村山・岡本の指揮の下、一丸となって猛稽古している。三年生の中尾舜一はこう記している。「特にこの一年間は試合前になると、物すごい気合が剣道部全体にピリリと行き渡り、全然皆負ける気がしなくなってしまう」と（試合は全日本学生剣道だけではない。わたし以外は稽古に来ているほぼ全員が各定期試合等に出る。村山は停電中の真っ暗闇でも稽古を主張した）。

（生田はこの東大剣道部を訪ねた。十数人が稽古していた。生田はそのとき四段。「なあに、東大剣道部なにするものぞ。」いざ稽古すると相手はものすごく強かった。羽賀は生田がやられるのを笑って見ていた。生田は羽賀準一に惚れ込み、渡辺敏雄にその旨を伝えた。渡辺は生田の言うところを聞き、羽賀準一推薦の労を執ってくれた。）

さて、若手が一気に十人をこえ、道場はがぜん活気づいた。

「剣道入門階梯」の「基本動作に始まる指導法」の具体例として近藤の体験を先に記したが、その結果こんなこともあった。

松本英清は当時すでに法政剣道部の主将（または次期主将）だったと思う。すばらしく強かった。翌年六月全日本学生剣道選手権大会で準優勝する。この松本にも稽古をつけてもらった。羽賀準一は初心者に対して攻撃（面打ち体当たり・切り返し）しか教えない。そして地稽古でも全身で打ち込んで行くよう指導する。最初は後打ちでよい。そのうち相打ちとなり、最後は先に打てるようになるものだ、と。

だから技術上は問題にならくらい低いわたしでも松本に対して打ち込んで行かない法はない。振りかぶって面に行く。松本はわたしの突垂れを突いてそれ以上近寄せない。わたしはそこでのどに剣先をあてがわれたまま、内小手を力一杯に打つ。これの繰り返しとなった。稽古後控え室で松本が真っ黒になった右親指の爪を見せ、笑いながら「先生、近藤さんひどいですよ。こうなりました」と言った。「松本、おまえ剣道やって何年になる?」と羽賀先生が聞いた。「七年です。」こんどはわたしに向かって「近藤君は剣道やってどのくらいになる?」「はい、七ヶ月です」。「ばかもん!」と先生は笑いながら松本を叱った。下手(したて)に対する稽古をもっと研究しろ、と言うのであろう。わたしにはその調子でやれ、と言ってくれたのであろう。

わたしはこの調子でずっと稽古した。相手が五段六段七段であっても少しもこわくなかった。

塚越健二は剣道がすばらしく強かった。そのうえ居合も習い始めた。長足の進歩で阿保健治以外の兄弟子たちを追い越していった。

一〇月、セントラルリーグ閉幕。王は二冠王に輝いた。二年後荒川はスポーツニッポン「王貞治とともに」でこう書いている(羽賀準一切り抜き帳より)。

(昭和)三十七年、ペナントレースが閉幕した時の巨人軍は……四位。すなわち二十五年二リーグに分裂して以来初のBクラスに転落したという不本意な一年に終わった。王だけがよくなったことで、のほほんとしてはおられなかったのが心情である。

しかし半面「王を25ホーマー、二割七分打てるバッターにしてほしい」川上監督との約束のうえに立って考えてみた時には38ホーマー、85打点、二割七分二厘の打撃成績をあげてくれた王は率直にいって私の喜びではあった。

## 「呼吸論」

羽賀準一は一〇月二二日「呼吸論」（原題「思料（12）呼吸」）を執筆。

生命のシムボルが美となり
死のシムボルが醜となる　　島村抱月

生き生きとしたものはすべて美しい。嬰児の美しさはまさにそれであります。出たばかりの芽の美しさよ。花の美しいのも、若い青年男女の美しいのも、みんなそれに生命が充ちているからです。鬼も十八、蛇も二十とは、まさにそれをいうのです。その年ごろはいかなる不器量な女の子も美しい。それは生命の美しさである。称えるべきかな、すべて生けるものよ。

術と申し、芸といいますも、一切の芸術は心を本とします。けれど心のみではその技芸に熟することはできません。心のままに手足を動かさしめ、心と技とを一致せしむべき訓練を経なければ、熟達できないのです。

古来、道徳先生や宗教家、特に名僧知識といわれた方たちは、心の修練のできた人々と言われますが、そのことが芸術における熟達、道における堪能と即むすびつくわけではありません。心は本でありますが、その心と技とを一致せしむるまでの訓練を経ずしては名人上手になれるものではありません。

芸術には必ず準拠せねばならない法則があり、古人が工夫しきたった手法があり、型があります。これらの手法なり型なりを学ぶのは芸術の第一歩でありますが、それを会得するには実地の体験を必要とします。その体験を重ねることにおいてはじめて老練に達するのであります。

修行といい、稽古といい、訓練といいますのもこれと同断で、修行の功を積んで、古人の法則なり手法を乗り越えて、自得の位地にはいります。そのうえでますます修行の功を積んで、技、心一致し、自在にはいります。これを無くして技は達するものではありません。すなわち、その法則を学び、型を知るは、芸術の始めであります。それによって実地に修行し、訓練することは、術の中であります。この術によって、

水鳥の行くも帰るもあとたえて
　されども道は忘れざりけり

すなわち型を学んで、型を離れ、しかもその道を離れざるに至るべきであります。一切の芸術、技術、ともにはじめに型を学び、それによって訓練し、ついに技、芸と心との自由に一致するに到らねばならぬのであります。修練する心なくして、その上達は期し得らるるものではありません。心と技と相応ずる道は一であり、業異なり、職同じからざるも、これに達する心は一つであります。

今述べたことは人間が生を受け、仕事をする以上、必ず考え行なわなければならないことであります。

ここまでは修行の一般的な心得を申しましたが、剣道にしぼりましょう。

剣道を学ぶ者が目指すのは、いかに正しくそして早く強くなれるかです。私はこの問題の根本に呼吸があると考えます。剣道修行における呼吸の問題を見て行きましょう。

古来の剣道書は、呼吸のことに関してほとんど一言もふれていません。現代においても呼吸のことに

は無関心の方が多いように感じられます。呼吸は生物が腹の中にいるときから、生まれて、死に至るまで絶対に必要であります。

息をしていることは生きていることの証し、と見なされます。すなわち人間は生命のあるかぎり、息すなわち呼吸をするものであり、息を止めたときが死に移行するときであります。このように人間、生のあるかぎり、呼吸は一刻も休むことはできないのであります。

呼吸の種類を大別しますと、荒い呼吸、普通の呼吸、弱い呼吸の三つになります。荒い呼吸とは、病気で熱の出たとき、腹をたてたとき、運動をして疲労したときに現れます。弱い呼吸とは病弱な方すなわち健康を損なっている方などに現れます。普通の呼吸とは健康な方の平常の呼吸。

医学的に正常な呼吸と言えば、一分間に十八回から二十回くらいだそうです。

私ども剣道を修行するものは、いかにはげしく打合をしても、できるだけ平常の呼吸ができるように心がけなければなりません。しかし、はげしい運動をして呼吸が荒くならない方法があるかと言えば、絶対にありません。格技の場合、修練によって普通の者よりいくらかながく続ける程度のことは可能です。

しかしもっと必要かつ重要なのは激しい運動のあいだに、いかに呼吸を調節するか、ということです。呼吸が大切なのは、運動選手ばかりではありません。商人にも学者にも医師にも、結局あらゆる仕事に従事する人々に、正しい呼吸は必要なのであります。人はだれでも怒ったときは呼吸が荒くなり、びっくりしたときには呼吸が止まるのであります。商売をするにも、感情が高ぶっていてはうまく行きません。医師が患者を診察し手術でもするときに、呼吸に乱れがあったのでは、話になりません。

# 「呼吸論」

その他いずれの仕事においても、呼吸は非常に大切であります。昔から〝阿吽(あうん)〟の呼吸、呼吸を合わせる、意気投合など、呼吸すなわち息遣いに関する言葉がいろいろあります。

たとえば阿吽とは気息の出入のこと、密教では一切万法の始終とも言うそうです。

剣道修行における息遣いについて書いたものは、管見の限り古来なにもありません。これを筆にするのはあまりに困難なのか、また一子相伝の思想のためか、その理由は判断いたしかねます。

ここでは私なりの表現で、剣道を学ぶ者にとって呼吸がいかに大切かということを知っていただきたいと思います。あとは皆さんの精進に任せます。

呼吸には、胸式呼吸・腹式呼吸・逆腹式呼吸の三つがあります。呼吸は意志の力である程度早くもおそくもできるものですが、身体や精神に変化があると、これに敏感に反応するものでもあります。剣道の修行において、平常心是道という教えがあります。この平常心の維持は、呼吸の平静の維持と言い換えることができます。

近ごろの剣道は別ですが、普通剣道を学ぶには、まず姿勢を正しく保つことを習います。姿勢とは字のごとく姿に勢いのあることであります。無理な姿勢を継続して永年練習しますと、筋肉のつき方が片側に偏して、生まれながらの体とはかなり異なった姿になるものです。ゆえに、平素の姿勢には充分注意する必要があります。特に逆腹式呼吸は正しい姿勢でないとできにくいものであります。丹田に力を入れて呼吸することは、姿勢がわるくては不可能です。

剣道の稽古の場合、基本動作の段階を終えると、打込み掛稽古にはいります。この段階で充分に腰の入った稽古をさせて育てないと、腰の入らないわるい姿の稽古風で一生涯を終えることになります。

　正しい呼吸を教えると同時に、腰の充分はいった打込み、体当たりを教えることであります。それにより実戦的な呼吸法を経験させるとともに、技の進歩すなわち〝慣れ〟の進行に伴ってほがらかなゆとりのできてきます。これは注意すべきことであります。この段階までに充分な基礎鍛錬をしておきませんと、小手先剣道になり、雄大な、そして位のある剣道にはなりにくいものです。

　大事は常の稽古からと申します。

昭和三十七年十月二十二日

この原稿は前述のように全剣連高段者剣道講習会のために書いたものである。


一一月一八日大阪中央体育館で全日本学生剣道優勝大会があった。

東大剣道部は一回戦桃山学院大学と当たり、六勝一敗で破った。

二回戦、愛知学院大学をも六勝一敗で連破。

三回戦、中京の雄、中京大と対戦。東大は先鋒村江達士（一年）次鋒柳雄太郎（一年）三鋒松藤哲夫（二年）中堅張紀久夫（三年）三将野崎、副将岡本、大将村山という布陣であった。試合は二対二勝者数・本数ともに同じ。代表戦となる。岡本が敵の大将細田から面二本とって勝ち、東大は準々決勝に駒を進めた。

　準々決勝では関西大学と対戦。張・岡本が勝ったが二勝五敗で敗れた（関大は準優勝した）。剣道推薦入学など夢想もできず、ふだんの稽古時間も私大の剣道部にくらべると少なく、その稽古も学生の自主性・自発

昭和37年　七大学戦優勝
前列右から柳、張、小栗、岡本、村山（中央）、野崎、成瀬、村江、松藤
後列右端　堺（写真提供）、二人目中尾

性に任されている東大がベストエイトに進出したのである。その秘密を明かしたくて詳述してきた。

中央大・法政大ともに剣道部は強かったが、羽賀門下になった部員は排斥された。したがって両剣道部の師範にとって羽賀剣道は排除の対象であった。対照的に村山が主将として、東大剣道部に羽賀準一の影響を導き入れたことは、信じがたい成果をもたらした。羽賀準一にとっても自分の剣道が摂取されるなら、一大学剣道部でもどれだけの成果があがるのかが実証された形になった。

当時わたしは羽賀準一から、「専門家の間では優勝した明治大学よりも東大の方が話題になっていたそうだ」と聞いた。

（芝浦工大は一回戦で同志社と当たり、〇勝で敗退。全国強豪のレベルは高く、天狗たちも声なくうなだれた。しかし生田はこの時「よい薬になった」と思った。大阪の大会から帰ると待望の剣道場が完成していた。部員の士気は挙がった。そして羽賀師範招聘の方向で学校側と諸々の折衝を始めた。）

国民体育館の朝稽古の管理費を羽賀先生が負担していると知ったわたしは、あまりに畏れ多い、弟子たちが負担すべきだと思った。誰に相談したのか覚えていない。この年一二月から、一人一ヶ月二五〇円を出し合うようになった。朝稽古の出席者全員がこころよく管理費分を会費として納めてくれるようになった。羽賀先生はこうした弟子たちの心遣いをよろこんでくれた。のちに高橋利雄がこの役を引き継いでくれた。

（私の直話手帳のメモの初めの方には12／8荒川（博）、12／11園田（直）5ヶ月分、12／22広岡（達朗）久間（章生）などと見える。）

## 王貞治ら入門

一二月一〇日、荒川が広岡達朗と一緒に王貞治・榎本喜八・須藤豊・小森光生を国民体育館の朝稽古に連れて来た。王に関する意図を荒川はこう記している（「王貞治とともに」）。

打率三割、ホームランは45本前後を打つために、私がこのオフ・シーズンに王を東京・神田の羽賀道場へ案内し、真剣を握ってのバッティング育成にいそしませたのも、そういった新しい目標のうえに立っていてのことだった。

われわれはプロ野球の人たちと一緒に稽古していた。神田の朝稽古は体育館の玄関を一歩入ると「先生」は唯一人となる。園田直がストーブにあたりニコニコしながらこう言ったのを覚えている。「ここではシェンシェイ（先生）は羽賀シェンシェイ一人。あとのわれわれみんなはシェンシェイの弟子だ」と。だからわれわれは「園田さん、張さん」としか呼ばなかった。もちろん「荒川さん、広岡さん」である。

「榎本さんも王さんも」われわれが居合をしている同じ道場で、バットに代えて日本刀をひたすら振っていた。しかしかれらの練習に気を取られることは一切なかった。みんな自分の稽古に集中していた。

昭和37年12月？
羽賀準一の面を打つ王貞治

この年の末か明けて三八年の初めか、時期は不確かだが村山と岡本が卒業をひかえてほとんど最後となる朝稽古に来た（二人とも九州に就職）。準一は卒業にあたって宿題を与えるつもりだったのであろう。こんな稽古をつけるのを見た。

白い稽古着・袴の羽賀準一がゆっくりと小さく剣尖を上下させながら前に出る。岡本は剣尖に追いつめられてじりじりさがる。とうとう道場の壁に背が触れた、同時に準一の剣尖が下ろされ岡本ががくりとくずれ片膝を床についた。剣尖一つで追い詰める羽賀準一の剣道を初めて見た。いや初めで最後のような気がする。

村山が観覧席（神田の体育館にはスタンドがあった）に追い詰められた。そこで不思議なことが起こった。準一の竹刀の先が村山の突き垂れに吸い付いたのである。準一は左手を内に絞り込んだ。ふつうならツルッル滑るはずの剣尖が滑らない。村山の首が竹刀の先に捻られて九〇度近く傾いて行った。

二人が強いからこんな稽古をつけてもらえたのだ。この稽古でどんな教訓を与えようとしたのかわたしには分らない。

年が明けて昭和三八年正月、稽古後のストーブを囲んでの歓談の時、体育館の管理人のおじさんが色紙を持ってきた。お目当ては王貞治らのサインであろう。羽賀先生が真ん中にたしか「剣士準一」と書いた。張東緑らに続いて野球選手たちが、そしてわれわれも書き入れたと記憶する。あの色紙、今「開運なんでも鑑定団」に出すといくらになるだろう。

同じ一月のある日、野球選手たちが巻藁斬りをさせてもらうが、それより以前の取材と思われる記事が一月二三日の福島民報（福島）に載った（引用は転載された「週刊ベースボール」二月一一日号より）。

なぜ剣道がバッティングにいいのだろうか。これについて羽賀氏は、

「剣道は一に目、二に体力、三に精神力、そして力だ（近藤注：「一眼二足三胆四力」という剣道の教えを記者が少し誤解して書いたのだろう）。野球の打力も剣道と同じだと思う。しかも刀を振ることはバットを振るよりも、どこに不必要な力がはいっているかがすぐわかる。しかも〝しぼり〞が悪ければ刀の場合は切れないし、バットの場合はボールがのびない。それ以外にも、まだまだ関連性は多い。広岡、王、榎本といった一流選手も、初めは私から見れば悪いところばかりだったが、最近上達のあとがうかがわれるようになった。この練習によって彼らの今シーズンの成績はたしかによくなると思う。」

と確信を持った口ぶりだった。選手たちも口を揃えて、

「精神の修養、バッティングのときの手の〝しぼり〞をマスターするには、刀を振るのが一番いい。」

といっている。

……

また昨年、ホームラン王、打点王の二タイトルを獲得し、長島をしのぐスターに成長した王選手は、「私のバッティングは羽賀先生にいわせるとまるっきり〝しぼり〟がきいていないという。私は居合抜きではなく、刀を振ってその〝しぼり〟をマスターできればいいと思う。」

と意欲的だ。刀を振り出したのはつい最近のことなので、まだぎこちないが、羽賀氏は、「キャンプまでには、何とか〝しぼり〟のコツを身につけさせたい。」

という。王がこのトレーニングによって技術的に、精神的により以上に充実すれば、三冠王も夢ではなくなるだろう。

羽賀準一の目から見ると王のバッティングと言えども「まるっきり〝しぼり〟がきいていない」のだという（刀の素振りのことではない。バットの素振りのことである）。

この貴重な取材があって間もなくのことだと思われる。同じ一月のある日、野球の人たちに巻藁を斬らせるのを、われわれが見物したことがあった。みなさん半分かせいぜい三分の二しか斬れなかったが、王だけは水平に一把斬った。あのとき「王さんは人一倍力があるから斬れたのだ」と思った。今思い返すと、違う。荒川の指導によってしぼりをきかせたバットの素振りをものすごい量こなした、その賜だったのだ（ただしその〝しぼり〟は実際のバッティングでは完全には生かせていなかった。連日の朝稽古で羽賀準一直々の指導によって会得するであろう）。ともあれ日本刀を手にしたときにはかなりの程度までしぼりのコツをつかんでいたのだ、と思う。荒川の日誌を丁寧に読んでそれが見えてきた。

## 王貞治打撃開眼

一九六三年（昭和38）四月二七日土曜日、朝稽古が終わって、わたしはいつものように羽賀先生の話を聞きながら歩き、途中の伊勢屋で朝食のいなり寿司をいつものようにご馳走になり、多町の店に向かった。ところがその日に限って羽賀先生は店を通り越して、神田駅まで行くという。国鉄神田駅の売店で「今日はわしの記事が出ているんだよ」と言ってサンケイスポーツを二部買い、一部をわたしにくれた。その新聞は今も大切に持っている。羽賀先生の切り抜き帳にもある。

一面トップは九段抜きで、腕組みする王選手の写真。キャプションは「必殺打法開眼」「〝剣の教えに得たヒント〟で、早くも8号、22打点。打撃開眼して、眼光も鋭い王選手」。

一面左上の大きな横見出しは「王を鍛えた秘剣の極意　急ピッチ8号のかげに羽賀剣法」とある。さらに王と広岡のバットのしぼりの写真を載せ、しぼりを解説。

記事は以下のリードで始まる。

投げていて、こんな気持ちよく打ってくるのははじめてだ。ぼくのタマはくせだまなので、ぼくのタマを打てるか打てないかで好不調がわかるのだが、とにかくいまはすごいというしかない」二十六日、多摩川球場のダグアウトで、バッティング・ピッチャーをつとめた木戸投手が、こう語っていたが、まさに文字どおりの快打連発。長島、広岡のバットからは、左右に火を吐く当たりがとびだし、川上監督も、だまって見ているだけだ（王は休み）。ここに川上監督と同じように、巨人の猛打ぶりを目を細めて喜んでいる人がいる。千代田区神田多町に住む羽賀準一七段（五四）がその人。昭和初期に宮内省主催の全日本剣道大会に優勝し、いまなお真剣をにぎらせたら右に出る人がいないといわれる達人である。

次いで「切る瞬間のしぼり」等の見出しで以下の記事がある。

この羽賀氏が荒川、広岡、王に呼吸を教えた人で、荒川コーチは羽賀氏の真剣でモノを切る理論をバッティングに応用し、新しい打撃理論を生みだしたというわけ。「ぼくらは先生から剣道はおそわらなかったが、モノを切ることをおそわった。巻きワラを水平にぶったぎるのだが、バットのスイングと同じフォームで切る練習だ。ワラだから簡単だと思うだろうが、これがなかなか切れるものではない。切る瞬間に手をしぼる。このしぼったときに、いちばん力がはいるもので、……このしぼりをバッティングに応用した。見てごらんなさい。王でも長島でも、ホームランを打ったときのフォームには力感がないでしょう。からだ全体に力強さが現れるのは不必要なことで本来はその力がバットのボールを打つ部分に集中されているべきなのです。

ほかに「〝王40本〟を保証　まだ欠点はあるけれど」などがあり、また五味康祐の知ったかぶりしたとんちんかんなコメントもあるが省略する。

最後に「羽賀準一七段の話」を引こう（ちなみに記者は羽賀準一を七段だと思い込んでいる。準一にとってはどうでもいいことであった。また、新聞を買ってもらったこの日多町の店で「荒川君を打撃コーチとして立ててやることが大事で、自分などがあまり表に出てはいけないのだ」と語っていた。この談話にもその思いやりがよく出ている）。

剣は武道、野球はスポーツと根本は違う。私など巨人の猛打に関係はない。すべて荒川君と、荒川君にアドバイスし、さらにいまの打撃を完全なものにしようとしている川上監督のコーチのたまものだ。私はただ剣道の立ち場からいっているだけのことだ。ただ剣と打撃の共通点は、えものを使うということ。そのことから荒川君は王、広岡君にこれをすすめたのだろう。剣は生きるか死ぬかである。野球はたのしむものとはいいながら、野球選手にはもっときびしい気迫がほしい。王君などは道場にきてもご承知のとおりおおらかなので、私にいちばん気合を入れられた。

いつだったか、王君にどのあたりからボールがはっきり見えるかときいたら、〝一間先ですネ〟などというので一発おとしてやった。剣の道ならそれでは切られて死んでしまう。剣道の達人の境地に達したら、ボールは投手の投球モーションのときから、内外角どこに、そしてどんなボールがくるかわかる。野球もそこまでやらなくてはいけないと思う。いまの広岡君たちが、真剣に精進していったら、三年たったらそれがわかるようになるだろう。

また野球といっても、そこまで道をきわめなければならないのではないか。剣道では、からだのどこかの部分にくずれがあると、達人はすぐにそこを見ぬく。そのほんのわずかなくずれでもずばりとなおせるコーチは、野球の方にはいないようだが、荒川君ならもう二年もすれば、この点でも完ぺきなコーチになられると思う。これはあくまでも剣道からみた私見だが……。それから打撃のフォームについてだが、長島君や王君の打球が大きくとぶのは、両手をのばして打っているからだ。片手でもホームランが打てるというのだから両手で打てばもっと飛ぶ理屈だ。

荒川君の打撃論もここから来ているわけだが、これは剣道でも同じで、打つときは両手をのばして、たたく。また打つときのしぼりだが、これは広岡君が一番しっかりしている。王君は型はくずれているが、打つ時のしぼりが実にいい。これが王君のホームランの出る秘密といっていいだろう

記者は羽賀準一の言おうとするところを簡潔にまとめている。準一自身の文章からはほとんど伝わってこないが、われわれがふだん聴いていたのはこの忌憚のない口調である。

荒川や川上を立てながらも、野球界に言うことはきびしい。長島・王のようなスーパースターも若い者扱いである。

このころ羽賀準一は荒川に招かれて多摩川グランドまで足をはこび、荒川により具体的・個別的なコーチングを教えたと準一自身から聞いた。バッティングの調子が出ない個々の選手について「あの選手はどこを直せばいいのですか」と荒川コーチが聞きに来る。準一が「これこれを直すとよい」と言う。荒川が選手のところに行ってそう指導する。とたんにいい当たりが始まるのだ、と準一は笑って話してくれた。わたしは野球のプロに見えないものが野球を知らない剣道家に見えることがやっぱり不思議だった。「先生どうしてその打者たちの欠点が見えるのですか」と聞いた。「体が生きているかどうかを見るのだ。死んでいる部分があればそこを直せばいい」と答えてくれた。

今にして思えば、それは「正しい姿勢・正しい呼吸」を極限まで追求した剣道家のみに見えることだったのだ。

> 人間が刀を持って動作をするという原則からみてわかるとおり、まず体は生きているか、腕は力の線に沿って動いているか、刀は正しく握られているか、手のかえりは充分か、などが肝所となります。こう考えてみると、すべてが生きて動作しているか、が求められているわけです。(「居合学びの奥義」)

第十六章

# 羽賀準一と一刀流

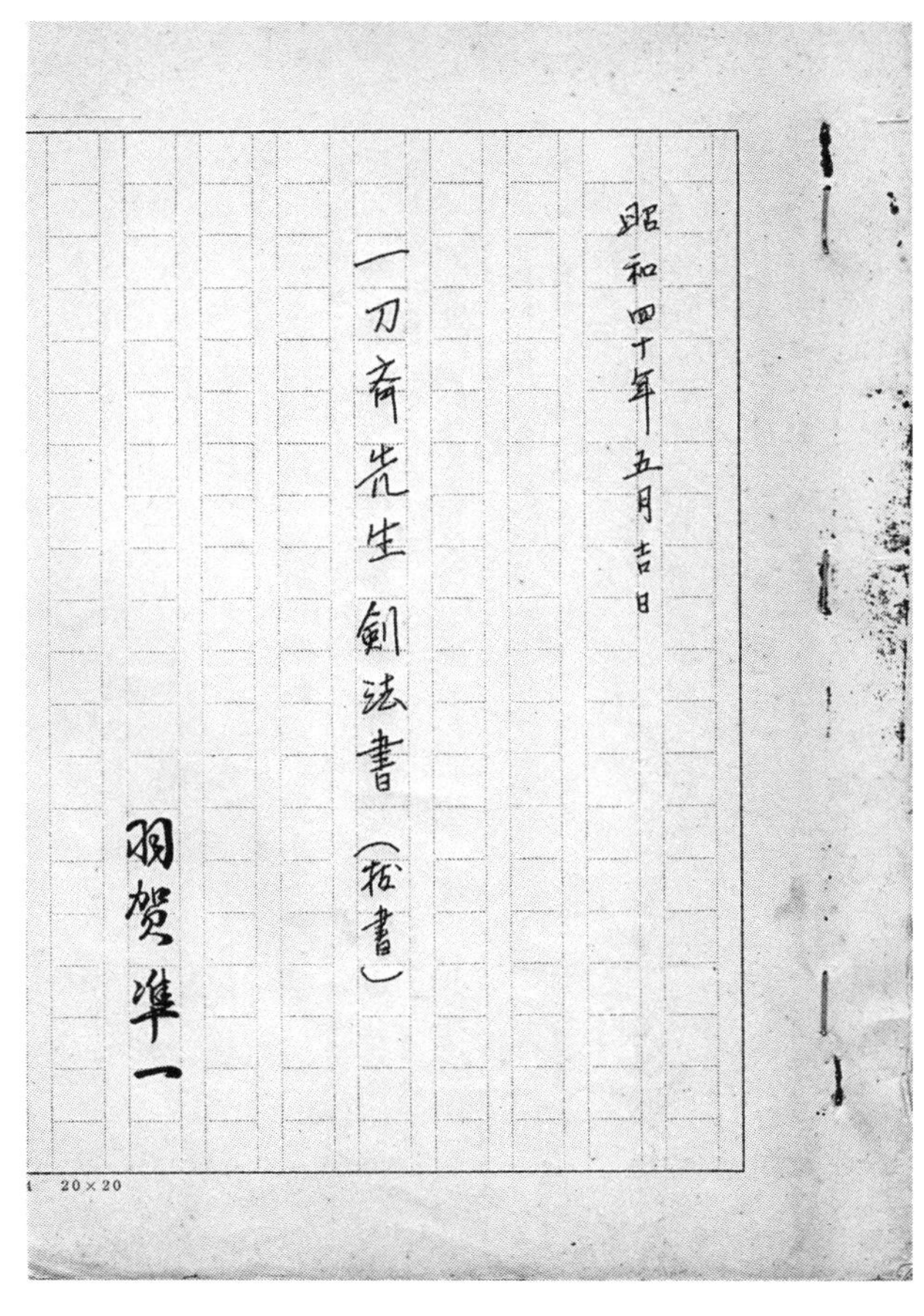

昭和四十年五月吉日

一刀斎先生剣法書（抜書）

羽賀準一

20×20

# 高倉健に「燕返し」伝授

昭和38年5月25日の高倉健
準一は「上段之構　一人前」と評している。

「ギャングものスター高倉健が、ピストルを刀に持ちかえて」映画「宮本武蔵　二刀流開眼」に出演（封切りは八月一四日）。役柄は佐々木小次郎。その役作りのため五月二二日神田多町の羽賀準一を訪れた。「映画界とはあまり縁のない羽賀八段を訪れた動機は、ジャイアンツの王、広岡、荒川コーチが羽賀氏に居合の手ほどきをうけたことを聞いたから。」

荒川コーチは「羽賀先生は野球選手やら、俳優やら変わったデシばかりくると笑っていた。しかし先生に教われば、映画もきっとホームランになるでしょう」と語っていた、とのこと（以上羽賀切り抜き帳より合成）。

わたしは高倉健が道場に来た朝のことを覚えている。あれは五月下旬だったのだろう。だれかが「おいおい健さんが来ているぞ」といった。見ると色の浅黒い男がしゃんと背筋を伸ばし道場に目を向けてスタンドに腰かけていた。あの座り方決まっているぞ、と思った。あとのことは覚えていない。

居合の稽古が始まったからだ。そして剣道の稽古へ。でもかれの姿は記憶に鮮明だ。

高倉健は佐々木小次郎の「燕返し」を中心に刀の扱いを教わりに来たらしい。

準一は剣道の形や伝書に「燕返し」というのはありません、と言っていた（吉川英治のフィクションである）。そして結局は刀の道筋の問題ですと言った。そして高倉健に授けた「燕返し」は八相から左下に切り下ろし、正しい道筋を振り下ろされた刀はしぼりを受けると体の左下方で自然に反える（手が反える）。反った刀を間髪を入れず右上方に切り上げるのである。この行って反る刀はまさに燕がスイッと方向転換する様に似ている。「ピストルを刀に持ちかえ」たばかりの高倉健のこの殺陣は京都での撮影で殺陣師も感心したらしいが、シリーズ第五作「巌流島の決斗」では特にみごとであった（後述）。

高倉健はのちに「一の太刀」[*23]というエッセイを書いている。その最初の部分を引こう。

武者窓から夕日がさし込む道場。

武者座りという独特の座り方。

それは鎌倉、鶴岡八幡宮山門の両端を固める木彫りの武者の像とほぼ同じ姿勢で、そう、すぐパッと立てる、片足立膝になって。

袴をつけて、その人は半眼になり呼吸を整えておられた。夕日がつくる金色のビームの縞を横顔に受けて、腰には、愛用の朱鞘の太刀が納まっている。

朱の漆がキラッと眩しく、本当に気があたりを圧して、今まで小さく丸くなっていた身体と、眠って

＊23　高倉健『あなたに褒められたくて』（集英社文庫、１９９３）

いるように小さくなっていた目が、一瞬グアーッと大きくなった。

シユルシユル、スー、ズバー、ズバーッて。

「今、何本か抜くからよく見てなさいよ。健さん」

そう言われた優しい先生が一変して別な人になられるのがよくわかる。

一対一で今見せてもらって、もう見てて身が竦む思いだった。

当時、時代劇やるんで、いろんなところで教わってきたんですが、結局、羽賀準一という高名な先生に居合を教えていただくことになって、その日は皇居の中に皇宮警察の済寧館っていう道場でやることになって。

……

（先生は）気迫で、太刀を振って、長谷川英信流のいくつかの型、それはもう何度も見せてもらいました。

すげえなあ……本当にこんなふうに切られたら胴体なんか三ツ胴くらい一発だろうなって思うような気迫なんです。

そのとき感じたのはですね、何かもう、別の人になられて、今まで喋っていた人と別な人格に、この人なっちゃったっていう、何かが乗り移ったみたいに……。

羽賀準一は大森流の一本目（初発刀）に大森流・長谷川英信流のすべてがある、と言った（本書三三五ページ第十三章）。そして初発刀の精髄は抜きつけのうちにある旨をわたしは映像に基づいて分析しこう結論した。

羽賀準一のこの抜きつけこそ「人間のできる究極の抜きつけである」と（三三九ページ）。

準一が高倉健に抜いて見せた居合は佐々木小次郎の役作りのためなので、大森流ではなく長谷川英信流であった。

英信流の一本目は「浮雲」であるが、これは大森流の一本目「初発刀」と同一意義である（映像で確認されたい）。

したがって高倉健が「浮雲」＝「初発刀」に感じた「あたりを圧する気」わけても抜きつけ＝「一の太刀」の無上の迫力に撲たれたことは、健のおそるべき炯眼をも示している。

健の「一の太刀」体験はそれだけに終わらない。このエッセイの末尾を引こう。

（ある人の発する気に）心を奪われてしまうっていう、それはきっと音楽でも。文学のことはあまり分かりませんけど、映画には絶対必要なんじゃないでしょうか。

始まって十五分間、何もなかったら、きっとダレて見るんじゃないですかね。やっぱり十分以内にオッオッていうのがないと。

……

映画も一の太刀が大切なことだなあ、と。

一瞬にして相手を呑んでしまう気もあれば、一瞬にして相手を和やかにする気もあるようです。

羽賀先生は自在にそれを使い分けていらした。

その羽賀先生と出会えて、俳優である以上、自分も、映画館に来ていただけるファンを和ませ、清々しい気分にしてあげられる、自分の気を持てたらと思ってます。

名優剣聖に学ぶ。清々しいエッセイである。

（当時居合界に「羽賀の居合には情緒が無い」という批判があった。かれらには羽賀居合の神髄は見えないのだ。そういう人たちに荘子の寓話を呈上しておこう。大鵬は北の果ての海から南の果ての海へ天がけるとき、九万里の高空を飛ぶ。ひぐらしや小鳩があざ笑って言った。「そんなに高く遠く飛ぶ必要があるのか。大袈裟なことをするものだ」と。燕雀いずくんぞ大鵬の志を知らんや。あるいは、猫は虎の心を知らず。）

生田宥らの奔走の甲斐あって芝浦工業大学剣道部はこの年七月、羽賀準一を第三代師範として招聘することになった（これに先立つ五月一九日、芝浦工大は第九回関東学生剣道新人戦大会で準優勝している。三七年組三八年組は猛者揃いだった）。

高輪の料亭「桧苑」で「師範羽賀準一先生歓迎会」が催された。大麻勇次（剣道範士十段）、渡辺敏雄全剣連事務局長、小藤清己らも招かれた。大学関係者だけでなく剣道部全員が出席し歓迎した。

## 芝浦工大師範として

芝浦工大剣道部は宮城県鳴子温泉で羽賀師範の下では最初の合宿を行った。これが羽賀師範の実質上の稽古始めだった。

その稽古ぶりを、三七年組の一人（以後羽賀準一の愛弟子となって現在に至る）野口貞夫の「先師　羽賀準

昭和38年7月
前列中央　羽賀準一　その右　渡辺敏雄　大麻勇次　（右端）小藤清己

一の想い出」から摘記しよう（「芝浦工業大学剣道部　五十年の歩み」）。

　振り返るに芝浦工大の指導者になられた先師羽賀準一の指導方針は、「激しく」「短かく」がモットーであった。又、先生が毎回の稽古で血気盛りのわれわれに面打ち体当たりと切り返しだけをさせ、それをお一人ですべて受けていたという記憶が生々しい。そのご指導のおかげで、部員がみるみる実力をつけていったのに驚いた。

　先師からの口頭による指導はなかった。しかし各自が何を目標に稽古するかを自分で考え、行動する様になった。

　二、三ヶ月も経つと部員の稽古が以前とは別の剣道になっていた。

　他校との親善試合、稽古にも皆が臆する事はなくなった。「俺は芝工大の剣道部員」と言う誇りを持って対峙するさまが、全部員に「ありあり」と見えた。

「数世紀前の剣の使術」を極めた羽賀準一に習うとみなこうなる。東大も同じだった。朝鮮の京城帝大予科も同じだった。中大や法大にいられなくなった連中（つまり初期の直弟子たち）のことは言うまでもない。

（しかし考えてみよう。部員を五〇人として一回の面打ち体当たりで打たせる面の数を一人七本としよう。三回りしたとする。（五〇×七×三＝）約一〇〇〇発である。これを一人で受けることがどれほど苛酷なことか。名人羽賀準一はこれをふだんは週三回実行して行く。合宿だと午前午後でその二倍。二〇〇〇発！　それが一週間！　こうして書いていても頭の芯が痛くなり気が遠くなりそうだ。）

九月、芝浦工大の生田宥、野口貞夫、永井徹らが朝稽古に通い始めた。

一〇月、プロ野球のシーズンが終わった。王はホームラン四〇本、打率三割五厘、打点一〇六の好成績で川上監督の期待に応えた。羽賀門下に入った荒川博の指導の賜であった。

新しい年度（昭和39年度）の王はホームラン五五本、打率三割二分、打点一一九等の大記録を打ち立てる。羽賀準一と野球の話はこれで止めよう。真の名人のみに可能な大打者への打撃指導を明らかにすればよかったのであるから。

一二月一日東京体育館で全日本剣道選手権大会が開かれたが、その大会準決勝の前に神道無念流五加の演武があった。仕太刀中島五郎蔵・打太刀羽賀準一。この時の映像はＮＨＫに所蔵されているはずだが、今も行方が分からない。出て来れば国宝級の映像なのだが、死蔵されているのは残念である。

春、というから三月であろうか。芝浦工大の合宿（準一にとって二回目の合宿）が大阪城修道館であった。去年の合宿以後すでに半年、単純計算でこれまでに約７０００発の面を打たせている。この合宿ではまた一〇〇〇〇発を受けるであろう。そのかわり野口が言うように芝工大はめざましく強くなった。この合宿中にこんな事があったという。

道場は国士舘と半分ずつを共同で使用していた。芝工大の初心者に近い部員が国士舘の猛者と稽古する羽目になり、かなりしごかれたらしい。それを聞いた芝工大の腕自慢たちが国士舘の猛者たちに挑み、突くは、打つは、転ばすはの猛烈な稽古になった。しかし稽古が終わると快活な挨拶をして別れたという。芝工大の夕食時はその話題で花が咲いた。ちなみに国士舘はこの年一一月全日本学生剣道優勝大会の覇者となる。

野口が「(羽賀師範になって)二、三ヶ月も経つと部員の稽古が以前とは別の剣道になっていた。他校との親善試合、稽古にも皆が臆する事はなくなった」と言ったのはこういうことである。まして「二、三ヶ月」どころか夏合宿以来七ヶ月も経っている。地力がどれほどついていたことか。

## 羽賀剣道の深淵

一九六四年は東京オリンピックがあった(一〇月一〇日〜一〇月二四日)。オリンピック用の練習場になるため神田の国民体育館は四月から七月(あるいは八月?)まで使えなくなった。羽賀先生は稽古したければ講談社の野間道場に来なさいと弟子たちに言つた。わたしは当時東大の大学院に在籍していたが各月七回〜一〇回ほど通った。

この六四年(昭和39)夏、塚越健二はアメリカのロスアンゼルスに渡り、森寅雄のもとを訪ねた。

こんな経緯があったという（塚越談）。

羽賀先生と森先生は非常に仲がよく、森先生は帰国するとホテルオータニに泊まり、必ず先生の多町の店を訪れた。そして歓談の後、ロスの剣道界が必要とする竹刀・防具その他の剣道具をたくさん仕入れ船便にして送った。

ある日の会話で、羽賀先生が森先生に塚越のことを話し、かれをアメリカに遣るから、面倒を見てくれないか、と言ったという。

（塚越はこう信じ込んでいるが、わたしは、森寅雄が羽賀さんの居合を伝えられる人がいれば派遣してもらえまいか、と相談したのだと推察する。ただしその人間は、居合の（当然剣道も）達人である上、一ドル三六〇円時代に渡米・滞米の費用を自己負担でき、しかも時間が自由になるという条件を兼ねていなければならなかった。こうして準一は二一歳の塚越健二を選んだのだと推定される。塚越を慢心させないために自分から森寅雄に頼んだ形にしたのだとわたしは推測する。）

家庭が裕福だった塚越は川崎信用金庫に当時の金で三百万円を預け入れ、ハワイ経由でロスアンゼルスへ行った。森寅雄は空港まで迎えに来てくれた。向こうでは大歓迎され、居合を教え、剣道も森寅雄と並んで元太刀に立った。ちょっとした名士扱いで連夜の歓待を受けた。塚越は森寅雄にもかわいがられた。

塚越は一九五三年（昭和28）春陽館上野道場に入門し、剣道を始めた（小学校五年生。同時期の入門に四歳年上の藤田穀がいた）。以来高校までの間に川崎市の大会には三〇回位出場したが、一度も負けたことが無く優勝をさらった、という。高校生の時藤田毅（法政大剣道部）に連れられて朝稽古に来たが、稽古後に登校してはいつも遅刻したため、大学に入ったら来なさいと準一に言われた。

そんなこともあって一九六二年（昭和37）一〇月再び神田の朝稽古に来たのだという。だから居合は習い始めて一年一〇ヶ月しか経っていない。しかし剣道・居合とも準一が折り紙を付けるほどに上達していた。素質が特別である上に、準一の教えの受け止め方が別格に早かった。準一はわが子のようにかわいがった。ロス行きの話は川崎のとある割烹で聞いていたのだが、羽賀準一の剣道に関しても極めて重要な話も聞くことになった。

羽賀先生はアメリカ行きの「餞別だ」と言って、朝稽古で連日特別に稽古をつけてくれた。本気になった羽賀先生は強いのなんの、しんから恐ろしかった。毎日毎日が怖くていやで、稽古に来ないでどこかへ逃げ出したかった。ある時は組み打ちになった。羽賀先生の体が「岩になった」。組み打ちの最中に昼寝の恰好をするのだが、全く動かない。仕方ないから先生の面紐を解くと、手で面を押さえる、それでは、と胴紐をほどくと、胴を押さえて笑っている。そのくせ体は岩のようで全く動かないのだという（これは植芝盛平の体が根の生えた木のようになって動かなかった〈中倉清談〉、という術と本質的に同じと思われる）。

羽賀剣道のおそろしい深淵を塚越が垣間見ているとも知らず、わたしはすぐ近くでだれかと稽古していたことになる。

帰国後野間道場に稽古に行ったある日、持田先生のところがいつものようにたくさん並んでいなかったので、塚越は今日は稽古をお願いしようと列の後ろに並んだ。そこへ羽賀先生がやってきていきなりボカンと塚越の面をたたいて「行くな（稽古をお願いするな）！」と言った。八、九年前落語の小さん師匠と稽古しようとしたときの大石純正談に似ている。当時持田盛二は七九歳の高齢であった。その前には稽古をお願いする人が行列をなしていた（準一の前はがら空きだった）。準一は塚越が高齢の持田に本気でかかって、もしもの事態を引き起こすことを心配したのである。それくらい塚越は強かった。
酔っていい気分になった塚越はおれは昭和三八年にはたちで剣道五段をとったんだ、おれは当時日本でいちばん強かったんだよ、と同席の客たちの前で気炎を上げた。わたしは話が一段落したときそっと質問した。「羽賀先生が富士の絶頂に到達した人だとしたら、塚越さんは何合目まで行ったと思う?」と。答えは間髪を入れずにかえってきた。「裾野だな。」

さて、一九六四年(昭和39)の野間道場の記憶にもどる。通い始めて二、三ヶ月後のことだったと思う。野間道場の望月さんから「あなたはよく稽古に来ているのだから会費を払って下さい」と言われた(そう言われる程度には稽古に来ていたということだ)。わたしは「はい」と答えながら払わなかった。羽賀先生から「払う必要はない」と言われていたからである。もし払いでもして羽賀先生に「素直でない」と叱られる恐ろしさを考えると、道はそれしかなかった(そのとき望月さんからわたされた「音羽道好会規約」が今も手許にある)。望月さんが、昭和一五年の天覧試合・剣道府県選士の部優勝者・望月正房であったと知るのは後年のことである。恐縮した。でも今考えても羽賀先生の言葉に背くことはできなかったと思う。

わたしが羽賀門下では一人だけの時もよくあった。そういうとき羽賀先生はいろいろ気を遣ってくれた。六月のある日長谷川英信流を教えて下さることになった。愚直なわたしは先生から英信流を抜いてもよいと言われるまでは、大森流に専念すべきだと思っていたので、英信流は一切やっていなかった。そこへ先生直々の伝授である。恐懼して向き合ったがまったくついていけない。先生はすぐ癇癪をおこし、「塚越に習っておけ」といって引き揚げてしまった。思い出すと七五歳の今でも恐縮する。

ある時は風呂に入りなさい、と言ってくれた。持田先生や羽賀先生が入る風呂だと思っていた。それに持田先生もまだ入っていない時間だった。しかし一緒に入りなさいと言っていただいて入らないことなどできるはずがない。入った。

あそこは超偉い先生方の入られる部屋だと遠く眺めていた控え室があった。風呂を出たあと一緒に来なさいと言われたのでその控え室に入った。どこに座ってよいか分からない。羽賀先生に向かい合って火鉢の前に座った。羽賀先生は静かに「そこは持田先生が座るところだから別の場所に座った方がいい」と言われた。わたしは心の中で跳び上がった。即座に先生の左手の下座に移った。恐れ入るということはわが生涯にいくつもあるが、あのときこそ恐れ入るの最たるものだった。そう言えば持田先生と羽賀先生は何時もその火鉢をはさんで楽しそうに談笑していた。持田・羽賀不仲説というのは羽賀準一が若いときから四〇歳くらいまでのエピソードがもとになっているが、以後の羽賀準一はその文章を見ても分かるように持田盛二につねに敬意を払っていた。

もうひとつ思い出したことがある。高橋利雄から聞いた。野間道場で森寅雄が元太刀に立っていた。高橋は野口貞夫に「あの人にかかかってごらん」とそそのかした。野口は森にあしらわれているうちに、足払いにいったらしい。途端に森の足払いが決まった。立ち上がるや反対の足払いが決まった。足払いの切り返しである。「ひでえや。あの人だれ？」とは引き揚げてきた野口の言葉であったそうな。これを書かれても野口の不名誉にはなるまい。森寅雄に足払いをかけただけでも名誉であろう

五月から八月にかけて全日本剣道連盟に内紛があった。会長の木村篤太郎と事務局長の渡辺敏雄が対立し、ついに渡辺が追い出されてしまった。準一にとって肝胆相照らす仲だった渡辺の失脚は残念だったであろう。「高段者特別講習会」の構想もこの内紛とともに消滅したらしい。日本の剣道界にとって惜しみても

余りあることであった。

ところで、わたしが本書を執筆していてもっとも困るのは羽賀準一の剣道の真の強さがまったく分からないという点にある。たとえ分かったとしても表現する力は無いと思う。表現できるものでもないだろう。その真の強さを実感できた弟子も何人いるであろうか。張東緑、大石純正、古川景久、根本義大、高橋（白須）靖夫、塚越健二等が今思い浮かぶ。

わたしは一度だけ羽賀準一が勝負稽古の相手をしているのを見たことがある。野間道場でのことである。だれかとの地稽古を終わって羽賀先生に面打ち体当たりをお願いしようと思いそちらに向かった。そのときわたしよりも先に羽賀先生の前に立ったのが松元（まつげん）という警視庁の助教であった。当時もっとも当たる盛りの若手だと聞いていた（のちの範士八段松元貞清氏であろうか）。かれは三本勝負を願い出た。

羽賀先生は「よし」とこれを受けたようだった。先生の勝負稽古が見られる！　わたしはその場に正座し竹刀を置いた。

羽賀先生は上段をとった。これが有名な「羽賀の上段」か。左上段だったような気がする。ゆっくりと右手で柄をさするように左拳に近づけまた元に戻した（次頁の写真を見るとその反対だったのかもしれない）。と、突然大きく踏み込んだ。野間道場の床が巨大な太鼓に化したかのようにどーんと鳴った（そんなはずはないのだがわたしはたしかにそう感じた）。松元の面に竹刀が炸裂した。同様に七本くらい続けざまに羽賀先生の竹刀が松元の面を小手を打った。踏み込みはどの撃ちでも非常に大きく、そのたびに野間道場の床がどーんと鳴った。

ようやく松元の面か小手が一本入った。また羽賀先生の打ちが襲った。八本目、九本目、一〇本目、一一本目。つぎにかなり近い間合いで松元の突きが入った。先生は「よし」とうなづいたように見えた。そしてこの稽古は終わった。

羽賀先生の上段の豪快さを初めて見て驚嘆したが他方不思議の念に打たれた。当たる盛りの警視庁助教がなぜ木偶のようにうたれるのであろう（東大七徳堂に「木偶」と呼ばれる打込台があった。面小手胴を備えた人型の打込台である）。爾来五〇年間不思議のままだった。過日大石純正から聞いた話しがヒントになった。「羽賀先生はこちらの打ちがよくないと未然にそれが分かって打ち込んだ瞬間にはじいた。逆によい打ちだとそのまま打たせてくれた。先生はこちらが打つ前にもう見えていたんだね」と。そして例の五人掛け。五人とも相対した瞬間に打ち込まれたというのだから、相対した瞬間に羽賀準一の目には斬り込むべき箇所とそこへ至る太刀の道筋（隙間）が見えるということなのであろう。

思斉会の稽古で上段をとる羽賀準一（昭和35年8月）

こうして、わたしは「荘子」「養生主篇」の一節を思い浮かべた。（以下に岩波文庫版『荘子』金谷治訳から抄出する。「庖」は料理人、「丁」はその人名）。

　庖丁が、文恵君のために牛を料理したことがあった。手でさわり、肩を寄せ、足をふんばり、膝立てをする彼のしぐさのたびに、さくさくばりばりと音がたち、牛刀の動きにつれてざくりざくりと響きわたる、……
文恵君は「ああ、見事なものだ。技もなんとここまでゆきつけるものか。」といった。庖丁は牛刀を手から離すと、それに答えた、「私めの求めておりますものは道でございまして、手先きの技より以上のものでございます。私めがはじめて牛の料理を致しましたころは、目にうつるものはただもう牛ばかり〔手のつけどころも分かりません〕でしたが、三年たってからはもう牛の全体は目につかなくなりました。このごろでは、私めは精神で牛に対していて、目で見ているのではありません。感覚器官にもとづく知覚は働きをやめて、精神の自然な活動だけが働いているのです。天理（すなわち自然な本来の筋道）に従って、〔牛の皮と肉、肉と骨との間の〕大きな隙間に刀刃をふるい、大きな空洞に沿って走らせて、牛の体の本来のしくみにそのまま従ってゆきます、……あの骨節というものには隙間があり、牛刀の刃さきというものにはほとんど厚みがありません。その厚みのないもので隙間のあるところに入っていくのですから、まことにひろびろとしたもので、刃さきを動かすにも必ずゆとりがございます。

松元に相対すると、羽賀準一の心眼には、わが竹刀の入ってゆくべき「隙間」が見え、その「隙間」の先の打突箇所が見え、その箇所に向かって竹刀が切り込んで行く、ただそれだけのことだったのだ。三つの契機は引き続いて起こるのではない。同時に、間髪を入れず、起こるのだ。

羽賀準一の「無理無事」の境地「水月の本心」について先に述べたが（第七章）、この境地を想像することはできる。体現できた人は日本剣道史上にどれくらいいたのだろう。

欲す　我れ往かんとすれば　彼亦来る　勝負の肝要　此の間
にあり　故に我が位の間積りと云ふは　位、拍子、に乗ずるを
間と云ふ也

17

敵に向って其の間に一毛を不容　其危亡を顧みず　速く乗
って殺活之當的能く本位を奪ふて可至者也　若し一心
間に止まる時は　変を失す　我が心間に拘らざる時は　間は
明白にして其の位に在り　故に心に間を止めず　間に心を
止めず　よく水月の位に至るべき者也
無理無事の一位を水月の本心と云ふ也　故に求むれば
是れ水月に非ず　一心清静にして曇り無き時は万方皆
な水月の如く不至と云ふ所なし　古語に云く　遠不慮
則必ず近き憂在りと　故に間に遠近の差別なく　其の
間を不守　其の変を不待　人に致されずして　疾く

B4　20×20　　コクヨ

「昭和四十年五月吉日　一刀斉先生剣法書（抜書）羽賀準一」より

# 師伊藤一刀斎

夏、新潟県北魚沼郡で芝工大は合宿した。有信館時代からの剣道仲間禿勇雄の世話であった。九月だと思うが、神田国民体育館での朝稽古が再開された。

その九月（?）の想い出の一つに森寅雄のことがある。森寅雄が神田の体育館に見えた。われわれの居合や稽古をスタンドに腰かけて見てくれた。塚越のような使い手が育つ道場を見てみようと思ってくれたのであろうか。居合を見ていた森が準一に質問した。「抜刀では鞘はいつも後ろに引かれるものですか」と。準一は刀を腰にさすと、壁際に滑るように歩いて行き、こちらを向くや鞘尻が壁に支えぬよう下に向け、刀を上に引き抜いてにっこり笑った。森寅雄はなるほど抜刀も臨機応変ということかと納得した様子であった。

両名人が控え室で談笑しているときであった。わたしは愚かなことを言ってしまった。「森先生は羽賀先生が唯一人貶したりされない方です」と。両名人は顔をこちらに向けて笑って聞いてくれた。森寅雄は「言われればこちらもいくらでも言うことがありますよ」と笑って応じてくれた。一瞬羽賀準一の顔が厳しくなった。森寅雄はこちらを向いていたから、準一の表情を全く見ていない。にもかかわらずさりげなく「羽賀先生に敵う人はだれもいませんよね」とつづけた。わたしは森寅雄がとなりの気配を感じてこの言葉をさりげなく続けたのだと思った。そして名人とはこういうものか、と感嘆した。羽賀準一は続いた言葉を聞くや破顔一笑した。

両名人に対して何たる無礼なことを。七五歳の今、二五歳の自分に向かってあきれるばかりである。

一九六五年（昭和40）一月二一日、羽賀準一は梅田号の店を多町から千代田区神田錦町三—二四に移した。これまでの狭いながらも、剛毅な準一に似つかわしい作りの豪快な店は、新しい小作りの店構えとなった。上がりかまちも低くなり、前の店のように羽賀先生の談論風発を聞く場としてはすこしさびしい店構えだった。移転にいたる事情はわからない。

昭和40年3月
塚越　市川（弟）　大畑　徳島　市川（兄）
羽賀先生　近藤

四月芝工大が熊本県警道場で春合宿。準一にとっては四回目の合宿である。塚越健二・卯木照邦を同伴したところをみると、一人で面打ち体当たりを受けるのが負担になってきたのかもしれない。

この年の五月、羽賀準一は前述のごとく「一刀斉（ママ）先生剣法書（抜書）」を筆写し、高橋利雄に贈った。

当時準一、五六歳、高橋、四四歳である。

高橋の入門は一九六二年（昭和37）の早い時期であったようだ。わたしの記憶違いでなければその前は高野孫二郎門下であった。朝稽古当初は若手に打ちまくられて、稽古から帰ると打身の青アザだらけ。保子夫人にそんなになってもまた行くの？とあきれられたという。

稽古は飄々としていて、つかみ所がなく、打ってもあまり打った気のしない、外柔内剛の剣風であった。

（一〇年ほど後のことだが、わたしが実際に稽古した羽賀門下で真剣勝負をさせたら誰が強いだろうと空想したことがあった。高橋靖夫が先ず浮かんだ。塚越健二ほどの達人が「あの人の剣道には妖気が漂っていたね」と評する遣い手だった。もう一人浮かんだのは意外にも高橋利雄である。技がこわいのではない。腹の据わった人なのである。戦時中台湾でアメリカの飛行機が飛来し機銃掃射していったとき、小銃を持ってふんどし一丁で表に飛び出し、鉄道線路上に仰向けに寝て小銃を撃ち放ったという。）

羽賀流居合を始めたのは四一歳のはずであるから、普通ならとうていものにならない。しかし、以前に関東居合道研究会に所属して大森流をたしなんでいたこともあり、立派にものになった。

無欲の人で、交際において利害得失は度外にあり、善意と相互理解を重んじた。この点保子夫人も同様であり、もっともいい意味で似たもの夫婦であった。夫婦に子供はいなかった。当時は神田司町一ノ一一ではんこ屋（「日本印形」）を夫婦で営んでいた。篆刻では非常にいい仕事をした。

高橋利雄は博識で日本の剣道史にもよく通じ、羽賀準一を剣道史上の名人の一人として心底から尊敬していた。師とは一二歳違いでまだ四〇代前半であるから、話しも合い、食事に誘っては師との談論風発を楽しんだようである。師弟であるとともに親しい友人同士になっていたと察せられる。

羽賀準一はこの高橋に完全に心を許し、「数世紀前の剣の使術」としての自分の剣道の師は伊藤一刀斎であり、その極意は「一刀斉先生剣法書」「一刀流伝書」にあるということまで明かしたのであろう。そして高橋の自分の剣道・居合にたいする高度の理解、自分に対する純粋の敬意と厚意、それらの結果として生じた深い友情等に感じたのであろう。

「一刀斎先生剣法書」は既述のように『武術叢書』でも読むことができるが、羽賀準一は戦争末期有信館の内弟子時代に、中山博道の手写本によってこれを手写したのであった。これをあらためて高橋のために写し与えたのである（笹森順造の前掲書によると「一刀齋〈斎〉」が正しい表記だが、中山の手写本はすべて「一刀斉」のようである）。

伝書はコクヨのＢ４判四百字詰め原稿用紙一四枚（二つ折り、計二八ページ）の本文と同原稿用紙各一枚（二つ折り、計四ページ）の表紙・裏表紙からなり、ホチキスで右側二箇所が綴じてある（Ｂ５判）。表紙の真ん中に「一刀斉先生剣法書（抜書）」とあり、手写したのが羽賀準一であることを示す署名代わりの印章が左下に押してある。手写の日付は右上に「昭和四十年五月吉日」とある。

表紙・本文ともにボールペン書きである。準一の筆写は丹念で、一字一句もおろそかにしていない。約四百年前の師に対する崇敬の念が表れている。

わたしは羽賀準一から伊藤一刀斎についても、一刀流についても何も、全く、聞いたことが無かった。剣道・居合の初心者であるわたしが聞けなかったのは当然であるが、大石や塚越のような高弟たちも聞いていないという。

すでに見たように、「剣道の伝書と呼吸」（原題「呼吸を考えよう」）を書いたときも「じつに見事に剣道を教えてくれている」書として「不動智神妙録」「太阿記」「剣法夕雲先生相伝」「天狗芸術論」「常静子剣談」などを挙げていながら、「一刀斎先生剣法書」については気配さえも示さないのであった。

「資料（十四）白井亨の剣道と白隠」における富永半次郎『剣道に於ける道』からの抜粋に際してさえ、「伊藤一刀齋」の五文字は注意深く省いているのであった。

羽賀準一の剣道・居合の究極の書、文字どおりの極意は高橋利雄に伝えられ、高橋もこれをその死に至るまで、秘したのであった。わたしがこの秘伝書の存在を知ったのは前述のごとく高橋が没して四年後の一九九八年二月一一日であった。そしてこの伝書の極上の価値が分かりはじめたのは、これも先述したごとく、本書執筆のために、黒田亮『勘の研究』富永半次郎『剣道に於ける道』を読み、伊藤一刀斎と一刀流の剣道史上における卓越性を知り、『武術叢書』所収の「一刀斎先生剣法書」を読み直してからである。

その翌月には「昭和四十年六月吉日一刀流伝書（抜書　前文不明）羽賀準一」が高橋に贈られている。こちらの伝書のコピーは高橋からわたしと大畑宗郷が各一冊をもらった（もし高橋靖夫も未所持であったならかれももらったと思われる）。

これは（小野派）一刀流の伝書であるが、準一が手写の元にしたのは、前書と同じく中山博道の手写本である。昭和二〇年当時神道無念流の者が一刀流の伝書を披見することは非常にむずかしかったようである。昭和四〇年一一月一五日に刊行された笹森順造著『一刀流極意』（「一刀流極意」刊行会）を参照すると、「一刀流伝書」はまことに簡略であるが、博道や準一のような名人が読むと、一刀流の勘所は押さえ得たのであろう。

高橋利雄が「羽賀先生の剣道は一刀流だね」と言つた時（二一八ページ）の根拠は、羽賀準一の談話とこれらの伝書であろうと推察される。

羽賀剣道の深淵を知ろうとすれば「一刀斎先生剣法書」の読みが不可欠だが、わたしにその力はない。

# 第十七章　長逝

# 先生に異状が

一九六五年八月わたしは北海道に教職を求めるべく、帰省した。途中青函連絡船で羽賀先生に会った。芝浦工大の合宿が札幌であるので同行したのだとのことだった。この日の羽賀先生は心なしか不機嫌そうであった。船のなかのことでもありいつもの談論風発は無かった。

札幌武道館での合宿は羽賀準一にとって、五回目の合宿であり、面打ち体当たりの激甚の負担はもはや限界を超えつつあったのだろう。阿保健治と塚越健二を助手として同行していた。面打ち体当たりは三人で受けたのであろうか、阿保・塚越だけで受けたのであろうか。阿保は合宿何日目かに額の上部あたりの皮下に内出血を起こし、次第に血が下がってきて三日後には目のあたりまでが紫色にはれたという。塚越は前頭部が腫れあがり風呂に入ると湯気がしみて痛く冷たいタオルをあててしのいだ。

合宿後の朝稽古のとき芝浦工大の野口貞夫が衝撃の情報を伝えた。札幌での合宿中羽賀先生が竹刀を取り落とした、というのである。あり得ないことが起こった、と弟子たちはショックを受けた。相手は地元の剣道家で羽賀準一に稽古をつけてもらっていたのだそうである。竹刀を落とされた羽賀準一は「悠然と相手を見つめていた。相手の先生は」打ち込むどころか「あわてた様子で竹刀を両手で」もって準一に差し出したという（野口貞夫）。

思えばこれが弟子たちの前に羽賀準一の異状が表れた最初であった。自身にはその前から自覚があったから、塚越・阿保を同行したのであろう。

昭和40年8月　芝浦工大合宿（札幌）
中央 羽賀準一　その右 塚越健二　その右（サングラス）阿保健治

九月四日「宮本武蔵巌流島の決斗」の封切だった。武蔵と小次郎の決闘シーンでは「ピストルを刀に持ちかえ」た高倉健が羽賀準一直伝の燕返しを遣うのである。準一は高倉健の演技を観るべく、さっそく映画館に行ったようである。わたしの記憶違いでなければ、三回繰り返して観た、とのことであった。「高倉健は非常によく遣っていた」とうれしそうであった。

このころからだったか、東大の梶木達雄が朝稽古に次第に熱心に通い出した。

九月一一日は羽賀準一五七歳の誕生日である。弟子たちで誕生祝いを催した。出席者はおおよその年齢順で記すと、高橋利雄・梶木達雄・近藤典彦・阿保健治・塚越健二・卯木照邦・永井徹・野口貞夫・大畑宗郷の九人であった。

羽賀先生はうれしそうにわれわれのささやかなお祝いを受けてくれた。この日の羽賀先生にわれわれはだれも病気の影を見なかったと思う。

思い出から一コマだけ記しておこう。多人数掛けが話題になった。羽賀先生は三人掛けができれば体力の続くかぎり、あとは何人掛けでも同じだ。まず三人掛けをぜひ経験したらよい、と言った。塚越がやってみようかなと名乗りを上げた。羽賀先生はぜひやってみるといい、と言った。（三人掛けは実現しなかった。だからこそ、大石純正から聞いた羽賀先生の多人数掛けに驚嘆・賛嘆したのだ）。

わたしの記憶に残る元気な羽賀先生はこの時までである。

この頃のことであったか。羽賀先生は芝浦工大の稽古に塚越をしばしば代稽古として送るようになった。そしてわたしは先生に異常を感じるようになった。話しの繰り返しが多くなったのである。談論風発型の人であるから、同じ話を数ヶ月に一度くらい語るのは当然であるが、一五分くらい前に話したことをまた話すのである。どうしたんだろう、と気になった。異常にいち早く気づいたのは良久夫人と高橋利雄・保子夫妻だったと思われる。われわれの知らないところで献身的に心遣いをしていたようである。

この年の一一月頃であったか。中央大の学生須井詔康が朝稽古に初参加した。この道場の面打ち体当たりの要領を知らない須井は面を打ったあと、かちあげ（顎あたりを目がけ両腕を伸ばしてぶつかり）にいった。ふだんの先生ならどうにでもあしらうはずなのに、仰向けに倒れ、道場の床を仰向けのまま滑った。そして「よし」と肯いて立ち上がり体当たりを続けさせた。

ありえないものを見た弟子たちのショックは激しかった。先生に何か異状が起きている！

## 羽賀先生が倒れた！

以下は六五年「一二月八日夜三時半」に書いたわたしの日記の一節である。

羽賀先生が倒れた。……まるで不死身の権化のようでいらした先生が。高橋さんは「寒風にあたったかえでが、いっぺんに紅葉するように」といったが、ほんとにそのように。

この文脈では羽賀準一が病に倒れたのは一二月八日かその少し前と推定される。

一九六六年（昭和41）になった。

一月のことであろうか。もっとあとのことであろうか。高橋利雄は朝稽古に来て信じがたい光景を見た。冬のこととてうす暗い体育館の玄関を入ると、白い稽古着・袴を着けた人が鏡（玄関を上がってすぐ左手に大きい姿見があった）の前で居合をしている。羽賀先生だ。自分の居合は自分自身の身体という鏡で隈無く見えているのが羽賀先生のはずだった。それが鏡の前で確認している！　高橋は異様な衝撃を受けた。

羽賀準一の健康状態は悪化の一途をたどった。事態を憂慮した高橋利雄はおそらく張東緑らと連絡取り合ったうえであろう、羽賀道場の今後を相談する会を企画した（わたし自身は三月末には北海道に教職を求め東京を去ることにしていたので、七年間の東京生活の総決算ともいうべき繁忙に明けくれていた。会費集めもかなり前から高橋に引き継いだと思う）。

相談会はわたしの手帳によると、二月五日午後六時からもたれた。場所は神田の鰻屋の二階（野口貞夫の記憶）。

集まったのは高橋利雄・張東緑・園田直・山田志津子・塚越健二・野口貞夫・近藤典彦（山田志津子も出席したというのは近藤。塚越・野口は不確かという）。
会の雰囲気は深く沈んでいた。羽賀道場をいかにして運営・後継して行くべきかが話し合われたと思う。
その結論に基づき、高橋利雄が羽賀準一とも相談し許可を得て「一橋剣友会会則」を起草したのは、三月中と思われる。
以下にその「一橋剣友会会則」を記録しておく。

第一章　総　則

第一条　本会は一橋剣友会（通称羽賀道場）と称します。
第二条　本会は求道精神の横溢せる剣道愛好家を以つて構成されます。
第三条　本会は事務所を千代田区内神田一丁目十七番五号日本印業内に置きます。

第二章　目　的

第四条　本会は日本剣道の真髄を伝承し、世の模範たるべき人材を育成します。
第五条　「和」及び「敬」の精神を以つて、練気養心に励みます。

第三章　事　業

第六条　本会はその目的達成の為め左の事業を行ないます。
一、剣道、大森流、長谷川英信流居合道等の練磨及び研究指導。
二、講習、講演、演武会の開催。

三、全日本剣道連盟に加盟し、段、級の審査。
四、関連書籍等の刊行。防具類、資材の斡旋。
五、其の他の必要事項一切。

第四章　会　　員

第七条　本会の会員は剣道同好者とし、都内及地方居住の別を問いません。
一、会員は週番幹事の指示に従います。

第五章　運営機関

第八条　本会は次の機関を置く。
一、総　　会
二、役員会

第九条　総会及び役員会の招集は会長がこれを行ないます。
第十条　総会は全員をもつて構成し定期総会及臨時総会とします。
第十一条　定期総会は毎年四月に開き、重要事項を議決します。

第六章　役　　員

第十二条　本会は左の役員をおきます。
一、会　長　　一名
一、副会長　　三名
一、常任監事　一名

一、監事補佐　一名
一、会計　資材監事　一名
一、会計　資材監事補佐　一名
一、週番幹事　二名
一、師範幹事　三名
第十三条　役員は総会に於て選出し、任期は一年とします。
第十四条　会計は随時役員会に計り運営を円滑にします。

第七章　会　計

第十五条　本会の経費は会費、寄付金その他の収入をもつて当てます。
第十六条　本会の会費は一般者月額三〇〇円、大学生及高校生は二〇〇円とし、中学生、小学生は徴集せず、会費の年額前納及び寄付金は妨げません。
第十七条　本会の会計年度は毎年四月一日から始まり翌年三月三十一日に終ります。
第十八条　本会への入会は所定の申込書を用い、会費は前納とし、払込後の会費は返しません。
第十九条　本会則に定めの無い事項は役員会に於いて決定します。

附　則

一、本会則は昭和四十一年四月　日から施行します。

以　上

三月二五日、どうした風の吹き回しか、わたしは芝浦工大の道場（田町）に防具を担いで出かけた。この三月に卒業した野口貞夫が待っていてくれた。野口は防具は着けず、元に立ったわたしの稽古を見物していた。羽賀先生仕込みの新四年生（生田のいわゆる昭和38年組）～新二年生はさすがに強い稽古をしていた。朝稽古そのままに全員と立ち合ったが、四年生と二年生に一人ずつ気の強いのがいて手こずった。東大の稽古では突きや足絡み横面などの技をかなり遠慮していたが、ここではその必要はなかった。かれらはこの年一一月の全日本剣道優勝大会で準決勝に進出するであろう。

わたしは北星学園余市高校へ赴任のため三月三一日に東京を発つので、二八日に先生の店にお別れの挨拶に上がった。普段の先生の正座は威風堂々として巌のごとく、動き出すや凄まじい気に充ち、床との間に空気の薄膜が一枚あってその上を自在に動いているような軽やかさがある。そうしたすべてを孕んだ正座だったが、この日の先生は正座していること自体が苦しそうであった。しかも身体がすこし右に傾いていたように記憶する。

先生はこの日東京駅一三時三八分発の新幹線・こだまで、静岡に向かう予定であった。翌日から芝浦工大剣道部（三日前にわたしが稽古した連中）の合宿が始まるのだ。羽賀先生にとってこの合宿は六回目になる。もう面打ち体当たりを受けることは全くできない。今回は塚越・阿保・卯木らをだれも連れて行かない。塚越・卯木らとともにわたしは東京駅まで見送りに行った。ガラス越しにわれわれを見る先生の目は非常に不機嫌そうだった（わたしにとってこの時が先生との今生の別れとなった）。

ここに芝浦工大剣道部の写真がある。「春合宿　静岡桃源寺　羽賀師範（中央）」とキャプションにある。四四名の部員と部員の母親らしい四人とに囲まれて中央に腰かけた先生の身体は右にすこし傾いている。写

昭和 41 年 4 月　静岡合宿

真「昭和38・7羽賀準一先生歓迎会」の生気に充ちた羽賀先生とは別人である。

三月三一日午前九時三〇分わたしは上野駅を発って余市に向かった。翌朝小樽駅に着きバスに乗り継いで北星学園余市高校に赴任した。野口も塚越も卒業・就職した。

師の病気を心配して高橋利雄・藤森将之・塚越健二らは自分達が良いと聞く病院や整体師を聞き当てては連れて行った（これについては後述）。

この年四月以後の朝稽古はどうなったか。高橋利雄が朝稽古運営の大役を担った。資料はすべて高橋夫妻からのちに託されたものである。

ここに一橋剣友会の入会申込書が二一枚ある。推薦人欄に羽賀準一自身が署名・押印してあるものは二枚。一枚は高橋利雄のものである。日付は昭和四一年四月一日となっている。これによって、一橋剣友会の発足が羽賀準一の承認に基づいていることが知られ、高橋の目指した活動開始の日付も知られる。

もう一枚は山田シヅ子のもので、日付が無い以外高橋と同じである。

園田直の推薦人も羽賀準一だが、羽賀準一の自署ではない。準一の「準」が三水の「凖」になっている。印章も無い。

張東緑の入会申込書は見あたらない。

高橋が（入会申込書）「第一号」と記入してあるのは塚越健二のもの。推薦人は卯木照邦。

以上のほかに申込者あるいは推薦人として、新井正一、高橋靖夫、谷信一、梶木達雄、今井良一、久山雅生（芝工大学生）といった氏名が目立つ。

羽賀準一は芝浦工大の師範を事実上退いたようである。

これ以降の一橋剣友会（朝稽古）関係の確実な情報は現在では無きに等しく、関係各人の薄れ且つ錯綜した記憶の断片があるのみであった。わたしは北海道にいたので四月以降のことは全く知らない。ところが本章の草稿を書き上げた後に、一通の書簡が筐底から現れた。高橋利雄の近藤宛一九六六年（昭和41）九月四日付書簡である。羽賀準一が亡くなる三ヶ月と一週間前の手紙である。関係部分を引こう（アルファベットに変えた人名はご本人とごく少数の人が分かるはず）。

羽賀先生の最近はあなたのご存じの頃に較べ大分快方に向はれた様には見えますが、依然として足の運びが思はしくなく、体育館の帰りには靴を履かせて上げるのに二人掛りの日があったり、御自分で履いて帰られたりの一進一退の感です。でも毎回休まずに道場に来られ、早い時は掃除もして居られますが、後日、稽古姿を見せて下さる日がはたして来るかどうか。悲しいことです。

連日の暑さの為か（一橋）剣友会も近頃は新米が五、六人位。
園田（直）先生は政務で忙殺
張（東緑）さんはサーキット（開設・起業）で多忙
Aさん親子は日曜だけ
B君は金もうけ
C君はB君のバーのインチキバーテンで朝寝坊
D兄弟はバイト疲れ
Eさんは和坊の看護で精一杯
ヒゲのF氏は野間道場へ鞍替え
G君は図書館通い
Hさんは気に迷い、等々……
「求道精神」とは「師匠の健康」と同意義みたい。
でも藤森さん、卯木君が顔を出して呉れるので少し助かります。
芝浦を出た永井（徹）君も元気に郷里の米子高専で剣道部のコーチをして居るとの事で、夏休みの合宿に二、三人を指導によこしてほしいと言はれたのですが希望に添えず残念でした。（以下略）

一九六六年の八月が生き生きと伝わってくる。何と貴重な情報であることか。

三月末にあれほども悪かった羽賀先生の病状は悪化の一途をたどったとばかりわたしは思いこんでいた。

神田の体育館も引き続き使用できたのかどうかも定かでなかった。

神田国民体育館は羽賀準一の最期の日まで羽賀道場であり続けたのだ。そして病状はわるい中にも一進一退し、驚嘆すべきことに羽賀準一は「毎回休まずに道場に来られ」たという。「早い時は掃除もして居られたと！　若き日肺結核で余命幾ばくも無いと医者に言われたが、一日二回の猛稽古は続けつつ「夜船閑話」に拠って結核を克服し、朝鮮時代デング熱で四〇度の高熱を侵しても稽古をし、戦後ＧＨＱの圧迫下飢えを忍んで同志を糾合して稽古をつづけ、高弟が骨折で稽古を休むと腕が折れていても工夫次第で稽古はできると叱り、……。その羽賀準一は今歩くことも靴を履くこともままならぬのに週四回の稽古には必ず出席して弟子たちの稽古を見守る。準一にとってはこれが自身の今できる「稽古・修行」なのだ。そして弟子たちの出席が遅れると、これも自身のための「稽古・修行」として道場掃除を始める。この行いも大石純正等の頃から変わらない。いな、おそらく有信館時代も朝鮮時代も戦後の剣道復活の時期も同じなのであったろう。羽賀準一自身の「稽古・修行」を行うのであるから、弟子が遅れてきてもとがめはしない。しかしそれによって弟子たちが生涯を通じていただく教訓はいかに大きいことか。

さて、その弟子たちの稽古・修行はどうか。「連日の暑さの為か剣友会も近頃は新米が五、六人位」であると。東大剣道部の忽那英計も前年四月頃から稽古に通っている。「新米」の中に須井詔康がいるのは確実と思われる。あとは今井良一もいたのであろうか。

その外の主な弟子たちの動向が忌憚なくコミカルに高橋は報告してくれる。

剣道・居合の実際的な指導は高橋が行っていたのであろう。そして「藤森さん、卯木君が顔を出して呉れるので少し助かります」と。

# 長逝

この年何月のことか不明だが、高橋の店に良久夫人から「すぐ来てほしい」との電話があった。飛んで行くと梱包中の段ボールの横で動けなくなり、決まり悪そうに高橋に助けをもとめたという。高橋夫妻の介護は最後の最後までまことに献身的であった。

一一月二〇日、全日本学生剣道優勝大会である。芝浦工大は三位になった。芝浦工大剣道部のその後約五〇年間で最高の戦績である。この度の成績は羽賀先生の指導の賜であるとわたしは確信した。「芝浦工業大学剣道部五十年の歩み（二〇一〇年一〇月）」もそうとらえている。羽賀先生この快報をご存じだったであろうか。

一二月九日準一の弟忠利が静岡から兄を見舞いに上京した。そして準一はめずらしく弟の言葉に耳をかたむけ、入院を承知してくれた。そして二日後に亡くなった。

最期の模様についてわたしはよく知らない。良久夫人が最期を看取ったことはたしかであり、亡くなった夫の胸に日本刀を抱かせたと聞いている。納棺の儀を執り行ったのは高橋利雄と高橋靖夫であった。羽賀準一享年五九歳（満五八歳三ヶ月）。

一二月一五日、高橋利雄からわたしの許に速達の訃報が届いた。

夫羽賀準一儀十二月十一日午前十時二十分心臓麻痺のため急逝致しました　こゝに

生前の御厚誼を深謝し謹んで御通知申上げます
追って告別式を左記の通り執り行います
**日時　十二月十七日（土）午后二時**
**場所　文京区関口駒井町十一　大泉寺（九四一―三九五七）**
都電、バス、江戸川橋下車護国寺に向い左ガソリンスタンド左入る
（旧目白坂通り）
昭和四十一年十二月十二日
東京都豊島区雑司ヶ谷二ノ一八ノ七　田沢方
妻　羽　賀　良　久
弟　羽　賀　克　己
弟　羽　賀　忠　利
葬儀委員長　園　田　　直

葬儀関係の記録はこのほかには無いので、わたしの記憶にある事柄をいくつか記しておこう。

わたしは一七日の二時前に大泉寺に着き、受付を手伝おうとしたが、万事が手配され進行していた。たくさんの弔問客の中で唯一人鮮明に記憶しているのは植芝盛平である。弟子に記帳させている間、天の一方を見上げていた。あの炯々たる眼は悲しみを湛えているように見えた。五〇年前の記憶だからどれだけ変容しているることか自分でもおぼつかないのだが、本書を執筆しつつ植芝盛平と二五歳年下の羽賀準一との関係を

確認するにおよんで、印象はもはやまちがいないような気がする。

永井徹は羽賀準一の葬儀で受付を担当していた。葬儀にきた警視庁の助教三人が「羽賀さんは面の打たせ過ぎがもとで死んだのだ」と話しているのを聞いた。死の直後からそうした見方が羽賀門下以外にもあったことを示している。

葬儀のことはほとんど記憶にない。不思議なほどない。以下のように記憶の断片が残っている。

間もなく厚生大臣になる園田直が葬儀委員長をつとめた。

張東緑が遺産（特に梅田号の収支）について報告した。張が帳尻を合わせてくれたのであろうとわたしは忖度した。

精進下ろしの席上で初めて中島五郎蔵に会った。この時の印象はおどろくほど「軽い人」であった。

谷信一が泣きながら語った。「先生はおれが埼玉で居合を抜くと言ったら、何も言わなかったが、当日そっと来て見てくれた」と。

弟子たち何人かが葬儀後喫茶店に集まって偲んだ。高橋利雄・山田・塚越・卯木・永井・野口らがいたように思う。

高橋夫人が病気のため高橋家に泊めることができない、というので夜は高橋の案内で永井とふたり池袋の連れ込み宿に泊まった。その宿はなまめかしいよりも殺風景であった。

遺骨は弟羽賀忠利によって広島県比婆郡東城町西方寺に埋葬された。

法名は鏡岳院徹剣浄円悟道居士。

夫のあとを追うように良久子も翌年二月三日に亡くなった。満五八歳であった。夫と同じ西方寺の墓地に眠っている。

法名は心鏡院寂誉妙円大姉。

二人の間に子供はなかった。


準一が愛して止まなかった小説、ヘルマンヘッセ「シッダルタ」に重なるような生涯であった。

中島五郎蔵が一九九〇年八月二〇日と九一年三月二六日の取材で語ってくれた言葉のうちから引いておこう。中島は羽賀準一の師の世代、先輩の世代、同期の世代、後輩の世代そして一九九〇年までを見渡せた人である。羽賀準一にライバル心を抱いていなかったのでその言は純粋である。その上中島五郎蔵は山田次朗吉や堀正平の剣道史をもよく読んでいたので、剣道史を見渡すこともできた人である。


羽賀はいい人間だった。またと出会えない最高の人間だった。

あんな純真な人間はいなかった。いい顔してた。若い頃からいい顔だった。

羽賀の居合は別格だった。今私や中倉が居合道九段と言ったって、問題にもならない。まことにすごいものだった。

羽賀の剣道は中倉のとはちがう。中倉は現代日本の最高峰だが、打つ剣道だ。羽賀のはちがう。中山先生と同じ剣道だった。手の内がすばらしく、足はいつも歩み足だった。
※以上は九〇年の会見メモから。以下は九一年の録音テープから

──羽賀先生から何回か聞いたのですが、中山博道先生は「羽賀、おまえは五十年に一人、百年に一人という天才なのだから、酒ばかり飲んでいないでもっと稽古をしろ」と言われたとのことです。これについて中島先生は何かお聞きですか。

（中島）いや中山先生はたしかにそう言われたね。五十年や百年じゃあんなのは出ませんよ。それくらいよかったですよ。だって本物の稽古、本物の剣道です。あんなのが出るわけがない。

## 羽賀先生の死因について

羽賀準一という大剣道家がなぜ天寿を全うできなかったのか。その死因についてあらためて考えておきたい。

あるとき「山岡鉄舟は名人か」が話題になったとき羽賀先生は「鉄舟は天寿を全うできなかったのだから、名人とは言えません」と言った。鉄舟は満五二歳で没している。死因は胃がんであったらしい。大酒家であったこととも関係していようか。

ともあれ、そう言った羽賀先生自身が満五八歳で逝くとは、六五年（昭和40）夏まで弟子の誰もが夢想もしなかった。八〇歳を過ぎてどんな剣道をされるんだろう、考えるだけでわくわくした。その日をきっと見られる、と信じていた。

六六年になって、病状を心配する弟子たちが病院や整体師に連れて行き診察や治療を試みた（前年の末ころだったであろうか。雑司ヶ谷診療所に通院している、と羽賀先生自身から聞いた記憶がある。この病院は共産党系だが近くて安くて職員が親切なんだ、と若干テレ気味に言っていた）。

藤森将之がある整体師のところに連れて行くと、昔剣道の稽古で痛めた腰骨に原因があると言ったという。羽賀先生は「ヤブめ」とあとで言ったと聞いた。

高橋利雄（だと思うが）、伊藤京逸博士の病院につれていった。伊藤博士は梅毒による脳の病気と診断し、検査したが陰性であったと聞いた。羽賀先生も弟子もその診断には従わなかった（もっとも弟子のほとんどはその診断を知らないはずであるが）。

塚越健二もいろいろなところに連れて行った（後述）。

結局は病名が分からぬまま、病状は前述のように一進一退しつつ悪化していった。そして亡くなった。

弟子の誰もが一気の病状悪化、そしてはやすぎる死の原因についてもやもやを持ち続けて現在（二〇一四年）に至っている。

ある弟子はあまりに栄養バランスのわるい食事のせいだと言う。

ある弟子はお酒の飲み過ぎのせいではないかと言う。

ある弟子は腰骨の傷が原因だと言う（こう考える者が一番多いかも知れない）。

しかし一方に死の直後から現在まで根強く残っている説がある。わたしがそれを聞いて以来、四〇年間気になり続けた説である。

四〇年ほど前に張東緑が「羽賀先生はわれわれ弟子が叩き殺したようなものだ」と言った。胸を衝かれた。

その張が三戒舎で合宿していた時、面の打ち方を初心者に教えるため高橋利雄に面をださせ、打って見せたことがあった。三、四発打っただけであったが張のような達人の面打ちは恐ろしいものであった。竹刀の打撃面（下側）が真剣同様の刃筋となって面袋に食い入ったように見えた。その刃筋から見えないレーザー光線のようなものが高橋の脳天から顎あたりまで、透ったようであった。たとえばスイカを棒で割るとき、スイカの下まで振り下ろす必要はない。しぼりを効かせてほんの上側をぴしっと打てば、刃筋の力が下まで透りスイカは真っ二つになる。それと同じようにしかし何十倍も強力に、見えない力が働いたようであった。見ていた張の愛弟子の一人が「ひでえな」とつぶやいた。わたしはそのつぶやきに共感した。このものすごい面打ちの威力が先の言葉と重なってわたしは四〇年間羽賀先生の死因を考えてきた。

つけくわえると張は下手（したて）の面打ち体当たりをまともに受けてくれない人だった。こちらが振りかぶったときにはつかつかと間合いをこえて近間に入り、面は元打ちとなった。ついで当たるときには身体がくっつかんばかりに接近していた。打った気も当たった気も起こらなかった。だから稽古は懸かり稽古になるほかなかった。

わたしは羽賀先生のほかに、面をよく打たせてくれた兄弟子を三人感謝をこめて記憶している。

一人はわたしに剣道の手ほどきをしてくれた村山正佳（東大剣道部主将）。その村山に面打ち体当たりの後遺症のようなものが残らなかったか、と質問した。まったく残っていないと答えてくれた。そして羽賀先生の病気も面打ち体当たりによるものではなくて、お酒の飲み過ぎではなかったか、と言った。

二人目は高橋利雄。羽賀先生に忠実な弟子の一人にふさわしく、よく面をうたせた。福村貢・准兄弟を高校生の時から面打ち体当たりで鍛え上げ、拓殖大学剣道部に入れた。拓大剣道部で兄弟が稽古をはじめると、

「また殺し合いが始まった」と言って部員みんなで見物したと言うほど、いい稽古をするようになった。

高橋利雄はその後パーキンソン病になった。そして手の震えや爪先が床に突っかかるような歩き方等の症状を経験して「羽賀先生の病気と同じ症状だ、先生もパーキンソン病だったのかなあ」と言っていた。羽賀準一の病気をもっともよく知っている者の言として重要だと思った。

もう一人は高橋靖夫。面の受け方が羽賀先生にもっとも近く、打った手応えもそっくりだった。かれを慕ってくる年輩の弟子たちがいて、存分に面打ち体当たりをさせて鍛えていた。かれは四〇歳前後にはハイヤーの運転手をしていたが、車内にエアコンを入れると、冷気があたる左半身が痺れるといって、真夏に左半身だけのセーターを編ませて着用していた。これが面打ち体当たりと関係があるのかどうか判断のしようもないのだが、記憶に残る。そのかれは六四歳で亡くなった。肝癌であった。剣道も居合も羽賀準一に最も近い弟子の一人であった。惜しい人が早世した。

こんな記憶を抱くわたしが本書を書き進めて来て、繰り返しつよく思い出すのが張東緑の言葉であった（「羽賀先生はわれわれ弟子が叩き殺したようなものだ」）。

そして野口貞夫のつぎの一文にぶつかった（前掲「芝浦工業大学剣道部　五十年の歩み」所載「先師　羽賀準一の想い出」）。「先生は週三回の稽古日を休んだと言う記憶がない。そんな中、学生たちとの言語に絶する猛稽古で、先師の体はボロボロになってしまった。その頃の部員数は、五〇名を超えており、その学生たちが一回の稽古で二回三回と体当たりをするのだからたまらない。一日に千本以上の体当たりを受けていた計算となる」（野口の言う「体当たり」とは「面打ち体当たり」のことである）。

わたしは本書の執筆において芝工大の稽古・合宿との関係を考慮するようになった。さいわい生田・野口・永井の記憶と右記冊子および永井所蔵の数枚の写真によって、羽賀先生の芝浦工大時代の輪郭を復元できた。面を打たせた回数だけにしぼると既述のように計算するとこうなる。

一九六三年（昭和38）夏、宮城県鳴子温泉で合宿（第1回）。面打ち体当たり一日二〇〇〇発。

九月に入って通常の稽古が週三日、一日一〇〇〇発。これが冬休みまで続いた。

一九六四年（昭和39）一月〜三月も週三回、一日一〇〇〇発。

春（三月末〜四月上旬）大阪城修道館で合宿（第二回）。一日二〇〇〇発。

四月〜七月、通常の稽古。週三回、一日一〇〇〇発。

夏、新潟県北魚沼郡で合宿（第三回）。一日二〇〇〇発。

九月〜翌四〇年三月（冬休み等を除いて）、週三回、一日一〇〇〇発。

合計すればこの短期間で何発になるか！

これだけの面打ちを受けられる人はこの世に羽賀準一唯一人であろう。しかも次第に身長も伸びて大きくなった青年たちの面打ちは深くに届くようになる。なにしろ振りかぶって力いっぱい打つのが羽賀先生の教えの根本なのである。一六四センチの羽賀先生ならば頭頂骨近くを打つ者も増えてきたはずである。

芝浦工大の師範になる前でも羽賀先生の前頭骨上部（頭頂骨との境目近くまで）は髪の毛が竹刀の打撃で切れて、その部分髪が薄くなっていた。赤くなっていることもあった。「教えるとは与えることだ。自分が痛い思いをして打たせるのも、与えるためすなわち教えるためだ」と常に言っていた。「わしも痛いのは同じだ。与えないでどうして教えられるか」とも言っていた。そして打たせるのを避け、御身大切の大先生・小先生を批判していた。また「若い人に剣道を引き継いでもらうためなら、命も惜しまない」とも言っていた。「若い人にすべてを与えること」が座右銘だとも言った（サンケイスポーツ一九六三年五月一三日。「切り抜き帳」）。

しかし、剛毅の武人、博道もあきれた強情我慢の羽賀準一も過重な面打ち体当たりが負担になって来たらしい。ということは打たせていて何らかの異常を感じ始めたということであろう。昭和四〇年春の合宿（羽賀先生にとって四回目の合宿）には塚越健二・卯木照邦を伴った。これだと負担が三分の一になる。

そして四月〜七月の通常の稽古。週三回、一日一〇〇〇発。

八月札幌武道館で合宿（第五回）。この時は塚越健二・阿保健治を伴った。しかしすでに異常（病気の初期）が始まっていた。羽賀先生竹刀を取り落とす！　若い阿保や塚越でさえ前述のように、異常に苦しんでいた。そして九月以降にはしばしば塚越を代稽古に送り、この年冬には病気の兆候がたしかに表れたのである。六六年になると異常は誰の目にも明らかとなった。三月末から始まった静岡桃源寺での合宿には出かけるのが精一杯であった。稽古をつけることはまったく不可能となっていた。

さて、このようにして羽賀先生の病因そして死因と芝浦工大剣道師範との関係は切り離せないと確信したちょうどそのころ、野口の好意で十数年ぶりに塚越健二に会い、取材の機会を得た。雑談になった時、塚越の言葉がわたしの耳を打った。「おれは先生の身体が心配なのであの頃いろいろなところに連れて行ったんだけど、あるところで、前頭葉が潰れている状態から来ている病気だから、もう治らない、と言われた」というのである。

これは極重要情報だと思った。三ヶ月後あらためて取材した。「あるところ」は鎌倉の整体師のところだったという。前頭葉部分の表側の頭蓋に異状があるのを認め、右記のように整体師が言ったのだとのことであった。

やはりそうだったのだ。一回の面打ちの打撃がどれほどのものかを測定した上で、右記の面打ち全体の打撃を計算するならば、原因は張東緑の言った通り、となろう。

剣道とその血脈のために殉じたのだ。少なくともあと二〇年はあったであろう天寿をそのために捧げてしまったのだ。壮絶な生涯であった。

# 第十八章　羽賀一門その後

# 一橋剣友会（一剣会）羽賀道場

園田直を初代の会長として羽賀没後の一橋剣友会が動き出した。門人たちは張東緑を中心に、職場等の事情に応じて朝稽古に参加した。東京とその周辺に在住してその後長く朝稽古にかかわった主な者は、以下の人たちである。

園田直、張東緑、高橋靖夫、藤森将之、山田志津子、阿保健治、高橋利雄、卯木照邦、塚越健二、梶木達雄、大畑宗郷、今井良一、須井詔康、大崎保等（園田会長以外はほぼ入門順）。

張東緑が師範の位置にあり、重要な裏方の仕事は高橋利雄が担った。

以下に没後五〇年の歩みを年譜風に記して行く。

一橋剣友会（羽賀道場）一九六七年〜一九八四年　会長　園田直

一九六六年（昭和41）一二月二五日、衆議院副議長園田直の公邸で一橋剣友会の納会が催された。その際藤森将之が羽賀準一の居合の八ミリフィルム映像を上映し、門弟一同偉大な亡き師を偲んだ。

一九六七年（昭和42）一二月羽賀準一一周忌を憲政記念館で営む。

それに合わせて、一二月八日『羽賀準一遺稿集』を刊行。編集兼発行人「羽賀忠利」、発行所「静岡市丸子六九九六番地　羽賀準一遺稿刊行会」となっているが、実際に編集から校正までそしておそらく製本まで高橋利雄が友人浅沼氏の助力を得て出版したのである。和綴じ本で表紙は濃紺系の楮紙。表紙と扉の題簽は斎村五郎。羽賀準一の写真五葉。準一昭和三十四年八月二十七日筆「神道無念流のおしへ」。
目次は会長園田直（厚生大臣）の「序」（高橋利雄の代筆）にはじまり以下の順で遺稿が収められている。「なぜ正座は必要か」「いくつから老人か」「剣道の根本はなにか」「修行の跡」「剣道上達のこつ」「剣道具の変遷」「思い出草」「私の居合観」「居合学びのこと」「彼女に負けずに」「道の跡」「剣道とは」。ここまでは羽賀準一が新聞や雑誌に発表した原稿である。

以下「わびとさび」「心法の参考」「信仰と剣道」「能と剣道」「呼吸」「相ぬけ」「猫の妙術」は準一が全剣連主催の高段者剣道講習会のために用意した原稿の一部である。「思料（一）心法の参考」「思料（五）信仰と剣道」、「思料（六）能と剣道」「思料（一二）呼吸」「資料（一三）相ぬけ」「資料（一五）猫の妙術」がその原稿だが、羽賀準一自身が書いたのは「思料（一二）呼吸」のみである。「思料（資料）」の（一）（五）（一三）は富永半次郎『剣道に於ける道』からの抜粋、「思料（六）」は黒田亮『勘の研究』からの抜粋である。「資料（一五）」は現代語訳であるが、出典未詳。

準一オリジナルの原稿と抜粋原稿とが交じったのは資料を提供した羽賀忠利が準一没後突如大量に発見された原稿を十分に整理しきれなかったこと、編集者高橋利雄も原資料に直接あたれないなどの諸事情に起因するものであった。

ともあれ、羽賀準一の遺稿が出版されたことは、のちの堂本昭彦『羽賀準一　剣道遺稿集』出版への水路を拓くことにもなった。

師に無量の敬愛を捧げる高橋利雄と亡兄の遺稿を世に残したいと熱望する羽賀忠利とが羽賀準一一周忌に捧げた傑作であった。忠利の記憶によると出版部数は二百部とのことである。

十三回忌で挨拶する園田直

一九六八年（昭和43）一二月三日には三回忌が催された。一九七二年（昭和47）には七回忌が催された。この際には藤森将之の八ミリフィルムの映像記録が「不世出！　羽賀準一先生の剣技」のタイトルで編集・複製された。何本作られどれだけの範囲に配られたのか不明だが、国宝級の貴重な映像である。その後この八ミリがビデオ・ＤＶＤ等に無断で複製・再生されている。

なお五日市に移住する高橋利雄に代わってこの頃から一橋剣友会の裏方の仕事は卯木照邦が引き継いで行く。卯木は朝稽古のための便を考えて仕事場を近くに選び、張東緑・高橋靖夫・藤森将之・塚越健二等とともに剣道・居合の指導にあたった（七四年四月わたしは東京世田谷区の成城学園中学校に就職したのでこれ以後のことは比較的知る機会にめぐまれた）。

一九七八年（昭和53）一〇月二二日、麹町のダイヤモンドホテルで「先師羽賀準一十三回忌追悼会」が催された。この日日中平和友好条約批准書交換のため、中国の最高実力者鄧小平が来日した。外務大臣園田直はこれを飛行場に迎え、迎賓館まで案内した（園田直は同条約締結の日本国側全権委員であった）。一橋剣友会会長園田直は鄧小平を迎賓館に送り届けたその足で十三回忌の会場に来た。すぐにもつぎの大役があるであろうに。歴史的な大仕事の合間を縫っての出席に自民党嫌いだったわたしも感動を禁じえなかった。その時の弔文原稿が遺されている。高橋利雄の起草である。全文を引こう。

謹んで故羽賀先生御夫妻の尊霊に申し上げます。

昭和四十一年十二月十一日先生溘焉(こうえん)として黄泉(こうせん)の客となって旅立たれ、我等均しく久しき間暗然として旦暮を送る中、光陰の流れは白馬の隙を過ぐるが如しのたとえの通り、早くも十三回忌を迎えるに至りました。

此の十有余年の間、剣を求道の手段とする者は申すに及ばず、生前先生との交誼のあられた方々も折にふれては現代の剣聖、いや今後は最早不世出と断定してはばからぬ羽賀先生の往時を想起し、敬慕の念禁じ得ぬ日々を送って参りました。きびしい御指導、独特の叱正も今はただ懐しい想い出でございます。

先生御照覧下さい。門弟達の真剣な生き方を。これはひとえに先生の教えの具現されたものであります。国事に世界をかけめぐる者、教鞭を執って次の世代を育成せんと励む者、亦諸々の事業を為す者も決して我欲のみに動いては居りません。

先生生前のあの寡欲の生き方が如何に我々の肝に銘じせしめたかを痛感いたします。

本日ここに謹んで御夫妻の霊前に捧げる門弟の演武は、かねて生前、先生から宿題を戴きこのたび完成いたしました組居合、また有信館時代の兄弟子中島範士より指導を戴き復活した神道無念流五加五行の形等であります。

先生の御指導を忘れず現在は申すに及ばず今後も益々精進致すと共に後進の育成にも力を尽くし、神道無念流諸々の訓えを探究伝承し、究極は木鶏に至るべく精励いたします。
先生御夫妻、どうぞお写真の如く莞爾として何時迄も御照覧下さい。
本日ここに参集しました一同はひたすら御夫妻久遠（くおん）の御冥福を祈る次第でございます。

昭和五十三年十月二十二日

委員長　外務大臣　園田　直

この日卯木照邦と大畑宗郷による組居合が初公開された。この組居合は高橋（白須）靖夫が羽賀準一の生前に宿題として課されていたもので、その遺志を継いで完成させたものである。高橋靖夫が羽賀準一からいかに嘱望されていたかを物語る組居合初公開であった。

また神道無念流秘伝の形・五加は（一九七四年であったか）高橋利雄が中島五郎蔵を五日市の三戒舎道場に招き、高橋利雄・高橋靖夫・大畑宗郷・近藤典彦の四人で直伝を受けたのであった。

一九七九年（昭和54）七月二九日、高橋靖夫・藤森将之が一橋剣友会師範に推挙され、張東緑とともに、新旧の羽賀門下の指導に当たるようになった。

一九八〇年（昭和55）一一月二二日、二三日一橋剣友会羽賀道場の約二〇名が永井徹を頼って米子市を訪れ、鳥取剣連米子支部と合同稽古。合わせて先師羽賀準一の墓参を行った。

こうした動きの中で、羽賀流剣道・居合を後世に伝えて行くために、一橋剣友会を全剣連とはまったく独立した組織として再出発しようとの熱心な議論が起こった。そして一九八一年（昭和56）六月には格調高い「趣意書」まで起草されたが、園田直会長が難色を示し、結局その話は流れた。これが後述の日本剣道協会設立につながる。

一九八二年（昭和57）十七回忌が比較的こじんまりと催された。

一九八四年（昭和59）四月二日会長園田直が亡くなった。張東緑が一橋剣友会第二代会長になった。

一九八九年（平成1）一二月一〇日、「先師　羽賀準一　二十三回忌並生誕八十一周年記念」の会が神田淡路町のホテル聚楽で催された。

一九九五年（平成7）七月、堂本昭彦編著『羽賀準一遺稿集　附伝記・日記』が島津書房から出版された。前記『羽賀準一遺稿』は二百部しか出さなかったが、以後ずいぶんコピーが出回ったようである。このたびはその遺稿が精選・増補されて収録され、さらに簡潔な初の羽賀準一伝が付され、剣道関係者に裨益するところ大であった。その影響は羽賀道場入門者の増加、インターネット上の羽賀準一情報の激増にもあらわれた。一剣会にとっても得がたい支援となった。

一九九八年（平成10）八月第二代会長張東緑がみずから退き、卯木照邦に第三代会長の役を託した。これに伴い一橋剣友会羽賀道場の名称も「一剣会　羽賀道場」と変えることになった。一橋大学剣友会との紛らわしさを避けるためである。「一橋剣友会」という名称は朝稽古の場・神田国民体育館が神田一ツ橋にあったことによる（さらにいえば一橋大学の前身東京商科大学も神田一ツ橋にあった）。

同年一一月二二日、お茶の水　ホテル聚楽（二十三回忌と同じ）において「先師羽賀準一追悼会　生誕90年記念（33回忌）」が催された。午前一〇時から奉納演武会、午後一時から偲ぶ会。

奉納演武会は卯木照邦・大畑宗郷による神道無念流五加、藤森将之の大森流居合、今井良一の長谷川英信流奥居合等、計一五人（うち一〇人が羽賀準一の孫弟子）による一九の演武があった。羽賀準一没後三〇年以上を経て、道統が継がれていることを示していた。偲ぶ会も盛会であった。

なお、羽賀忠利はこれまでのどの集いにも親族代表として参加している。

二〇〇八年（平成20）一〇月一九日、「羽賀準一先生生誕百年記念　演武・稽古会」が催された。午前の演武・稽古は一〇時から日本武道館　第二小道場で行われた。偲ぶ会は午後一時から九段会館で催された。


午前の演武・稽古はＤＶＤ「師　羽賀準一生誕１００年祭　演武・稽古会」に収録されている。稽古会に参加した者羽賀準一没後四二年を経てなお約四〇名。師の直弟子を継ぐ孫弟子の代が育っている証左である。


このＤＶＤの中の次の映像は特別貴重である。

藤森将之が二八歳の時に師の見守る中で抜いた大森流・長谷川英信流居合。羽賀門下の高弟たちがどれだけ美事な居合を修得していたかを証す貴重な映像である（昭和三九年三月ころ）。

つぎに同じ日に羽賀準一が抜いた大森流・長谷川英信流居合。すでに「不世出！　羽賀準一先生の剣技」に収められているものだが、かなりしっかりした映像でその神技を堪能できる。

三番目は山梨県塩山市で開かれた塩山剣道大会での演武（昭和五五年七月）。一剣会羽賀道場師範藤森将之・同卯木照邦による神道無念流組居合、神道無念流五加である。高橋靖夫の工夫になる組居合と、神道無念流五加を二人の達人が演ずるその迫力。

四番目は十三回忌における初公開の組居合の映像。卯木照邦・大畑宗郷の迫真の演武はその場にいて実見したわたしの脳裡にも焼きついている。そして高橋靖夫・藤森将之の五加。高橋靖夫の到達した境地の高さを垣間見ることのできる貴重な映像である。

そしてこれも「不世出！　羽賀準一先生の剣技」に収められているが羽賀準一と張東緑の稽古。すべての技が斬る技である剣道の凄さはほんの短い映像だが、見る目のある人には小さな宝庫であろう。

この五〇年間のことの多くは二つのウェブサイト「一剣会　羽賀道場」「羽賀派剣道」にゆずりたい。

前者は一橋剣友会（後に一剣会）のウェブサイトである。

「ＴＯＰ」ページには道場の綱領的文言が示されている。

「羽賀道場」のページ。当会の沿革と趣意が記される。

「稽古内容」のページは当道場独特の稽古の考え方、方法について。

「入門案内」のページには稽古場所・日時・合宿稽古・会費について。

「門弟の声」の「上達のこつ」には、卯木照邦の剣道論・居合論と刀に関する深い含蓄が記されている。

「お知らせ」のページは表題から受ける印象よりも重要である。堂本昭彦『羽賀準一　剣道遺稿集　附伝記・日記』や卯木照邦『もっとうまくなる！　剣道』（ナツメ社）の紹介の外、この五〇年間（実質的にはここ一〇年来の）「剣道時代」「剣道日本」等に載った一八編の紹介がある。

後者「羽賀派剣道」は藤森将之が主宰するウェブサイト。索引に従うと次の五つのページに行ける。「趣旨」「剣道」「居合」「道場」「その他」。

「趣旨」には藤森が理解した羽賀準一の剣道・居合が記される。

「剣道」では動画三、カラー写真八、モノクロ写真一五を使いつつ、羽賀準一直伝の「竹刀の握り方」から「体当たり」「足払い・組討」「突きの突き方」にいたる一二項目が解説される。

「居合」も羽賀準一と藤森自身の大森流・長谷川英信流・奥居合の動画つきで、居合の基本が懇切に解説される。

「その他」は藤森の剣道歴が写真七枚を添えて記され、羽賀道場の歴史の一コマの貴重な資料となっている。

## 三戒舎

正式には「神道無念流羽賀派剣道・居合三戒舎道場」である。「三戒」は論語の季子第十六から採った語である。師羽賀準一の死後、高橋は刀鍛冶になろうと志した。誕生日がくれば四九歳になろうという一九六九年（昭和44）、栃木県笠間の刀匠常陽源正兼に師事した。翌年に文化財保護委員会または文化庁から作刀を承認された。

一九七二年（昭和47）夏、東京都西多摩郡五日市町戸倉二〇七七に新居と鍛冶場を建設して移住。これを伝え聞いた五日市在住の福村准（拓大一高二年生、剣道二段）が七三年秋に訪ねてきて、弟子入り。二ヶ月後の冬一歳上の兄貢も入門した。とは言え道場があるわけではない。広くて天井の高い板敷きの居間が稽古場であった。毎日曜日朝七時から稽古（面打ち体当たり）に通ってきた。一九七四年（昭和49）一月、成城学園中学の採用試験を受けるため上京、高橋宅に泊まったわたしは七時にやってきた兄弟の面打ち体当たりを目の辺りに見た。羽賀先生在世時同様のみごとな体当たりであった。

準はめきめき腕を上げ、拓大一高（当時関東の高校剣道界のタイトルを総なめしていたという）のレギュラーとしても抜擢してもらうようになった。兄の貢も刺戟をうけ、拓大剣道部に進んだ。

二人の弟子をもったのを契機に高橋は素志の実現を思いたった。最高の奥義を授けてくれた師の剣道を後世に残すために道場を持とうと。この人は何でもできる人だった。本業の篆刻はもとより、剣道・居合もやれば、今は刀鍛冶として刀を鍛えもする。木山捷平本人たっての希望で『木山捷平全集』（講談社）の装丁もした。この人にとって四間・三間半の道場を大工なしに建てることはむずかしいことではなかった。近在の人の助力もえて、落成の日には阿保・大畑ら若い大勢の兄弟弟子たちの手伝いもあって、七四年六月には三戒舎道場を建ててしまった。

八月にはここで羽賀一門の合宿を行った。稽古は三戒舎道場、宿泊は五日市町内の廣徳寺。一泊二日だが大合宿になった。

三戒舎からは高橋利雄、高橋靖夫、大畑、近藤、福村兄弟、そして高橋靖夫の弟子たち。一橋剣友会からは張東緑、藤森将之、阿保健治、卯木照邦、須井詔康、今井良一、小川了舟、加藤利雄らそして張東緑の弟子たち（たくさんの少年達も含む）が参加した。米子からは永井徹・石原慎吾。総勢四〇名前後だったと思う。

稽古の激しさ、技の切れ、みなぎる気魄は羽賀準一在世時の稽古の最高のそれに匹敵した。個人的な経験によってそれを伝えることを許されたい。二日間大雨であった。三戒舎横の鍛冶場は音が近所迷惑にならぬよう、人家から離れた所に建てられた。そこは地元では大日蔭と呼ぶところだった。大雨の湿気は道場の床をぬらし、ちぎった新聞紙が大量にまかれた。稽古が終わると汗にぬれた稽古着は乾かす装置が無いのでそのまま道場内に吊される。外は雨。翌朝それを着ようとすると、今水から引き揚げたようにぐっしょりとぬ

昭和63年6月の高橋夫妻
まん中の白服は山田志津子

れている。それを着て稽古しているうちにすっかり乾いてしまう。しかし稽古が終わるときには汗でまたぐっしょりとぬれていた。わたしは合宿がおわった直後、自分のわずかしか出ない小便がコーヒー色をしてしかもざらついた感じなのに驚いた。

いい合宿だった。道場主夫妻も満足そうであった。

羽賀一門の合宿の嚆矢となった。翌年から羽賀道場主催の合宿が始まった。

三戒舎には日曜になると羽賀門下が入れ替わり立ち替わり訪れた。後述の日本剣道協会ができた一九八二年（昭和57）四月ころ以前の主なメンバーは高橋靖夫（とその弟子上野留三、福元利明ら）、大畑宗郷、阿保健治、須井詔康、福村貢、福村准、そして近藤など。高橋は作刀のかたわらよき道場主を兼ねた。

一九八五年（昭和60）であったか、高橋は大事な手が言うことをきかなくなってきたことを自覚した。刀を打つときに鎚が思うように使えない。篆刻しようとしても刀がはねる。東大病院でパーキンソン病との診断があった。その後警察病院に通院しつつ自宅療養したが一九八八年（昭和63）六月ころ、五日市のすべてを引き払って川崎市多摩区枡形に引っ越した。かくて三戒舎は閉じられ、その使命を終えた。

## 日本剣道協会

一九八二年（昭和57）四月、（水道橋の）喫茶店「白十字」に高橋靖夫・須井詔康・上野留三・今井良一・山田一郎らが集まった。去年流れた全剣連とは別の羽賀剣道独自の組織を自分達が立ち上げようと言うのである。それは一橋剣友会からも独立した組織の立ち上げでもあった。これを推進したのは須井詔康で、須井等は組織名を「日本剣道協会」と銘打って現実に立ち上げた。会長・最高師範は高橋靖夫、副会長・師範は須井詔康であった。高橋靖夫がトップにいるかぎり、羽賀流剣道・居合の質がこちらの組織でも維持されることになった。

組織の運営は須井が取り仕切った。須井はこの協会を運営することで自らの生計を立てていく。今どき警察等に勤めるのではなしに剣道と居合の教授を職業とすることはたいへんむずかしいと思われるが、須井はそれに成功する。

道場には区立の小中学校の設備をかりる。

幼稚園児・小学生・中学生、高校生以上一般、という幅の広い層を対象とする。

年一回の合宿を行う。

剣道専修生制度を設けて指導者の養成も行う。

などアイディアに富んだ経営は成功した。最盛時には年一回の合宿が二百人以上になったという。二〇〇一年高橋靖夫没。最高顧問を引き継いだ須井も二〇〇九年に亡くなった。

現在は山田一郎がその役を引き受け、約百人の会員を擁して活動中である。

二〇一四年一一月、協会の稽古を見学した。率直な感想を言えば、十六章で述べたように須井詔康は羽賀先生から直伝を受ける時間をほとんど持っていない。剣道・居合ともに須井独特の解釈が現協会の稽古に相当交じっているかに見えた。

日本剣道協会では年一回開催する「剣道錬成演武会」にプログラムを発行する。その巻頭に高橋靖夫の言葉が載っている。この達人がいかに高い境地にまで達していたかを示す卓見が随所に溢れている。その語録を一〇年分ほどのプログラムから抄出し以下に誌して高橋靖夫を偲ぶよすがとしたい。

現在、他の剣道団体では、剣道と居合道とを別のものと考え、別々に段位、称号などを発行していますが、剣道も居合道も、元来、一つのものなのです。日本刀をもち、その刀を自由に使うということが、原則なのです。刀を抜くまでが、居合で、抜いたあとは、剣道なのです。刀を手にし、自在に使えなくては、竹刀稽古にいくら数をかけても、それは剣道を稽古しているとはいえません。刀を使うことで、正しい刃筋がわかり、手の内の妙味が、自然と身につくのです。だいいち、重さのある刀は、小手先では、絶対に扱えません。自分の五体をすべて使わなければ、刀は動いてくれません。防具をつけての稽古でも、刃筋をとおして、打突するので、力を入れなくとも、打突は強く、しっかりとしたものになるのです。

荒稽古で鳴る、羽賀先生のもとで、毎朝、稽古をしてきて、今だに忘れることの出来ないのは、私が、右肘を骨折したときです。

張東緑先輩の得意の肘打ちに私の肘の骨がくだけ、肘が丸太棒のようになり腕があがらなくなりました。稽古が出来ないと思い、その旨、先生に話すと、「そうか、気をつけて稽古しろ」との事で、私は見取り稽古をと思っていましたが、右肘がなおる迄の、二ケ月の間、左手一本で剣道の稽古をしました。私は、この頃、右半面は打てましたが左半面はどうしてもスムースに打てなかったのです。この二ケ月の間で、左右の半面が、面白い様に連続して打てる様になったのです。丁度、「米」と言う字の様に足の運びが自由にふめ、体の変化が実に楽に出来、このことを先生に話しますと、先生、笑顔で、出来たな、「それが本当の行だ」といわれ、私は真の武人の情にふれた思いでした。また、先生が左ヒザを大怪我され、満足に歩けないのに、稽古をつけてくれた時です。先生の二刀を使ったのをこの時、はじめてみました。長い竹刀を杖にして、ゆっくりと間をつめてきて短い竹刀で、ビシビシと打たれ突かれました。その凄さといったらありません。先生は、「もし足一本で戦う様になったらどうするか」、と一つの目的を持って、稽古をしているのです。先生の稽古は激しいのですが、その反面温みのある剣だと感じました。荒稽古とは、乱暴な下手をただ痛めつけるのとは違うのです。先生は決して、手をとって指導はせず、人によって打合いの中で指導しておりました。或る時は、体当りでも投げたり、突を連続して出し、体育館の中を追いまわしたりし、仕方なく前へ出ると突をやめるといふ様な稽古だったのです。常に弟子達が自分で何かをつかむまで打ち、引き出してくれました。

剣道の専門家にかぎらず、武道の専門家と云われる指導者の方々がよく口にする言葉に心があります。しかし、この心を養う方法（あるいは順序と申しますか）は、弟子達には示しません。

先師羽賀準一先生は、心の問題を呼吸法により、私たち弟子に示してくれました。

……先生は白隠禅師の内観の秘法により、逆腹式呼吸法を日常生活の中に取入れる様に言われ、その本を弟子の一人々々にくれたものです。

この呼吸法を居合の中にとり入れて稽古してゆきました。特に大森流は正座なので、丹田呼吸にはもっとも適しております。居合の稽古でたんに真刀を使用して、本数を抜きこんでも、それは形を抜いているにすぎません。当時（昭和三二年）の朝稽古は、若手の三、四段の人達が朝早くから、居合の稽古をやり、先生が入ってくると自分達の稽古をやめ、先生が座ると、先生を中心に、大森流から、英信流の早抜きまで、先生の呼吸に合わせて居合の稽古をしたものです。

居合の稽古の時の先生は、それは意地のわるいもので、前面でむき合っている時は、だいたい早さについていけますが、呼吸の数をかえたり、私達が早く息のあがる様にとしてくるのです。特に英信流の早抜きは、苦しいものでした。私は、居合の稽古は自分で一時も早く息のあがる様にするのが一番と思い先生に聞いたところ、その通りで、角度とか、呼吸のことは、後からついてくるから、気がくずれない様に出来るだけ早く一気に抜いて稽古しろと云われました。

そのうちに呼吸の仕方を覚え、一気とは一つの息ではなく、呼吸をしているものと気がついたのです。剣道の稽古もその通り。激しい体当り、掛り稽古でも呼吸は出来るのです。「その呼吸は、肺呼吸でなく、丹田呼吸であります。」

剣道の打合いの激しさが、居合の稽古に出てくればしめたものだ。

人には他人によく見られたい、よく思われたいという心があり、武道修行においてこの心を持ちますと、たちまちにして修行ではなくなってしまいます。……このような心のあり方は、ガッツポーズなどの無意味なポーズとなっても表われます。剣道では化粧武道または化粧心と言われ、羽賀準一先生の一番嫌ったものでした。「生死をかけた修行にそのような心は必要ない。又、必死の折にそのような心が起るはずもない」とよく話してくれました。

羽賀先生の教えとは、間違いを恐れずに簡単に申し上げれば「剣道は日本刀をもとにして考えなければ剣道とは言えない。刀を根本とするため生死の問題に近く、死するとは、いかに生きるかという事につながる。日々の修行を通してこの覚悟を定めるのが武道としての剣道である」と。皆様がテレビなどでよくご覧になる剣道は、稽古着、袴、防具、竹刀は同じでありますが日本刀の刀法をもとにしたものではありません。

「打たれないでおこう。打たれないで打突してやろう」となりますと反対に打たれ突かれることの方が多くなり、姿勢もくずれ、無理打ち、無理突きになります。この地獄から抜け出す方法は、「打たれても、突かれても、構えをくずさずにがまんすること、そして正しい打突を出すこと」です。正しい心構えで、正しい姿勢で、正しく構えて稽古にのぞめば上達は早いと断言出来ます。

# 學心館道場

本書第九章の中心人物、羽賀門下伝説の高足大石純正が開いた道場。

氏は羽賀準一直伝の猛稽古四年ののち、大学卒業と同時に故郷静岡市に帰った。

静岡で株式会社純正薬品工業社長として実業に従事し、他方では一九七一年三九歳の時、静岡県災害救助連盟の立ちあげに尽力、専務理事として全国に先駆けて自治防災組織の活動に多大の貢献をなした。

さらに一九七六年宗教法人東海高野山大日寺の設立とともに責任役員に就任。一九七七年同寺代表役員加賀尾秀忍（高野山金剛峯寺大僧正）の没後、名称の改まった宗教法人摩利支天山大乗王院の、代表役員に就任し今日に至る。

これらの活動のかたわら羽賀準一直伝の剣道・居合を伝える活動にも力を注いできた。

本書序文に記されているとおり氏の羽賀先生への熱く深い敬愛の念は六〇年を経ても変わることがない。

その師直伝の剣道・居合を後世に遺すべく、一九九八年（平成10）六七歳の時、山梨県北杜市長坂町大井ヶ森に居合の道場練誠館を開いた。

その後修行者の便宜を考えて静岡市駿河区中原に練誠館静岡道場（現在の學心館道場）も開設した。二〇〇五年（平成17）大石七四歳のことである。

現在日常の稽古は學心館道場で行われ、大会や段位審査等は北杜市の道場で行われる。

その後渡辺修巳が千葉市武道館で練誠館（學心館）千葉支部を開設し羽賀師直伝の居合を指導している。

學心館道場は竹内靖博ら約二〇人（五〇歳代から二〇歳代までの）の修行者を有している（うち女性三人）。

わたしは二度稽古を見学したが、道場の雰囲気は森厳。

居合は全員が羽賀流の基本である正しい姿勢を体していてみごとである。

剣道は面打ち体当たりのみを拝見したが、姿勢がよいうえ当たり方・受け方も上乗である。

今後は大石館長の指導をいただいて呼吸の問題にもいっそう取り組み、剣・居一体のさらなる境地へと、全員が高まって行くことと期待される。

學心館は羽賀先生在世当時を最も彷彿とさせる道場である。多くの人がこの道場に来て、修行されることを願う。そして羽賀流剣道・居合が後世に伝わって行くことを願う。

大石純正七十一歳

付記
大石純正は二〇一七年三月五日に逝去。學心館道場も閉ざされた。

## 主な参考文献　（太字は準一の愛読書）


『羽賀準一遺稿』（羽賀準一遺稿刊行会、１９６７、非売品）

羽賀準一旧蔵のアルバム四冊

堂本昭彦編著『羽賀準一　剣道遺稿集』（島津書房、１９９５）

**中山博道『剣道手引草　第一輯』**（有信館本部出版部、１９２３）

**森景鎮（要蔵）『剣法撃刺論』**（野間道場、１９３０）

**白隠禅師『夜船閑話』**（発行者、発行年月日等未詳）

**白隠禅師述『遠羅天釜・夜船閑話』**（山喜房仏書林、１９５９）

**直木公彦『白隠禅師—健康法と逸話』**（日本教文社、１９５５）

**黒田亮『勘の研究』**（岩波書店、１９３３）

**富永半次郎『剣道に於ける道』**（中央公論社、１９４４）

**吉丸一昌校訂『武術双書』**（名著刊行会、１９６４、初刊『武術叢書』は１９１５）

「不動智」「太阿記」「剣法夕雲先生相伝」「一刀斎先生剣法書」「天狗芸術論」「常静子剣談」等を含む

**山田次朗吉『日本剣道史』**（再建社、１９６０、初刊は東京商科大学剣道部、１９２５）

**堀正平『大日本剣道史』**（剣道書刊行会、１９３４）

**ヘルマン・ヘッセ（手塚富雄訳）『シッダルタ』**（角川書店、１９５３）

## 主な参考文献


堂本昭彦『鬼伝　中倉清烈剣譜』（スキージャーナル、１９７９）
堂本昭彦『剣道修行　修道学院の青春』（スキージャーナル、１９８０）
堂本昭彦『中山博道有信館』（島津書房、１９９３）
堂本昭彦『明治撃剣家　風のごとく発す』（徳間書店、２０００）
堂本昭彦『明治撃剣家　春風館立ちきり請願』（徳間書店、２００１）
中山博道・中山善道『日本剣道と西洋剣技』（体育とスポーツ出版社、２００２、初刊は審美書院、１９３７）
堂本昭彦編『新装版　中山博道　剣道口述集』（スキージャーナル、２００７）
植芝吉祥丸『合気道開祖植芝盛平伝』（講談社、１９７７）
高橋英雄編著『武産合気』（白光真宏会出版局、１９８７）
諸田政治『剣聖上泉信綱詳伝』（煥乎堂、１９８４）
笹森順造『一刀流極意』（「一刀流極意」刊行会、１９６５）
吉田豊編『武道秘伝書』（徳間書店、１９６８）
柳生宗矩『兵法家伝書』（岩波書店、１９８５）
今村嘉雄『柳生遺聞』（エルム、１９７４）
千葉栄一郎編『千葉周作遺稿』（櫻華社出版部、１９４２）
高野佐三郎『剣道』（島津書房、１９８６、初刊は剣道発行所、１９１５）

## 主な参考文献


佚斎樗山／石井邦夫訳注『天狗芸術論・猫の妙術　全訳注』（講談社、２０１４）

中里介山『日本武術神妙記』（河出書房新社、１９８５、初刊は１９３３）

下川潮『剣道の発達』（第一書房、１９８４、初刊は大日本武徳会本部、１９２５）

『昭和天覧試合』（日本出版放送企画、１９８６）

中村民雄編著『史料近代剣道史』（島津書房、１９８５）

庄子宗光『改訂新版剣道百年』（時事通信社、１９７６）

『警視庁武道九十年史』（警視庁警務部教養課、１９６５）

『東大剣道部八十年の歩み』（赤門剣友会、１９７６）

『京城帝大剣道部史』（城大剣友会、１９８３）

『東大剣道部百十年の歩み』（赤門剣友会、１９９７）

ＤＶＤ東京大学赤門剣友会・東京大学剣道部「東大剣道部１２５年の歩み」

早瀬利之『剣聖十段斎村五郎　気の剣』（スキージャーナル、１９９７）

船坂弘『昭和の剣聖・持田盛二』（講談社、１９７５）

早瀬利之『タイガー・モリと呼ばれた男』（スキージャーナル、１９９１）

原園光憲『剣道の復活』（書房高原、１９７２）

山本甲一『一つの戦後剣道史―渡辺敏雄一代記―』（島津書房、１９９８）

# 主な参考文献

「剣道時代」編集部編『私の修業時代　第一巻』（体育とスポーツ出版社、１９８５）
「剣道時代」編集部編『私の修業時代　第二巻』（体育とスポーツ出版社、１９８６）
松井浩『打撃の神髄―榎本喜八伝』（講談社、２００５）
荒川博『王選手コーチ日誌１９６２―１９６９　一本足打法誕生の極意』（講談社、２０１０）
林茂『日本の歴史25　太平洋戦争』（中央公論社、１９６７）
早乙女勝元『東京大空襲』（岩波新書、１９７１）
井上清『日本の歴史　下』（岩波書店、１９６６）
蠟山政道『日本の歴史26　よみがえる日本』（中公文庫、１９７４）

インターネット「ウィキペディア」で関係記事を適宜参照・活用させていただいた。記してお礼申し上げる。

# 羽賀準一年譜

近藤典彦編　羽賀忠利補

| 西暦 | 元号 | 満年齢 | 月日 | |
|---|---|---|---|---|
| 一九〇八 | 明治41 | 0歳 | 9月11日 | 広島県比婆郡東城町大字東城六三番地ノ二に生れる。父羽賀藤一、母チヱ（明治23年生れ）父藤一の家業は自転車屋兼米穀店。チヱの弟は体重二五貫（約95kg）の巨漢。米一俵をくわえて振り、歯を二本折ったという。（準一は「尼子氏残党の末裔」との伝承を後年高橋利雄に語っている） |
| 一九一三 | 大正3 | | 9月15日 | 根岸信五郎死去（１８４４―１９１３） |
| 一九一六 | 大正5 | 8歳 | 12月18日 | 父藤一死去。準一小学校２年生 |
| 一九一七 | 大正6 | 9歳 | 3月 | 弟忠利生まれる |
| 一九一九 | 大正8 | 11歳 | 10月 | 母の実家比婆郡峰田町竹田孝太郎方に寄宿、峰田小学校に転校 |
| 一九二一 | 大正10 | 13歳 | 3月 | 峰田小学校卒業 |
| | | | 4月 | 大阪（谷口？）の木工所に徒弟となる |
| 一九二三 | 大正12 | 15歳 | 8月 | 同木工所にこの月まで奉公、肺結核になって比婆郡敷信村是松の母の下に帰郷 |
| 一九二六 | 大正15 | 18歳 | 春 | 是松にて矢吹益一に剣道をならう。この時中山博道弱年時の闘病・修行談を聞く |
| | | | 8月 | 剣に命を託し、乾坤一擲、矢吹の後を追って上京。梅川熊太郎の道場に一週間ほど通う |
| | | | 9月 | 近藤男爵の猶勝堂に入門。猶勝堂に来た博道の目にとまり有信館に移る |
| 一九二七 | 昭和2 | 19歳 | 8月 | 宮内省皇宮警察に就職。居合も始めた |
| 一九二九 | 昭和4 | 21歳 | 5月4―5日 | 御大礼記念天覧武道大会（第１回目の天覧試合）を観戦した準一審判の偏頗ぶりに呆れる。皇宮警手を拝命。剣道４段 |
| | | | | この年から森寅雄（１９１４・６・11生）の活躍始まる。翌年からは華々しい活躍 |
| 一九三〇 | 昭和5 | 22歳 | 1月 | 中倉清（１９１０・９・24生）有信館に入門 |

一九三一　昭和6　23歳
5月　準一剣道の精錬証を取得
5月18日　済寧館台覧武道大会で、長崎実、高山時之助と試合
秋　講談社優勝大会で有信館チーム（羽賀準一・中倉清・禿勇雄）が優勝
5月21日　皇道義会武道大会で皇宮警察チーム（佐藤貞雄・小椰敏・羽賀準一）が優勝
6月　皇道義会精錬証高点試合で10人抜いて優勝
皇宮警察対オール警視庁の試合に皇宮警察側で出場、四人抜いただけ。肺結核再発（後に重篤）はこの頃前後か
12月　警視庁に転職
＊9月満州事変

一九三二　昭和7　24歳
4月　警視庁剣道助教に
5月14日　宮内省大臣官房皇宮警察部主催済寧館剣道大会選抜試合にて優勝。羽賀準一四勝○敗、野間（森）寅雄二勝二敗、中倉清二勝二敗、小島主二勝二敗、和田金次○勝四敗。翌日が五・一五事件のため。報道も記録も無きに等しい
10月11―12日　第四回全国警察官武道大会（陸軍戸山学校大道場）に警視庁代表選手として出場。団体戦優勝（大将羽賀）、個人戦羽賀準優勝。この試合で羽賀の剣道を観て植芝盛平が別格の評価
10月　中山博道が親代わりになり、植芝盛平は中倉清と養子縁組。準一の植芝詣でのはじまり
11月　皇道義会精錬証高点試合で羽賀一位、中倉二位。さらに警視庁自警会（羽賀・伊藤雅二・館野覚治）が優勝

一九三三　昭和8　25歳
2月　有信館、真砂坂下から真砂坂上へ移転
?月　審査員（全て範士であろう）を脅して、七段取得。22人受けて合格は3人のみ。
＊市毛正平警視庁師範に

| 西暦 | 和暦 | 年齢 | 月日 | 事項 |
|---|---|---|---|---|
| 一九三四 | 昭和9 | 26歳 | ?月 | 有信館で市毛正平と特別稽古（市毛10月28日没） |
| | | | 3月 | 警視庁を辞し増田道義をたよって朝鮮の京城へ。以後10年半は朝鮮に在住。その間京城府警察署・京城大学予科・京城法学専門学校・龍山憲兵隊等において剣道師範。弟子に新井正一ら |
| 一九三五 | 昭和10 | 27歳 | | 増田から借りて剣道書を渉猟（昭和11―12年の写真で準一が眼鏡をかけているのはそのせいであろう） |
| 一九三六 | 昭和11 | 28歳 | 4月 | 中山博道・中倉清京城に滞在（＊二・二六事件） |
| 一九三七 | 昭和12 | 29歳 | | ＊7月日中戦争始まる |
| 一九三八 | 昭和13 | 30歳 | 4月 | 植芝家を不縁となり中倉姓にもどっていた清、広瀬マサコと結婚 |
| 一九三九 | 昭和14 | 31歳 | 2月10日 | 大島治喜太没 |
| | | | 4月？ | 準一京城で博道と手合せ。未だかなわず。 |
| | | | 4月 | 中山博道京城経由で新京（満州）での公開武道演武会に出席。高野佐三郎・植芝盛平らも出席。 |
| | | | 5月 | 中倉清教士号取得 |
| 一九四〇 | 昭和15 | 32歳 | 5月 | 大日本武徳祭演武大会特別試合錬士の部に出場。〇回戦で奥山麟之助に敗れる。（相手の竹刀がかすりもしないのに負けたというのは、この試合か？） |
| | | | 5月？ | 教士号取得 |
| | | | 12月20日 | 三浦らくと結婚 |
| 一九四一 | 昭和16 | 33歳 | | この年（？）以後試合を棄てる。以後昭和19年3月頃まで剣道は下手を指導しつつ、居合と剣道書研究に専心（＊12月太平洋戦争始まる） |
| 一九四二 | 昭和17 | 34歳 | | 右に同じ |
| 一九四三 | 昭和18 | 35歳 | | 右に同じ |
| 一九四四 | 昭和19 | 36歳 | 2月 | 増田道義の南方戦線行きにしたがい、準一も南方行きが決まる |

4月　教育のために3カ月間の入隊
7月　除隊。増田に発令あり
8月　増田道義南方総軍指令部付司政長官としてフィリピンへ。同年8月12日準一に発令あり
9月14日　準一フィリピン行きの手続きのために上京。15日中倉宅で大勢集まって壮行会
10月17日　準一増田陸軍司政長官付属要員として広島県宇品より軍輸送船にてフィリピンに向かう
11月6日　台湾高雄入港。米軍の攻撃が頻々とあり、以後12月23日まで乗員は船中と陸上兵舎との間を移動させられ、苦難に満ちた滞在の日々を送る。準一はその日々にも宮本武蔵「五輪書」佚斎樗山「天狗芸術論」等を研究している。
12月23日　高雄を出帆。26日フィリピンのサンフェルナンド着

一九四五　昭和20　37歳

1月4日　マニラ着。増田道義の許へ馳せ参ずべく死力を尽くす。11日バヨンバンで待望感激の再会
2月25日　増田道義準一を従え飛行機でフィリピン脱出
3月9日　増田とともに東京に着。10日未明東京大空襲
3月10日　有信館に身を寄せ、以後早々に内弟子となり博道より唯一人で大森流・長谷川英信流居合その他の直伝を受ける
8月15日　終戦
9月　有信館を出る（以後その死に至るまで自己の剣道・居合の精進と合せ日本剣道を後世に遺すことに全精力を傾注）
11月14日　妻良久子朝鮮より無事帰国
12月1日　11月末に早稲田大学道場を追われ早稲田署で稽古。「参加者は相変らず柴田（万策）、大畑（郷一）、小沢（丘）、中野（八十二）、大野（友規）、羽賀（準一）」（剣道日記）

# 羽賀準一年譜

| 西暦 | 和暦 | 年齢 | 月日 | 事項 |
|---|---|---|---|---|
| 一九四六 | 昭和21 | 37歳 | 1月1日 | 「日本剣道を残す可き任務は重大なり」（剣道日記） |
| | | | 1月3日 | 早稲田署で稽古始め（以後各道場は次々と閉鎖され、あるいは閉め出され、同志とともに道場を求めて転々） |
| | | | 2月6日 | 中島五郎蔵と一緒に仕事することになる |
| | | | 2月末 | 「生まれ始めて売買を始めた」（剣道日記） |
| | | | 4月26日 | 「（木村篤太郎柴田万策の推挽で）近々警視庁に入る事になるかも知れん」（剣道日記） |
| | | | 5月26日 | 思斉会に入会。この頃鉄材商、土建業等に従事して生活 |
| | | | 5月31日 | 「剣に対する不安が益々多くなる……貴重な伝書を読んでも分からん」（剣道日記）<br>この頃の居住所　東京都文京区音羽町一ノ十一　加藤方 |
| 一九四七 | 昭和22 | 38歳 | ～5月頃 | 前年から続く剣道上の迷いはこの年前半頂点に達する。特に柴田万策との稽古には「絶対的な圧迫感」を覚える |
| | | | 6月 | 「天狗芸術論」によって迷妄を脱し一層凄みを増した剛剣が復活したと見られる<br>羽賀準一大悟の第一段階 |
| 一九四八 | 昭和23 | 39歳 | | 前年後半かこの年前半、張東緑が戦後最初の弟子となる |
| | | | 12月？ | 増田道義等から羽賀の剣は当たり過ぎる、技は多彩過ぎて「妙」に欠ける、との批評を受ける<br>増田から右と同趣旨のはがきを受け取る。準一はこれに応えるために「一刀斉先生剣法書」を再読 |
| 一九四九 | 昭和24 | 40歳 | 3月19日 | 柴田万策を剣先一つで（技は出さず、出させず）道場の隅に追い詰めた。羽賀準一大悟・大成の時である |
| | | | 3月下旬？ | 内外情勢の変化でＧＨＱは剣道への規制を緩めた。剣道の竹刀競技化・体育スポーツ化は一気に進み、奔流となった<br>他方時流に頑強に抗いつつ、準一は師中山博道の昔とまったく同様、飽くことなき |

一九五〇　昭和25　41歳　修行・求道に没頭する。修行の場は主に妙義道場・済寧館・有信館等であった。以上の事情は昭和28年までの準一について記すべき資料が無きに等しいという、一事によっても裏付けられる。他方で生活のため中島工務所勤務は続けたらしい

一九五一　昭和26　42歳　剣道・居合の求道に没頭

一九五二　昭和27　43歳　剣道・居合の求道に没頭

一九五三　昭和28　44歳　剣道・居合の求道に没頭

5月　全日本剣道連盟第1回京都大会。全剣連行事に初の居合演武もあった。居合の審査員から準一は外されていた

剣道・居合の求道に没頭

一九五四　昭和29　45歳　4月　中央大学剣道部2年生大石純正が妙義道場に入門。羽賀準一の剣道に心酔していく

10月1日　剣道具商の老舗梅田号を再興（張東緑が資金援助）。店は千代田区神田多町二ノ九。開店とほぼ同時に豊島区雑司ヶ谷二ノ四二九に居を移す

一九五五　昭和30　46歳　春　大石が中大剣道部に持ち込む羽賀剣道は2・1年生中の猛者たちに絶大な影響を及ぼしてゆく

大石は退部を強要され、渡辺修巳をつれて妙義道場に稽古の場を移す。大石派の部員達の憤懣鬱積

10月21日　大石派の部員16名（大石を含め17名）はついに血判状をもって、部内主流派に抗議の声を挙げた

10月22日　16名の退部が必至となったので、大石は連判状をもって羽賀宅を訪れ相談。事態を重く見た準一は渡辺敏雄に電話

10月23日　渡辺は東京都剣道連盟仮道場として神田の国民体育館を提案。渡辺・大石が文部省と折衝。こうして東京都剣道連盟仮道場開設が決まる。使用許可時間は朝5時～8時

11月1日　東京都剣道連盟仮道場（神田国民体育館）朝稽古の会始まる

11月～　出席の剣道家は羽賀準一・渡辺敏雄・中野八十二・滝沢光三・湯野正憲・張東緑ら。学生は中大生大石純正・長濱憲・中台正明・重松忠志・根本義大・古川景久・渡辺修巳ら約20名。

一九五六　昭和31　47歳

4月　噺家の柳屋小さんや東大・慶応などの学生も来るようになる。

4月　羽賀準一の居合に賛嘆した中大生たちが教えを乞う。学生たちは6時前に来て居合の稽古を始め、師の準一が6時に道場に入ると師を上座にして全員で居合の稽古。そのうち、先生方が来ると剣道の稽古に移る。かくて道場内に羽賀と居合・剣道を学ぶ大石たちとの間に師弟関係が成立。彼らの剣道も羽賀流一色になってゆく

5月　高橋（白須）靖夫、藤森将之、久保田忠夫ら法大生入門

5月　小沢親光の所を拠点に、大石・長濱・中台・根本・古川らを率いて九州遠征

5月　第四回京都大会で居合演武するはずの準一、博道が来たというので早抜き試斬りに切り替え、博道を嘆かせる

5月？　千代田区剣道大会にて羽賀一門（大石ら7名）居合道演武

7月　「なぜ正座は必要か」執筆。以後多くの剣道・居合論を執筆する。

11月　「全日本東西対抗剣道見たままの記」執筆

一九五七　昭和32　48歳

2月？　「剣道の伝書と呼吸」原題「呼吸を考えよう」執筆

3月　「剣道の学び方」執筆

4月　「問に答えて」執筆

6月　「いくつから老人か」執筆

　　「剣道の根本は何か」執筆

6月　「居合無知の居合批評に答える」原題「火の粉を払って」執筆。それ以前に佐藤寒山監修の映画「日本刀物語」に出演

　　「軟式剣道批判」原題「思いつくまま」執筆

一九五八　昭和33　49歳

7月　「修行の跡」執筆
8月　「剣道入門階梯」（未定稿）執筆
秋　山田志津子入門
12月　「剣道上達のこつ」12／1執筆
12月　大石・長濱・重松・根本・古川との五人掛け。

一九五九　昭和34　50歳

1月　「大森流居合解説」「長谷川英信流居合」を著し大石ら弟子たちに渡す
3月　中大生（大石・長濱・重松・中台）らが卒業
5月　京都武徳殿の大会に中大・法政・一般計14名で参加（山田母娘も）
5月　千代田区剣道大会にて羽賀一門（古川・渡辺・田中・伊藤・高橋〈白須〉・久保田・藤森）居合道演武
9月14日　「剣道具の変遷」執筆
12月14日　中山博道没

一九六〇　昭和35　51歳

1月　朝稽古の会新年会の写真には26名が写っている。ほぼすべてが羽賀門下
3月　中大生（大石・長濱・重松・中台）らが卒業
5月　京都武徳殿の大会に中大・法政・一般人計14名で参加（山田母娘も）
10月17日　宮本武蔵のことで日本テレビに出演
3月　法大生（高橋〈白須〉・久保田・藤森・寺内・小名川・川名）卒業
5月　東大剣道部2年生の村山・岡本ら駒場で羽賀と出会う
5月　「五味さんに応えて」執筆
7月17日　NHKテレビにフランキー堺と出演
8月　「私の居合観」執筆
9月1日　東大剣道部員たちを植芝道場へ連れて行く
9月　新聞切り抜き帳始める

9月　「居合学びのこと」（原題「居合に就いて」）
10月　「彼女に負けずに」
11月3日　西ドイツの教育映画準一の居合と剣道を撮影。椿山荘にて
12月12日　「道の跡」執筆
この年誤解が元で大石と対立
高橋（白須）靖夫法大卒後羽賀準一の養子になる→フランスで剣道・居合師範になる話が出る

一九六一　昭和36　52歳
1月　「剣道入門階梯」執筆
8月5日　東大3年生村山（岡本ら）朝稽古の会へ
10月19日　「思い出草」執筆
11月4日　新聞（紙名未詳）の全日本学生剣道大会評で東大剣道部と村山・岡本に好評価
高橋利雄入門はこの年か？

一九六二　昭和37　53歳
1月　「剣道とは」（原題「感ずるまま」）執筆
4月　卯木照邦法大入学と同時に朝稽古の会入門
5月　羽賀5／10の審査で八段に。ただし武徳殿に行かないので審査「済み」にはなっていない
6月　荒川博・広岡達朗入門
9～10月　近藤、塚越健二・松本英清・一川ら法大生、大畑兄弟入門
10月　「呼吸論」（原題「呼吸」）執筆。この月全剣連高段者剣道講習会のための「思料」大量に執筆
11月18日　東大全日本学生優勝大会でベスト8に進出
12月10日　王貞治入門

一九六三　昭和38　54歳
3月　村山・岡本ら卒業

4月27日　サンケイスポーツに羽賀・王・広岡等の特集記事

5月22日　高倉健「宮本武蔵二刀流開眼」役作りのため神田多町の店を訪れ教えを乞う。以後「巌流島の決斗」でも

7月　芝浦工業大学剣道部師範に就任

夏　宮城県鳴子温泉で芝浦工大（第1回）合宿

9月〜　野口貞夫、永井徹ら芝浦工大組入門

10月　王（本塁打40本、打率3割5厘、打点106）榎本（打率3割1分8厘）好成績

11月　朝稽古の会会費（250円／1人）集め始む（近藤提案）

12月1日　中島五郎蔵・羽賀準一全日本剣道選手権大会（東京体育館）において神道無念流五加を演武

12月　荒川・広岡・榎本ら朝稽古に参加。王はパリへ

一九六四　昭和39　55歳

1月　パリ帰りの王も朝稽古に参加

春　大阪城修道館で芝浦工大（第2回）合宿〈国士舘と喧嘩稽古〉

4〜7月　（〜8月？）神田の体育館は東京オリンピックの練習場となったため、野間道場で稽古

野間道場で松元（貞清？）と勝負稽古。荘子に出てくる「庖丁」のようだった

5〜8月　全日本剣道連盟に内紛、8月2日渡辺敏雄全剣連から身を退く

夏　塚越健二ロスアンゼルス（森寅雄）へ居合指導に

8月　新潟県北蒲原郡笹神村山崎、常安寺で芝浦工大（第3回）合宿

9月　森寅雄神田体育館に見える

10月　王の年度打撃成績、本塁打55本、打率3割2分、打点119

一九六五　昭和40　56歳

1月22日　店舗を千代田区神田錦町3―24に移転

4月　熊本県警道場で芝浦工大（第4回）合宿。塚越卯木も代稽古として元太刀に立つ

5月　「一刀斉先生剣法書（抜書）羽賀準一」を高橋利雄に授く

6月　「一刀流伝書（抜書　前文不明）羽賀準一」を高橋利雄に授く
8月　札幌武道館で芝浦工大（第5回）合宿。阿保塚越も代稽古として元太刀に立つ。羽賀師範稽古中に竹刀を取り落とす
9月4日　「宮本武蔵巌流島の決斗」封切（高倉健みごとな燕返し）
9月11日　羽賀先生誕生祝い。高橋利雄・梶木達雄・近藤典彦・阿保健治・塚越健二・卯木照邦・野口貞夫・永井徹・大畑宗郷
この年病気の兆候現る。話に繰り返し多くなる
11月？　朝稽古で須井詔康のカチ上げに仰向けに転倒
12月8日　ついに病に倒れる。以後高橋利雄・保子夫妻が献身的に介護

一九六六　昭和41　57歳
1月　高橋武道館小道場の使用を提案。準一気乗り薄で中止
2月　神田うなぎ屋の2階で今後の相談。出席者高橋、張、園田、山田志津子、塚越、野口、近藤
3月　高橋「一橋剣友会会則」起草
3月28日　静岡桃源寺で芝工大（第6回）合宿（正座さえ苦しい先生は東京駅13：38発こだまで静岡へ）
4月1日　一橋剣友会（後の一剣会）発足
11月20日　全日本学生剣道優勝大会で芝浦工大3位入賞。
12月11日　妻良久子・高橋利雄・高橋（白須）靖夫にみとられ逝去。58歳
広島県比婆郡東城町西方寺に埋葬
法名・鏡岳院徹剣浄円悟道居士　享年59歳（満58歳）

一九六七　昭和42
2月3日　良久子没。58歳
法名・心鏡院寂誉妙円大姉　同上西方寺に埋葬

# あとがき

著者は七六歳、諸能力がひどく落ちた。推敲も正確な校正・引用もおぼつかない。わずかだが訳したものは文字どおりの拙訳であろう。ルビももっとふりたかった。しかしもう時間が無い。見切り発車のやむなきに至った。読者諸賢のご海容をこう。

また、羽賀先生の弟子、知己その他の関係者で書き漏らしてはいけない重要な方々多数が本書に登場していないであろうことをわたくしは恐れる。

お気づきになった間違い・誤植・関係者の記述もれ等々については、忌憚のないご指摘・ご批正をお願い申し上げる。

さて、わたくしの積年の思いは本文中にほとんど述べ尽くした。最後に本書が成るにあたって特別にお世話になった方々に謝意を表したい。

本書の原稿をほぼ書き上げた一〇月下旬、そろそろ出版のことが気になりはじめた。原稿は二六万字を超え、出版のメドはますます立たなくなった。わたくしの素志は羽賀先生を後世に遺すことにある。なるべく書いたものすべてを遺したい。

わたくしの七六年間の人生で初めて人に経済的援助を仰ぐことを考えた。そして真っ先にご相談申し上げたのが兄弟子の大石純正氏であった。氏はわたくしの願いを快諾して下さった。

本書がこの大きな分量のままで、これほど早く、これほど買いやすい値段で出版できたのは、ひとえに大石氏ご援助の賜である。

記して氏に深甚の感謝の意を捧げます。在天の羽賀先生も莞爾として今回のことを見守っていて下さるような気がします。

つぎに本書執筆・出版のきっかけを作ってくれた小栗敬太郎君（東大剣道部同期の主将）に厚い謝意を表する。

君の序文「半世紀遅れの片思い」にあるような経緯でわたくしは突然執筆を決断した。

二三歳ころから断続的に直話メモを整理したり、資料を買いあさったり、多くの先人たち（増田道義氏、中島五郎蔵氏、中倉清氏等々）を取材したりしたのだった。約二〇年間にわたって執筆の準備をした。本書第一章の原稿を書き始めたのとほぼ同時期、わたくしの石川啄木研究が始まった。以後三〇年間わたくしは啄木研究に専心した。

収集した大量の羽賀先生関係の資料は三つの部屋の片隅に三つの山をなしていた。いつもそれらを横目で見つつ、それらが空しくなる日を思い恐怖に近いものを感じた。

そして去年の六月三日、別件で議論するはずだったテーマを横に置いた小栗君が「羽賀さんを書け」と言った。二日後、約八二万字まできた「石川啄木伝」執筆を中断し、わたくしは本書の構想を練りはじめた。その三日後には原稿を書き始めていた。

この原稿は節目ごとに、九度にわたって小栗君に送り、そのたびに批評・助言してもらった。君は資料的にもさまざまの援助をしてくれた。また「プレスセンター・ビル十階にあるレストラン・アラスカ」でも何度励ましてくれたことか。

君の友情と鞭撻に感謝！　ありがとう。

同時代社元代表の川上徹君は学生運動仲間。付き合いはもう五四年になる。出版の道を探しあぐねてとりあえず相談してみた。君は社の採算は度外視して出版可能な案を提示してくれた。事は一気に進み、今回の出版に至った。

持つべきものは友、ありがとう。

『羽賀準一　剣道遺稿集』の編著者・近代剣道史研究の泰斗堂本昭彦氏からは、氏以外には所蔵が考えられない貴重な資料を、質問の度に、ご提供いただいた。それらが執筆上の隘路を一気に通過させてくれたこと、幾度であろう。また主要参考文献覧に明らかなごとく、氏のご著書・編著書は本書執筆上必須の資料であった。学恩に感謝の意を表します。

兄弟子の渡辺修巳氏には大石純正氏の情報を補完していただくとともに、われわれ羽賀一門最強の兄弟子たちの写真を提供していただいた。わたくし個人にとっても夢の写真である。

つぎの兄弟子藤森将之氏は七七歳の高齢でなお居合に剣道に現役で指導に当たられている。それほどの剣道歴を誇る氏であるが羽賀先生昭和三九年当時の居合その他の映像―誇張なしにこれらは国宝級の価値がある―を遺されたことは特筆すべき功績である。氏からこの映像のDVD化とその頒布のご許可をいただいた。記して深甚の謝意を捧げたい。またウェブサイト「羽賀派剣道」の豊富な情報（写真を含む）を通じて本書執筆に多大のお力添えをいただいた。

東大剣道部OBで羽賀先生愛弟子の一人、村山正佳氏は取材に際しいつも最大の誠実さでご示教くださった。東大剣道部の飛躍と羽賀先生との関係がみるみる明らかになっていった。

おなじくOBで愛弟子の岡本淳氏、二度の取材に快く応じてくださり村山氏とは別角度からの貴重なご示教と情報をいただいた。お借りした東大剣道部機関誌「赤胴」のCDも重宝させていただいた。

おなじくOBの石井邦夫氏からは植芝先生と羽賀先生の逸話、『シッダルタ』のことなど、貴重な情報をいただいた。氏は羽賀先生から剣道史にかかわる教えを受けた希少のお弟子さんである。

兄弟弟子塚越健二氏は昭和三七年以後入門した羽賀門下中の逸材である。氏への取材からは汲めども尽きぬ深い豊かな情報をいただいたこと、本書十五章の示すところである。記憶力にもすぐれた氏は羽賀先生の剣道の深淵を語りうる適任者の一人であった。

同じく同期の兄弟弟子卯木照邦氏は故高橋利雄氏とともに羽賀先生没後の羽賀道場の支柱でありつづけた。氏なしに現在の羽賀道場を考えることはできない。ウェブサイト「一剣会」を通じて、また直接の取材・極重要資料の閲覧を通じて、多くのご示教をいただいた。

同じく同期の野口貞夫氏。芝浦工大関係取材に際し「元締め」の役をつとめていただいた。氏の誘いで塚越氏と久闊を叙したことは晩年の羽賀先生を理解する上で決定的であった。また氏の示唆が米子への道を開いてくれた。

米子在住の永井徹氏は懇篤に取材に応じてくださり、さらに氏の弟子石原慎吾氏と二人は芝浦工大時代の貴重な写真をご提供くださった。

永井氏はさらに生田宥氏を紹介してくださった。そのご縁で東城町の羽賀先生のお墓を三人でお参りし、その途次生田氏から芝浦工大剣道部創部にまつわる秘話を聞かせていただいた。これによって羽賀先生の師範就任の経緯が明らかになった。

中川太介氏は土屋智弘氏等とともに藤森・卯木・大畑氏らを継ぐ一剣会羽賀道場の次代メンバーの一人であるが、東京大学大学院在籍中の二〇一〇年一二月、わたくしの「直話ノート」をＣＤ化してくださった。そのため本書執筆に際し直話の必要事項の検索が極めて容易となり測り知れない便宜を得た。ご協力に厚く御礼申し上げる。

日本剣道協会の山田一郎氏からは協会の現況をお知らせいただくとともに、故高橋靖夫に関する貴重な情報をいただいた。

以上の諸氏に対しここに記して厚く御礼申し上げます。

最後に、社の採算は度外視して、本書刊行のためにあらゆる便宜をはかって下さる同時代社・川上隆氏（川上徹君次男）に御礼申し上げます。刊行までそして刊行後も測り知れぬお世話になることと思います。どうぞよろしくお力添え下さい。

二〇一四年一二月一一日

近藤　典彦

追　記

本書の初校がほぼ終わった二〇一五年一月五日、高井隆氏から訃報のメールが入った。川上徹一月二日に永眠と。

昨年一〇月半ばころ本書出版のことで参考意見を聞いたとき、川上は最大限の便宜をはかるから同時代社から出せ、と言ってくれた。そして年内に印刷、年明けに出版という線を出した。ありがたい話だがあまりに急いでいるようで、心配になった。かれは自分がガンのレベル4だと明るく話していたが、年を越せるかどうか、不安もあって、急いでくれるのではないか、と。心配があたってしまった。

わたくしの最初の著書『国家を撃つ者　石川啄木』（一九八九年）を出してくれたのが川上であった。川上が高井さんと協働して、その生涯の最後に出してくれたのが本書である。

五四年間の交誼を思い、最期の時にまで示してくれた友情を思い、もう言葉が無い。

川上、君のような男を英傑という。五四年間ありがとう。

二〇一五年一月五日

# 増補改訂版あとがき

初版本が出たのは二〇一五年三月であった。今はちょうど五年後の三月である。

この間本書の執筆に出版に、巨大なご示教・ご援助を賜った大石純正さんが幽明境を異にされた。二〇一七年三月五日のことである。

大石さんのご援助は羽賀先生への深甚の感謝の念に基づく。巻頭の「羽賀準一先生との出会いと感動」にその一端を察せられたい。また羽賀剣道と羽賀先生に対する大石さんの特大の功績は「第九章　羽賀準一に道場が！」によって、とくにその二四六〜二四七ページによって偲んでいただきたい。大石さんがいなければ、国民体育館の朝稽古も沢山の若い弟子たちも貴重な剣道・居合論考群も現在の一剣会羽賀道場もそして本書も、すべてがなかったであろう。

塚越健二さんも亡くなった。第十六章の一節「羽賀剣道の深淵」は塚越さんの示教があってはじめて書けたものだった。

お二人とも本書のために極上の情報を伝えることを人生最後のお仕事と考えて晩年の日々を送っていらしたかのような、気さえするのである。

同様のことは中島五郎蔵先生、増田道義氏にも感ぜられる。

中島先生が、羽賀先生を取材する上で金の鉱脈であることを悟ったわたくしは常磐線の柏駅近くの喫茶店で二度目の取材をした。四百字詰原稿用紙三四枚の収穫があった。次回を約して帰ってきた。その約束の日の二三日前に先生から電話があって、もう駅前までも行けないような体調だ、キャンセルして欲しいと。まもなく新聞紙上で先生の訃報に接した。

増田氏は本書七二~七三ページにあるように、亡くなるすこし前に突然お電話をくださり、取材に応じてくださった。氏ならではの貴重な示教が「羽賀準一剣道大悟」の秘密を解く鍵となった。

こうしてこのおふたりもまたかけがえのない情報を最晩年に遺してくださった。

また、この五年間には本書に登場されて、重要な情報をご示教くださった方々が、あるいは亡くなりあるいは重篤の病で闘病しておられる。

本書は唯一最後の機会をつかんで成ったのだと思う。七年前の小栗敬太郎君慫慂の賜である。

羽賀先生の到達した剣の境地と剣道の化身のような魂と生き方とが、凝って成ったのが本書であると思う。

増補改訂版刊行のために一定の経済的援助が不可欠であった。成城学園中学校剣道部の教え子田中和重君・石上麟太郎君がこれを担ってくれた。さらに十数年前に現役を退いた野口貞夫氏もその援助に加わってくださった。お三方に深い感謝の意を捧げます。

困難を押して刊行してくださった同時代社川上隆氏のご厚情に報いられる事を切に願っています。

わたくしは八一歳になった。本書をもって羽賀準一伝を擱筆する。石川啄木研究も約四十年間つづけた。そして石川啄木伝（約百万字）をほぼ完成した。こちらも遠からず擱筆することになろう。

鬼籍に入る日まで源氏物語三昧の生活をしたい。源氏物語は男女関係の世界である。これをほんとうに読むには旺盛な色欲が必要である。色欲の衰えたわたくしに源氏物語が読めるのであろうか。鬼籍に入るまでのわが挑戦の日々が、近く始まる。

二〇二〇年三月一八日

近藤　典彦

## ＤＶＤ「不世出！　羽賀準一先生の剣技」の
## ご購入方法

**価格 880 円**（税込・送料込）　**映像時間 33 分**

本書、第十三章「空前絶後の居合」で解説した映像「不世出！羽賀準一先生の剣技」のＤＶＤを製作しました。ＤＶＤをご希望の方は件名を「ＤＶＤ羽賀準一先生の剣技の注文」として、送付先のお名前・ご住所・お電話番号を明記していただき、下記同時代社のＦＡＸまたはＥメールでお知らせ下さい。確認次第送付手配いたします。

※お一人様ＤＶＤ１枚のご注文とさせていただきます。

**同時代社**

〒101-0065

東京都千代田区西神田 2-7-6

tel. 03-3261-3149

**fax. 03-3261-3237**

**doujidai@doujidaisya.co.jp**

◆ＤＶＤ到着後、代金（880 円）を同封いたします郵便振替用紙にてお近くの郵便局でお支払いください。

## 著者略歴

**近藤典彦**（こんどう・のりひこ）

1938年　北海道旭川市生まれ
1964年　東大文学部国史学科卒業
1966～1995年　北星学園余市高・成城学園中学校・高校教諭
1995～2004年　群馬大学助教授、教授
2003～2007年　国際啄木学会会長

**著書**（単著）

『国家を撃つ者　石川啄木』同時代社、1989年
『石川啄木と明治の日本』吉川弘文館、1994年
『啄木　六の予言』ネスコ／文芸春秋、1995年
『啄木短歌に時代を読む』吉川弘文館、2000年
『『一握の砂』の研究』おうふう、2004年
『最後の剣聖　羽賀準一』同時代社、2015年

**著書**（共編著）

岩城之徳監修　遊座昭吾・近藤典彦編『石川啄木入門』思文閣出版、1992年
岩城之徳著・近藤典彦編『石川啄木と幸徳秋水事件』吉川弘文館、1996年
国際啄木学会編『石川啄木事典』おうふう、2001年
群馬大学教育学部国語教育講座編著『「山月記」を読む』三省堂、2002年
石川啄木著・近藤典彦編『一握の砂』朝日新聞出版、2008年
上杉省和・近藤典彦『名作百年の謎を解く』同時代社、2015年
石川啄木著・近藤典彦編『一握の砂』桜出版、2017年
石川啄木著・近藤典彦編『悲しき玩具』桜出版、2017年　ほか

**増補改訂版　最後の剣聖　羽賀準一**

2020年5月29日　　初版第1刷発行

著　者　　近藤典彦
発行者　　川上　隆
発行所　　株式会社同時代社
　〒101-0065　東京都千代田区西神田2-7-6
　電話 03(3261)3149　FAX 03(3261)3237
装丁　　クリエイティブ・コンセプト
組版　　有限会社いりす
印刷　　中央精版印刷株式会社

ISBN978-4-88683-876-6

# 索　引

## 人　名

### あ　行

## か 行



## さ 行



## た 行

## な　行



## は　行

## ま　行



## や　行



## わ　行

## 羽賀準一関係事項

### あ 行



### か 行

## さ　行

## た　行



## な　行

## は 行



## ま 行



## や 行

## 羽賀準一日記



## 羽賀準一剣道・居合論考